Die Moltkes:
Biographie einer Familie

Die Moltkes: Biographie einer Familie
© Verlag C. H. Beck oHG, München 2010

毛奇家族

一部战争史

［德］奥拉夫·耶森 著

蔡玳燕 孟薇 张芸 译

生活·讀書·新知 三联书店

Simplified Chinese Copyright © 2020 by SDX Joint Publishing Company.
All Rights Reserved.
本作品简体中文版权由生活·读书·新知三联书店所有。
未经许可，不得翻印。

图书在版编目（CIP）数据

毛奇家族：一部战争史 /（德）奥拉夫·耶森著；
蔡玳燕，孟薇，张芸译．—北京：生活·读书·新知三联书店，
2020.8
（新知文库）
ISBN 978-7-108-06967-2

Ⅰ．①毛…　Ⅱ．①奥…②蔡…③孟…④张…　Ⅲ．①家族-史料-德国
Ⅳ．①K835.160.9

中国版本图书馆CIP数据核字（2020）第189983号

责任编辑	徐国强　曹明明
装帧设计	陆智昌　康　健
责任印制	徐　方
出版发行	生活·讀書·新知 三联书店
	（北京市东城区美术馆东街22号 100010）
网　址	www.sdxjpc.com
图　字	01-2018-7526
经　销	新华书店
印　刷	三河市天润建兴印务有限公司
版　次	2020年8月北京第1版
	2020年8月北京第1次印刷
开　本	635毫米×965毫米 1/16 印张31
字　数	374千字 图56幅
印　数	0,001-8,000册
定　价	59.00元

（印装查询：01064002715；邮购查询：01084010542）

新知文库

出版说明

在今天三联书店的前身——生活书店、读书出版社和新知书店的出版史上，介绍新知识和新观念的图书曾占有很大比重。熟悉三联的读者也都会记得，20世纪80年代后期，我们曾以"新知文库"的名义，出版过一批译介西方现代人文社会科学知识的图书。今年是生活·读书·新知三联书店恢复独立建制20周年，我们再次推出"新知文库"，正是为了接续这一传统。

近半个世纪以来，无论在自然科学方面，还是在人文社会科学方面，知识都在以前所未有的速度更新。涉及自然环境、社会文化等领域的新发现、新探索和新成果层出不穷，并以同样前所未有的深度和广度影响人类的社会和生活。了解这种知识成果的内容，思考其与我们生活的关系，固然是明了社会变迁趋势的必需，但更为重要的，乃是通过知识演进的背景和过程，领悟和体会隐藏其中的理性精神和科学规律。

"新知文库"拟选编一些介绍人文社会科学和自然科学新知识及其如何被发现和传播的图书，陆续出版。希望读者能在愉悦的阅读中获取新知，开阔视野，启迪思维，激发好奇心和想象力。

生活·讀書·新知 三联书店
2006年3月

诚实且谨慎。
——毛奇家族的座右铭

目 录

导 言   1

第一章 从拿破仑开始——创造民族观念   6

民族理念 6 / 席尔与毛奇家族 10 / 贵族的特点 15 / 施特里特菲尔德与托伊滕温克尔 17 / 丹麦的毛奇家族 19 / 梅克伦堡地区的毛奇家族 20 / 弗里德里希·菲利普·冯·毛奇 24 / 军队与启蒙 28 / 亨丽埃特·帕申 30 / 投机庄园 35 / 转为丹麦效劳 36

第二章 强烈的求知欲——超然于民族   38

毛奇陨石坑 38 / 毛奇与普鲁士 40 / 哥本哈根 41 / 为霍亨索伦王族效劳 46 / "民主的"兵役制? 51 / 总参谋部的起源 52 / 违愿的法律人士 55 / 手足之情 57 / 约翰·伯特:有产业的绅士 59 / 小地方的宫廷女官 63

第三章　新月旗下——民族面面观　　68

奥斯曼帝国的欧式新军 70 / 在斯坦布尔的巷子中 73 / 库尔德斯坦的"国民战争" 76 / 尼济普之役 80 /《土耳其来信》82

第四章　家族大会——民族之间　　85

三月革命酝酿期 86 / 浪漫情怀 88 / 石勒苏益格和基尔 90 / "伯特酒店" 95 / 玛丽·伯特 101 / 路易斯·冯·毛奇和蜜儿·冯·毛奇 107 / 伊策霍埃的婚礼 110

第五章　革命——民族的觉醒　　111

公开信 112 / 德意志行政管理处 114 / 叛乱与起义 116 / 不同阵营中的家族 122 / 邦国议会 125 / 共同执政 127 / 柏林使命 128

第六章　反动——民族的失败　　130

兰曹的行政官 132 / 弗里茨·冯·毛奇 135 / 战后的岁月 137 / 赫尔穆特与革命 140

第七章　阿尔森岛——民族的迟疑　　145

赫尔穆特·冯·毛奇和玛丽·冯·毛奇 147 / 普鲁士亲王的副官 151 / 乡绅之死 153 / 总参谋长 156 / 战争观念的改变 158 / 宪政冲突 159 /1864 年的战争 162 / 停战 166 / 占领阿尔森岛 169 / 维也纳和约 172

第八章 两场战争——创建民族国家 174

克尼希格雷茨战役 174 / 平讷贝格的地方官 181 / 玛丽·冯·毛奇之死 184 / 1870年的"作战会议" 187 / 工业化的全民战争 191

第九章 毛奇崇拜——民族的自我认知 198

奥林匹克之巅 198 / 凯旋大道 201 / 毛奇成为追忆之所 203 / 安东·冯·维尔纳 206 / "总参谋长之家" 211 / 侄子和侄女们 213 / 陆军元帅之死 221

第十章 威廉时代——民族的光与影 227

民族主义的变迁 229 / 克莱绍：膜拜之所 233 / 遗产之争 235 / 神经质的侄子 238 / 鲁道夫·施泰纳的亲信 241 / "寄宿房客" 244 / 任命总参谋长 246 / 转折：多萝西·冯·毛奇 249

第十一章 堕入深渊——民族的灾难 254

毛奇-哈登诉讼案 254 / 世纪末情绪 260 / "日耳曼特性与斯拉夫特性" 262 / 内政部长冯·毛奇 265 / 南极考察 269 / 选举权改革失败 270

第十二章 马恩河——民族的失败 274

1912年的"作战会议" 276 / 七月危机中的毛奇 278 / 石勒苏益格-荷尔斯泰因的最高行政长官 283 / 解除赫尔穆特·冯·毛奇的职务 285 / 战争中的克莱绍 289 / 1914年的德意志协会 291 / 基尔革命 294

第十三章　克莱绍和韦内尔斯多夫——民族的危机　297

家族的愤怒 297 / 毛奇-马恩河争论 303 / 混合委员会 305 / 达维达·冯·毛奇 309 / 赫尔穆特·詹姆斯·冯·毛奇 312 / 克莱绍危机 314 / 芙蕾雅·冯·毛奇 317 / "在一所疯人院中" 318

第十四章　抵抗——借民族之名的罪恶　321

互不侵犯条约 323 / 多萝西·冯·毛奇之死 325 / 在上萨尔茨贝格 327 / 波兰的战争之"罪" 329 / 在奥赛码头 331 / 赫尔穆特·詹姆斯·冯·毛奇与汉斯-阿道夫·冯·毛奇 334 / 驻马德里大使 338 / 人民法庭 342

第十五章　世界家族——民族的变迁　346

妇女时代 346 / "去纳粹化" 354 / 关注抵抗 358 / "以毛奇为榜样" 360 / 新克莱绍 362 / "重生" 365

结　语　367
附　录　375
注　释　378
引文出处及参考文献　447
图片来源　478

导　言

　　哈菲兹帕夏①（Hafiz Pascha）不想应允他那位军事顾问的请求。他说，任何撤退都是可耻的。这可是一次战略上的撤退，这位帕夏的最高顾问——被土耳其人称为贝男爵（Baron Bey）的人坚持这么认为。他说，敌人正在进行侧翼行军，如果不避开，哈菲兹帕夏将会失去他的军队；再往东，在比雷德希克（Biredschik）营地，还可以等待自己的援军应对埃及人的进攻。统帅认为年轻的军事顾问是一位睿智但过分谨慎的战士。难道不正是观星者和算命者催促着要发动战争吗？苏丹马哈茂德（Mahmût）做事是公正的。真主安拉肯定会帮助哈菲兹帕夏获得胜利，消灭埃及的军队，为奥斯曼帝国赢回叙利亚；伊斯兰的智者们一直是这样预言的。哈菲兹帕夏想要维持自己的地位，就肯定离不开他的顾问。他受到痢疾的困扰而精疲力尽的时候，半夜里还在重新布置战线，虽然他预感到会有不好的事情发生，但他自然是无所畏惧的。因为他的顾问清楚地知

---

① 帕夏：伊斯兰国家高级官吏的称谓，通常是总督、将军等。帕夏是敬语，相当于英国的勋爵。——译者注

道军队的弱点。最后，他自己尝试着把他的新式军队按照西方模式来打造，可惜是徒劳的。他曾向他的知己抱怨，伊斯兰教让东方国家静止不动，把奥斯曼帝国变成了一个"穿拖鞋的国家"。[1] 现在，哈菲兹帕夏军团将近三万大军，身穿俄罗斯夹克，扛着比利时步枪，用着匈牙利马鞍，头上戴着土耳其帽子，佩着英国剑，骑着阿拉伯骆驼，但就是不具备普鲁士的纪律。

战争于1839年6月24日开始。在尼济普（Nizib）附近的"战役"以一连串的炮击开场。120门埃及大炮从很远的地方开火。无数炮弹慢慢地呈抛物线状坠落下来，落到了苏丹士兵们身上。弹药车爆炸，人们飞奔起来，骑兵也越过自己的界线。两个小时以后，战斗的士气被彻底打垮了。整个兵营的人都扔掉了枪，举起手开始祈祷。当库尔德人逼迫他们必须枪杀自己的指挥官时，军队最终不得不解散了。

贝男爵因发烧而开始发抖，他既没有食物，地图也被人抢走了，只能逃到鲁姆卡莱（Rumkaleh）山里。他到达了马拉蒂亚（Malatya），在萨姆松（Samsun）登上一艘奥地利的汽轮。他想绕道君士坦丁堡返回欧洲的家。

他穿着破旧的土耳其人的衣服，留着长胡子，很瘦弱，也很憔悴，只能用法语向船长介绍自己：赫尔穆特·冯·毛奇（Helmuth von Moltke）、苏丹的军事顾问、普鲁士总参谋长。这才被允许进了头等舱。

50多年后，在他90岁生日那一天，这位尼济普战役的战败者，却成了除拿破仑和惠灵顿以外，19世纪最著名的将军。作为克尼希格雷茨（Königgrätz）战役和色当（Sedan）战役的胜利者，作为缔造德意志帝国的助力者，作为现代化总参谋部的创立者，同时也是第一位工业化全民战争的战略家，贝男爵创造了一个家族的神话，任何一个其他的家族都没有如这个家族一般参与决定了一个民族的命运。

作为战役的胜利者和失败的世界大战的战略家，作为民主的政府首脑和皇帝的内政部长，作为纳粹政权的外交官和反对希特勒的抵抗斗士，作为德意志联邦共和国的大使和成立欧洲联盟的远见者，毛奇家族从古老的拿破仑时代一直到我们当代的整整七代人，都在历史舞台上扮演了非常重要的角色。陆军元帅赫尔穆特·冯·毛奇成为帝国的偶像，小毛奇则成为第一次世界大战德国战败的标志，抵抗斗士赫尔穆特·詹姆斯·冯·毛奇（Helmuth James von Moltke）成为民主的、国际化的国家中的一位代表人物。

家庭出身决定命运吗？毫无疑问：权力和声望是可以通过家族的影响获得的。还有传统的观念，尤其是贵族的观念，他们认为从祖先那里遗传而来的天赋，是不可能消失的。[2] 教育工作者们正想尽办法营造一个良好的学习环境时，人们却更愿意相信这种与生俱来的基因的力量。这也是为什么谱系学研究成为一种非常普遍的爱好。[3] 家庭礼仪、家庭任务和家庭价值观的传承，简而言之，"家族文化"具有抑制或推动作用。毛奇家族的人是如何走向人生巅峰并且始终让自己处在高位呢？他们的家族文化在其中起到了怎样的作用呢？

这些都是精英研究的经典问题。但毛奇家族的历史又把这些问题引向了其他更宽的领域。因为我不认为这个世界上还会有其他家族对战争和民族本身产生了如此重大的影响。那些想要去寻求其中关系的人都应该知道：历史并不是一个一个民族的简单组合体。每一个民族都是一个理念。我们必须谈到理念的问题。大约250年前，民族的理念就已经出现在欧洲学者的写字间里了，而大批量生产则是在战场上。诺贝特·埃利亚斯（Norbert Elias）认为："民族国家是在战争中诞生和为战争而生的。"[4]战争的形式和民族的理念——两者相互影响，而且会受到历史变迁的影响。

民族思想的变色龙特征已经被历史学家多次证明。对民族主义的研究有时更难阐明一个民族的长期状况，特别是战争、内战和革命的经历。[5]毛奇家族是如何改变战争的局面和民族的理念，并一直影响了几代人的呢？就他们而言，自身又是如何受战争史的变革以及民族理念的变化所影响的呢？

毛奇家族，来自梅克伦堡的古老贵族，在德意志联邦共和国，尤其是在梅克伦堡、柏林、巴登-符腾堡和石勒苏益格-荷尔斯泰因地区的许多档案中都留下了痕迹。让人感到更为吃惊的是，用德语写的家族史迄今不曾问世。这一说法同样适用于陆军元帅所属的萨莫庄园的那一支毛奇，更准确地说就是弗里德里希·菲利普·冯·毛奇（Friedrich Philipp von Moltke）和亨丽埃特·冯·毛奇（Henriette von Moltke）的后裔们。他们特别引人注目地进入了战争与民族之间的紧张领域。为了更好地了解他们，就要跟随他们的脚步。美国历史学家奥托·弗里德里希（Otto Friedrich）的辉煌巨著《血与铁》的核心内容限制在几位"大"毛奇的三重传记上，主要采用的是英语的二手文献资料。[6]

而有关毛奇的资料不仅源源不断地出现在公共档案中，柏林的一个私人档案馆也保存着陆军元帅的一位兄弟阿道夫·冯·毛奇（Adolph von Moltke）有待考证的遗物等，以及彼得·约克·冯·瓦滕堡（Peter Yorck von Wartenburg）的妹妹达维达·冯·毛奇（Davida von Moltke）的那些迄今尚无人知晓的回忆记录。[7]彼得·约克被人们看作除了赫尔穆特·詹姆斯·冯·毛奇以外反抗组织"克莱绍圈子"①的领头者。在弗莱堡联邦军事档案馆里存放着小毛奇的《征战记忆》。此外，如果把这些经常使用的资料的出版本和老毛奇遗物中的家庭档案对比的话，就一定会发现很多让人惊讶的东西。这些档案也已经准备好了要经常面对毛奇家族成员们惊讶的目光。

  为了真正理解和适应历史经验，人们必须理解"如果问询历史，则需更深入地了解人性"，芙蕾雅·冯·毛奇（Freya von Moltke）这么说道，她是赫尔穆特·詹姆斯的遗孀，因为，"未来与过去是连在一起的"。[8]

---

① 克莱绍圈子（Kreisauer Kreis），又称克莱绍团体或克莱绍，是德国历史上一个非常重要且具创新性的反纳粹组织，提出了丰富全面并且非常有前瞻性的改革设想，其成员约二十几人，主要由来自德国不同阶层的少壮派精英分子组成，因聚会地点设在西里西亚克莱绍的毛奇庄园，故得此名。克莱绍团体的多名成员参与了著名的以施陶芬贝格为首的一批德国军人"1944 年 7 月 20 日刺杀希特勒"的计划，失败后被镇压并解散。——译者注

第一章
从拿破仑开始

——创造民族观念

民族理念

在后波莫瑞地区哈塞卢（Haseleu）的一个贵族封地庄园里，一辆双驾马车缓缓驶来。秋天来了，暴风雨也临近了。在门前的大台阶前，马夫拴住了马。周边的小动物们在不安地蹦来跳去。两名军官从车上跳了下来，其中一名裹着大衣来回踱步，以此取暖，另一名已经飞身上了台阶。他终于可以拥抱他年轻的未婚妻了，她只有17岁。房间里到处都是装饰着他画像的物品，有盘子、杯子、烟斗，甚至还有圆形蛋糕。在农场的小屋里，在警卫室里，在小酒馆里，人们都在谈论着有关他率领骑兵部队的那些奇袭事件。关于他的奇闻逸事已被传遍。学校里的男孩们模仿他的发型；女孩们如果能够和他跳舞，就会感到非常自豪。他所到之处，人们都会聚到一起。两天以前，他在特雷普托（Treptow）率领骑兵团离开。按照怀着感恩之心的君主的旨意，他应该是第一个带着骑兵重新占领京城的人。因为战败的威廉三世（Wilhelm Ⅲ）表现良好，作为胜利者的拿破仑，按照《提尔西特条约》，于一年后从柏林撤军。这样,行军的骑兵部队就成了凯旋的队伍。当骑手们经过村庄和城市的时候,到处都响彻着教堂的钟声。来到哈塞卢的客人是普鲁士最著名的士兵:费迪南德·巴普蒂斯塔·冯·席尔(Ferdinand Baptista von Schill),今年32岁,他是一位战略家,更是一位勇士,"是一个矮小、敦实、留着漂亮胡子的人"。[1]

在这个小庄园的客厅里,两个订了婚的人互相说着再见。婚礼还得再等一等。席尔正在策划一件闻所未闻的事情:他想发动一场反对拿破仑的起义。他看了最后一眼,然后离开了。他的未婚妻在窗前向他挥动着手帕。这时,她的妈妈走进了房间。风吹了进来,把窗户关上了,一把佩剑从墙上哐的一声掉到了地上。"哦,妈妈,你看,席尔的佩剑,这把他和父亲交换过的佩剑,现在从墙上掉了下来,就在我看着他从树下消失的那一刻。哎,他会投入到这场战争中去,投入到这场他如此狂热地发起的战争中去,我将再也见不到他了。"[2]

无论如何,一个同时代的人在这对未婚夫妻相互道别的88年后报道了这件事。1876年,德意志帝国成立5年后,对席尔的狂热崇拜依然如火如荼。费迪南德·冯·席尔漫长的一生是和毛奇家族的命运紧紧联系在一起的:一位毛奇为席尔而战,另一位毛奇则站在席尔的敌人这一边。这就好比是提到帝国的偶像陆军元帅毛奇,或者是打造联邦德国传统的一个主要人物赫尔穆特·詹姆斯·毛奇伯爵,席尔的转变首先是和超越个人的东西有关——和普鲁士有关,和法国有关,和德意志民族的理念有关。

民族并不是自然形成的。它们既不是基于种族、语言和宗教,也不是基于兴趣或者所谓的"自然"界限。每一个民族都是一个理念。这个理念如果不被思考或者不被需要了,这个民族也就不复存

第一章 从拿破仑开始

在了。³我们必须讨论理念的问题。产生民族的先决条件是在欧洲发动有力的变革：从 18 世纪中叶开始的人口激增，工业革命的开端，人们赢得了对时间和空间的胜利——比如增加公路网的建造，或者是诸如报纸和杂志这样的新媒体的开发利用。这些变化的结果是产生了三次价值危机：政治体制中的一个危机——剧变迫使政府收紧和扩大干预的可能性；权力分享产生的危机——资产阶级的壮大威胁着旧的统治阶级；权力的形成危机——去基督教化和启蒙运动削弱了的神权和传统的约束力，这些危机是民族形成的根本原因。最初，只是少数学者决定了民族的理念——教授、神学家、作家、军官、笔尖上有影响力的重要人物，例如威廉·冯·洪堡（Wilhelm von Humboldt）和弗里德里希·席勒（Friedrich Schiller）、约翰·戈特利布·费希特（Johann Gottlieb Fichte）和恩斯特·莫里茨·阿恩特（Ernst Moritz Arndt）、格尔哈德·沙恩霍斯特（Gerhard Scharnhorst）和奥古斯特·奈达特·冯·格奈泽瑙（August Neidhardt von Gneisenau）。他们书桌上的民族主义首先回答的是权力形成的危机问题，因为它提供了一种世俗的宗教来作为替代。这种宗教的主祷文包含了如"历史使命""选中的人民"和"神圣的祖国"这样的思维形象。⁴民族的理念从学者的书房进入民众的心中，这条道路在德国是由拿破仑铺平的——虽然不是他自愿的，因为战争、侵略和掠夺在许多地方唤醒了人们维护自己意志的意识。这也暂时缓和了权力分享产生的危机。在法国的占领之下，民众的思想重心由内心转移到了渴望外部的自由。⁵与此同时，在普鲁士和"莱茵邦联"的国家里，在被拿破仑占领的地方，改革派的官员们正在寻找能够克服政治体制危机的方法。他们决定把政府部门和公共权力机构进行整合、精简并合法化。他们的改革加速了从君主专制主义转向官僚专制主义的发展之路，也加速了从君主的专制统治转向政府官员以国王名义的统治之路。

在这样的背景之下,我们开始寻找那些摇摆不定的因素,它们把我们的当下称作"德国身份"。人们搜集或者虚构了一些童话、神话和民歌,发现了中世纪,召唤来了鬼神和沃丁神接待战死者英灵的殿堂,召唤来了骑士向贵妇人献殷勤和沃丁神手下的女神。《少年的魔角》出版了。福凯(Fouqué),而不是歌德(Goethe)成为在德国拥有最多读者的作家。简而言之,政治浪漫慢慢地开始了。政治浪漫歌颂着上层统治阶级和下层人民之间的巨大依存关系,歌颂着人民所痛恨着的神圣的战争,它热爱这种感觉,怀疑单纯的心灵。至于普鲁士,市民阶级和君主制之间的浪漫关系可以说是更紧密了。在启蒙时代,普鲁士的专制主义仍然意味着军官的马鞍和国王的军队。军民之间的鸿沟就好比市民与王室之间的精神距离。在浪漫主义的年代,有一些人就希望,普鲁士的君主政体意味着有能力的贵族和人民的军队。从此以后,每一个士兵也就是一个市民,而每一个市民也就是一个士兵。不是由国家去找寻它的民族主义者,而是由民族主义者去创造这个国家。

像席尔这样的人能够完全适应变化的时代,就是浪漫主义早期和价值危机的时期。他是国王的一个贵族军官,却被视作非常接近人民,他自身也没有一点因其身份而具有的优越感。很明显,也只有席尔,他至少可以让他的"死敌"的打算落空。无数的宣传小册子拔高了他的行为:1807年,在一场围绕一座要塞城市科尔贝格(Kolberg)的小规模战斗中,他单枪匹马就杀死了6个法国人,骑着马越过了一座宽得难以置信的坟墓,伤口多达数十处。席尔在还在世的时候就已经被大家安排去了神话故事的场景里。他的声名远播,听到他的名字,人们就会想起拿破仑辉煌时期的法国救世主的神话。他被视为傲慢的、反对市民阶级的容克贵族的反面形象也并非偶然。席尔"不浪费金钱,不欠债,不玩,所有肩膀上不长羽毛的东西他都不看"。[6] 此外,据说他在科尔贝格将四周所有的要塞都装备上武器,与内特尔贝克(Nettelbeck)和格奈泽瑙一起,策划建立起公民和士兵之间的第一个联盟。这是乌云中的一颗星辰,向人们指出了一条通往一个更美好的国家未来的路。这是一个传说,是由格奈泽瑙故意传播的,这个在普鲁士军官团里也许是最狂热的民族理念。[7] 凭借他的领导意识和大众宣传才能,格奈泽瑙激发了民众对席尔的狂热崇拜。这样就更容易赢得民众的支持,起来反抗拿破仑。

席尔与毛奇家族

事实上,1809年,席尔就敢于在没有国王命令的情况下,仅仅以"民族"名义尝试着发动起义。这真是闻所未闻的意外事件!席尔不是一个不合群的人。他会将高级军官和政府高官都拉入他密谋策划的起义中。他们希望君主能向拿破仑开战。[8]1809年4月28日,费迪南德·巴普蒂斯塔·冯·席尔少校作为骑兵部队的最高统帅,离开了柏林卫戍区。据称是为了一次演习。他的先头部队由中尉弗里德里希·弗兰兹·冯·毛奇(Friedrich Franz von Moltke)伯爵指挥。这个中尉的家族正承担着国王和王后的宫廷服务。这种宫廷服务,在欧洲已经为贵族保留了几个世纪,包括礼仪的、经济的和社交的任务,是与宫廷管理的名誉职位和活动紧密联系在一起的。王室首席猎手的荣誉职位就是由席尔军团里这位中尉的父亲弗里德里希·德特洛夫·冯·毛奇(Friedrich Detlof von Moltke)伯爵执掌的。[9] 他是位于施塔芬哈根(Stavenhagen)附近沃尔德

（Wolde）地区的一个地主，其收入也来源于此。中尉的妹妹夏洛特（Charlotte）在嫁给弗里德里希·冯·德尔·马维茨（Friedrich von der Marwitz）之前，多年来作为宫廷贵妇，和王后路易丝（Luise）是朋友。弗里德里希·冯·德尔·马维茨是施泰因（Stein）和哈登贝格（Hardenberg）周围地区的国家改革者们最聪明和最耀眼的对手。

在德绍（Dessau），席尔丢掉了面具，发布了致所有德国人的呼吁！毛奇需要一个解释。席尔以他的名誉做了伪誓，信誓旦旦地说：他执行的是国王的秘密命令，但不可以暴露君主。[10]毛奇和其他很多军官都信任他。席尔继续着他的作战行动。在路上，毛奇一直同他在沃尔德的父亲通过书信保持着联系，他的这些信心就由他的父亲再向柏林传递。[11]事情进展很快，席尔向北进发，在多登多夫（Dodendorf）附近与法国军队进行了小规模的战斗，并在战斗中保持了优势，掠夺了威斯特法伦王国的国库，这个国家的统治者是拿破仑最小的弟弟热罗姆·波拿巴（Jérôme Bonaparte）。席尔还发表了最震撼人心的讲话——与其无休止的恐怖，不如用恐怖来作为结束！他带着他的队伍穿过了梅克伦堡，跨过了瑞典和波莫瑞的边界。"席尔现在是波莫瑞最厉害的人，"这位王室首席猎手毛奇就是这样向柏林报告的，"他住的地方始终门庭若市，他也不缺少武器。根据昨天的消息，目前有3000名荷兰人和2000名丹麦人正在追捕他。未来他会怎么样，只有等待时间来说明了。"[12]

事实上，席尔没有得到太多支持。一场民众起义或是一场游击战争是无法实现的。大多数人是不按民族的模式进行思考的。对于拿破仑来说，这一切都只是令人讨厌的东西。皇帝把席尔视为混迹于街头的小偷，并非大军的主力部队，而是丹麦和荷兰的援军承担了此次追捕任务。

第三营的大部队开始向荷尔斯泰因进发，随之一同进发的还有最高统帅约翰·冯·埃瓦尔德（Johann von Ewald）将军率领的丹麦国王的军队。这个营的士兵几周前还属于战时后备军。为了提拔他们的统帅，就把他们扩充给了正规军。看起来皇帝对士兵的需要是永远无法满足的。担任这个营营长的是弗里德里希·菲利普·维克多·冯·毛奇（Friedrich Philipp Victor von Moltke）少校，40岁，是荷尔斯泰因奥古斯滕（Augusten）农庄的地主，和席尔将军是远亲。在梅克伦堡的边界地区，士兵们都在热烈地讨论着。他们都在抱怨：国王承诺过，只在丹麦安插战时后备军；我们就不再需要进驻梅克伦堡了。毛奇下令现在午休。吃饱了饭的士兵很少会起来反抗。饭后，他机智地让这个营的5个连队相互保持着很大的距离，排起了阵容。这样他就可以在队伍的前列单独与每一个士兵谈话。毛奇先和他的核心连队谈话，因为这个连队里的人他天天见到，容易产生最大的影响："'战士们！我听说，你们中的一些人，不想越过祖国的边界，虽然这是国王陛下的旨意。你们之所以会这样不想服从命令，是因为之前承诺过大家，战时后备军是不会越过祖国的边界的。但你们现在已经不再属于战时后备军了，而是正规军。而且即使不是由于这个原因，国王也可以按照他自己的意愿下命令或者撤销命令。不服从国王命令的士兵是会被判处死刑的。谁如果因为胆怯而不服从命令，那么他将会失去更多——会失去荣誉！回去的路只有从我的尸体上才能走过去，因为我不想失去我的荣誉，不是吗？我想你们也一定不想失去吧？那么就让我们忠诚并服从于我们最最仁慈的国王！一，二，三——好啦！'所有人都表示赞同。"[13] 在另外四个连队里，还有个别人有异议。毛奇就用枪击来威胁。他让人把营地里的大炮对准自己的士兵们。"30年后我会感谢上帝，让我当时不用陷入如此不幸的境地，让流血事件发生。"[14]

士兵们继续追击。此后，毛奇再也没有因为部队里的纪律问题而感到困扰了。

席尔突然袭击了沿海要塞城市施特拉尔松（Stralsund），让人感到非常吃惊。现在他想从那里开始进行小规模的战役。在沃尔德，这位王室首席猎手的烦恼也增加了。"席尔指望着英国人的登陆，在海面上我们可以看到一大群英国人，但是他们尚未登陆。"他是这样向柏林报告的。"到现在为止，他也只能是欺骗他的军团，他们的行军是接到了上层的命令的。但是我今天去找他了，想把事情摊开了说，至少要说服我自己的儿子不要站在对立面，要把他争取过来。"[15]但是在施特拉尔松，这位王室首席猎手毛奇却什么也做不了，他的儿子无论如何都要待在城市里。5月31日，追击者已经出现了。席尔找不到抵御的对策。进攻马上就开始了。两个毛奇很有可能会在巷战中相遇。"在这一天，"这个丹麦人毛奇说道，"即便是我也有了巨大的生命危险。很多炮弹和枪弹从我的脑袋边上呼啸而过。幸好我没有受伤。"[16]很多抵御者一直战斗到死。席尔毫无目标地在各个巷子里飞奔，途中身中三弹，被人用刺刀在下腹部的一击则是致命的。他的部队被驱散、被屠杀或是被俘。之后，军医热努（Genoux）把席尔的头切了下来。国王热罗姆承诺给他一笔钱作为奖励。

11名被俘的军官，被韦塞尔（Wesel）的拿破仑射杀了。72名军官越狱了，其中有席尔-毛奇（Schill-Moltke），他逃往后波莫瑞，希望能够自救，但是在科尔贝格遭到了布吕歇尔（Blücher）的审讯。他被带上军事法庭，最后被宣告无罪而得以释放。[17]丹麦人毛奇在施特拉尔松的暴风骤雨之后就用他营队的兵力去保护这座城市免遭掠夺，也因此获得了机会，"把自己陷入危险之中去救赎更多人的生命"。[18]尽管如此，这里还是有些骚乱行为发生。总司令埃

图1-1 费迪南德·巴普蒂斯塔·冯·席尔于1809年5月31日在施特拉尔松战死。木刻版画,1870年左右

瓦尔德抱怨道,这真是令人感到遗憾,军队"竟然可以在他们军官的眼皮子底下做着如此过分的事情……但是在冯·毛奇少校率领下的荷尔斯泰因的第三营连同轻骑兵指挥部……完全无可指责,而且在各种情况下没有任何人提出任何哪怕是最轻微的针对他们的抱怨"。[19]亲王弗里德里希·冯·黑森(Friedrich von Hessen)是毛奇军团的荣誉上校,他不断给予这个军团赞美和荣誉。在基尔(Kiel),国王亲自任命毛奇为丹麦骑士团的骑士。弗里德里希六世(Friedrich Ⅵ)赞扬道:"您通过良好的行为给我和我的整个王国带来了快乐。我是不会忘记您的。"[20]拿破仑给毛奇授予了法国荣誉军团的十字勋章。[21]

席尔的行动几乎和一次武力自卫差不多。在近代早期和现代的过渡时期，贵族越过国界去服兵役并不是非常罕见的事。早就已经飘零各地的家族成员要为不同的诸侯们服务，这件事并没有让同时代的人感到困惑。当拿破仑的部队在欧洲大陆传播法国大革命的成果时，贵族还不是一个民族的阶层，而是整个欧洲的阶层。他不靠对民族未来的希望，而是出于对他自己家族过去的自豪来征集兵力。

贵族的特点

"贵族"这个词源自于古高地德语，意思是"高贵的家族""出身""高贵的身份"。"Adel"元音换音后的形式"Odel"指的是家族在土地和田地上的产权。[22]贵族是和高贵、出身和地产联系在一起的。高贵是指，他自认为自己是高贵的，别人也认为他高贵，不被人认可是称不上贵族的。一个身份高贵的人享有盛誉，他首先不是作为一个个体的人，而是因为他的年纪决定了他在这个家族里所有祖辈中的地位。"家园"代表的是这个家族的一致性，代表着这个家族的起源，代表着这个家族的连续性。在贵族的世界里，每一个贵族看重的不是个体的利益，而是有利于他们整个家族的利益。出身指的是生物学上的特点，包括信仰、战争中的良好品行和他们从家族的圈子里继承的领导能力。一个欧洲共同体间接地形成了，尤其是在战争中的贵族中。这个共同体的建立是基于共同的荣誉观念，这种荣誉观念最初起源于骑士阶层，之后一代又一代地传承下来，到现在只属于贵族，他们认为战争中的勇敢行为才是真正的荣誉。贵族们生活在集体的荣誉里。他们之间交织在一起的东西不仅仅只是思想上面的，而且——就好比毛奇们——也在亲属关系上；种种交织将贵族们塑造成"水平的民族"。[23]他的家族荣誉迫使每个个体为此牺牲，为此变得宽容，因为家族成员之间公开的争吵会损害整个家族的声誉；而在贵族个人遇到困难的时候才有希望得到家族的支持。

地产有着特别的意义，欧洲的贵族不看重金钱财富，而是看重对土地和人的控制。自从中世纪以来，法制权一直有着比较错综复杂的特征。简单地说就是西部的土地，东部的庄园。这些18世纪早期就已经存在了，农民们从经济上是依附于地主的；现金付款的方式代替了实物交付的方式。而在东面的庄园领域则正好相反，农民们不仅仅在经济上依靠地主，在个人关系上也是依附于地主的。土地上的劳动义务一生都束缚着农民们。未经允许，他们不可以搬离自己的居住地。地主是依法经过资格认定的代表，对他们进行审判，他们的教堂守护者同意或者拒绝他们结婚，要求他们服劳役，让他们每年都有几天时间为积累财富无报酬地干活。这种"仆役的强制劳动"也使这些仆役的孩子们有义务作为仆役为他们的主人服务。另一方面，地主也有地主的义务。他必须要为牧师、偶尔也需要为教师支付工资，维护和保养本区域内教堂和学校的建筑，保证本区域内他那些上了年纪的或者是患病的仆役们能得到帮助。贵族管理他自己的领地就像管理一个国家。地主统治着一方，就好比是一个族长——无论如何都是由贵族来统治着这一方。可以肯定的是，定居在此属于生活中一个非常重要的特征，在这里人们不仅要继承财产，还要继承特权，维系着一种特殊的归属感，生活在家族固定团体的网络中，他们只在阶层内部通婚，维护战争中的荣誉，对待君主保持着他们自己的忠诚，他们在各处享受着崇高的声望，但是一直重新寻求威望。[24] 贵族——这是一个社会的等级和思维方式。

施特里特菲尔德与托伊滕温克尔

  毛奇来自梅克伦堡，不是普鲁士的贵族。在家族的族徽上，他们设计了三只鸡——通常被称为黑琴鸡，但是从那些旧的族徽来看，它们更多地被称为母鸡。徽章的齿冠显示出最迟自 14 世纪，他们就成了梅克伦堡最有影响力的家族。[25] 据流传和记载的资料显示，这个国家有 16 个教堂的捐助者是和毛奇家族有关联的。这个家族的姓氏据说是源于斯拉夫语的"毛奇"这个词，它是"锤子"的小词形式。所以看起来，毛奇们就是这样用他们的铁拳头统治着斯拉夫的农民们。最初，这个家族的一位远祖，是狮子亨利（Heinrich der Löwe）的随从，在他的协助下，他们征服了阿伯特利腾（Abodriten）部族，也正因如此，他自然而然地获得了梅克伦堡的土地所有权。研究徽章的学者们解释道，毛奇们戴着"会说话的"徽章——家族的姓氏和徽章的图案应该一致，因为"毛奇"有可能根本不是"锤子"的意思，而是"黑琴鸡"的意思。无论如何，很多事实都表明他们有着一个斯拉夫人的出身。[26]

  这个家族的四座祖传宅第最迟建于中世纪盛期。其中最重要的一座拥有超过 500 年的历史，经历超过 16 代人了，这座宅第就是位于居斯特罗（Güstrow）附近的格诺伊恩（Gnoien）小镇西面的施特里特菲尔德（Strietfeld）城堡。他的第九代主人，格布哈特·冯·毛奇（Gebhard von Moltke），是所有还在世的毛奇家族的祖先。施特里特菲尔德城堡是梅克伦堡现存最大的城堡，它具有特殊意义——泰勒曼·斯特拉① 于 1552 年把它作为事实上很少提到

---

① 泰勒曼·斯特拉（Tilemann Stella），约 1525—1589 年，德国制图师、地理学家和数学家。——译者注

的地方之一绘制在了这个国家的第一张地图上。[27]而托伊滕温克尔（Toitenwinkel）农庄，也叫作毛奇农庄，被视作这个家族另一主要居住地。它包括了12个村庄和下瓦尔诺（Unterwarnow）的东部地区。庄园所在地的多个部分现在构成了罗斯托克（Rostock）的一个城区。[28]庄园本身则在1973年被德国统一社会党①给炸毁了。

城堡、宫殿和附属农庄，首先组成了贵族家族的生活中心；第二，保证了他们享有领地；第三，很明显，他们对外有获得权力的欲望。一则刻在石碑上的文字是这样记录的：城堡主人、宫殿主人和农庄主人是如此富有和强大，以至于他们完全可以再建一座同样的建筑。[29]1254年，毛奇们并非偶然地和骑士弗里德里希·毛奇（Fridericus Moltiko）一起出现在了流传下来的作品中。13世纪中叶，有四个梅克伦堡的诸侯领地一直连续不断地处于敌对状态中。这就削弱了统治者的力量，增强了地方上的力量。贵族和他的领主们竭力争取着财富和权力。因此，1280年左右，膳务总管约翰·毛奇（Johann Moltke）就负责了罗斯托克当地的监护委员会。约翰批评他的被监护人尼古拉斯（Nikolaus）还是个孩子，编年史学家们则把尼古拉斯称为一个幼稚的人，他让罗斯托克臣服于丹麦，让丹麦享有罗斯托克的宗主权。约翰和他的兄弟——骑士弗里德里希·毛奇（Friedrich Moltke），劝说权力交替时期的诸侯尼古拉斯，将罗斯托克的统治权交给丹麦国王曼维德（Menved），而不是交给勃兰登堡侯爵。国王曼维德看起来非常高兴，而罗斯托克的情况越来越糟糕了，勃兰登堡侯爵将尼古拉斯逼得很不舒服。面对着这样的敌意，毛奇兄弟们只能依附于埃里克·曼维德（Erik Menved）。他们

---

① 德国统一社会党（德语Sozialistische Einheitspartei Deutschlands，简称SED），德意志民主共和国的长期执政党，1946年4月由苏占区的德国共产党与德国社会民主党合并组成。——译者注

图1-2 亚当·戈特洛布·冯·毛奇。詹斯·朱尔（Jens Juel）绘，1780年

逃跑以后，就开始了丹麦毛奇的历史。[30]

丹麦的毛奇家族

一张极其全面的亲戚朋友关系网并不只是梅克伦堡这一地区贵族的特征，但在这里，这一特征却特别明显。这个国家很小，对公务员和军官的需要也减少了，但是贵族家族的数量却在增加。[31] 因此约翰和弗里德里希·毛奇很快就成功地吸引了很多这个家族的其他成员前往丹麦。他们的后裔成为主教、帝国议员、外交官和雇佣兵将领。他们不仅在丹麦这个地方很富有，而且也在他们的发源地梅克伦堡这个国家很有钱。

丹麦这一支当中最有影响力的后裔出生在梅克伦堡。亚当·戈特洛布·冯·毛奇（Adam Gottlob von Moltke）于1710年出生在施特里特菲尔德附近的瓦尔肯多夫（Walkendorf）农庄，通过一个在哥本哈根王宫担任侍从的叔叔介绍，他和弗里德里希王储认识了，

第一章 从拿破仑开始　　19

并结下了一生的友谊。1745 年，王储登上了王位，成为弗里德里希五世，便任命他这位朋友为宫廷侍卫总长。就这样，毛奇作为国王的宠臣，整整 20 年都是幕后实权派。[32] 亚当·戈特洛布得到诸侯们和皇帝们的支持，发展贸易、工业和航海业，建立了艺术学院，成为这个国家最富有的地主。他还获得了伯爵身份，有过两次婚姻，15 个孩子。

国王送给他一座在西兰岛①上的宫殿——布雷根特维德（Bregentved）城堡。毛奇的建筑工程，弗里德里希都不插手。这是幸运的。因为一般来说，业主和建筑师之间很少会保持和谐的关系，而这种和谐的关系将有利于非凡艺术品的创造；幸运的是，这种关系正好处在亚当·戈特洛布·冯·毛奇和他的建筑师尼古拉·艾格特维德（Nicolai Eigtved）之间。这个艾格特维德为亚当·戈特洛布在哥本哈根建造的毛奇之家被视作世界建筑的杰作。[33] 这座宫殿是阿马林堡（Amalienborg）宫殿建筑群的一部分，也是象征着贵族权力的一座纪念碑，但也象征着君主专制政体的一种自我认识。亚当·戈特洛布·冯·毛奇，丹麦专制主义的大领主，在弗里德里希五世去世以后就失势了，1792 年他也死在了布雷根特维德。这座宫殿也就留在了这个家族的手里。目前，布雷根特维德的毛奇家族拥有 6338 公顷的森林和田地，以及 163 栋楼房，雇用了 40 个职员，每年的收入约为 800 万欧元。[34]

梅克伦堡地区的毛奇家族

梅克伦堡巨大的贵族权力见证了一系列古老的家族，西北部

---

① 西兰岛（Seeland），位于丹麦。——译者注

图 1-3　毛奇在哥本哈根的宫殿

的普莱森（Plessen）家族和比洛（Bülow）家族，西南部的吕措（Lützow）家族和彭茨（Pentz）家族，东南部的马尔萨（Maltzahn）家族、德维茨（Dewitz）家族、弗洛托（Flotow）家族和沃斯（Voß）家族，东北部的巴塞维茨（Bassewitz）家族、吕尔（Lühe）家族和毛奇家族。他们所有人以元帅、地方长官或者政府要员的身份出现在这里，一直寻找且找到了机会接近梅克伦堡的公爵们。在托伊滕温克尔，因为丹麦国王埃里克·曼维德的馈赠，毛奇家族在14世纪就已经获得了极高管辖权；还获得了对死刑的判决权，而这种权力在其他地方只有诸侯们才享有。同样，这也会产生社会后果。从中世纪到近代的地主家族的过渡，在用徭役替代农民赋税的过程中，梅克伦堡也发展成一个典型的封建庄园，甚至超过波莫瑞或者勃兰登堡。因此，在中世纪晚期的公爵领地的繁荣与苦难中，毛奇家族的成员们一直持续参与其中。阿尔布雷希特二世（Albrecht Ⅱ）公爵，只是被当地的历史学家称作"伟人"，他在1360年左右挑起了一场代价高昂的反抗丹麦王室的海战。他不得不向这个国家的九个贵族家族借点战争贷款。约翰、维克（Vicke

和亨内克·毛奇（Henneke Moltke）把博伊岑堡①的总督府以及宫殿、城市和特辛②的总督府也典当了。1423年，当时的国家还没有一个成年的国王，毛奇家族仍是拥有监护权的骑士委员会成员。

16世纪末期，这个家族在两条主线上壮大起来：施特里特菲尔德和萨莫（Samow）。其中的一个分支——托伊滕温克尔通过君主们和汉萨同盟城市罗斯托克之间的争端，一步一步地陷入了不利的境地。这一争端最终是通过一斧子来结束的。蒂德克·诺提克（Thideke Noitinck），托伊滕温克尔的一个磨坊工人，在1564年5月17日下午3点砍死了他的地主卡林·毛奇（Carin Moltke）。凶手被处以车磔之刑。但是这个罪恶行径仍带来了恶劣的影响。卡林的遗孀，负债累累，与三个未成年的儿子和两个尚且依赖父母还未婚配的女儿纠缠于旷日持久的产权纠纷中，她唆使公证人威尔姆·乌列诺格（Wilm Ulenoge）制造了梅克伦堡历史上最大的一件伪造证件案——再也不可能比这样一个谋杀案件更能引起人们的骚乱了。最后这一案件是以乌列诺格的逃跑、被捕、受刑和处决以及毛奇遗孀被驱逐出境而宣告结束的。[35] 托伊滕温克尔的这一分支，未来几代人都没能从这件事的阴影中彻底摆脱出来。而施特里特菲尔德的这一分支则刚好相反，他们在瑞典扎下了根，另外一位毛奇——玛格丽特（Margaretha），则成为瓦萨（Wasa）族的祖先。所有"德国的"毛奇都发源于萨莫这一支，被人们称作"财富萨莫"，其所在的位置距离施特里特菲尔德步行只需要一个小时。

对于施特里特菲尔德人来说，和萨莫人一样，三十年战争对

---

① 博伊岑堡（Boizenburg），德国梅克伦堡-前波莫瑞州的一个市镇。——译者注
② 特辛（Tessin），德国梅克伦堡-前波莫瑞州的一个市镇，位于博伊岑堡附近。——译者注

他们的权力、财富和对梅克伦堡来说都是一场灾难。1627年，华伦斯坦（Wallenstein）的军队占领了这个国家。皇帝的总司令剥夺了梅克伦堡-居斯特罗和梅克伦堡-什未林的公爵们的权力，把整个梅克伦堡作为一个封地，搬入了居斯特罗宫殿，把政府改革成管理部门。他呼吁梅克伦堡的贵族参与。梅克伦堡的贵族们起先都犹豫不决，带着怀疑的态度为他效力。他们在华伦斯坦的最高政府部门里成立了理事会：格雷戈里乌斯·冯·贝弗内斯特（Gregorius von Bevernest）、沃尔拉特·冯·德尔·吕尔（Volrath von der Lühe）和格布哈特·冯·毛奇。三年后，华伦斯坦的统治就破灭了。瑞典人登上了乌泽多姆（Usedom）岛，两位公爵都返回梅克伦堡。吕尔和毛奇遭到反对派的报复。他们的财产先是被抢劫，后来又因为瑞典国王的命令被赠送给了瑞典的军官们。在公爵中间，他们也失去了恩宠。易北河和奥得河之间的战争依然疯狂地持续了18年之久。在神圣罗马帝国，除了符腾堡和普法尔茨，梅克伦堡也属于最难被侵袭的地区。战争之前这里大约有三十万居民，战后只剩下了大约六分之一。在有些地区，例如毛奇家族的领地，损失则更大。

很多贵族家族从这场灾难中获益，因为战争和平结束后，那些荒凉的农庄都归入了贵族地产，以前那些自由的、现在极其穷困潦倒的农民们沦为农奴。并不仅仅是毛奇家族，萨莫一族也是一直在走下坡路。那些横行暴虐的士兵把他们的庄园彻底变成废墟了吗？那些失宠的诸侯的庄园里还有值钱的东西吗？或者说有没有人逃到丹麦去投奔他们有钱的亲戚呢？更具体的就无人得知了。但是继承法起到了重要的作用。在梅克伦堡，就和在帝国内其他地区一样，继承法在不同的家庭中使用的方式不同。毛奇们甚至都不了解具有约束力的继承顺序。18世纪末期，毛奇家族将托伊滕温克尔和施特里特菲尔德弄丢了。弗里德里希·菲利普·冯·毛奇，少校席尔的反对者，作为毛奇家族中最后一位在萨莫庄园出生的男性成员，于1768年来到世上。八年以后，皇帝约瑟夫二世（Joseph Ⅱ）将席尔手下这位少尉的父亲，弗里德里希·德特洛夫·冯·毛奇，提升到了帝国的伯爵阶层——这一头衔在梅克伦堡只有年长的、受人尊敬的家族才可以拥有，[36] 对萨莫人却没有什么帮助。1785年，毛奇家族的成员们永远地失去了祖传的宅第，因为在地主卡西米尔·冯·毛奇（Kasimir von Moltke）死后，他的9个儿子和3个女儿瓜分了这一切。

弗里德里希·菲利普·冯·毛奇

与梅克伦堡长达几个世纪的联系中断了。法国大革命前夕，萨莫的毛奇家族成员已经变得无家可归了。但是人们总归能够找到一个避难之所——普鲁士国王享有盛名的军队。他们对军官的需求给了这些极度贫困的乡村贵族一个机会，能够得到与其身份相匹配的供养。卡西米尔的6个儿子加入了霍亨索伦（Hohenzollern）家族的军队，其中也包括他最年轻的儿子——弗里德里希·菲利普，席尔的追捕者。弗里德里希·菲利普·维克多·冯·毛奇遭遇了一些不幸的事件。但是其中很多是他自己造成的。当生命快要结束的时候，这位老人不得不做了忏悔。他将他一生所经历的事情按照年代顺序记录了下来，在他去世之后只有他的孩子们可以阅读，为的是不会重蹈覆辙，"这样他们可以绕过这些我经常不经意间就被困住的阻碍"。[37] 在这部毫不留情的、甚至呈现出难堪的《征战记忆》（*Erinnerungen*）中，反映了一个自负的、不安的、看重嫁妆并且铺张浪费的男人的形象。弗里德里希·菲利普不止一次希望能够结束他自己的生命；他是一个有能力的、勇敢的军官，但是有狂躁抑郁症的倾向，充满了自我同情，完全以自我为中心，极度敏感和猜疑；卷入很多决斗中，以至于他那些为荣誉而进行的决斗看起来具有变相的自杀企图。他会因为一些毫无意义的小事向他的上级——一位年长的将军挑起决斗。起初，弗里德里希·菲利普拒绝了所有和解的请求，他的顽固把极其严肃的事情变得富有喜剧色彩。"他说：'是的，如果您要求，我就必须和您回忆一下过去。'我说：'按照我们的级别，这样做好像不是很合适，我们必须选择更专业一些的武器，最好是两把手枪。'他说：'但是亲爱的毛奇，如果我向您保证，以后绝对不会再被我侮辱，并且我也感到十分抱歉，让您受到了侮辱，那么您愿不愿意接受我伸出的和解之手呢？'——说着他向我伸出了他的手。我没有接受他伸出的和解之手，因为我想起了一些其他的事情，想起了他曾经公开地激起了我的荣誉感，想起了他曾经对我已经故去的朋友的蔑视——痛苦的少校，还有所有他的参谋部军官。他请求上帝做证，他从未想要故意去侮辱别人。他再一次请求我的原谅，亲吻了我，并再一次把他的手伸给了我。我和他和解了。"[38]

书中也谈起了这位13岁的男孩同性恋或者是同性色欲的经历。这个已经退休的人抱怨道，男孩总是很活跃地出现在他的眼前，他在梅克伦堡-什未林大公的侍从队伍里的"那些男孩中感觉到非常不幸，我很想家，有很多时候我会坐在黑暗的角落里，哭得很厉害。但是，哎，几个月后我已经被引诱了，就和引诱我的人一样邪恶了，区别只是，我从不引诱某一个男人或者某一个女人"。此外，这种"非常私密的不道德行为"[39]也在普鲁士的侍从队伍里蔓延开来，在柏林才得到了遏制。

他的父亲卡西米尔·冯·毛奇，在一次争执中把人打死了，只好离开了符腾堡的侍从队伍，前往维也纳。在那里，他得到了弗里德里希·菲利普·冯·毛奇的庇护,很快就被提升为上尉。[40]《征战记忆》里把卡西米尔描写成了一个患有痛风病的易怒的人,他虐待妇女和孩子们。弗里德里希·菲利普不仅仅对父亲有所怨怼:"据我所知,我的八个哥哥姐姐,都是我母亲给他们哺乳的,但我不是,这件事情总让我觉得很忧伤。"他觉得他的哥哥姐姐们也不爱他,"我在想是不是因为我不听话,不爱干净,所以他们不喜欢我"。

这是在庄园里比较常见的现象,卡西米尔把孩子们的教育交给了家庭教师。但是他们经常更换,"有些人对我们没有帮助"。安娜(Anna),他们的母亲,来自一个胡根诺教徒①的家庭。她体现出一位女性的美德,看起来对丈夫非常有耐心:"哦,尊贵的母亲,你容光焕发,为我们祈祷,我们所有人都是你生的,都希望能和你亲近,在你的祈祷里也包括了我的孩子们和孩子的孩子们。"[41] 1785年,卡西米尔作为里布尼茨(Ribnitz)修道院的管理者去世了。当时只有老的贵族家庭才能享有受俸神职,也就是自1572年就已经在这里定居的少数家族。[42]弗里德里希·菲利普有一个监护人,他是拉本(Raben)家族的成员,他为自己的受监护人写了很多便于记忆的句子——弗里德里希·菲利普·维克多·冯·毛奇时刻注意观察着以下原则:[43]拉本先生认为最重要的一点是对神的虔诚。然后,随之而来的是——几乎不是偶然的——对性欲的克制。此外,弗里德里希·菲利普必须避开所有的"宗教嘲讽者",那些启蒙运动者和反对教会的人,他们在邻国普鲁士不仅得到了保护,而且还得到了腓特烈大帝的重视。因为拉本和他的兄弟们早就决定了,弗里德里希应该成为普鲁士的军官。

---

① 胡根诺教徒,16—17世纪法国的新教徒。——译者注

1785年，安娜把她的儿子送去了她柏林的姐姐霍尔茨曼（Holtzmann）少校夫人那里；姨妈像亲生母亲一样对这个17岁的孩子悉心照料。就在普鲁士的首都，弗里德里希·菲利普也能指望得上家里。姐姐玛丽安（Marianne）嫁给了分庭法院理事会的委员卡尔·巴尔霍恩（Carl Ballhorn），而姐姐露易丝（Louise）则嫁给了克内贝尔（Knebel）上校。也许是在霍尔茨曼或者是克内贝尔的介绍下，弗里德里希·菲利普作为候补军官进入了"米伦杜夫"（Möllendorff）的柏林步兵团。一位名叫本德尔（Bender）的军士，负责照料他的生活。"我吃士兵吃的粗面粉做的黑面包，躺在床垫或者硬的木板床上，每周我都要去值勤，每天都要去执行任务……这样，我就慢慢长成了一个美少年，但是也带着一些年轻人的轻率与鲁莽。"[44]毛奇见到了腓特烈大帝，成了传奇人物。"作为候补军官，他已经同我说过两次话了，他说的是：'你叫什么名字？'"[45]

国王想要和尽可能多的军官建立起私人的联系。每一个少尉在普鲁士都有权进入宫廷。腓特烈大帝的那些战争让贵族有了一个惊人的死亡人数。在国王的这些战役中，韦德尔（Wedel）家族死了72个人，克莱斯特（Kleist）家族死了58个人。40个波莫瑞的赫兹贝格（Hertzberg）家族的成员，他们从1740年至1763年间为国王服务时，死了17个人；剩下的23人，每个人都有不同程度的受伤。这样的牺牲把贵族和王冠联系在了一起，现在腓特烈大帝相信了他们的忠诚。和在梅克伦堡不同的是，普鲁士的贵族最晚是从"士兵王"[①]的时代起，就已经用服役假发取代了17、18世纪男人的卷曲长假发。军官的服装把容克贵族和国王联系在了一起。这也

---

① 士兵王，即弗里德里希·威廉一世（1688—1740），普鲁士国王兼勃兰登堡选帝侯，绰号"士兵王"。——译者注

为普鲁士成为强国奠定了基石。

弗里德里希·菲利普加入普鲁士皇家军团以后，这支军队已经是由贵族掌握的军事力量了，这个国家也是受农民影响的国家。而文化和经济上的迅速发展同样是因为市民们。虽然有些胆怯，但是无论如何是可以感觉到的，他们削弱了贵族的统治地位。教授、医生和牧师们得到他们的职位并不是因为所属的阶层，而是他们自身的能力，他们要能提供一个学历证明。越来越多的人因为他们的学识而获得了声望和职位。三十年战争毁掉了很多城市，这个国家就向它的公务人员提供最好的、也几乎是唯一的晋升机会。因此，市民阶层也挤入了管理层。知识是通向成功的钥匙。所以，在普鲁士，教育得到了前所未有的重视。此外，通过取得的成绩而胜出的优秀者也符合时代精神。启蒙运动就是要让人们可以从那些不能经受住理性考验的责任、偏见和习惯中解放出来。

军队与启蒙

七年战争后，普鲁士的军队成为欧洲最强大的军队。陆军元帅维查德·冯·米伦杜夫（Wichard von Möllendorff），毛奇军团的军团长，自从鲁腾（Leuthen）会战以来，就一直是战争中的英雄。但是理性的时代迫使军官团进入了防御状态。贵族通过出身和家庭而进入领导层的观念已经逐渐消失。此外，战争的力量让很多启蒙运动者产生了质疑。他们怀疑现有军队的意义，更倾向于能够拥有永久的和平。法国大革命加剧了这种压力。"我只是出身于我自己！"[46]这也就可以解释，为什么佩尔伯特（Pelleport）子爵能够从一个普通士兵晋升为将军了。从此以后，市民阶层看起来在政治上都是有发展可能性的；军事上，法国军队的胜利引起了人们对部队里的贵族战斗能力的怀疑。这支军队也推动了这个时代的进程。七年战争以后,对军官的培训已经有了迅速的发展。现在这种军官培训则变成了一种方法,一种可以把启蒙思想带入军队的方法。战争从徒手较量转变成知识的较量。行军和反向行军,演习和假演习混合在一起,这样的培训机制就是为了避免血腥战争。借助于防御策略,人们想要让敌人变得疲乏,保护人民,把损失控制在一定范围内,最好能够不战而胜,这种防御策略的实施就需要大量经过培训的军官。这个理性的时代盼望着"外科手术式"作战。

在军官团里,一些书籍爱好者却遇到了阻力。这种通过培训和成绩进行内在竞争与兄弟情谊不符。培训使人性格软弱,这总归是沉默的大多数人的看法。他们的拒绝是以思想上的懒散和骑士的传统风俗为基础的,也是基于社会的不安定性。因为如果专业知识成为战士获得战绩的条件,那么所有出身优势就消失了。在这种情况下,就有了这些可以被每一个市民掌握的知识。针对这些知识的考试则被视为晚辈们的死敌,人们按照服役的年限把这些考试视作升职的基本依据。弗里德里希·菲利普就属于这些沉默的大多数人。这就预示着对待他们或多或少都会有思想上的倾斜。很多军官在波茨坦和柏林培养了不同寻常的求知欲。

在部队里,时代的光芒闪烁着。到处都有人爆发出从未有过的思想上的才能,出现了费希特、施莱尔马赫(Schleiermacher)和黑格尔(Hegel)、格雷斯(Görres)、阿恩特、根茨(Gentz)和洪堡兄弟、诺瓦利斯(Novalis)、勃伦塔诺(Brentano)和阿尼姆(Arnim)、施莱格尔(Schlegel)兄弟、让·保罗(Jean Paul)、E. T. A. 霍夫曼(E. T. A. Hoffmann)。"狂飙突进运动"的狂飙时期还未过去,文学的古典时期就已经在歌德和席勒的友谊中发展起来了。这样,柏林的浪漫主义就超过了以魏玛为中心的古典主义。在拉尔·莱文（Rahel Levin）、多萝西娅·施莱格尔（Dorothea Schlegel）和亨丽埃特·赫尔茨（Henriette Herz）的沙龙里，文学的世界和政治的世界混合在一起，市民阶层和贵族阶层经常在此出入。在库尔兰（Kurland）女公爵的王宫里，受邀来做客的都是艺术家和出版商，都是中产者和外交官，都是政治家和贵族。这位女公爵成为欧洲最富有的女人之一。在这些人中间也有军官，比如沙恩霍斯特、格奈泽瑙、克劳塞维茨（Clausewitz）和马维茨。不是靠地位和财富，而是靠思想和谈话艺术才能打开沙龙的门。这一切改善了军民关系，而不必填满所有的鸿沟。共济会运动也成了共同的平台。在共济会分会，世界主义、忍耐、博爱和理性突破了出身、信仰、地位和财富的界限。人们也会想起，更多的同时代人通过合乎道德的行为让自己变得更加高贵。在共济会分会，人们希望，泥瓦匠们也能享有同等的权利。在共济会分会，只有理性才占据上风。在共济会分会，人们被当作兄弟一样对待。总而言之，在共济会分会，会产生一个更美好的世界。而事实上，共济会运动很像一个大熔炉，它开始把各阶层的人融合在了一起。弗里德里希·菲利普也成了共济会会员，他的一生都有义务参加共济会运动。[47]但是涉及让他自己的品行变得高贵的问题，却遇到了困难。

亨丽埃特·帕申

这个年轻的、相当轻浮的少尉，自认为应该算得上美男子，正在寻找一个理想的结婚对象。"我从父母那里继承来的几千塔勒，很快就被挥霍了，因为我只是太快到了法定的年龄，我必须要考虑，找到一个富有的结婚对象，因为我还不想学着过紧日子。"[48]通往这条路的都是桃色事件和破裂的婚姻承诺。在里布尼茨，他招惹了参提尔（Zanthier）的遗孀；在柏林，他的姐夫克内贝尔上校将他"从一个操之过急的口头允婚中"解救了出来；在比克堡（Bückeburg），他向伯爵夫人朱莉安·冯·绍姆堡-利佩（Juliane von Schaumburg-Lippe）暗送秋波，这位伯爵夫人是一位摄政者，她私下给了他很多的好处，看起来对这位军官的追求很受用——"分离对我们双方来说都很困难"。在柏林，他让卡罗琳娜·冯·格罗尔曼（Caroline von Grolman）伤透了心，她是后来的军事改革家的妹妹，也是毛奇的妹妹玛丽安·巴尔霍恩最亲密的朋友——"暗地里我很受这个各方面都很优秀的女孩的喜爱，但是当我得知这一切的时候，已经太晚了"。[49] 在上西里西亚（Oberschlesien），他又和奥古斯特·冯·罗特基希（Auguste von Rothkirch）开始了一段长年的、秘密的关系。"当我到她那里的时候，我就被她要求一起去旅行。只要我们到了她的熟人所在的地区，我就不得不坐在她的马车夫的座位上，之后才可以坐在马车里的第一个座位上。"奥古斯特是一位将军的遗孀，比他年长15岁。她养着毛奇，帮毛奇清偿了债务，送给他堆积如山的礼物，只要一有时间，每分每秒都待在他的身边，想要嫁给他，并且得到了她女儿的允许——"但是我以一种卑鄙的方式结束了这段关系"。[50]

这些爱情的交易最终有了结果。1796年，弗里德里希·菲利普在帕尔希姆（Parchim）拜访了他住在长街28号的兄弟赫尔穆特，他是梅克伦堡-什未林大公的市警备司令官和陆军上尉。兄弟二人去往赫尔穆特的小姨子蕾吉娜·帕申（Regina Paschen）那里旅行，她住在珀尔（Poel）岛附近的拉科（Rakow）庄园里。蕾吉娜的丈夫是一个百万富翁。这个百万富翁还有一个单身的女儿索菲·亨丽埃特（Sophie Henriette），只有20岁。"亨丽埃特小姐很漂亮，很活泼，很渴望享乐。"[51] 伯恩哈德·约翰·帕申（Bernhard

Johann Paschen），她的父亲，梅克伦堡大公任命的财务委员会主席，属于汉堡纳税最高的一百人之一。一个熟悉他的人是这样评价的："这个男人历来都是一副庄重而又拘谨的派头，因为他特别高大的身材，总是给人一种仪表堂堂的印象，他身高超过6英尺。不可否认，他有头脑和教养。"[52] 这位吕贝克商人的儿子，今年62岁，和他的女婿默勒（Möller）先生，在汉堡经营着一家名叫J. B. 帕申的公司，他在那里有很多房子和仓库，也是很多保险公司的经理，为了汉堡这个汉萨同盟城市，他与汉诺威王国的代表们就关税问题进行了谈判，他也是两个共济会分会的会长和爱国主义联合会的联合创始人。[53] 作为退休时的住宅，他获得了拉科和布施米勒（Buschmühlen）的农庄。在拉科，弗里德里希·菲利普作为客人在这里才住了几天，就和帕申的女儿私底下订了婚。但是这位商人看出这个军官只是一个追求嫁妆的男人，他拒绝了他的求婚。弗里德里希·菲利普就说："我马上离开拉科，准备出发的时候，我和我的兄弟很高兴地踏上了回去的旅途。"[54]

毛奇看起来不会受到爱情的困扰，亨丽埃特却病倒在床上。她

图1-4 亨丽埃特·冯·毛奇，娘家姓：帕申

的母亲派人快马加鞭送了一封信给在帕尔希姆的帕申先生。她在信里说，她的女儿说，不会再嫁人了。当弗里德里希·菲利普回来的时候，她的父亲只好同意了。"我在我的人生中最关键的时刻做了一个决定，可以看出当时的我有多离谱！"[55]当晚，亨丽埃特就和弗里德里希·菲利普订了婚。毛奇必须发誓，放弃了军衔，成为一个地主。在柏林，差不多过了13年之后，他同他的部队说了再见。"啊，如果我早知道我会遇到这么多的苦闷和麻烦的话，那么我无论如何也不会离开部队的！"[56]1797年5月，这对新人在劳恩堡（Lauenburg）公爵领地的拉策堡（Ratzeburg）附近的霍斯特（Horst）庄园里结了婚。这个庄园是属于保利（Pauly）家族的，此家族和亨丽埃特是好朋友，还有点远房亲戚的关系。作为嫁妆，新娘得到了在普里格尼茨（Prignitz）东面价值大约14500塔勒的利本塔尔（Liebenthal）农庄，另外还有黄金、珠宝和银餐具，帕申还让人在上面刻了一个字母"P"。[57]婚姻契约书禁止新郎将利本塔尔进行抵押贷款，或者未经亨丽埃特和她父亲的许可就将其出售。第6条规定毛奇，在亨丽埃特去世后，或者再婚的话，第一次婚姻中

图1-5 弗里德里希·菲利普·冯·毛奇

的所有孩子都会被指定监护人。很明显帕申只是想防止毛奇挪用遗产。这样,这个婚姻契约书包含了两重信息:伯恩哈德·约翰·帕申既不想失去女儿,也不想失去财富。可惜他两方面都未能如愿。

当这对夫妇搬去利本塔尔的时候,他们的关系已经破裂了。[58] 1798年和1799年,他们的第一、第二个孩子——威廉和弗里德里希出生了。第二个儿子出生后没几个月,毛奇就把盈利的庄园卖掉了,而帕申和亨丽埃特必须同意。这一家人搬去了住在帕尔希姆的兄弟赫尔穆特那里。在长街,10月26日,他们的第三个儿子出生了;为了对主人表示尊敬,父母就给他起了一个名字叫作赫尔穆特。"那个时候,我对他不是很严厉,40年以后我才明白,这个儿子会给我带来欢乐,会成为我的骄傲,我的恩人。这个孩子拥有很奇特的人生履历,一生中诸多的危险在威胁着他。"[59]他开始了他的流浪生活,而未顾及家人。他对农庄没有什么兴趣。"我相信,通过农庄买卖我会成为一个有钱的人。"[60]投机农庄的行为在世纪之交是会让所有人暴怒的,国王为此还颁布了法律,但是这些法律也拿他们没有办法。拥有了几百年的家庭财产在一年之内换了三到六次主人。仆从们和农场主人们之间的联系也断了;交易丝毫没有给农业本身带来任何好处。人口在不断地增长,西欧大量的粮食需求量,小麦和黑麦价格的持续升高,由于工商业的扩大而变得生机勃勃的市场,科学种植方法的进步,骑士封地转变为私人财产,骑士信贷机构的成立——这一切都导致了农业繁荣,刺激了投机商的活动。只有很大的和收成很好的农场不会进入市场交易。[61]所以,毛奇在1801年买了萨莫附近的格内维茨(Gnewitz)庄园。他的家人也随他一同前往。但是两年以后他又把这个庄园卖掉了。"我们决定,现在要搬去吕贝克了。因为在那个时候,我的婚姻已经完全毁了,所以我认真地思考了离婚这件事。"毛奇通过把帕申的财富进行投机而积累了很多资本,"这样我不需要再依靠我的太太生活了"。[62]

投机庄园

弗里德里希·菲利普一个人去了瑞士,并没有回到吕贝克,而是从柏林催促离婚事宜。但是亨丽埃特和帕申不同意,他们不想离婚的原因人们只能依靠猜测了。所有相关的信件,送交给毛奇的遗物在这期间都丢失了——可能是孩子们有意为之。可以肯定的是,帕申做过一些让步。他把婚姻契约书中的第 6 条款给画掉了:如果亨丽埃特去世了,就把庄园交给弗里德里希·菲利普处理,无论"他是否给他的孩子们安排了监护人或者他自己想要成为孩子们的监护人"。[63] 毛奇也让步了。"因为我的岳父,他已经给了我至高无上的保障,这样未来不管发生什么事,我都可以过得幸福,所以我也放弃了离婚的念头。于是,我又回到了吕贝克我太太那里,为的是继续当 30 年不幸的丈夫。我曾经有过很多次罪恶的念头,想要一枪结束我自己的生命,如果不是想到我这三个心爱的儿子,这个罪恶的念头可能已经付诸实施了。"[64]

1804 年和 1805 年,阿道夫(Adolph)和路德维希(Ludwig)在吕贝克出生了。当"路易斯"(Louis)出生的时候,毛奇花了 9.3 万塔勒买下了荷尔斯泰因公爵领地的奥尔登堡(Oldenburg)附近的连同克列瑙(Klenau)村庄在内的骑士封地奥古斯滕农庄。弗里德里希·菲利普投入了他全部的财产——他太太大部分的嫁妆和他岳父帕申的钱。因为这个农庄是没有住宅的,亨丽埃特和孩子们仍然待在吕贝克,而毛奇则在奥古斯滕农庄看管这里的农作物,他感到非常高兴,这样可以和他太太长期分居了。他让人在这里盖了"一栋非常漂亮的,非常昂贵的楼房"[65],为了盖这栋楼房,他负债 8 万塔勒。毛奇预感到，很明显会有不好的事情发生。他现在想去军队了，于是加入了战时后备军。1806年6月，他得到了包括战时后备军少校委任状在内的丹麦国籍。由于毛奇购买了奥古斯滕农庄，他也成为丹麦国王的臣民。公爵领地荷尔斯泰因是属于"德意志神圣罗马帝国"的，但也是和丹麦王国以君合国①的形式联系在一起的。这个家族的历史的61年都将生活转移到了丹麦和德国之间。

四个月以后，毛奇在柏林服役时认识的战友中的大多数人或受了伤，或被俘，或死亡。"米伦杜夫"军团已经不复存在了。1806年10月14日，拿破仑在耶拿（Jena）和奥尔施泰特（Auerstedt）消灭了普鲁士军队。最后一支在半路上做好战斗准备的大部队，2万普鲁士人在布吕歇尔的带领下，赶往波罗的海方向，遭到了占压倒性优势的法国武装部队的猛烈追击。因为这个城市的中立，布吕歇尔遭到了怠慢，他意外地逃到了吕贝克的壁垒之下。[66]在那里生活着亨丽埃特和她的五个儿子：威廉已经8岁了，弗里茨7岁，赫尔穆特6岁，阿道夫2岁，路易斯1岁。布吕歇尔在吕贝克待不住了。因为他的笨拙，城门失守，落入了敌人的手中。而法国人抢劫、杀人，还有强奸，轻骑兵将军一边战斗一边逃往拉特考（Ratekau）。"我投降，因为我没有面包，也没有弹药了。"[67]

转为丹麦效劳

这三天的骚乱行为让100多名吕贝克市民丢掉了性命。作为一家之主的父亲们就在他们的家人面前被杀死，妇女们则被强奸致

---

① 君合国，两个独立国合一个君主。——译者注

死。[68]沙恩霍斯特,布吕歇尔的参谋长,对一些可怕的场景感到害怕。"这些可怕的场景对于大部分有经验的士兵来说都是陌生的。"[69]亨丽埃特的房子也被洗劫了。弗里德里希·菲利普用沉默来表达他对这个家庭命运的忽视。任何对吕贝克噩梦的评论,毛奇家族的成员们都不会流传下来。很不幸的是,奥古斯滕农庄发生了一场大火,这场大火持续了整整两天,几乎所有的建筑物都被严重烧毁了。他没有为他造价昂贵的庄园里的房子办理保险。"现在我是一个乞丐了,是一个在任何方面都极其不幸的男人。我也失去了我岳父的信任。当然通过我的不幸,他也失去了我的信任。"[70]奥古斯滕农庄被凑合着修缮了,但是现在的亏空如此严重,也许只有依靠多年的辛勤劳动,才能使这一切有所改善。毛奇看起来既不愿意也没有能力做这件事。"Candide et Caute"①,这个家族的座右铭是这样表述的。毛奇从来也不谨慎,诚实嘛,至少对他自己来说,只能算一半。否则他应该能预感到,不是他自己生活的表象,而是他对这个世界的洞察力才是他命运真正的不幸。

---

① Candide et Caute,拉丁文,意思是"诚实且谨慎"。——译者注

第二章
强烈的求知欲

——超然于民族

毛奇陨石坑

　　1969年7月20日,超过五亿的人在密切注视着电视上的直播节目。三个美国人要征服月球。埃德温·奥尔德林(Edwin Aldrin)、迈克尔·柯林斯(Mike Collins)和尼尔·阿姆斯特朗(Neil Armstrong),他们是阿波罗11号登月计划的三名宇航员。尼克松总统已经在他的抽屉里准备好了一份悼词。几千吨燃料在他们脚下化为烈焰,高如教堂塔尖般的土星5号火箭在卡纳维拉尔角(Canaveral)发射升空,已经过去了92小时。现在,在月球的运行轨道上,柯林斯坐在母舱里。奥尔德林和阿姆斯特朗交替着进入"鹰"号登月舱。通过指令舱的舱口,柯林斯看到,他的同伴们是如何解决指令舱"哥伦比亚"发出的这些问题的。"鹰"号开始自动操控降落的过程。太阳位于很低的位置。月球上的一天——大约相当于地球上的27天——现在才真正开始。当奥尔德林和阿姆斯特朗穿过宁静海的边缘时,有一个撞击坑进入了他们的视线。这个在宁静海上的盆状形体直径只有6公里。与位于月球南极直径为

2200公里的艾肯（Aiken）盆地相比，它就显得非常小了。美国国家航空航天局爱开玩笑的工作人员把它叫作"坑洼"。这个"坑洼"就位于"鹰"号降落的路上。[1] 为了研究出一个安全的着陆点，两个月前，阿波罗10号的宇航员们就已经给这个撞击坑拍过照片了。现在阿波罗11号也要给这个几公里宽的"坑洼"拍照。几秒钟后，阿姆斯特朗和奥尔德林发现，就在他们准备着陆的地方还有另一个更小的撞击坑。依靠人工操控，指令长阿姆斯特朗成功地进行了回避绕行。然后，当"鹰"号继续降落时，计算机拉响了警报，发动机燃料就要用尽了。每一次报警的间隔已经下降到了几秒钟。在休斯敦的控制中心，这种紧张状态也是近在咫尺。只过了一小会儿的宁静时间。最终，中欧时间21点17分，阿姆斯特朗报告了一个大家都希望听到的消息："这里是宁静海基地。'鹰'号着陆了。""雄鹰"登陆月球表面。人类的一个梦想实现了。那个"坑洼"离这里只有大约50公里，天文联合会在他们的名单上给这个坑起了一个官方的名字：毛奇陨石坑。

　　宇航员约翰·克里格尔（Johann Krieger）和鲁道夫·柯尼希（Rudolf König）是根据老毛奇的名字给这个撞击坑命名的。[2] 克里格尔和柯尼希致力于对一张月球地图的研究。他们不是想让将军永远不被人遗忘，而是想让人们记住毛奇对月面学①所做出的贡献。随着"施密特地图"的排印，在毛奇的支持下，月球地理学取得了巨大的进步。[3] 地球的卫星上有撞击坑这件事证明了，陆军元帅赫尔穆特·卡尔·伯哈德·冯·毛奇（Helmuth Karl Bernhard von Moltke）伯爵在他同时代的人看起来，是一位穿着军装的学者。

---

① 月面学，专门研究月球表面及物理特征的学科。——译者注

毛奇与普鲁士

毛奇与俾斯麦（Bismarck）一样，有一半的市民血统；与施泰因和布吕歇尔一样，不是来自普鲁士；与沙恩霍斯特和格奈泽瑙一样，社会关系比较简单。他的家庭既没有财富，也没有希望获得财富。他父亲的经营毫无成效，买了庄园，又把它们卖掉了，靠进入丹麦军队得以自救，在那里一直生活，直到死去，和家人一直分离着。赫尔穆特·毛奇取得的成就，几乎不归功于他的出身。他同时代的人在他身上看到了普鲁士的化身，就好比冯塔纳（Fontane）在文学作品中所描述的那样：理性、冷静、知足和遵守纪律，他是一个有正义感的庄园主，有着贵族的血统和希腊人的灵魂，很容易受美德、真理和美好事物的影响。他是国王的随从，也是这个国家无私的公仆。这位陆军元帅去拜访一个特别有钱的亲戚，这位亲戚是在瑞典的毛奇-胡依特菲尔特（Moltke-Huitfeldt）伯爵。让这位伯爵感到极度惊讶的是，这位特别著名的战争胜利者在奥韦萨鲁姆（Ovesarum）火车站从一节二等车厢下来，穿着一件朴素的小礼服，没有带仆人，也没有带行李。而伯爵带着无数好奇的人们等在头等车厢的停靠点，现在不得不急急忙忙地赶往火车后部。[4]

这样的出场方式让人想起了远方的拿破仑，想到了他的行军床和他简单的三角帽；也让人想起了腓特烈大帝，他每个塔勒都要拿在手心里翻转两次，最后还是把钱放回钱柜里。波拿巴当然总是能把这个俭朴的亲民画面演绎得很好，普鲁士国王也总是想要维护他全国第一节俭者的声誉，但是他的仆从，因为政治上的需要，却期待着一个如新皇宫一样宏伟的建筑。毛奇也知道科西嘉人的统治史。而对于腓特烈大帝，毛奇知道他的很多奇闻逸事。他对"老弗里茨"的赞赏也影响到了毛奇的太太，一个在丹麦出生的半个英格兰人。她对腓特烈大帝的热情，说明了自从18世纪中叶以来，国王的神话对普鲁士精神获得认可产生了多大的促进作用。腓特烈神话取得了一个成长中的部落社会的支持，而年轻的普鲁士王国并没有这样的支持。在一个没有令人敬畏的传统的君主国里，有关国王的神话会发展成为一种特别的凝聚力。

哥本哈根

就像腓特烈大帝或者拿破仑一样，毛奇也是尽量显示他自己的优点。但是矜持才符合他的本性。他非常有名。德国人都很崇拜他，把他神化了：俾斯麦、毛奇和罗恩，宰相、总参谋长和战争部长，正是他们三人一起在凡尔赛宫的镜厅，把普鲁士的国王推到了德意志帝国皇帝的宝座上。1871年6月16日，普鲁士军队战胜了法国，穿过勃兰登堡门进入首都，这三位建立帝国的元勋，这个年轻国家的统一都要归功于他们。不管怎样，很多人都是这样认为的，很有可能大多数人都是这样认为的。三位巨头中最亲民的就是陆军元帅赫尔穆特·冯·毛奇伯爵了。他的名言能带着我们进入格言的宝藏："三思而后行""机会是留给有准备的人""分头行军，联合攻打"。他出生在梅克伦堡，而不是普鲁士，在荷尔斯泰因和哥本哈根长大，有一个胡根诺教派的祖母，一直到22岁还穿着丹麦国王给的制服。

俭朴是毛奇青年时期延续下来的习惯。他11岁的时候，已经是基尔警备司令的弗里德里希·菲利普就把他送往哥本哈根的国家军事学校了。这个孩子自己的意愿是不起任何作用的。丹麦的军队为其提供了与其身份相当的供养，这就足够了。弗里茨比他大一岁，同样必须去上哥本哈根的军校。路易斯去上军校还太小，阿道

图2-1 罗恩、俾斯麦、毛奇，威廉一世国王的追随者。约瑟夫·卡夫萨克（Joseph Kaffsack）的一组人物像

夫还不够强壮，他也热切地希望自己不会成为"炮灰"。⁵威廉，最年长的一个，被他的父亲送到了自由城①的军校里。之后，毛奇绝对不再回荷尔斯泰因了，而是在自由城的弗里德里希·冯·黑森亲王那里住了几个月，这位亲王是他在军团里的领导，也是挪威的行政长官。在奥古斯滕农庄，当时他的太太不仅要照顾阿道夫和路易斯，还要照顾两个女儿：玛德莱娜（Magdalene），人们都叫她"莱娜"（Lene），当时四岁；奥古斯特，大家都叫她"古斯特"（Guste），当时两岁。

弗里茨和赫尔穆特经历了很多困难的时期。在一个离家很远的陌生城市里，丹麦语几乎一点儿也不会说，刚开始的时候甚至挨冻和挨饿。每一位教官都认为打是最好的教育方式。赫尔穆特立正

---

① 自由城（Christiania），即克里斯钦尼亚，也被称为自由城克里斯钦尼亚，位于丹麦首都哥本哈根克里斯钦港区南部。——译者注

的时候，在队列中，头有些向前倾斜，教官就会用手肘重击他的脸部，他的鼻子都流血了，开始哭了起来。"你为什么要把你的鼻子往前伸？"[6]教官用丹麦语咆哮着。他得了伤寒病，感觉好像是上天恩赐的礼物，因为在部队医院里至少不会被打。弗里茨和赫尔穆特很少相互抱怨，在父母那里他们更是从不抱怨，他们两个人都相信，一切本该如此。毛奇回忆说，他从未受过什么训练，而是一直在挨打。他的胆怯和不爱与人亲近都使他在哥本哈根被人殴打，看起来以后他必须重新培养自己的性格，这些都是毛奇事后和路易斯说的。"我自己也没有给予自己支持，"他承认，"当别人刚好和我的意见相左的时候，我这种对他人意见的尊重，导致自己经常受到良心的谴责……我多羡慕其他人，羡慕他们偶尔犯的错误，羡慕他们的粗鲁行为，羡慕他们的无拘无束和直率……"[7]

军校的学生之间团结得越来越紧密了。弗里茨和赫尔穆特与弗里德里希·冯·黑格尔曼-林登克罗内（Friedrich von Hegermann-Lindencrone）成了非常亲密的朋友。后者是约翰·亨利克·冯·黑格尔曼-林登克罗内（Johann Henrik von Hegermann-Lindencrone）将军最大的儿子，他在哥本哈根附近的罗利格德（Rolighed）的守备部队当领导。[8]黑格尔曼一家通常在罗利格德的农庄过夏天。弗里德里希·黑格尔曼在假期会让人定期把弗里茨和赫尔穆特带去那里。所有军校学生团里的烦恼在黑格尔曼家里都能烟消云散。弗里德里希的母亲露易丝·黑格尔曼-林登克罗内（Louise Hegermann-Lindencrone）举办了一次沙龙，在这沙龙里出入的有诗人、哲学家、自然科学家和神学家。比如亚当·厄伦施莱格尔（Adam Oehlenschläger），他的《诗集》被视为丹麦浪漫主义最重要的里程碑，他的《祖国之歌》被选为丹麦国歌的歌词；还有哥本哈根的哲学家弗雷德里克·克里斯蒂安·西伯恩（Frederik Christian Sibbern）

教授；还有桑德·奥斯特泰特（Sandöe Oerstedt），他是动物学家和植物学家，去中美洲进行了研究旅行，去了加勒比地区；还有雅各布·彼得·明斯特（Jacob Peter Mynster），他后来成了宫廷传教士、睿智的神学家和西兰岛的主教，他还创办了帝国最重要的慈善机构。露易丝·黑格尔曼很崇拜厄伦施莱格尔，"她也许是全丹麦最具有诗意的女性，"[9]这位沙龙的女主人也是以一位作家的身份出场的。在谈话过程中允许这些军校学生们偶尔偷听一下。特别是赫尔穆特，他很容易激动，他读厄伦施莱格尔的书籍，偏爱丹麦的文学作品，通过明斯特了解了宗教的特征。

这些年轻人多年来都没有回过荷尔斯泰因或者石勒苏益格。在那里，这个家庭彻底破碎了。1815年，他们的父母虽然没有离婚，但是分开了。当弗里德里希·菲利普被任命为石勒苏益格驻军营长的时候，亨丽埃特拒绝陪伴她的丈夫。阿道夫和路易斯去了他们的父亲那里，而亨丽埃特带着莱娜、古斯特和维克多（Victor）——他是最小的儿子，生于1812年——正从奥古斯滕农庄去往欧丁①的路上，后来他们搬去了普雷茨②修道院的女贵族养老院里。自从宗教改革以来，那些单身的、丧偶的或者分居的来自吕贝克的城市贵族家庭的妇女们和石勒苏益格-荷尔斯泰因的骑士阶层在这里找到了一个安全的避风港，为此，父亲或者丈夫会提前支付一大笔钱。[10]帕申也是如此。但是他答应他女儿在经济上的资助，很快就不够了。1816年，帕申死于拉科。只有弗里德里希·菲利普来到汉堡参

---

① 欧丁（Eutin），石勒苏益格-荷尔斯泰因州一座位于大、小欧丁湖之间的县城，人口16400人。——译者注
② 普雷茨（Preetz），石勒苏益格-荷尔斯泰因州一座位于基尔市东南面的小城市，人口14900人。——译者注

加了他的葬礼。这位商人最后葬在了这座城市城门前的约翰内斯墓地。"你的花环放在灵柩旁边，用花环装饰了他的额头"，[11] 亨丽埃特了解到的信息是这样的。他的遗嘱把他女婿排除在受益人之外，主要的继承人是亨丽埃特，她得到了在福伦特维特（Fuhlentwiete）的两幢房子和所有的债券。在过去一些年里，帕申不仅遭受了由他女婿造成的生意上的巨大损失，现金也非常紧张，以致他的遗嘱执行人不允许免除全部遗产中奥古斯滕农庄的债务。毛奇相信这是一场阴谋，他提出了一些要求反对他的太太，他猜测，她有意隐瞒了钱。只有通过律师，这两夫妻才有联系。最后，弗里德里希·菲利普不得不卖掉了农庄。"现在我又是孤身一人去加入国王的军队了。"[12] 亨丽埃特，她在富有的环境下长大，将来不得不过着极度省吃俭用的生活。不久，人们就从这位母亲身上看到了不幸。这位年长的妇人对人非常苛刻，只对她的孩子们敞开心扉，她为她的孩子们提供了多方面的教育。亨丽埃特会很多语言，她经常阅读，弹钢琴，她热爱读诗，特别是爱国诗，还有台奥多尔·克尔讷（Theodor Körner）反法国的诗。[13]

露易丝·黑格尔曼和约翰·黑格尔曼在哥本哈根慢慢地替代了他们父母的角色。很快，弗里德里希·冯·黑格尔曼与弗里茨和赫尔穆特就变得不可分离了。"我的父母"，凯·黑格尔曼（Cai Hegermann），黑格尔曼家庭排行中间的那个儿子回忆道，"我们全家都非常非常爱这两兄弟，在他们和我的兄弟之间有一种内在的友谊……"[14] 弗里德里希·黑格尔曼和赫尔穆特一起撰写了战争的历史，他们把这部作品命名为《潮水的流向——时间的长河》。这几个小伙伴还发明了一些游戏，比如"通往荣誉的寺庙"：在罗利格德附近的一座山上有一座寺庙，周围用墙围着；有一条狭长的路通向这座寺庙，进攻者必须攻入这座寺庙；他是前进还是远离"防御者",是由掷骰子来决定的。弗里茨、赫尔穆特、弗里德里希和凯为了练习投掷,把木箱子的底部都打坏了,他们坐船出游,途经厄勒海峡①去往萨尔特岛②;他们平日里在税区学习,周末骑着马追逐着穿过无人的小岛。他们最喜爱的游戏叫作"普尔塞格"。玩家必须用木棒把一只球打进地面上的一个孔里,而其他人则要阻止他把球打进去。有一次,弗里德里希和赫尔穆特正在交手,弗里德里希使劲用木棒打了过去,不小心打到了赫尔穆特的头部,这位年轻的毛奇倒了下去,差不多昏厥了一个小时。"你们可以设想,"凯是这样说的,"当时这段时间对我们来说有多么糟糕,特别是对我的兄弟来说,他差一点杀死了自己的朋友。"[15]赫尔穆特、弗里茨和黑格尔曼一家用一生的时间来维系这段友情,在罗利格德夏天的童年是永生难忘的。

为霍亨索伦王族效劳

在军校学生团接受了六年培训之后,又在哥本哈根宫廷服务担任宫廷侍童,此后,毛奇兄弟于1819年以少尉的军衔进入了军队。22岁的弗里茨获得了石勒苏益格步兵军团的委任状,他的父亲曾经在这个军团里服过役。赫尔穆特,19岁,则进入了另一个在要塞城市伦茨堡③的步兵军团。[16]1821年,赫尔穆特和他的父亲在柏林一起休假的时候,他的头脑里酝酿着一个想法,想要

---

① 厄勒海峡(Öresund),亦称"松德海峡",在瑞典南部和丹麦西兰岛之间,是波罗的海最深的水域。——译者注
② 萨尔特岛(Saltholm),是一座位于厄勒海峡上的丹麦岛屿,面积约7.5平方公里。——译者注
③ 伦茨堡(Rendsburg),石勒苏益格-荷尔斯泰因州的一座县城,人口29000人,面积24平方公里。——译者注

加入普鲁士国王的军队。也许是受了普鲁士皇家最高法院委员卡尔·巴尔霍恩的启发，他是弗里德里希·菲利普的姐夫，毛奇们在首都停留期间一直都住在他那里。巴尔霍恩有两个儿子，爱德华和威廉。在此期间路易斯住在巴尔霍恩家里，因为他的父亲一直受到经济状况的困扰，职位和居住地也不断地变动着，如果不住在巴尔霍恩家里，就不能安安稳稳地学习，不能顺利毕业。弗里德里希·菲利普在普鲁士度过了他幸福的青年时代，他也会这样建议他儿子的。赫尔穆特对这一变动的利弊两方面做了深思熟虑。当他在哥本哈根拜访黑格尔曼一家时，他也请求将军给他一个建议。黑格尔曼和他的养子聊了很久，最后表示赞成。[17] 甚至毛奇在伦茨堡的军团领导也对毛奇想要离开部队的心愿表示了理解。部队在经过拿破仑战争以后规模变小了，军官们只能领到微薄的军饷，晋升的机会也很少。弗里德里希·菲利普很早以前经历过的事情，现在他的两个儿子也遇到了：等待晋升需要等很久，想要出人头地看起来毫无希望。

赫尔穆特选择了普鲁士，并不是因为他想要为某个"德国"人或某件"德国"的事情服务，而是因为在一支强国的军队里可以得到快速晋升。在那里，他想为他自己和他的亲朋好友"谋求幸福"。[18] 他做出转变的这一决定，对这个家族未来的几代人都产生了持续的影响，一切都顺理成章。兄弟们最后没有离开他们的家乡，甚至路易斯也没有离开，他是在柏林长大的。弗里茨仍然当着他的丹麦军官，在上尉的军衔上一直都没有晋升，后来他就成了哥本哈根军校——偏巧是这所学校——的教员，他无法承担生活费用，日子过得很艰苦。当他对平民出身的、同样贫穷的来自荷尔斯泰因的伊丽莎白·比尔特（Elisabeth Bölte）产生好感时，他们的订婚时期也因为缺钱而拖了9年之久。赫尔穆特觉得二人之间的关系是"一种不

第二章 强烈的求知欲　　47

图 2-2　夏洛特·冯·毛奇伯爵夫人。
弗兰茨·克吕格尔（Franz Krüger）画，1827 年

幸的激情，即使这种激情能给他们的未来带去幸福"。[19] 他与他的父亲几乎在每个方面都是相反的，赫尔穆特还会关注工作以外的事情，他尽可能理性地叩开通往黄金大道的大门，所以也只有他敢于跳入黑暗之中。1822 年，毛奇用蓝色的普鲁士军官礼服替换了丹麦军官红色的短上衣。

赫尔穆特换到了一个位于奥得河畔的法兰克福（Frankfurt an der Oder）的军团。那里是由弗里德里希·奥古斯特·路德维希·冯·德尔·马维茨（Friedrich August Ludwig von der Marwitz）将军指挥。12 年以前，马维茨率领一支由贵族组成的反对派队伍反对改革。国王将他监禁在堡垒之前，马维茨大声叫骂着："宁愿输掉三场奥尔施泰特战役，也不能要一个十月赦令[①]！"[20] 他的第二段婚姻是和夏洛特·冯·毛奇（Charlotte von Moltke）女伯爵结了婚，她是已经去世的具有传奇色彩的路易丝王后的朋友，但是这一

---

① 十月赦令，1807 年 10 月 9 日，普鲁士首席大臣斯坦因颁布的关于地产自由和解放农奴的法令。——译者注

点并没有给赫尔穆特带去任何好处。这对夫妇相互非常陌生！[21] 马维茨和他的岳父，王室首席猎手，在结婚以后就争吵起来。毛奇伯爵过着超过自己实际经济水平的生活，他付不起女儿的嫁妆。马维茨走了法律程序，毛奇伯爵用不少坏事来构陷他女婿。马维茨最后威胁与毛奇伯爵决斗。毫无疑问，这位将军对毛奇们肯定没有什么好话。无论如何，他的太太和赫尔穆特·冯·毛奇少尉之间都是有着亲戚关系的——往上第六代有着共同的祖先。[22] 马维茨这人极度保守而且等级意识强，更加不能忍受任何疏忽。有一次毛奇进入将军的房间，他很想"把剑随随便便地放在一个角落里，'拜托请把剑放在接待室里'，这时候有人纠正了我"。[23]

赫尔穆特每天至少操练一次，他并不是很感兴趣。此外，这位少尉不能和他的大多数同伴一样，在某个时候可以回到农庄。他终生只能期待他的薪水。毛奇也想在事业上有所进步，他的天赋让他不仅仅局限于作为一个部队领导人的生涯。1823 年，他写了书面申请，想去柏林的军事学校，那里是为总参谋部培养军官的。只有总

图 2-3　弗里德里希·奥古斯特·路德维希·冯·德尔·马维茨将军。弗兰茨·克吕格尔画，1827 年

参谋部的军官可以寄希望于在服役期满后会有晋升——通过自己取得的战绩获得更高的军衔。毛奇的申请获得了批准。

军事学校在城堡大街上，距离皇宫和大教堂都不是很远，和柏林大学一样，建立于1810年。这所军事学校是由沙恩霍斯特为了军事改革而建立的，用来取代腓特烈大帝建立的军事学校，现在已经成为所有兵种军官的高级培训中心。毛奇和几乎所有的学员一样，与他们的校长克劳塞维茨没有什么关系。克劳塞维茨负责管理工作，在课堂上几乎看不到他。赫尔穆特学习英语，听文学和历史的课，写写诗，把所有空余时间都用在听音乐会和参观博物馆上，经常和路易斯·毛奇一起，他的中学时光自然是在弗里德里希-威廉文理中学度过的。

路易斯是在圣三一教堂[①]由弗里德里希·施莱尔马赫（Friedrich Schleiermacher）行坚信礼的，也是在那里，施莱尔马赫给奥托·冯·俾斯麦（Otto von Bismarck）举行了坚信礼。但是和俾斯麦不一样的地方是，施莱尔马赫对路易斯·毛奇产生了持久的影响。[24]一方面，对他产生影响的几乎不是施莱尔马赫的神学思想，更多的则是他的性格和他在柏林合唱协会的所作所为。因为路易斯在音乐方面极具天赋。他会弹钢琴，拉小提琴时也带着一种特殊的激情。他可以把别人逼到绝望，因为他在弹奏的时候会失去所有的时间感。"我的兄弟，"赫尔穆特也知道，"在拉小提琴的时候，是不会结束的。"[25]另一方面，军事学校的老师们也要传授一些普通的常识，不能只是教军事工具的使用这一类知识，这对于赫尔穆特来说正合适。课程大约百分之六十不是军事方面的内容，涉及数学、物理、文学、历史、地理和语言。[26]人们只有解开制服的扣子，

[①] 圣三一教堂，以三位一体的天主即圣父、圣子、圣灵作为主保的教堂。——译者注

才能开始思考；也只有思考着的军官才是好军官，这是改革家们提出的两大指导原则。

"民主的"兵役制？

军事改革是普鲁士对在耶拿和奥尔施泰特发生的灾难的对策。改革是基础，毛奇的人生轨迹也是在此基础上发展起来的。改革的核心是要推行一项普遍的兵役制度。所有这些措施的最终目的是提升整体战斗实力，战胜拿破仑，结束法国在欧洲的统治。作为实现这一目的的方法，施泰因和哈登贝格周边的改革者们希望能有一场"自上而下进行的革命"，几乎所有生活环境的现代化都借助于新的法律。起初是做一些大胆的尝试，慢慢地遍及整个普鲁士。而要促进发展也不是在所有的地方都能自上而下操控的。处在中心地位的就是军事改革。一个"缺少支点"[27]的兵役制度，将军官团的大门向普通市民敞开；对军官生涯设立具有约束力的测试，取消所有的体罚，设立战时后备军作为除了国王的军队以外的市民的军队。所有这些措施都是要将臣仆变成武装起来的民众，把市民变成亢奋的士兵。沙恩霍斯特、格奈泽瑙和博延（Boyen）梦想着能借助于制服而实现民众化。为了让王室与民众之间的关系更加紧密，早已蕴藏在心头的计划被接二连三地付诸实施：城市的自治，司法和管理分开，农民的解放，贵族和市民阶层对土地的平等占有，职业自由，教育体制的改革，犹太人的解放。这种感觉的释放，几乎是爆炸式的，普鲁士必须要赶上法国——也是那种感觉，这种感觉让1806年战役中的军事领导和政治领导都彻底瘫痪了。

耶拿一役的失败对改革者们来说就像是火箭的燃料一样。为了国王的利益，他让原来的普鲁士人突然后退，与之相反，他让改革者们在很短的时间内操控了权力。只要拿破仑还在庆祝他的胜利，他的偶像力量就一直是令人折服的。现在，这些狂飙者们和突进者们终于想"把他们的手伸向革命的军械库"，[28] 效仿他们偶像的所作所为。作为贵族君主制的国家，经过了失败的战争，陷入了动摇的状态，可以这么说，代表资产阶级的这些穿着制服的律师做了一个有利的过程预测；最后，他们可以在法官那里，为他们年轻的、有雄心的顾客，向国王投诉，投诉他们只拥有部分权力。沙恩霍斯特、博延和格奈泽瑙首先陈述了他们行为的必要性，因为军事上的束缚，必须新旧更替；正如改革者们所相信的那样，普鲁士是绝对不会认输的，法国社会则更加先进，而军队是社会的一面镜子。因为一方面，在革命的达摩克利斯剑之下的君主制度展开了更多的内在活动性，远比外界普遍认识到的要多；而另一方面，国家和军队之间的联系对战争的进程和战斗的结果都没有什么作用。[29] 普鲁士失败了，因为它的国王和外交官们不可救药地陷入了外交政策的死胡同，一种世纪末的颓废情绪让除了布吕歇尔之外的所有将领们彻底瘫痪，以至于他们都不再相信自己的军队还会取得胜利。外交上的失误、预言的自我实现作用，法国大军更多的作战经验，当然还有拿破仑这个世纪统帅的作用都决定了它的结局。

总参谋部的起源

沙恩霍斯特的所作所为，也对我们当下产生了影响，但是无论如何也不能作为采用军事力量强迫的结果，而是作为政治上、社会上和文化上的现代化进程加速的一种表达。这些发展在普鲁士的耶拿和奥尔施泰特一役之前几十年就已经开始了，一直到1806年之后的整整一个世纪，才慢慢在普鲁士-德国减弱。军事改革的核心不是一项军事决定，而是一项政治决定。它反映的是一个新的"法国的"在政治和社会方面的视野，削弱等级制国家，提高部队的战斗力，缩小军队和市民之间的鸿沟。同时，这种兵役制度的实施并不会导致军队的平民化，而是让很多市民军事化了。普鲁士改革者们的教育理想——这是一个自由的、精神上和道德上有责任感的爱国人士的团体——应该借助于军队实现"全民培养"。[30]但是这种通过制服的形式让市民军事化的想法始终只是一种幻想。对全民进行军事化的培养，武装部队是完完全全反对的。兵役制度并非天生就是民主的。[31]因为有了这种建立人民军队的想法，军事改革者们也就接受了全面战争的理念和拿破仑的灭绝战略。这是三十年战争结束以来司战女神贝罗娜（Bellona）第一次在"德意志"的土地上毫无保留地解开束缚。

这就是革命和军事改革的第一个结果，这一结果深深地影响了毛奇的思想，并且让他直到最后都在忙着做这件事情：全面战争时代的来临。第二个结果涉及一个机构：总参谋部。这既不是赫尔穆特·冯·毛奇的创造，也不是军事改革的结果。[32]沙恩霍斯特把这位现代化的总参谋部创建者视作他的敌人——这也是理所应当的。因此在很多历史学家看来，他不是一个仁慈的人——这当然是错误的看法。上校克里斯蒂安·冯·马森巴赫（Christian von Massenbach）男爵，这位现在已经被人遗忘的来自施瓦本地区的拥有选举权的普鲁士人，早在1803年就已经把"军需参谋部"当成军队的智囊团了。马森巴赫和9名军官一起在腓特烈大帝的"军需参谋部"里服务。这个参谋部还不是一个独立的、为将军做准备工作的部门，最终它发展成为19世纪的总参谋部。腓特烈始终要当家做主。参谋部的军官是国王挑选的，作为更好的辅助人员，他们更多地是实施，而不是制订计划。总参谋部缺少人员，缺少组织，缺少有计划的培训和对新生力量的挑选。"总参谋长"作为参谋部的负责人是没有"直接权力"的，因为他不必得到许可，未经委托就可以直接向国王汇报。

1801年，马森巴赫撰写了划时代的研究报告：关于战争科学和政治学之间的联系。[33] 他要求，军需参谋部不应该关心营地的建立，而应该关注规划未来的战争。还有必要成立军事委员会，作为国王和总参谋部之间的纽带，甚至还可以在外交政策上给出建议。马森巴赫认为，总参谋部必须拥有"直接的权力"。此外，所有的总参谋部的职位都不应根据军衔、服役年限或者上级的判断，而是根据能力、经验和测试结果来进行分配。

对军需参谋部的新的指令于1803年11月26日生效了。军事委员会还没有成立，总参谋长还是没有直接的权力。为此，军需参谋部的人员增加了25名军官。在录取测试之后，由18名年轻的"同伴"组成了军需参谋部的后备力量，分成三个班。[34] 此外，军需参谋部还有了一个固定的组织。每个"总参谋长少尉"手下将会配上三个"旅"的人员，负责东面、南面和西面有可能出现在战场上的侦察和评估。这是现代化总参谋部工作第一个基本设想的成功：必须从辅助人员变成策划者。军需参谋部经受住了被拿破仑打败的命运。沙恩霍斯特把它叫作"大的总参谋部"，并在1809年把它搬迁到了新的国防部里，让这个总参谋部在军队的领导层面也共同承担责任。[35] 这是现代化的总参谋部工作的第二个基本设想的成功：军队大脑发出的指令必须通过神经链一直传输到持剑的手臂上。除了建议权，现在还获得了命令权。[36] 这个大的总参谋部在卡尔·冯·穆弗林（Carl von Müfflfling）的带领下获得了这种权力，这种至少可以在国王面前做汇报的权力。1821年，国王把这个总参谋部从国防部分离了出来，但是总参谋部的领导还是听命于国防部长。在毛奇开始升职以前，总参谋部和一个思想工厂差不多；它的总参谋长作为最高军事顾问，是为国王和将军服务的。但是在那些保守的军官和大多数部队指挥官看来，这个总参谋部只不过是军用车辆的第五只车轮。

违愿的法律人士

1828 年，少尉赫尔穆特·冯·毛奇被调到了"地形测量办公室"。从此以后，他就好像是在总参谋部的前厅工作一样。为了完成地图的制作，他进行了数月之久的旅行，前往西里西亚（Schlesien）和波兹南（Posen）大公国，这是普鲁士在波兰的一个行省。之后，赫尔穆特因为家庭的事务，按照巴尔霍恩的指点，独自留在柏林。路易斯先是在基尔，然后在海德堡大学学习法律。对于路易斯来说学习法学只是为了谋生，他非常不喜欢这个专业。赫尔穆特试着鼓励他的兄弟，可惜却是徒劳的。"如果你知道，过些年你会对人处以车磔或者砍头之刑，你一定会用更大的兴趣来学习刑事法则。"[37] 路易斯在海德堡听安东·弗里德里希·蒂鲍特（Anton Friedrich Thibaut）教授的讲座，他是罗马法的教授。蒂鲍特不仅在学者中享有极高的威望，而且还被视为一位负有盛名的音乐家。在位于卡尔大街他家的阁楼上，这位教授会定期举办唱歌晚会。蒂鲍特经常邀请路易斯参加。蒂鲍特解释道："法学是我的工作，而我的音乐厅是我的神庙。"[38] 这一点完完全全符合路易斯的品位。罗伯特·舒曼（Robert Schumann）当时是海德堡大学法律系的大学生，也来参加这个唱歌晚会的活动。蒂鲍特、舒曼每周四组织表演清唱剧的时候，来了 70 多位歌手，还有钢琴伴奏，"这一点让我太兴奋了，到结尾的时候会有两滴很大的眼泪从那美丽的大眼睛里流下来……所以我经常不知道，我这么一个卑微的人是怎样获得了如此大的殊荣，可以来到这个如此神圣的地方，聆听如此美妙的音乐"。[39]

路易斯参加了 1831 年在戈托夫（Gottorf）城堡举行的毕业考试。"路易斯两个小时以前很严肃地、很坚定地去了城堡，"亨丽埃特说，"他在关键时刻的精神状态让我很安心，也很高兴……"[40] 路易斯通过了这场考试，虽然只是以平均分通过的。此后，他在位于戈托夫的石勒苏益格高级法院和地方法院工作了 9 年。

没有路易斯，赫尔穆特也不会和巴尔霍恩一家发展出真正的关系。玛丽·巴尔霍恩（Marie Ballhorn）是他的姑妈，几年前就已去世。"这种冷漠的亲戚关系总是让我很气愤。"[41] 赫尔穆特抱怨鳏夫巴尔霍恩和他的两个儿子，赫尔穆特的表兄们。这位姑父给他提供了一小笔贷款，却坚持要他还钱。巴尔霍恩不看重士兵，对这位少尉的生活费用很少处理。在平安夜，一般人通常都会邀请外甥来家里，1830 年的平安夜，他没有邀请这个外甥来家里，赫尔穆特泰然处之。但是他偶尔也会感觉到孤独。"首先是那几个晚上非常孤单，"他向亨丽埃特承认道，"那个时候我很孤单，我不能坐在你的那张非常舒适的沙发上，不能听莱娜给我胡乱说些什么，不能让古斯特胡乱弹奏些什么，不能和你聊天。"赫尔穆特说，只要他想念莱娜和古斯特时，他就会去看一看她们的肖像。"再也没有人帮我涂一块黄油面包，我也会时不时地掉了下面的一半，那涂着黄油的一半会掉落到桌子上。"[42] 亨丽埃特从自己的嘴里省下很多，为的是资助儿子。赫尔穆特一直在忍饥挨饿，从不吃早饭，晚上也经常不吃饭。房租、暖气和照明已经耗尽了他收入的大部分。一直到 1833 年，他的状况才得到了改善。他被提拔为中尉，调入总参谋部，增加了军饷，还可以收留他的兄弟阿道夫几周时间。

手足之情

　　阿道夫·冯·毛奇，29岁，非常腼腆，他在兄弟们中间和在姐妹们中间一样受欢迎。在健康方面，他向来都是这个家庭要担心的孩子。阿道夫一直患有轻微的肺病。他母亲亨丽埃特给了他双倍的照顾，而他父亲则更多地照顾其他健康的孩子们。[43]阿道夫非常有天赋，他大学学的是法律和管理科学，首先在海德堡，之后在柏林，最后在基尔，并以优异的成绩通过考试。和路易斯不同的是，阿道夫学习法律是带着激情的。五年间，他一直在平讷贝格（Pinneberg）①的当地政府担任秘书。在那里，他作为候补官员了解了丹麦地方长官的日常工作。[44]1833年，阿道夫和赫尔穆特在柏林住了几个星期。那时有一幅画，赫尔穆特想要偷偷画完。画面上，斜面写字台上放着的鱼尾草，深深地埋入了教科书中，还有拖鞋、鹅毛笔和防止被墨水溅到的围裙，嘴里叼着烟雾缭绕的烟斗，茶或是咖啡以及两只备用的烟斗就放在斜面桌边。旁观者能感觉得到，这两兄弟如此亲密，阿道夫按照他自己的生活轨迹不断地努力着。阿道夫和赫尔穆特是所有兄弟中最亲密的，这两个人的内心深处都认为人应该要有所作为。

　　总之，丹麦全国的贵族文化比其他任何地方都更加资产阶级化。贵族统治的国家会采用很多资产阶级的标准和规则：私人生活的重要意义，人们内心世界重要性的提升和他们社会阶层的对比，对教育的追求和竞争意识，经济生活中的竞争原则。把贵族和受过教育的资产阶级联系起来的是信仰，首先是基于个体文化的，不是

---

① 平讷贝格，石勒苏益格-荷尔斯泰因州的一个县城，人口36200人。——译者注

因为自己的出身而对领导职位提高要求。事实上，丹麦的贵族可以继续担任政治、外交、经济方面的领导职位。与在普鲁士不同的是，担任军官已经让他们对自己地位的认识失去了意义。[45] 当然也存在着不同的看法，就像贵族们几代人以来尝试着实行的家庭纪律。所以毛奇家族的成员们也在家庭中看重固定的顺序，出门在外的时候始终也是采用这个顺序。赫尔穆特写信给他的兄弟："那些不是依靠利息而是靠自己努力生活的人，自然，他们的健康和长寿是他们的资本。"[46]

因为这个家庭没有什么财产，所以赫尔穆特对于兄弟们所能够得到的其他"资本"连提也没有提到。在军事学校里，在地形测量办公室里，在总参谋部里，在大学里，在平讷贝格的当地政府里或者是在蒂鲍特的阁楼里，也在博物馆里，在剧院里，在歌剧院里和在数不清的阅读课上，毛奇们为他们异常宽广的教育视野打下了基础。没有这种教育视野，赫尔穆特的人生轨迹也不会像现在这样了。很早以前，他就已经扮演了军事改革的教育典范的形象。毛奇也和沙恩霍斯特一样，更像一个学者，而不像一个老兵。毛奇后来承认，如果可以一直从事他的兴趣爱好，他应该会成为历史学的教授；一个世界公民，台伯河①比施普雷河对他的吸引力更大。很快，他就掌握了7种语言，完成了一部小说，写了政治文章，翻译了吉本②关于罗马帝国衰落和灭亡的不朽作品。毛奇的关于登上圣彼得教堂圆顶为路易斯准备的伟大报告，人们几乎可以一口气读下来[47]。他很推崇歌德、拜伦、斯科特，甚至海涅，当然首先是莫扎特，瓦格纳的音乐对他来说太吵了。毛奇在他人生中的最后一天还在听着

---

① 台伯河（Tiber），意大利河流。——译者注
② 爱德华·吉本（Edward Gibbon，1737—1794），近代英国杰出的历史学家，史学名著《罗马帝国衰亡史》的作者。——译者注

音乐，但是没有人能够唤醒这位"伟大的沉默者"。他本性中最核心的部分仍然是客观性。他也觉得自己很内向，他的矜持是他缺乏自我价值观念的表现。

约翰·伯特：有产业的绅士

莱娜和古斯特的"资本"首先是贵族出身。每一次资本的浪费都面临着破产的威胁。当阿道夫1833年去柏林看望赫尔穆特时，古斯特在几个月答复该答复一个结婚请求而没答复。这个求婚的人是乡绅约翰·海利格·伯特（John Heyliger Burt），他是一位来自英格兰的鳏夫，很富有，看起来相当固执。伯特是三个孩子的父亲：小约翰（John）11岁，珍妮特（Jeanette）9岁，玛丽（Mary）7岁。古斯特和这个家庭走得很近。随着伯特的太太欧内斯廷·伯特（Ernestine Burt）离世，这位鳏夫特别想迎娶古斯特。但24岁的古斯特对伯特只是有好感而已。母亲亨丽埃特就向赫尔穆特寻求建议。每一次婚姻都像一种冒险行为，赫尔穆特这个单身汉是这样安慰她的，"如果我们甚至一点儿也不认识，无法正确评价对方，就盲目地进入了婚姻状态，再去认识对方，去评价对方，那就像是买彩票一样，确实是我们要求太多了"。[48] 无论如何，一桩理智冷静的婚姻经常会比因为爱情而结合的婚姻要幸福。为什么不敢尝试一桩"基于理性和喜爱的"婚姻呢？无论如何单身都是"不幸福"的，"以失去生活中所有快乐的代价来换取生活的平静，在我看来，就好像是某人为了不想再看到一些不喜欢的事情，就把自己的眼睛给缝了起来"。[49]"我不想否认，我非常赞同反对派的主张，一种激情的倾向只会减弱。"[50] 赫尔穆特说，伯特既富有又有修养，只在一个不是很重要的问题上有缺点，那就是有时候他会自相矛盾。伯特的财富对古斯特的决定无疑并没有起到作用。[51]

约翰·海利格·伯特绅士出生在一个富裕的家庭。乡绅（squire）来自于绅士阶层（gentry）。[52] 这是英国的大地主阶层，关于这个，简·奥斯丁在她的小说中已经立过一个文学的纪念碑了。从社会历史角度上来说，绅士阶层就是低等的贵族和市民阶层中的地主们相互融合的产物。绅士阶层中的成员既不拥有可诉的优先权，也不拥有正式的贵族头衔。凡是与财富、声望、荣誉和生活方式有关的一切，绅士阶层都和中欧的乡村贵族很相似。与普鲁士的容克不同的是，乡绅不管理他们的地产，他们过的更像是有年金收入的日子。[53] 约翰·伯特过的也是这样的日子。1817 年，他从他的父亲，老约翰·海利格·伯特那里继承了几千英镑和西印度群岛上的圣约翰甘蔗园。这个种植园位于圣克罗伊岛（St. Croix），是西印度群岛中维尔京群岛里最大的岛屿，占地面积大约 160 公顷，由一名奴隶经营管理。在西印度群岛上，伯特家族已经出了多位总督和法官，名字中的海利格（Heyliger）意味着和皮特尔·海利格（Pieter Heiliger）的联系，他是荷属安的列斯群岛（Antillen）的圣尤斯特歇斯岛（Sint Eustatius）的总督，在他的领导下，1739 年，一些荷兰人移民到了圣克罗伊岛上。[54]

圣克罗伊岛、圣约翰岛（St. John）和圣托马斯岛（St. Thomas）在 17 世纪是属于丹麦西印度公司的，在丹麦国王的保护下，由总督彼得·冯·舒尔滕（Peter von Scholten）来管理。但不是丹麦人，而是英国人在圣克罗伊岛上成立了最大的殖民团体，其中就有特别富有的种植者王朝，比如麦克埃沃伊（McEvoy）家族，他们在哥本哈根拥有一座宫殿，和丹麦宫廷的关系也很好。[55] 在 16 世纪，首先是英国的种植者把圣克罗伊岛变成了一个巨大的甘蔗种植园。但并不是所有地主都住在岛上。约翰·伯特，在位于斯塔福德郡（Staffordshire）的利希菲尔德（Lichfield）附近的科尔顿大宅（Colton House）出生了，他还从未见过他的种植园。朱迪丝·鲁宾逊（Judith Robinson），约翰的母亲，和老伯特结婚的时候还带来了钱和地产。老伯特在1805年成了斯塔福德郡的郡督，他任职于一个非常古老的、此时已经成为一个礼节性的机构，却有着巨大的声望。老伯特1817年从圣克罗伊岛返回途中，遇到了大浪，他乘坐的船只消失得无影无踪了，约翰，他的大儿子，继承了种植园。

老伯特去世三年后，这位年轻的绅士开启了他的人生旅程。查尔斯·塞尔比（Charles Selby），伯特家的朋友，建议约翰在荷尔斯泰因的戈尔登斯泰因（Güldenstein）城堡里住上几个星期。塞尔比也在圣克罗伊岛拥有种植园。他娶了一位丧偶的女伯爵兰曹（Rantzau），她的前夫曾经是驻伦敦的丹麦特命全权公使。[56] 现在，塞尔比想用一个响亮的塞尔比-戈尔登斯泰因男爵的头衔来包装自己，他就和太太一起住在离欧丁很近的属于他太太的类似宫殿的地主庄园里。

伯特大学毕业以后，很快就应邀去了牛津。在戈尔登斯泰因，这位绅士结识了塞尔比的小姨子冯·施塔费尔特（von Staffeldt）女士，她是一位丧偶的少校夫人，以及她唯一的女儿玛丽·约翰妮·欧内斯廷（Marie Johanne Ernestine）。伯特在那里待的时间比原计划要久得多；最后，他请求少校夫人把女儿嫁给他。冯·施塔费尔特女士同意了，但也提出了条件，伯特必须住在她附近。这让一个来自斯塔福德郡在加勒比海有地产的英国人迁往了丹麦国王统治下的荷尔斯泰因。

伯特夫妇在戈尔登斯泰因举行了婚礼，小约翰出生之后，他们于1823年获得了位于基尔旧城墓地附近的一幢房子，地址在索

图 2-4 奥古斯特·冯·伯特

菲大街318号。这位买主不再登记他自己绅士的名字,而是把"欧内斯廷"写进了土地登记册里。[57]这样做,一旦生意破产,房屋就会被潜在的债权人拿去。为了实施这些建造措施,伯特一家在珍妮特和玛丽出生后的五年里都被免除土地税。[58]欧内斯廷·伯特死于1831年12月12日,还不到30岁。那年的平安夜,妈妈的一块地毯和妈妈挑选的玩具都放在礼物桌上,给这三个失去母亲的孤儿。珍妮特和玛丽一生都保管着她们母亲的礼物,就好像保管圣物一样。之后外祖母冯·施塔费尔特为这位鳏夫操持了六年之久的家务。只要有可能,她也会扮演一下母亲的角色。特别是珍妮特和玛丽,她和她们很亲近。[59]她们很担忧,未来会有一位继母的可能性肯定是存在的。

当然,古斯特是一个热心、无私、深受宗教影响的人。"古斯特始终如一:安静,无拘束,乐善好施,舍己为人。"[60]她和唤醒人们灵魂的传教士走得很近,以致她虔诚的母亲为此感到担忧。当古斯特听说,一颗彗星很快就会撞到地球时,她日日夜夜都在恐惧中等待着世界末日的降临。亨丽埃特抱怨道:"她已经过分到这种程度了,她最近给我写信说,她在前一个晚上把所有不信神的人都聚集在身边,只是为了让大家都能看到高如塔的黑色的云,这些黑云包围着上面发着光的月亮,雨不停地下着,还有那从未见过的风暴,这一切都在提醒着人们,末日已经不远了……"[61] 1834年5月21日,在基尔,约翰·海利格·伯特娶了奥古斯特·冯·毛奇。

小地方的宫廷女官

证婚人是阿道夫·冯·毛奇,他自己也在筹备婚礼。在平讷贝格经过了五年的学徒期以后,他开始利用家庭关系网。他的父亲写信给国王。首相冯·布罗克多夫,基尔最高上诉庭的主席,也就是冯·施塔费尔特少校夫人的哥哥也为阿道夫说话。[62] 1835年,他作为"荷尔斯泰因政府"的办公室负责人迁往格吕克斯塔特(Glückstadt)。原本他是想去哥本哈根的"德意志行政管理处"任职的,但是调任失败了。[63]

石勒苏益格公国和荷尔斯泰因公国是和丹麦这个管理国的行政建设紧密联系在一起的。它的最高行政机关是"石勒苏益格-荷尔斯泰因-劳恩堡办事处",简称德意志行政管理处。丹麦国王,同时也是石勒苏益格和荷尔斯泰因的大公,在戈托夫城堡为他的公国设立了一位代理人,这个代理人管理着"石勒苏益格-荷尔斯泰因政府",是石勒苏益格和荷尔斯泰因的共同政府。此外,戈托夫城堡为石勒苏益格公国所有的政府领导机关提供膳宿。荷尔斯泰因的政府机构则设在格吕克斯塔特,阿道夫的办公室,就是荷尔斯泰因公国最高管理机关。[64]

国王录取了他担任国家公职,阿道夫可以考虑他的订婚事宜了。

新娘名叫奥古斯特·冯·克罗恩（Auguste von Krohn），她是安哈尔特-贝恩堡（Anhalt-Bernburg）公爵夫人弗里德里克（Friederike）的一名宫廷女官。克罗恩一家和"格吕克斯堡王室"走得很近，他们代表着石勒苏益格-荷尔斯泰因-桑德堡-格吕克斯堡王朝，尽管他们不再是统治者了，但仍和很多统治家族都是亲戚。奥古斯特的父母住在施莱湾（Schlei）畔的路易森隆德（Louisenlund），这是格吕克斯堡王室的一处官邸。母亲夏洛特很热爱生活，也很自信，阿道夫需要很费劲才能同她相处得来，因为"我的个性很难和与我性格不一致的人相处得来……"[65] 上校奥古斯特·弗里德里希·冯·克罗恩（August Friedrich von Krohn），奥古斯特的父亲，正在森德堡-格吕克斯堡（Sonderburg-Glücksburg）的那位丧偶的公爵夫人露易丝那里担任内廷总监。她的女儿弗里德里克是奥古斯特童年时的朋友。弗里德里克嫁给了安哈尔特-贝恩堡的这位疯子公爵，从现在开始居住在奎德林堡（Quedlinburg）附近的巴伦斯特（Ballenstedt）城堡里，却频繁地回到自己荷尔斯泰因的家乡。[66] 克罗恩一家在1834年才获得了贵族的封号；只有这样，奥古斯特才"有权进入宫廷"，才可以在弗里德里克公爵夫人那里任职。亨丽埃特相信这位克罗恩小姐是"一个好女孩，很善解人意，希望上帝保佑，她能给他带去幸福"。[67] 但是很明显，奥古斯特在巴伦斯特很少能感觉到幸福。[68]

阿道夫是通过莱娜认识他的新娘的，她们是朋友。他和赫尔穆特很像，在异性身上寻找他妹妹古斯特的性格。"在伯特家里给玛丽过生日的那个晚上，我的内心一直非常激动，我一直都忍不住把你和古斯特进行比较，并且我一直在对自己说：'啊，如果她的内心也和古斯特一样，那你该有多幸福啊！'在戈托夫城堡里的一次舞会上，阿道夫第一次尝试着，近距离地接触这位宫廷女官。他认为，她在取笑他，所以这个晚上剩下的时间他都闷闷不乐。"我最可笑的地方就是一直能向人们呈现最为敏感的一面，因为我自己特别容易受伤，也很容易伤心，所以你可以想象，我当时感到多不舒服。"[69] 他的妹妹们带他去打猎。当古斯特不断重复，她有多喜欢克罗恩小姐时，莱娜就给她的哥哥写了一封信，在信中她提到了阿道夫的优柔寡断，想要尝试着去鼓励他。

但是现在，他几乎抓不住幸福。以前他总是相信，他写信给她的未婚妻："我肯定会娶一位姑娘，她的资质和能力应该都不如我，没有什么文化，没有什么天赋，这个姑娘在受教育、理解能力和生活要求方面应该是远远低于我的，但是她的本性很好，并且爱我，牵着我的手能够感觉到幸福……"[70] 阿道夫与这种低人一等的感觉做斗争。就像赫尔穆特那样，他也把他所有的自我怀疑都归因于一个缺爱的童年。"我的兄弟姐妹们因为内在的天赋和外在的才能而受到了更多的优待，而我童年时代的命运和经历则更多是受到歧视，被冷落……他们总是针对我的个性给我这样一种卑微的想法，就是任何人都可以来伤害我，虽然我自己认为这是不可能的……"[71] 至于他的新娘从宫廷生活转去一个小城市生活，会不会感到不幸福，他一直都在思考这个问题。在格吕克斯塔特，他抱怨道，几乎没有人懂文学的意义，"当我很长时间待在这里，总是和文件打交道，当我的脑子一片空白，对一切美好的事物都感到麻木的时候，那就一切正常了"。[72] 阿道夫很崇拜贝多芬、海顿和施波尔①，他读过贺拉斯、维兰德、歌德、让·保罗、诺瓦利斯和希佩尔的作品，他认为海因里希·海涅是一朵"美丽的有毒的花"。[73] "只有责任感和外在的必要性才会让我这么早就对诗歌疏远了……只有对那

---

① 施波尔（Spohr），1784—1859 年，德国小提琴家、作曲家、指挥家。——译者注

个蕴藏着诗歌的生活的向往依然存在于我的内心……"[74]歌德是他的指路明灯。"我相信，没有一个作家可以像他一样抚慰人，像他一样能够让这个充满神奇的世界对我产生如此巨大的影响。"[75]与此同时，他完全知道，对奥古斯特未来幸福的怀疑，可能与他父母离异这件事有关系。[76]但是因为学业而产生的债务也会引起担忧："现在，是我在生命中第一次开始深深地抱怨，我不是一个有钱的男人，不能给你提供一个和你内在价值相匹配的生活。"[77]和赫尔穆特一样，因为他父亲的行为，阿道夫和女士交往的时候会特别谨慎。"我对那些男人总是感到深深的厌恶，他们没有经过认真思考就毫无顾忌地侵入了女士心灵深处最神圣的地方……"[78]阿道夫和赫尔穆特在其他事情上也很像："对我来说，所有的交际都是极其麻烦和不令人满意的，当我一个人安安静静地待在房间里的时候，我总是感到很高兴……"[79]

和奥古斯特订婚不仅仅是为了利益。"啊！我亲爱的，亲爱的女孩，"他追求他的女孩，"你是我的全部幸福，我的欢乐，我的希望，我的骄傲，你是我的一切！"[80]当阿道夫又一次得了很严重的疾病时，甚至于连是否能够继续工作都很成问题的时候，他觉得，这对于他的新娘来说是一种负担，甚至有了想要解除婚约的打算。奥古斯特因此感到很生气。[81]后来他们写了很多信，特别是他们两个人单独见面时，才再一次明确了缔结婚姻的想法。"我的全部灵魂都在你那里，在你心里，和你在一起，你是个极其可爱的天使！"当他见到她以后就立刻欢呼雀跃起来。"为了今天的见面，我愿意失去整个世界！你摧毁了阻挡我平静享受幸福的一切障碍，我还从未体会过这种至高无上的幸福感觉，每当我回想起在你怀里度过的那些美好时光，这种感觉都会包围着我。我的奥古斯特，我的幸福，我的生命！你永远都是我的，也只能是我的，我现在能清楚地感受到，你的生命就像是我自己的生命一样重要……"[82] 奥古斯特总是喜欢和其他人一样把阿道夫叫作"毛奇"。在婚姻生活中，她也始终处于强势的一方。阿道夫·冯·毛奇和奥古斯特·冯·克罗恩于1837年10月17日在路易森隆德结婚。婚礼上，新郎穿了一件丹麦官员的制服。

第三章
新月旗下

——民族面面观

赫尔穆特·冯·毛奇进入权力的核心圈，和一次出行有关。他在奥斯曼帝国担任了为期四年的军事参谋。这个国家对于很多西欧人来说几乎是不熟悉的。大多数和奥斯曼人有关的故事都来自《一千零一夜》。毛奇则恰恰相反，他是真真切切地遇到过如苏丹马哈茂德、哈菲茨帕夏、阿卜杜勒·梅斯基德汗①（Abdul Meschid Khan）、赛义德-贝（Said-Bey）或者白发将军乔斯罗帕夏（Chosrew Pascha）这样的人物。他还通过实地观察认识了士麦那（Smyrna）②、斯坦布尔（Stanbul）③、布卢萨（Brussa）、马拉蒂亚（Malatya）④、摩苏尔（Mossul）和拉姆·卡莱西（Rum Kalesi）的废墟，骑在塔塔尔马的马鞍上穿过保加利亚，坐在软木筏上驶往底格里斯河（Tigris）的下游，惊讶于祖格玛（Zeugma）的古典遗迹，

---

① 汗，突厥语，又称可汗，意为"君主、皇帝"。——译者注
② 士麦那，土耳其伊兹密尔的旧称。——译者注
③ 斯坦布尔，伊斯坦布尔（Istanbul）的变体，在西方语言中被用来指城市中心区（今法提赫区），这与Istanbul在土耳其语中的含义基本一致。——译者注
④ 马拉蒂亚，土耳其东部城市。——译者注

进过伊斯坦布尔（Istanbul）苏丹宫殿的正门，看到过那些不幸的人们被砍掉的头颅，他们是奉了苏丹的命令被判处死刑的。毛奇在一次虫害中幸存了下来，登上圣索菲亚大教堂的圆顶，登上瓦伦斯（Valens）皇帝的高架渠和宏伟的加拉太塔（Galata）。埃及的女奴们，她们的售价还不到一只金丝雀的价格，都希望能够被毛奇买去；他在土耳其一种叫作"汉"的小旅店里留宿过，那里既没有菜肴，也没有床，甚至连窗户都没有安装玻璃。毛奇在斋月里就像穆斯林一样禁食，洗土耳其浴，穿着东方服饰穿越托罗斯（Taurus）山脉，带着一支有着六百头骆驼的荒漠考察队穿过美索不达米亚的沙漠。所有这些冒险都是扣人心弦的、真实的，他把这些经历以文字的形式记录了下来，并以《关于在土耳其的状况和奇闻的信件》为名出版了，这样全世界的人都知道了他的冒险经历。而且最重要的是，毛奇参加了战斗。他这一代的普鲁士军官们很少有人会讲述这段发生在自己身上的经历。更年轻的一代则根本没有经历过战争，战争经验在每一个军队里都是新手和有功勋的骑士团成员之间的区别。滑铁卢战争已经是二十多年以前的事了，当毛奇1835年11月到达马尔马拉海（Marmarameer）的时候，点点白帆航行在"深蓝色的海面上，就好像一只只闪闪发光的天鹅"；天际线上是君士坦丁堡（Konstantinopel）和它那满是"伊斯兰教寺院尖塔、桅杆和柏树的森林"，[1]在闪闪发光。当俄罗斯、奥地利和普鲁士结成"神圣同盟"，西欧保持了数十年和平的时候，奥斯曼帝国几乎一直都战争不断。

感谢那个在新月旗下的时代，毛奇被提拔为陆军上尉，在这期间，他开始进入一个军事理论实践者的角色。这不是理所当然的。因为他自己说起博斯普鲁斯（Bosporus）海峡的任务失败这件事的时候，说他自己在土耳其的工作权限很低；而在尼济普，他人生的第一场战役中，他陷入了一场令人震惊的失败旋涡中。不管怎样，毛奇的声誉没有受损。他的督军，国王威廉三世，在柏林授予他荣誉勋章。这是如何做到的呢？

奥斯曼帝国的欧式新军

苏丹马哈茂德二世，国王中的国王，奥斯曼帝国的君主和哈里发，有着令人毛骨悚然的性格。19世纪，在所有西方国家和东方国家的统治者中，他下达的死刑判决是最多的。1835年，他在斯坦布尔（土耳其人把它叫作过去的君士坦丁堡），施政于巴尔干的大部分地区、小亚细亚、北非、埃及和其他的阿拉伯国家，一直到达波斯的边界。但是欧洲的强国政治和革命以后人民要求的自治权自1798年拿破仑入侵埃及以来，就已经给奥斯曼帝国带来了永久的危机。英国、俄罗斯、法国和奥地利倾尽所有，在比萨拉比亚（Bessarabien），在巴尔干，在北非，在多瑙河（Donau）的下游去接管地理门户。在那些地方，被征服的人民，其中大部分是基督徒，他们是希腊人、保加利亚人、罗马尼亚人、塞尔维亚人和克罗埃西亚人。奥斯曼帝国变成了博斯普鲁斯海峡边上的一个病人。这个病入膏肓的人能够活下来，首先要归功于人们对遗产分配的纷争，也要归功于这些君主，他们相互利用他们的敌人。

苏丹马哈茂德通过一场宫廷革命，谋杀兄弟取得了政权，他在这方面是大师。专家们宣称，纳克希迪尔（Nakxidil），他那去世的母亲，来自马提尼克岛（Martinique），原名艾米·杜·布克·德·里弗利（Aimée du Buc de Rivéry），她是拿破仑妻子约瑟芬（Joséphine）的表妹。她从法国的修道院学校返程的路上，阿尔及利亚海盗把她抓了去，最后送给了苏丹。可以确定的是，纳克希迪尔为宫廷里的女眷们谋到了福利,她终生都在赞美法国。现在,马哈茂德,她的儿子,被人称为"改革家"。这场"改革",首先指的是"吉祥事变"(Vaka-i Hayriye),事实上是一场血腥的屠杀。1826年6月14日,6000名耶尼切里军团①的士兵在这场屠杀中付出了生命。这场屠杀结束了伊斯兰式的罗马禁卫军长达400年的历史,他们也曾建过国中之国。

现在看起来成立欧式新军的条件成熟了。新的、效忠苏丹的军队,它的组建、武装和训练模式都是按照欧洲军队设立的。为了压制欧式新军里保守的领导层,马哈茂德需要一个更有能力的管理层。所以他不仅仅组建了一支新的军队,还组建了新的行政机关。他们征收很多特别税,超过百分之七十的国家支出都用于军备。² 一个希望一直在驱使着苏丹:借助欧式新军,他的封臣穆罕默德·阿里(Muhammad Ali)能够夺取叙利亚。马哈茂德和阿里很相似。穆罕默德·阿里帕夏在埃及,从烟草商人发迹成为拥有无限权力的统治者。在对马木留克②进行了大屠杀之后,他们在开罗的地位就好比是耶尼切里在斯坦布尔的地位,感谢几位来自法国的军事参谋,让他成功地组建了西式的有着全新军事管理机构的军队。此后,埃及军队1831年在依伯拉罕(Ibrahim)帕夏的领导下占领了叙利亚,他是穆罕默德·阿里的养子。无论如何,苏丹都想要把这个富饶的地区赢回来。

当毛奇1835年11月23日进行了一次为期数月的冒险旅行回到斯坦布尔之后,第二次叙利亚战争即将爆发。欧式新军的组建正

---

① 耶尼切里军团,奥斯曼帝国的常备军队与苏丹侍卫的总称。——译者注
② 马木留克,从公元9—16世纪服务于阿拉伯哈里发和阿尤布王朝苏丹的奴隶兵,后逐渐成为强大的军事统治集团,统治埃及长达300年之久。——译者注

在全力以赴的进行中。毛奇是自费去旅行的。他原本不只是想去参观君士坦丁堡,也想去看看古老的拜占庭,这个地方他从吉本的书上已经了解了很多,而且还想去看看希腊和意大利,看看那些古代的经典的地方。他曾许诺,要去那里进行军事考察,他的上司们就准了他为期六个月的假,并付他一半工资。

斯坦布尔是一个世界大都市和各种族人民融合的地方,当地人认为柏林这个庸俗的地方啥也不是。这个大都市让毛奇无法呼吸:"太阳照耀着,明亮而且温暖,挂在天边,只有一层薄薄的雾围绕着,薄雾下面透出迷人的景象。在右侧,我们看到君士坦丁堡里都是蓝色的房屋,房屋的上面是数不胜数的圆顶,还有线条分明的水管的拱形结构,用大石头造的房子有着铅制的屋顶,当然最重要的是高耸入云的伊斯兰教寺院的尖塔,其中就有最出名的那七

图 3-1　赫尔穆特·冯·毛奇在博斯普鲁斯海峡边比耶克德雷他的房间里。手绘图,1837 年,局部

个巨大的清真寺……"[3]通过普鲁士的使者冯·柯尼希斯马克（von Königsmarck）伯爵在金角湾（Goldenes Horn）的斡旋，这位陆军上尉获得了一次苏丹马哈茂德短暂的接见机会。然后他就搬进了博斯普鲁斯海峡西岸、斯坦布尔以北名为比耶克德雷（Büyükdere）的小村庄，并住了下来，这个地方有很多欧洲公使馆馆员的消夏别墅。

在斯坦布尔的巷子中

很快，毛奇就开始游历，在一个军人护送队的陪同下，带着他的测量台，走遍了斯坦布尔的各个巷子。没有可靠的地图。[4]孩子们想和他交朋友，他们把这个带着测量台的军官当成了街头卖糖果的小贩。很多女士则更加好奇了。有几位女士请毛奇帮她们画像，虽然伊斯兰教对此严格禁止。"现在没有什么比这个更加容易了：一张大的白色的面孔，上面有两只黑色的眼睛，一小段鼻子和宽得挤在一起的眉毛——我简直可以把这画成一幅石版画，这样我可以帮她们每个人都画出一幅画像，所有人的画像看上去都很相似。"[5]毛奇觉得很惊讶，东方女性"从头到脚包裹得严严实实，好像一只只幽灵"[6]蹑手蹑脚地到处乱走。他吃惊地注意到，她们被关在内宅里，被严格监视，和周围的一切都分离，除了和其他的女性。"在这一点上，所有的穆斯林男人都表示赞同，改革最后也会渗透到家家户户的内宅里。"[7]谁受了《一千零一夜》童话故事的诱惑，认为土耳其是艳遇的天堂，那就是不了解实际情况了。"在土耳其人当中，这种关系就是最枯燥的散文。"[8]如果一个穆斯林女人和一个"拉者"①交往，这是苏丹的一位信奉基督教的臣仆，"那么她现

---

① 拉者（Rajah），东南亚以及印度等地对于领袖或酋长的称呼。——译者注

在，在1836年，会被不可饶恕地淹死，拉者也会被绞死。我自己就目睹了最近一次的野蛮行为"。[9]

内向的毛奇是带着好感来描述土耳其的订婚习俗的："婚姻在东方国家纯粹只是肉体上的天性，土耳其人越过所有细碎的琐事，例如恋爱、献殷勤、忍受相思之苦和欣喜若狂……而直奔主题。"[10]对于物色、买卖人口和奴隶制度，他也同样只看到其有利的一面。毛奇错误地将这与普鲁士的农奴制度作了比较，这一制度大约近30年以前通过施泰因男爵的改革被废除了。[11]

穿着制服的毛奇几乎不能理解，甚至是达官显贵也会去询问占卜者和解梦者，他们不识字，也不会说外语，却坚定不移地断言，地球是平的，就像一只盘子一样。他描述"这个国家呈现出慵懒的状态，整个国家就好像是穿在拖鞋里一样"，正如他起初在信中和家人说的那样。总而言之，他有这样一个印象：穿越去了遥远的过去。土耳其是一个国家，"它从罗马帝国毁灭的时代直接进入蒸汽轮船、信用协会、全国推行兵役制度、纺纱机和高速印刷机、法制和改革的时代"。[12]

毛奇认为造成这种经济落后状态的主要原因是伊斯兰教。在奥斯曼帝国，伊斯兰教是信念，也是社会法规和国家制度。"一片幸福的天空和一片富饶的土地助长了懒散的习性，特别是宗教让东方国家稳定。"伊斯兰教阻碍了"思想上的深造、社会形势的发展和物质利益的提高"。[13]毛奇是这样认为的，大多数土耳其人毫不迟疑地承认，欧洲在经济、军事和科学方面占有很大的优势，"然而从来不会有人觉得，欧洲人跟他们有同等价值。这种无法战胜的骄傲根植于他们的宗教本身，这种宗教甚至禁止信奉正统教徒在基督徒用'塞拉姆·阿莱孔'问候时——向你致敬——用通常的'阿莱孔·塞拉姆'来回答，而只能用'阿莱孔'回答，后者在大多数时候也可以有'诅咒你'的意思"。[14]

在毛奇离开这座城市,想继续去雅典的前几天,他再次通过柯尼希斯马克的介绍,得到了觐见乔斯罗(Chosrew)帕夏的机会。军事部长,人称"塞拉斯基"(Seraskier),他是政府的灵魂人物。"穆罕默德·乔斯罗帕夏,"毛奇也知道的,"是下一任苏丹,是这个帝国最有权力的人。"[15]乔斯罗支持苏丹建设他的军队。他用自己的密探网覆盖了首都。"塞拉斯基,"毛奇观察着,"几乎只是用玩笑的口吻说话,但是这些有权势的人听到他的微笑声都会瑟瑟发抖。"[16]乔斯罗和这位陆军上尉说起总参谋部和战时后备军。这种对博斯普鲁斯海峡防御形式的改变看起来几乎很难设想,但是对他来说却是很清楚的。"有时候我觉得,就好像塞拉斯基·穆罕默德·乔斯罗(Seraskier Mehmed Chosrew),在他最隐秘的内心深处用最深刻的讽刺来对待这次改革;但是这次改革对他来说只是夺取权力的方式,权力是这位老人唯一真正的、肆无忌惮的热情。"[17]无论如何,为了接近一支欧洲的军队,乔斯罗需要外界的支持。几乎所有强国都在追求目标上与其实现目标的方向背道而驰。只有普鲁士的国王几乎没有出现在金角湾。他军队的声誉与之相反,一直传到了苏丹的耳朵里,当然也肯定出现在了塞拉斯基的宫殿里。[18]

乔斯罗请求毛奇推迟他的行程。于是国王威廉三世收到了来自伊斯坦布尔毛奇军官的请求,希望得到更长的休假。[19]1836年6月8日,毛奇的考察旅行就变成了"对当地军队组织和指导"[20]的一项命令了。从此以后,国王支付他全额的工资。此外,毛奇还从苏丹那里定期领取薪水。首先是钱把我们的陆军上尉留在了土耳其。此外,1837年8月27日,增援的人来了。另外两个来自总参谋部的军官和一个担任工程师的军官到达博斯普鲁斯海峡:卡尔·冯·文克(Karl von Vincke)男爵,弗里德里希·费舍尔（Friedrich Fischer）和海因里希·冯·米尔巴赫（Heinrich von Mühlbach），全都和毛奇一样是陆军上尉。文克、费舍尔和毛奇在总参谋部的时候就认识了。所以米尔巴赫，这个担任工程师的军官，从一开始就进入了局外人的角色。文克是由他的太太陪着一起来的，费舍尔和米尔巴赫每个人都由一个士官陪同。他们都搬到了离比耶克德雷不远的佩拉（Pera）的一个共同的军营里。

库尔德斯坦的"国民战争"

但是，普鲁士人是不会满意的。土耳其的军官对待毛奇、文克、费舍尔和米尔巴赫勉强还算礼貌。士兵们虽然听从普鲁士人的命令，却从来没有敬过礼。妇女和儿童也经常谩骂着。虽然，信奉基督教的仆从们可以有自己的宗教信仰，但是从政府方面来看，宽容并不意味着尊敬，或者至少说是对腓特烈大帝有一点漠视，而且是对无信仰者的一种轻视。[21] 大多数土耳其人一直以来都认为他们的帝国强大而辉煌。上层社会中的大部分人和几乎所有苏丹的仆从们都不愿意进行西方的革新。略加尝试进行的细微改革已经引发了起义。大多数情况下，衰落的罪魁祸首是内部的革新，而不是帝国外部的彻底改革——如果人们可以感知到这种衰落的话。但是一次真正的军事改革，例如在普鲁士，就会要求对国家和社会进行改建；这里最多就只有塞拉斯基预感到了此事。总而言之，指导员们应该解决一个不能解决的任务。毛奇怀疑，一个德国小城市里的每一个射击协会，都可以在军事表演中把苏丹的精锐部队比下去："人们几乎无法理解，在整个奥斯曼帝国的范围内，这些看起来令人恶心的个体，是如何聚集在一起的。"[22] 陆军上尉听从了命运的安排，造访了达达尼尔海峡（Dardanellen），为的是能够对它的防御工事提出建议，他考察了罗马尼亚、保加利亚、多布罗加①，制成了地图，写了调查报告。这些报告有没有被人看过，仍然非常值得怀疑。但是他的工作是富有成效的，如果这个工作不是为了奥斯曼帝国，那么也是为了给他提供工作的军官。

1838年，叙利亚周围的紧张形势更为加剧了。当苏丹下命令要求战时动员时，"贝男爵"，土耳其人这么称呼他，希望能够早点回柏林。可惜未能如愿，塞拉斯基和米尔巴赫一起把他送去了奥斯曼帝国的主力部队，就是所谓的"托罗斯军"②。这支部队听命于哈菲兹帕夏，他是一个切尔克斯人③。他们的聚集点是安纳托利亚东部地区（Ostanatolien）的马拉蒂亚。敌军的注意力集中在阿勒颇（Aleppo），由依伯拉罕帕夏率领。毛奇和米尔巴赫于1838年3月2日，在伊斯坦布尔登上了一艘轮船，前往萨姆松。两周以后，他们经过了一次非常艰难的骑行，终于到达了托罗斯军的大本营。"哈菲兹"（Hafiz）在那里被视作"有文化的人"。在奥斯曼帝国，人们觉得有文化的人能读会写。哈菲兹帕夏会说土耳其语、阿拉伯语和波斯语，此外，他还会背诵《古兰经》的章节。对于毛奇来说，哈菲兹帕夏是"所有人中最理性的"，虽然他也怀疑地球是一个球体。哈菲兹帕夏看起来信服了欧洲人作战的优越性，对他来自普鲁士的顾问，"他的副手"的建议，他看起来总是很乐意倾听。不过，地图还是没有的。哈菲兹帕夏信赖库尔德人，他们在托罗斯军里担任侦察兵。这两个普鲁士人也探察了这个地区，从山的隘口经托罗

---

① 多布罗加（Dobrudscha），旧地区名，位于欧洲巴尔干半岛东北部，北部是罗马尼亚人，南部是保加利亚人，原属罗马尼亚。——译者注
② 托罗斯军（Taurus-Armee），以托罗斯山脉命名，这是土耳其中南部最大的山脉。——译者注
③ 切尔克斯人，西北高加索民族，19世纪，沙俄取得奥斯曼的配合，在西北高加索地区进行种族清洗，大批切尔克斯人移居或被驱逐至奥斯曼土耳其境内。——译者注

第三章 新月旗下

斯山的东面，穿过幼发拉底河和底格里斯河的源头，一直到达叙利亚的边界。在几乎所有的居住区或者村庄里，毛奇和米尔巴赫都是第一批到访的欧洲人。这两个人学着与本地人沟通。最后，毛奇掌握了土耳其语，几乎达到流利的程度。

战役爆发前，苏丹马哈茂德对库尔德人进行了一次"远征"。很多人躲进山里，逃避奥斯曼帝国的征兵和征税。在那里，他们不再需要为斯坦布尔的君主服役，而是自立为王，只听命于自己，例如赛义德-贝，他自己提高了税收，抢劫他人财物，他的赛义德-贝山寨看起来是牢不可破的。当米尔巴赫随同哈菲兹帕夏率领的一支远征队在卡尔桑·达格山（Karsann-Dagh-Gebirge）反抗库尔德人的时候，毛奇参加了一支由三千士兵组成的对付赛义德-贝山寨的专用部队。这支部队的指挥官是下级指挥官梅穆特帕夏（Mehmet-Pascha）。毛奇作为侦察员先骑着马出去了，他考察了山崖上城堡的位置。与土耳其人结盟的库尔德人已经包围了要塞。赛义德-贝山寨的墙角被库尔德士兵们围得水泄不通，这个38岁的男人正经历着他的战斗洗礼。《土耳其来信》一书的读者们都知道，他在书里描写，在这个事件的过程中，他几乎都是饿着肚子的。"当我骑着一匹高大的白马出现，周围挤满了库尔德人，我们正好停在一棵胡桃树下，子弹即刻从胡桃树的叶子中呼啸而过。"[23] 在夜色的掩护下，毛奇和库尔德侦察兵一起登上了附近的高地，第二天又让人运来了一些迫击炮，然后就开火了；很快，赛义德-贝，"一个高大的，帅气的男子，有着一张富有表情的面孔"，[24] 已经准备好了，要在土耳其的兵营里进行谈判。库尔德人的首领和他的随从死里逃生。要塞则被拆掉了。

赛义德-贝山寨被灭以后，毛奇的部队在从迪亚巴尔克（Diyarbakir）去往凡湖（Vansee）的路上增援了位于卡尔桑山（Karsann-

Gebirge）的哈菲兹帕夏的军队。土耳其军队故意到处散播害怕和恐惧。库尔德人从他们的村庄里逃出来，所有的房子都被烧了。毛奇提出了抗议，可惜是徒劳的。居民们决定起来反抗，人们搞到了大炮，以各自的住所为掩体，就像帕普尔（Papur）这个小山村一样。贝男爵在边上的一支部队里，骑在骡子上，因发烧而全身打战，不能走路。在战斗过程中，他发现了一个土耳其军士，这个军士转过脸去，就朝着"上帝的蔚蓝色的天空"开火。毛奇想要知道，他向哪里射击："这造不成什么伤害，老头子。"这个射击者回答道："如果上帝想要射中的话，它就会射中的。"[25]

帕普尔被占领，被洗劫一空。胜利者的行为让这些普鲁士人很震惊："男人们和女人们都带着流血的伤口，婴儿和不同年龄的孩子，被砍下来的头颅和耳朵，只要把这些东西交上去就可以领到50—100皮阿斯特的赏金。米尔巴赫帮助受伤的俘虏们清洗伤口，并尽可能地帮助他们包扎伤口；库尔德人缄默的苦闷，女人们大声的质疑，都给人一种令人心碎的景象。最为糟糕的是，如果没有这些令人厌恶的事，人们又该如何在山上进行一场国民战争呢？"[26]

米尔巴赫回答道，这么做是为了不让人们去做这些令人厌恶的事，他在哈菲兹帕夏那里抗议给上交人头和耳朵的人赏金，并且获得成功。[27] 对于"国民战争"的概念，毛奇认为，至少在他的《土耳其来信》中，就是正规军和非政府军之间的争论。正如那些普鲁士的改革者，特别是格奈泽瑙，对那场战争记忆犹新。这是1809年在伊比利亚半岛的山区爆发的，它的野蛮残忍到现在还会刺痛我们的记忆，戈雅（Goya）用铜版画的形式记录了下来：拿破仑反对西班牙游击队员的战争。在普鲁士的军官团所有人的记忆中，这次战争是如此的鲜活，以至于没有这些令人厌恶的事的"国民战争"对毛奇来说很明显是不可想象的。据说进行战争的冷酷法则除此之外适用于，让故乡的读者们性情更加温和。最后，这个顾问在帕普尔间接地参与了这些侵犯的行为。

1839 年 4 月，部队向南出发。在一次为期 29 天的冒雨行军后，越过了托罗斯山。大多数士兵穿着坏了的靴子，他们一天中有五次因为宗教的洗身仪式穿脱靴子。[28] 大约 6000 人死亡、生病或者逃跑。5 月中旬，还有大约 3 万人会到达叙利亚边境位于幼发拉底河西岸的比雷吉克（Birecik）附近的营地。依伯拉罕帕夏的埃及军队在只距离几公里远的地方安营。法国军队帮依伯拉罕出谋划策，这支军队的统帅是陆军上校约瑟夫·安特尔梅·塞韦（Joseph Anthelme Sève），他以前是拿破仑的军官，改信了伊斯兰教，自此以后，他改名为索利曼帕夏（Soliman Pascha）。对埃及人来说，他是法国人。[29] 米尔巴赫让人在比雷吉克附近的营地设防了数周之久。

尼济普之役

如果出现了撤退的情况，要不要让人毁掉幼发拉底河东岸的桥，正如米尔巴赫所相信的那样，或者通过修桥会削弱战斗的士气，正如毛奇所担心的那样，这些在普鲁士人中间是有争议的。但是他们两个人都推荐防御，并期待着一次在营地里的进攻。增援部队也在行军的过程中。此外，毛奇和米尔巴赫不信任奥斯曼帝国的军队。所有的营地警卫从来也没有把他们的脸转向敌人，而是一直看着自己人；托罗斯军主要是由被迫服役的库尔德人组成的。军队中至少一半人只是期待着，能够最快速地逃走。但是哈菲兹帕夏已经失去耐性了。每天，都有来自敌人营地的逃兵过来，吃得不怎么好，装备也很糟糕。和他的副手提出的异议相反的是，哈菲兹让他的军队从这个安全的营地向前移动到了尼济普的边界附近。埃及人也开始靠近他们，4万人带着160门大炮。依伯拉罕帕夏避开了正面攻击，取而代之的是尝试着绕过土耳其人视线所及的范围。毛奇建议，这是一次机会，让埃及人自己进入侧翼。但是哈菲兹帕夏拒绝了这次进攻。之后人们就想着能够逃离这个围墙，赶快回到比雷吉克的营地。哈菲兹帕夏想要坚守阵地，毛奇则想要辞职，哈菲兹帕夏对此表示拒绝。之后，毛奇和米尔巴赫在第二天晚上就进攻这件事争吵了起来。米尔巴赫要求在夜色的保护下对敌军的临时宿营地进行一次大规模的进攻，而毛奇只支持火攻，哈菲兹帕夏只同意突然袭击。这次战役让埃及人感到不安，但是除此之外倒也没有产生什么后果。瑞士人费迪南德·佩里耶（Ferdinand Perrier），索利曼帕夏的一个副官，在回忆的时候说，最后他给了米尔巴赫这个权力。[30]

第二天，1839年6月24日一早，决定出来了："自现在起一个小时内，做好一切准备，士兵们把背囊放在身后，以便射击。"在距离很远的情况下就开始了连续炮击。毛奇说："这些炮弹，就好像手榴弹一样从上面掉下来，但是也很无力，人们用肉眼就可以追踪它们的踪迹，这种情况对我们来说特别不利……"士兵们的神经都绷紧了。"如果偶尔有一只手榴弹落入了部队的队列里，并在那里爆炸，那么整个连队就会一下子四处逃散。"[31]战线的瓦解是从左翼开始的。很多弹药车都爆炸了。奥斯曼帝国的精锐骑兵部队在没有得到命令的前提下向前狂奔，但是并没有超过自己的步兵战线，他们被炮火绕晕了，返回来了，突然袭击了土耳其的步兵。哈菲兹帕夏带着一面精锐部队的旗子走在前面，当他四处张望的时候，没有人跟着他。库尔德人已经袭击了他们的军官，现在这支军队终于要解散了。埃及士兵们杀死了战俘，抢劫了尸体、帐篷和伤员。再也没有一个地方发生冲突了。比起欧洲的那些战役，这里的损失算少的。

成千上万人开始了大逃亡，这里面也包括毛奇和米尔巴赫。"对我们来说特别重要的是，要比其他逃亡者赢得先机，因为撤退一旦开始，所有纪律的绷带就都会解开。"[32]没有食物和行李，这两个普鲁士人骑着马几乎不间断地朝着北方跑了两天一夜。在马拉斯（Maras），他们与一个80人的骑兵团结伴同行，为的是能够到达马拉蒂亚。半路上，毛奇和米尔巴赫遇到了奥斯曼帝国的预备役团，文克也被分配到这个团里："我们立刻抢夺了他们的食物，……最后他也没有比我们少抢多少。"[33]

当米尔巴赫掉队，文克赶在前面的时候，毛奇开始由一个塔塔尔族人带领着，骑着马强行进入西瓦斯（Sivas）。他想要及时地赶上萨姆松的轮船，那就可以真的超过文克了。"从一个有着一大片阔叶林的山脊那里，终于看到了闪闪发光的大海，我们欢呼起来；我们沿着陡峭的山坡向下飞驰了两个小时，就到达了萨姆松的检疫站。一个土耳其的检疫站检查起来应该不会太久，顶多需要做一些必要的检查，比如读一下帕夏的推荐信，或者是在一个长沙发靠垫里放入50个皮阿斯特。"在一艘奥地利轮船的甲板上，毛奇和文克一年半以来又重新看到了椅子、桌子、镜子、刀和叉子。而且重要的是："我们先要求提供土豆，最痛苦的事情就是缺少土豆，还想要一瓶香槟酒，为的是在我们的国王生日的时候，我们在黑海的波浪上能够喝上一口，来祝福他身体健康。"[34]当普鲁士人到达斯坦布尔的时候，苏丹马哈茂德已经去世了，随之而亡的还有政治上的改革。

《土耳其来信》

托罗斯军已经不复存在了。它的垮台给普鲁士提交了一份不怎么样的成绩单。无论米尔巴赫还是毛奇都不能对上级和民众关于失败的诠释漠不关心。但是他们没有达成一致，反而争吵了起来。米尔巴赫把所有的责任都推给了毛奇，口头上向在斯坦布尔的柯尼希斯马克做了汇报，书面上则用报告的形式向在柏林的工程师军团团长做了报告。米尔巴赫说，这次战斗决定性的疏忽，是放弃了一次在 6 月 24 日夜里的大规模的进攻。毛奇也给柯尼希斯马克写了一个报告。事实上——正因如此是具有说服力的——他没有对米尔巴赫进行抨击，而是解释了在半夜里没有进行那一次大规模进攻是因为对奥斯曼帝国的士兵们不信任导致的。失败的原因是土耳其军队已经筋疲力尽，无法行军了。在埃及方面也几乎不可能出现其他的情况，这一点上尉也没有隐瞒，只是略微提了一下。柯尼希斯马克把毛奇的报告交给了奥地利和俄国的公使，也交给了诸侯赫尔曼·冯·匹克勒-穆斯考（Hermann von Pückler-Muskau），他在非洲旅行了好几年，现在在鳄鱼、朱鹭和他那来自埃塞俄比亚的心上人——美丽的玛赫布巴（Machbuba）的陪伴下的归途之中，在斯坦布尔做了短暂的停留。事实上，匹克勒又把这份报告交给了《奥格斯堡汇报》，不过还加上了"评论"，在评论中，匹克勒和米尔巴赫持同样的观点，支持夜里大规模的进攻。

1840 年 1 月，毛奇回到柏林的时候，他必须承担起一些劝说工作。他很快就给冯·克劳塞内克（Krauseneck）将军，也就是总参谋部负责人写了《土耳其埃及战役的阐述》[35]一文。文章被复印了很多份，并通过克劳塞内克推荐给每一位总参谋部的军官，供他们审阅。之后，毛奇又写了《关于在土耳其的状况和奇闻的信件》。[36]书的基础就是那些他通过柏林的表兄爱德华·巴尔霍恩写给在石勒苏益格和荷尔斯泰因的家人的信件。他的朋友和熟人们也读了这些信件，因为这次旅行"引起了很多讨论，惊奇的事也不断发生",正如他的妹妹莱娜所讲述的那样。莱娜当时是这么说的:"尽管我在大多数情况下感到很惊奇,在很远的地方目不转睛地看着你,就好像看着一个系着绳索的人在空中起舞,但我还是衷心地祈求上帝,希望你能重新幸运地回到熟悉的地方。……好好生活,亲爱的、勇敢的兄弟,上帝会给你一段幸福的命运。"[37]

虽然这部作品在1841年是匿名出版的,但是柏林的每一位军官都认出了作者。这些信件拥有很多读者,被翻译成很多语言,也包括土耳其语,到21世纪已经有了19个版本了,在这期间被列为游记中的经典作品。这本书是给欧洲的一面镜子,镜子里的一切看起来显得比实际情况更美好。毛奇自认为在斯坦布尔时更多地是一个欧洲人,而不是一个荷尔斯泰因人、普鲁士人或者德国人。这些信件从他的理智、清醒的写作风格中汲取了力量。这本书吸引了读者,也让人们过高地评价了毛奇在土耳其的功绩。[38]在博斯普鲁斯海峡,只有两条旅行轨迹是经受住了时代考验的:一是位于塔拉布亚(Tarabya)德国大使馆的避暑地公园里的毛奇纪念碑,建立于1889年;二是普鲁士著名的陆军元帅在土耳其学会了做手工的传奇故事。[39]这当然只能说明,谁也没有读过《土耳其来信》这本书。这个旅行报告是毛奇自己的成果,它第一次让他在公众中获得了威望。他启程去土耳其的时候还是一个不知名的总参谋部官员;他回来的时候,就已经在部队和宫廷里赢得了久经考验的、睿智的东方国家专家的声望,他只是陷入一次失败的不利状况中。顺便提一下,米尔巴赫从未写过一本书。

第四章
家族大会
——民族之间

从坚信礼到48岁,赫尔穆特·冯·毛奇生活在这样一个时代,这个时代被历史学家称作"修复的时代"。这些矛盾之间有着一个时间间隔:旧的东西继续存在,新的东西更快速地形成。从维也纳会议召开到1848年革命失败,这35年,是市侩的俗人、享乐的人、小市民阶层和深居简出的人的时代。拿破仑战争以后,二十多年的战争蹂躏,和平在这段时间里对整个欧洲国家来说都是最宝贵的财富。"避免战争"[1]的时代开始了。这也是怀疑、逮捕、不安、迫害和示威游行的几十年。越来越多的人要求能够拥有权力。这些市侩的俗人在平静的表面下,内心其实是激愤的,整段时间里他们都是非常恼怒的。最初只是一次学生起义,后来发起了一次平民阶层的反对派运动,最后,在1848年,爆发了一次欧洲革命。那个时候,发生的事情很少,但是改变却很大。

毛奇的前半生便置身于那个时代,当时旅行者还在使用马车,但是旅途中已经开始使用蒸汽轮船和铁路了,这是一项来自英国的发明。在德意志邦联中,铁路从纽伦堡和菲尔特(Fürth)开始,用了英国的火车头和英国的司机。接下来的线路主要是由私人铺设的，没有和相邻的建筑计划相互协调过。毛奇用他在土耳其挣到的、存下来的钱，大约1万个塔勒，买下了"柏林-汉堡铁路"的股份，这是一家私人企业，他在这家企业的管理委员会任职了七年之久。尽管在筹集资本方面有困难，这些困难导致这家企业濒临倒闭，但是铁轨还是成功地铺设到了6个帝国城市和诸侯国。这段铁路经过普鲁士、梅克伦堡-什未林、劳恩堡、荷尔斯泰因、吕贝克和汉堡。很快，这种货运交通就获得了可观的收益，[2]给毛奇带来了高额的回报。

铁路网增长的速度很快。1840年，在德意志邦联，铁轨的总长度有500多公里。十年后则超过了6000公里。轨道交通成为经济发展的动力。1815年的普鲁士基本上还是一个农业国家，但是现在，这里的工业如雨后春笋般拔地而起。在城市里，平民阶层不再只依靠宫廷或者公务生活，同时产生了工厂里的工人阶级以及由他们所产生的"社会问题"。很多手工业者降格为按日付工资的雇工，因为工业让他们的小型作坊没有了盈利。工资下降、剥削、失业和饥荒导致人群第一次大规模地向着北美移民。

三月革命酝酿期

维也纳会议修复了的，换言之在很大程度上重建了的，既不是前拿破仑时期的社会状况，也不是精神状况，但有可能是欧洲的内政秩序。1815年，俄国沙皇、奥地利皇帝和普鲁士国王缔结了一个"神圣同盟"。这个同盟和普通的同盟不一样，其他的同盟是一个国家的某一派组成一个联盟去对付另一派，而这个同盟则是反对革命的绝对统治者，所有人都觉得这场革命会危及自己；他们制定了反对民主的、自由的和民族力量的条约，攻占巴士底狱唤醒了这股力量,反对拿破仑的战争则激起了这股力量。

民主人士偏爱这种共和政体的国家形式,通过推行全民选举权,他们看到了弄清"人民意志"的关键所在,这种选举权他们当然不想给女性。自由党人是君主立宪制的拥护者,代表着这样的一种世界观,它更多地强调每一个人和他的自由权利。民主党人和自由党人共同要求一个宪法和民族的统一。"民族"或者"人民"连同一份权利文件作为共同生活的准则,应该也成为统治者权力的基础。但是这需要同盟支持的两个支柱:君权神授说和君主制原则。这些极其保守的法学家教育人们,由于上帝的恩惠,国家权力只能放在国王的手里。根据这个原则,统治者可以自愿地限制他的权限;宪法只能是一个界限,从来也不可能是权力来源的基础。在每一种情况下,国王始终是"发展的领导人"。[3] 弗里德里希·威廉四世是这样解释的,自从1840年以来,他是普鲁士的国王,他说上帝启发着他;感谢神秘的、神圣的感召,这些感召让他在所有其他非永生的人之前变得非常出众。这个国王有理由相信,任何时候都可以介入国家的事务中,他低声说,"有一些事情是只有国王才会知道的,我自己作为王储的时候也不知道,现在当了国王才了解"。[4]

维也纳会议并没有恢复旧的、1806年消亡的"德意志神圣罗马帝国",取而代之的是,由35个诸侯国和最后4个自由的帝国城市形成的德意志邦联。这是一个随意结合在一起的国家联盟,在这个联盟里,奥地利自然而然地承担了总统权力的角色。大不列颠和爱尔兰的国王以汉诺威国王的身份、荷兰国王以卢森堡大公的身份以及丹麦国王以荷尔斯泰因和劳恩堡公爵的身份属于这个德意志邦联。这不是"德意志祖国",为了它,1813年,志愿军们与拿破仑作战。从普鲁士方面来看,在慢慢进行着的民族运动里,不仅存在着一种危险，而且存在着一个机会。民族主义对于奥地利这个多民族国家像是炸药，对于普鲁士这个唯一的"德意志"强国，却可能是一种诱惑。但是普鲁士和同盟换来的几乎40年之久的欧洲对外和平只是短暂的，对内一直都有着统治者和被统治者之间持久的战争。这些寻求复原的强国在尝试着复兴中世纪的浪漫主义，还尝试着复兴基督教的君主政体、骑士制度、封建制度下忠诚和服从的情感，这些并非偶然。联盟的三个强国中没有一个比毛奇的普鲁士用更多的热情来做这件事。

浪漫情怀

"浪漫主义"是一个含混不清的概念，但清晰的是，浪漫主义渐渐地消除了在教育准则中古典主义的优势。赫尔穆特·冯·毛奇是研究荷马史诗和翻译家吉本的行家，就这方面而言，他可以被视作18世纪的代表人物。但是他也在沃尔特·斯科特（Walter Scott）爵士的小说中，在诸如艾凡赫、狮心王理查和侠盗罗宾汉这样的人物形象中找到快乐。因为对中世纪萌生的新兴趣反映了人们潜意识中的愿望，这种愿望把国家机器加入人们的生活中，给这个不成熟的、世俗的理性国家带去一种"灵魂"，这种灵魂不应该是民族的，而应该是基督教的和浪漫主义的。最近，普鲁士军队开始用圣歌《我祈祷爱的权利》作为它的归营信号。弗里德里希·威廉四世则被视为"皇位上的浪漫主义者"。

这里存在着一种来自高层的虔诚，这让海因里希·海涅自然而然地感到很厌烦："这种哲学加基督教的军人气质，这种白啤酒、谎言和沙子的大杂烩让我很反感。这样的普鲁士，这样呆板的、虔诚的和假正经的普鲁士，它是这些国家中的伪君子，真是令人厌恶，令人深感厌恶。"[5] 但是海涅始终是一个局外人，浪漫主义时期的画家、思想家和作家也发现了宗教，虽然不一定是基督教。例如卡斯帕·大卫·弗里德里希（Caspar David Friedrich）就把自然画成了神秘的、宗教的事件。在诺瓦利斯或者弗里德里希·施莱格尔（Friedrich Schlegel）的时代，人们不再靠上帝的恩惠生活，而是自己创造了一切，圣经、教堂、圣事和宗教仪式变得多余了。[6]

浪漫主义者传播的是一种情感宗教，甚至在神学家那里都留下了痕迹。弗里德里希·施莱尔马赫，浪漫主义虔敬派之父，既没有将他信仰的经历和道德上的净化结合起来，也没有将这种经历和来世的回报结合起来。这种经历的社会作用对于他来说不是存在于伦理或者财政方面的努力上。施莱尔马赫的宗教根本不是有目标的，而应该是"神圣的音乐"，是"为人们做一切事情的伴奏音乐"。[7] 虽然神圣，但仍然是伴奏音乐，无论如何也不会是生活的出发点和消失点。这不涉及道德的行为，而是涉及情感的感知。不是歌德或者席勒，福凯成为被读得最多的德语作家。[8] 读者喜欢他的童话故事、鬼怪故事和骑士戏剧里的各类插图，特别是水中女精灵的仙女魔法。骑士阶层和贵族阶层是福凯心目中人类最高贵的优秀分子；拿破仑则相反，被视作闹革命的无赖。这位虔诚的、有一点奇特的狂热者福凯恰好以腓特烈大帝为例，将他视作一个大众化的、基督教的国王的理想典范。[9] 福凯的受欢迎表明，在高层那里也有着一种虔诚之心，这么看来他的作品受大家欢迎自然也是毫不费力的。

北部说德语的新教地区在19世纪的前几十年里被"唤醒运动"所席卷。被唤醒的那些人中，最热心的不仅对"理性的信仰"和启蒙运动怀有敌意，而且认为国教是没有意义的。从不相信或者从只是教会成员到彻底被唤醒成为一个充满宗教意识的人，很多人都经历过这种过渡，就好像一次轮回。[10] 被唤醒的人强调他们信仰里多

第四章　家族大会

愁善感的性格。在一些小范围里，他们经常碰面，一起祈祷，一起读《圣经》，一起谈话，以及一起募集捐款。[11] 人们还会挑选一些"中意的"女士，把她们安顿下来，让她们负责照顾孤儿，给穷人们或者流浪者介绍工作，为的是"感化"犹太人和异教徒。被唤醒的人在期盼中生活，期盼着能有一个受上帝庇护的国家，这个国家的建立，他们也想要一起参与。

在政治、神学、文学和宗教运动上过分表露感情，对于皇位和圣坛的结合发挥了双刃剑的作用，就好像是对民族的力量一样。一方面由于这种浪漫主义文化，君主制度可以将神之恩惠说一直拯救到20世纪，对那些从民族角度思考的自由派和民主派人士、那些"煽风点火者"也就是后来的社会民主党人的迫害，看起来就成了对一个上帝所要求的生活世界的捍卫。另一方面，对启蒙运动中理性主义的背离，削弱了与普鲁士这个理性国家的联系，因为一个理性国家，总会对它的军事和管理方面进行建设。宗教内容审美化和唤醒运动削弱了普鲁士的国教，也因此削弱了皇位和圣坛的结合。虽然，民族主义不是浪漫主义的特征，[12] 但是人们认为浪漫主义中那些不安定的、灰暗的、狂热的、极端的和无规则的因素都是为战争和民族理念准备的。

石勒苏益格和基尔

当赫尔穆特·冯·毛奇重新接手他在总参谋部的工作以后，家庭中的有些事情已经改变了。与莱娜、古斯特和维克多在一起生活，维克多也被叫作"威普斯"（Vips），在普雷茨修道院，亨丽埃特的宗教性很明显又加深了。"你想要上帝的眷顾，"她在一封给阿道夫的信里写道，"当上帝也试着靠近你的时候，你就会了解更多。

一个纯粹的信仰和一个坚定的信念会在生命中的每一个场合都给你勇气和力量！人们缺少的只是对上帝的尊敬和时间！所有的一切都不是永恒的，脑子里充满了责任义务的意识，这一直存在着，这也是上帝想让你保持的好的意识。"[13] 很多贵族妇女都有自己的事情做，亨丽埃特也是如此，比如她一直致力于慈善事业，参与慈善协会的活动。1830年，亨丽埃特和两个女儿一起从普雷茨搬去了石勒苏益格，搬到了长街3号的一个没有花园的山墙向街的小房子里。[14] "亲爱的妈妈，我祝愿你，"赫尔穆特写道，"从此以后，你在石勒苏益格的宁静的家庭生活中要一直健健康康的，你的孩子们也都要健康、平静、快乐。阿门！"[15] 亨丽埃特在搬家的时候想到的是她单身的女儿们，在普雷茨这个乡下小地方几乎不可能指望她们俩能遇上好的结婚对象，但是在石勒苏益格这个都是公务人员的首都城市就会容易很多。此外，在施莱湾畔，她也不必再担心会发生夫妻间的口角。

弗里德里希·菲利普两年前就辞去了在石勒苏益格的少将军衔，先迁至赖因贝克（Reinbek），之后又去了万茨贝克（Wandsbek），最后搬到了基尔附近的诺伊米伦（Neumühlen）。当他有一次看起来好像要回到施莱湾的时候，亨丽埃特决定，再一次离开石勒苏益格。[16] 赫尔穆特认为父亲的辞职书是一个错误："这个想法在他那里早就已经有了，他觉得在他的部队里的状况太不幸了，他觉得其他人都没有像他那样做那么多事情，收入却那么少，运气也不怎么好……而最糟糕的是，这种不幸不是因为他父亲的关系，而是因为他自己。"[17]

他向来很爱旅游，65岁的时候，他还在一位朋友的陪同下去了维也纳——至少走了大部分路程。在布达佩斯，他认识了一个匈牙利少女，"她年轻，漂亮，富有，她会成为我的女人，因为她热烈地爱着我，虽然我已经一把年纪了。但是因为我的那些成年孩子们的缘故，我没有勇气将她留在身边"。[18]旅行破坏了他的经济状况，1833年，弗里德里希·菲利普通过国王的恩典重新成了军官。弗里德里希六世任命毛奇为基尔市警备司令官，甚至让他任职于报酬很高的荣誉职位——一个步兵团的团长。在基尔，大学生们吵吵闹闹地要求民主和国家统一。弗里德里希·菲利普说，这就发生了"暴乱"；"国王对基尔发生的事情非常生气，命令我，把很多在休假中的狙击射手和轻骑兵召集回来，因为我认为必须同这个暴乱作斗争……"一个大学生，很明显喝醉了，他袭击了毛奇家门前的警卫人员，他必须想到有可能会获得死刑。"要是能拯救他的话，我现在愿意为此付出很多东西。"[19]后来在一次去巴黎的旅途中，一位女士抛弃了他，弗里德里希·菲利普特别喜欢她，对他来说，她是很新的事物。"现在我也失去了兴趣，继续服务别人，我要做的是自己好好活下去。"[20]1839年，毛奇以中将军衔第四次、也是最后一次卸下军职，告别。几个星期之后，他在只有一个仆人的陪伴下登上了单驾马车，由一匹白马驾着，向南方驶去：这时，他已经71岁了，他想拜访在土耳其的赫尔穆特。[21]这个退休的人已经走了大约一半的路，他的仆人和他的白马都跟着他。马车一直到普雷斯堡①才返回。这次行动，是弗里德里希·菲利普·维克多·冯·毛奇的一次没有头脑的冒险，因为没有提前计划而使得他心神不宁，没有比这更恰当的描述了。

亨丽埃特在她那"孤独的小房间"[22]里以书信的方式关心着远在土耳其的赫尔穆特，担心着"那些东方的疾病"[23]，尤其是瘟疫，

---

① 普雷斯堡（Preßburg），即布拉迪斯拉发，斯洛伐克首都。——译者注

她祈求上帝保佑他；在报纸上读着关于赫尔穆特在博斯普鲁斯海峡边上的使命，告诫她的儿子不要滥用鸦片，因为健康的缘故，建议他每天享用一瓶葡萄酒；她阅读拉马丁（Lamartine）的《东方游记》，为的是能在思维中陪伴赫尔穆特，她感谢上帝，"上帝给了我一个如此善良，如此优秀的儿子"，[24] 她在信中说了家里的情况。伯特夫妇按照古斯特的意愿，和两个女儿一起从基尔搬到了在石勒苏益格的母亲的附近，搬到了比埃尔凯什宫，它是这座城市最雄伟的贵族庄园。

在那里，生活着伯特一家和另外几个贵族家庭。小约翰，才13岁，在吕讷堡（Lüneburg）的约翰瑙姆中学读书，这是一个有着很好名声的古老的高级文理中学，他对该校校长卡尔·海格（Karl Haage）的哲学课非常感兴趣："他用他最大的热情朗诵柏拉图的作品，还有索福克勒斯。我对于贺拉斯特别感兴趣，他是我公开承认的最喜欢的作家。"[25] 珍妮特和玛丽上的是弗里德里希斯贝格学院，这是石勒苏益格的一所私立女子学校。她们童年时代最难忘的事情是去往卡尔斯巴德①的一次家庭旅行。[26] 玛丽对赫尔穆特答应给她的那只海龟念念不忘，亨丽埃特是这样向土耳其报告的。"在此期间，她有一头毛驴，这头毛驴给她带来了很多欢乐。她总是一如既往地活泼和独特。"[27]——她是如此的独特，以至于当时只有10岁的她，有一次和她的"萨莉"（Sally），也就是那头毛驴一起出发去了基尔，也没有被人发现，她想去那里看望她的外祖母，冯·施塔费尔特少校夫人。[28] 外祖母在大多数情况下，习惯把这个有着深褐色眼睛的外孙女叫作"咖啡豆"。她越来越明显地感觉受到了白内障的困扰，就搬到了她的兄弟在基尔的住所。她的兄弟凯·洛伦

---

① 卡尔斯巴德（Karlsbad），今捷克的卡罗维发利。——译者注

茨·冯·布罗克多夫（Cai Lorenz von Brockdorff）伯爵是丹麦国王最高级别的官员之一，为君主服务，担任石勒苏益格公国和荷尔斯泰因公国的首相，担任大学的学监和基尔上诉庭的主席。[29] 当他在施莱湾畔有事要做的时候，布罗克多夫每天都会来到比埃尔凯什宫，为的是来看望他的侄外孙女玛丽和珍妮特。黑森-卡塞尔方伯卡尔（Landgraf Carl von Hessen-Kassel），共济会的会员和弗里德里希·菲利普的上司，也时不时地来到伯特家里做客。

亨丽埃特在每一封给她"亲爱的、高贵的赫尔穆特"的信里都表达了希望，希望他能够很快从土耳其回到家里。"我所有的星座都是跟随着你的，现在却找不到它们了。这就是说，在这个季节里，这些星座可能白天就消逝得不见了，它们在夜里把我的祝福带到你的身边。"[30] 来自斯坦布尔的邮件在家里传阅，甚至还会被转送到哥本哈根，送到弗里茨、贝蒂和"黑格尔曼一家"："你信件的内容给我们带来了不少有趣的时光，我们也同样紧密地跟随着你的快乐和你的危险。希望总是有一个保护你的天使陪伴着你，并带着你幸福、安然无恙地回到我们的身边。"[31]1836年的新年前夜，亨丽埃特，正在遭受着水肿的痛苦，写下了最后一封信："当然了，这个世界上肯定没有幻象，否则的话我今天晚上肯定会出现在你的面前。但是我可以肯定，今天晚上你也在想念着我们。啊，只是希望你能健康、满足！……这一年最后一个小时的钟声敲响了！ 12点了。新的一年会给我们带来什么？所有的祝福都给你，我高贵的赫尔穆特，在这一小时里，我请求上帝，很快会有一个可爱的伴侣来到你的身边，她会为你操持好你的家。你已经到了不能再用盲目的热情来挑选伴侣的年纪了。……但是慢慢地，你必须考虑着，给你自己找一个爱人，在未来的日子里，日子会变得很艰难，单身男子上了年纪以后就是一个无助的人。……天命会把一个配得上你的人带到你的心里！这件事我也很想经历，对于你的幸福我会由衷地感到高兴！"[32]

莱娜在1837年5月20日的早上走进她母亲的房间，亨丽埃特·冯·毛奇，她出生的时候姓帕申，这一年她60岁，躺在地上，失去了知觉。通过一个传递急信的邮差，莱娜把她的兄弟阿道夫从路易森隆德——他在拜访克罗恩一家——叫回了石勒苏益格。但母亲还是在这个晚上去世了，去世前也没有恢复意识。"奥古斯特！"阿道夫抱怨道，"除了你之外，只有你的心脏最爱我，它已经停止了跳动。那双眼睛，那双从我出生起就一直不知疲倦地细心周到地看护着我的眼睛，闭上了。那只手，不久前真挚地、慈爱地为我们祈福的手，已经变冷了！"[33]古斯特和莱娜特别痛苦，因为是她们一直照顾着母亲。赫尔穆特上尉也在土耳其收到了这个噩耗。

"伯特酒店"

1840年，伯特一家搬去了伊策霍埃（Itzehoe）。乡绅伯特从那里可以更快地到达汉堡，汉堡是银行家和贸易代理商的所在地。他们在和西印度群岛做生意。约翰·伯特是一家"海运股份公司"的股东，这家公司里很多份额是投资在一艘商船上的，也就是公司名字里出现的所谓"股份"。[34]伯特去往汉堡和其他伊策霍埃人不一样，不是从陆路，而是坐船去的。"施特尔河号"，这是"马滕斯海运公司"的一艘蒸汽机明轮船，在易北河和施特尔河（Stör）上来回摆渡，航行在这两座城市之间。另外，伊策霍埃离基尔和外祖母施塔费尔特都不太远，因为布拉姆施泰特（Bramstedt）的公路可以通往去基尔的大路。[35]伯特只需要为一件事情操心，阿道夫这样说他："他该如何打发掉那长长的一整天。"[36]

第四章　家族大会　　95

伊策霍埃是荷尔斯泰因除了格吕克斯塔特和阿尔托纳以外最重要的城市。虽然生活在施特尔河边上的只有大约6000居民，但是丹麦第二皇家龙骑兵军团连同他的贵族军官团一起守卫在伊策霍埃。首先是因为这个城市是荷尔斯泰因的等级代表大会所在地。1831年，国王弗里德里希六世在日德兰半岛（Jütland）、丹麦岛及石勒苏益格和荷尔斯泰因大公国举办过这样的会议——首要目的就是避开市民的政治诉求，这一现象在丹麦总是表现得越来越有自我意识。但是这种积极的选举权是和很高程度的人口普查联系在一起的。民众中只有大约百分之十的人可以真正享受这种权利。[37] 此外，这些等级的人——农民、市民和贵族——只能"建议"国王，决定权是没有的。但是这些表演性质的议会产生了政治上的公开，亲自去认识这些在等级代表会议上的开路先锋，对于像伯特一样的商人来说是没有坏处的。

搬家之前的一年，古斯特在石勒苏益格生了第一个孩子。为了纪念小约翰、珍妮特和玛丽已经去世的母亲，这个女孩的名字是欧内斯廷，也被叫作欧内（Erne）。小约翰在他吕讷堡的学校生涯结束之后，就开始在柏林读大学，专业是法律。他以书信的方式亲近阿道夫·冯·毛奇，更把他视作父亲般的顾问和支持者。[38] 玛丽（Mary，德语中拼作"Marie"）和珍妮特，全世界的人都只叫她"妮特"（Nette），她们是在古斯特的照料之下长大的。这两个女孩当然叫古斯特妈妈。妮特较年长，是温和的和顺从的；玛丽则是活泼的、任性的，她的那些恶作剧会让这个乡绅想起一个淘气包的行为——也许正是因此他给她起了一个外号叫作"彼得"（Peter）。

伯特一家住在一栋三层楼高的房子里，房屋富丽堂皇，和女修道院近在咫尺。在修道院庭院后大街23号的房子里，毛奇一家住了17年之久，在这里，人们至少在圣诞节会碰面。[39] 赫尔穆特

图4-1 伊策霍埃的"伯特酒店"(右边),摄于1903年

把它叫作"伯特酒店"或者"修道院庭院后面的温暖小巢"。[40] 仆人是和家人生活在一起的:仆人弗拉姆(Frahm)、马车夫卡尔(Karl)、儿童保姆利塞(Lise),当然还有玛丽·施纳克(Marie Schnack),她以前在基尔和石勒苏益格给这家人做过饭。玛丽是这么说的:"他们关于我的故事,总是以同样的句子来结束——'但是她们是淘气的。'"[41]

伯特的婚姻是不幸的。尽管外人看起来,他们过着宁静而且富足的生活。伯特喜欢舒适的生活,喜爱开玩笑。但是他保持了他的特质,保留了他的习惯,比如过量饮酒,特别不喜欢做决定。"爸爸是如此的奇怪,他从来也不做一个决定。"[42] 15岁的玛丽已经开始抱怨了。到底要不要去卡尔斯巴德疗养,还是去福尔岛(Föhr),在伯特的家里这种问题可以讨论数周之久。"爸爸做一个最小的决定都如此困难。"[43] 这个乡绅经营管理得一团糟。可以肯定的是,小约翰在他的大学学业结束以后就必须去圣克罗伊岛,为的是处理这些关系。伯特强迫他的家庭极其节俭。阿道夫和赫尔穆特偶尔会给他们的姐姐一笔较大的资助，对古斯特来说经济上"轻松了不少"。[44]当人们在经济上资助这对夫妇的时候，这个乡绅并没有觉得不舒服。对欧内斯廷的教育，他做得很少。相对他的夫人，他的脾气经常是暴躁或者冷漠的，以至于玛丽都偏袒她的继母："当我看到这个可爱、快乐的人要忍受一个男人的自私自利和漠不关心，我经常觉得想要控制住不让眼泪流下来是一件很困难的事。"

流言立即出现在了伊策霍埃，是因为酒，因为追逐女性，或者是因为债务，始终不清楚："爸爸在全国都出了名，每个人都可以蔑视他。"[45]小约翰也抱怨父亲非常缺乏"果断的意志和其他家庭成员必须服从的权威"。[46]如果这位乡绅前往汉堡，他就会住在这个豪华的、崭新的、位于容格斯帝克街边上"充满争吵的酒店"里。赫尔穆特和阿道夫在去往易北河畔的这个城市的时候，接受了这个习惯。对外人，要展现出与地位和威望相符合的标准，为了把这两件事维护好，这几百年来都采用了贵族的生活方式。[47]赫尔穆特和阿道夫，这两个低调的人，只能尽可能地——但是也不能完完全全地避免这件事。

1841年1月15日，古斯特在伯特酒店里生下了她的儿子，为他起名亨利（Henry），这是她丈夫在英格兰的一个弟弟的名字。[48]这个昵称为"潘希"（Punchy）的小孩子的教父们有：汉斯·阿道夫·冯·布罗克多夫伯爵（Hans Adolph Graf von Brockdorff），他是诺伊明斯特（Neumünster）的县长、外祖母施塔费尔特的一个亲戚；弗里德里希·菲利普，他现在作为一个退休者生活在汉堡附近的万茨贝克，经常去看望伯特一家；第二龙骑兵团的中校约翰内斯·冯·埃瓦尔德（Johannes von Ewald），他是拿破仑战争中弗里德里希·菲利普的战友，古斯特和他的女儿康斯坦策（Konstanze）

98　　　　　　　　　　　　　毛奇家族：一部战争史

是朋友。潘希和欧内斯廷是由康斯坦茨（Constance）教育长大的，她是来自法国的家庭女教师。[49]亨利·伯特（Henry Burt），也就是潘希的叔叔，有一次甚至从英格兰出发，在这个施特尔河边的城市里待了几个月。他送给珍妮特和玛丽两只苏格兰犬，这两只狗从此就一直在这个家里蹦来跳去。[50]亨利叔叔和伯特吵了架分开了，[51]除此之外的日子过得还是挺安逸的。古斯特带着玛丽和妮特每天早晨一起读《圣经》。[52]

后来母亲掌管了家庭事务之后，玛丽和妮特便跟着家庭教师上绘画课、舞蹈课和法语课。玛丽在语言方面有天赋，之后意大利语也是轻轻松松就学会了。这两个女孩英语都说得很流利。伯特总是用他的母语同她们聊天。[53]小约翰给他的妹妹们朗读英语书，例如《鲁滨逊漂流记》。父亲的奴隶种植园看上去是不是也和鲁滨逊·克鲁索的小岛一样漂亮，这是玛丽想要知道的。[54]

吃午饭或者是喝茶的时候，一家人就会集中在大厅里，这是一间很大的客厅。晚饭后，女人们一起做家务。古斯特经常坐在钢琴旁边，妮特和玛丽有时候会表演四手联弹，而伯特则享用着他的雪茄和波尔多葡萄酒。如果晚上举办读书会的话，就会有人朗读诸如《墨西拿的新娘》的剧本。每逢星期天，一家人都必须去圣劳伦蒂教堂做礼拜。他们还和其他教友们一起去布赖滕堡（Breitenburg）宫殿做了一次郊游。在那里，伯特指给人们看墙体上的几个弹孔，它们应该来自华伦斯坦的军队，这些军队在三十年战争的时候包围了布赖滕堡。

有时候全家人也会去毛奇-格林霍茨家里做客。马格努斯·冯·毛奇-格林霍茨（Magnus von Moltke-Grünholz）伯爵住的地方离伊策霍埃不远，他有着丹麦侍从官的头衔。他的女儿索菲（Sophie）是赫尔穆特的表妹，和玛丽是朋友。[55]伯特的女儿们和这些在基尔和石勒苏益格的熟人们都保持着书信联系。[56] 玛丽在弗里德里希斯贝格学院里认识了玛丽·冯·瓦斯默（Marie von Wasmer），她是她终身的朋友。在基尔的日子里，她认识了阿德利娜·希尔维斯特拉·冯·哈顿（Adelina Sylvestra von Harten），阿德利娜比她大18岁，后来成为诗人德特勒夫·冯·李利恩克龙（Detlev von Liliencron）的母亲。两个人会有联系也是因为她们可以说英语。[57] 阿德利娜，德裔美国将军的女儿，在英国长大，偶尔会来科尔顿大宅的伯特家做客。她天生爱幻想，是一个"超越尘世的"、[58] 深受宗教影响的人。玛丽也是信教的，但并不超越尘世。她私人藏书的规模并不是很大。很明显，相比阅读，她更喜欢骑马和跳舞。玛丽掌握了小步舞、轻快横步舞、四对舞和科蒂隆舞，她热爱击足跳和华尔兹。伯特一家的社交生活非常活跃，这对她的爱好来说非常合适。伯特和古斯特被邀请去参加荷尔斯泰因-格吕克斯堡亲王和兰曹伯爵的舞会，邀请他们的人是"禁止别人做这做那的人"——是伊策霍埃的贵族修道院的院长和劳恩堡公国的最高长官。[59]

在妮特和玛丽的坚信礼之后，1841年4月，她们终于要首次步入社交界了。比洛的会议理事会在伊策霍埃组织了一次舞会。在这次舞会上，荷尔斯泰因贵族的精英都来了。"伯特一家的一位老朋友说，这位沉默寡言的乡绅脸上带着骄傲，看着他那两个有魅力的女儿。她们穿着高雅的玫瑰色绉纱连衣裙，头发上还戴着真的玫瑰花，甚至都没有意识到，这些东西会让人们感到惊叹。宴会的魅力起初似乎让两个女孩眼花缭乱，直到舞会奏响了第一支华尔兹舞曲，跳舞的喜悦战胜了少女的羞怯。"[60] 在这个"著名的夜晚"，[61] 妮特这样狂热地称呼她们首次进入社交界的日子，伯特家的大女儿结识了晚会上最活跃的单身青年：来自克莱特坎普（Kletkamp）家族的凯·洛伦茨·冯·布罗克多夫男爵。[62] 这个27岁的年轻人来自一个古老的贵族家族，妮特和玛丽的外祖母施塔费尔特与这个家族有亲戚关系。他的哥哥，海因里希·克里斯蒂安·冯·布罗克多夫（Heinrich Christian von Brockdorff）伯爵，拥有位于东荷尔斯泰因的吕特延堡（Lütjenburg）附近巨大的克莱特坎普农庄，里面住着超过1200人，被视作荷尔斯泰因贵族地产的核心。[63] 凯·洛伦茨也拥有财产。他学的专业是法律，现在担任"陪审法官"——一个没有投票权的陪审法官，在格吕克斯塔特的最高刑事法院任职。他在舞会后又多次遇到了妮特，当然总是有第三者在场。从此以后，在伯特酒店里，妮特期待着她的订婚。

玛丽·伯特

对于古斯特来说，她最爱的兄弟的婚姻则显得更加紧迫。赫尔穆特还在土耳其的时候，亨丽埃特和莱娜就已经催促他，考虑婚姻幸福了。他现在40岁了，住在柏林，离家很远，尽管有很多公务缠身，其中也包括社交晚会和宫廷社交，但他还是时不时地在信件中表露出孤独。古斯特认识一个女孩，她认为他俩很般配，但是赫尔穆特却没有这种感觉。于是，古斯特就把这个女孩推到了他的视线范围内：玛丽·伯特（Mary Burt），是她的继女和"咖啡豆"，年方十五。"如果我结婚的话，我要选择一个你养大的女孩。"[64] 这是他几年前写信给古斯特时说的。年龄的差距——他和玛丽相差了四分之一个世纪——在毛奇看来也许更多的是一个机会，用来克服面临"卿卿我我、陷入爱河、献殷勤、思念和欣喜若狂"[65] 等可能带来的一些拘谨和羞怯。爱情从一开始就不在这一局中。玛丽不是来自边界地区的贵族，而是来一个英国的种植者家族，这一点并不会让毛奇这种自觉自愿的普鲁士人退缩。社会等级偏见对这位穿军装的学者来说要比其他军官更少。在这中间，玛丽是贵族，她拥有与其门第相配的选举权，由于赫尔穆特更偏爱理性婚姻，所以伯特的财产肯定也起了作用。

几年前，漂亮的女伯爵赖欣巴哈（Reichenbach）作为他候选的结婚对象没有成，是因为她没有财产。[66] 在这个方面，妮特当然是一个更好的选择。冯·施塔费尔特少校夫人和姨婆塞尔比-戈尔登斯泰因把她选定为塞尔比-施塔费尔特"家族不可转让的财产权"的受益人。[67] 不可转让的财产权，是贵族的一种特权，将会保护着一个家庭的经济核心跨越好几代人。通过这些不能转让的财产权，留下遗产的人处理遗产时，通常都是一些地产，要规定一个固定的继承顺序；此外，不能转让的财产权禁止财产的分割，禁止土地或者不动产的买卖以及禁止接收抵押金。这就意味着，只有长女妮特，不是玛丽，未来才能通过继承祖母和姨婆的财产得到供养。但是妮特看起来和布罗克多夫的关系是如此之好，就好像已经订了婚一样。古斯特和赫尔穆特很明显都是这样的观点，玛丽以及她对生活的热爱与他更相称。

1841年4月，毛奇上尉去了伊策霍埃提亲。古斯特在5月2日这个星期日，私底下悄悄问了玛丽，想不想嫁给她的赫尔穆特舅舅。这个15岁的女孩表现出来的既不是惊喜，也不是反感或者快乐；她只是太理解长辈的意思了，所以有点麻木，没有给出答案。有一个星期之久，玛丽总是逃到花园里，为的是在她最喜欢的地方，一个种着茉莉花的花廊里，不受干扰地权衡这件事的利弊。毛奇看上去比他40岁的实际年龄更老。赫尔穆特来自土耳其的信件，古斯特在家庭圈子里已经读过了。玛丽肯定是尊敬这位舅舅的，但是迄今为止只见过他两次。5月9日，当毛奇上尉的假期快要结束的时候，他才敢走向那个茉莉花的花廊，问她愿不愿意成为他生命的一部分，或者说他现在就离开是不是她的心愿？玛丽请求他留下来。[68] 也许起了决定性作用的是，她不想让她亲爱的继母失望。而伯特觉得，想要把他们分开是挺难的。他想要确定，玛丽已经从整体上经过了深思熟虑，所以打算等到她 16 岁生日的时候再结婚。他把一年的订婚时间作为条件提了出来。外祖母施塔费尔特也同意，毛奇用书面的形式保证了，他会把她的"咖啡豆"像他自己的眼球一样来保护。订婚后差不多四周的时候，这位施塔费尔特少校夫人在基尔去世了。

这位 15 岁的半个英格兰人和这位来自普鲁士的 40 岁军官的结合，不仅在伊策霍埃引起了一些轰动；甚至家人也在悄悄地怀疑，毛奇是否做出了正确的选择。伯特、小约翰、阿道夫·毛奇和潘希·伯特的教父冯·布罗克多夫县长，他们一起协商讨论这份婚姻契约书。阿道夫，这个研究法律的人，制定了这份契约书。玛丽嫁妆的最大份额不是由伯特支付的，而是小约翰——这件事情不仅让伯特很生气，新郎也感到很气恼。只要一提到嫁妆这件事，伯特就一直心情不好。[69] 小约翰是这么说的："嫁妆的费用以蜗牛爬行的速度在痛苦地支付，这种速度只有在收到关于圣克罗伊岛上遇到干旱和哥本哈根的物价飞涨这样的坏消息时才能被原谅。"[70]

伯特一家在玛丽订婚时拜访柏林的计划落空了，圣克罗伊岛收成的损失给这个乡绅带去了好多个不眠的夜晚。[71] 但是为了激励赫尔穆特，伯特想要通过在柏林的小约翰给他送去一张新娘的画像。玛丽在伊策霍埃多次给一个艺术家做过模特儿。她坐着当模特儿，挑选了赫尔穆特的礼物作为首饰。她穿上了那条连衣裙，就是穿着它的时候，古斯特告诉她新郎向她求婚的事情。[72] 这幅水粉画，毛奇挂在了他的写字台上面，就在苏丹马哈茂德和克劳塞内克将军的肖像之间，克劳塞内克将军是他在总参谋部的领导。"你的脸部表情是如此地好，每当我长时间地看着你的脸，我有时候就会说：'现在，小玛丽，和我说句话吧！'"[73]这对订婚的人在举行婚礼之前见了两次面。伯特在英国的赫尔戈兰（Helgoland）岛上疗养的时候，他们见了一次，还有一次就是在伊策霍埃过圣诞节的时候。平安夜过后，伯特为赫尔穆特和玛丽这对准夫妇举办了一场舞会。凯·洛伦茨·冯·布罗克多夫让人失望地缺席了，妮特对舞会的规模也很失望。[74]玛丽骂布罗克多夫是"讨厌的自私的人"，[75]但是她也认识到，"可能有一部分是因为他的羞涩，这让他等了如此之久"。[76]

赫尔穆特和伯特加入了"伊策霍埃唱歌爱好者合唱团"，虽然只是作为普通团员。[77]19世纪40年代初期，唱歌协会和歌咏节在国王说德语和说丹麦语的臣民们中传播着民族的理念。很快，在这些公国里就有了60个唱歌协会。伊策霍埃唱歌爱好者合唱团登记在册的有大约100个成员，其中包括手工业者、商人、军官和公务员。在城市的文化生活中，这个由德高望重者组成的协会很快成了领头羊。[78]协会的章程是由全体成员共同制定的，"为的是激发唱歌的意义，让所有市民阶层都可以接触到德国民歌中丰富的宝藏"。[79]唱歌爱好者合唱团把体操运动员、射击手和青年学生团的浪漫情怀和民族理念结合起来。《石勒苏益格-荷尔斯泰因四面环海》是卡尔·戈特利布·贝尔曼（Carl Gottlieb Bellmann）写的颂歌，它赞美的是一个德意志的、而不是超民族的石勒苏益格-荷尔斯泰因，这首歌通过伊策霍埃人传播到了德意志联邦的其他国家里。

圣诞节过后，这两个订婚的人又重新开始通信了。"她只在邮件日出门。"[80]小约翰是这样描述他妹妹的。玛丽每天都写信：要么就是在夜里写，在所有家人都上床以后；要么就在清晨写，当家人们还在睡觉的时候。舅舅和继外甥女的订婚甚至让这两个当事人也会混乱，玛丽会开赫尔穆特的玩笑："你说的不完全正确，亨利不是我的表兄弟，而是我的外甥，他是我小姑子的儿子；爸爸自然会说，他是我的兄弟、外甥和表兄弟；但是我自己却弄不明白。"[81] 玛丽看起来很坚决地要立刻爱上她的未婚夫。她希望，哪里有尊重，哪里就不会缺少爱情。"你的性格非常谦虚，还有最重要的是你的人品好，你每一天对每一个人都那么善良，这些都很打动我。"[82] 她是这样来结束对他性格的描写的："我知道，这是毛奇的性格中所特有的，少言寡语，不喜欢表达。在你的本性中经常有一些看起来显得冷淡的东西，有些人会把它称作——高傲。"[83] 年龄差距仍然让新娘感到不安，为了更多地表现出她要去适应他的决心，她说："我担心，作为你的太太，是否能胜任一切事情，因为我还如此年轻，也没有什么经验。因为我想要努力，不再倔强或者难以驾驭，这样当我不对的时候，也能一直顺从你。我还没有和你说过，我还缺少交际的才能，所以我很希望你可以时时处处指点我

图 4-2 订了婚的玛丽·伯特，
一位不知名的艺术家的水粉画，1841 年

一下。当然这样一来，从你的方面来看就需要很多耐心，宽恕我将来犯下的所有错误。"[84]

她对他是全心全意的，谦虚的，甚至可以说是忘我的，这一切都让她的兄弟感到嫉妒。"虽然她是我血缘上的妹妹，"小约翰给柏林写信道，"但我必须承认，你是一个非常令人嫉妒的家伙。正如你已经从其他地方听说的那样，她只为你而活，她的生活全是你。"[85]而且事实上，"我应该在操持家务中间找到最大的乐趣，为的是能够照顾你，并且让你在这一切中感受到快乐"。[86]最让赫尔穆特感到高兴的是，未来也可以收到德语的信件；从此以后，玛丽不再用英语写信，签名也是用德语拼写的"Marie"。赫尔穆特提醒他的新娘，不要期待他的反应会很热烈，能够感觉到"这种因为我们的年龄差距而产生的感受的方式，使我不能给你一种你那美丽的眼睛中所表达出来的、你大概希望作为回馈的同样生动热烈的情感，我不想变得不真实"。[87]

下面的内容是他对他未来夫人的希望："对人很友好，平等待人，甚至脾气也很好。在小事情上能灵活处理，处理家务有条理，把西装洗得干干净净的，最为重要的是，你爱我。"然后，他也一点儿都没有不愿意当一个怕"小"老婆的男人，"这将会是你的任务，用你的善良、顺从和宽容把我带到你那里"。[88]毛奇希望，通过玛丽的活泼让自己变得更开朗。他对自己在生活上的优势并不怎么看重。无论如何，她都不应该失去她的青年时代："你还有很长一段时间可以是而且应该是一个年轻的、漂亮的女士，所以我希望，你可以享受这个世界给你带去的所有欢乐……"

这一对爱人通过写信走得越来越近了，很快就出现外号了。赫尔穆特还使用"小玛丽"的称呼时，玛丽就更有想象力了："天使的小男人""亲爱的心肝赫尔穆特""可爱的天使赫尔穆特"，甚至还总是叫他"黄色的牲畜"。当婚礼的日子临近的时候,这个"美丽的英格兰女人",[89] 熟人也这么称呼玛丽,觉得他们之间已经不只有信任了:"再给一个吻,在嘴上,在眼睛上,在额头上,在手上,再见,我亲爱的赫尔穆特,你要好好地待在我的心里,就像我好好地待在你的心里一样。"[90]

路易斯·冯·毛奇和蜜儿·冯·毛奇

婚礼原本应该在 1842 年 4 月 27 日举行,这是去世的外祖母的生日,但是因为玛丽·冯·瓦斯默那天有事,婚礼庆典就提前了一个星期。[91] 莱娜、弗里茨、路易斯、阿道夫和威普斯答应会来。这样一来,这些兄弟姐妹们自十多年以来首次在伊策霍埃见面了。威廉,最年长的兄弟,1834 年就已经去世了。赫尔穆特把这场婚礼叫作"家族大会"[92] 好像也没有什么不合理的。新郎,被提升为少校,4 月 18 日坐着自己的马车从柏林到了这里,为的是尽可能壮观地把玛丽迎娶回家。这辆马车肯定给伊策霍埃人留下了深刻的印象,因为这些马是苏丹的礼物。第二天,三个伴娘出发:索菲·冯·毛奇-格林霍茨(Sophie von Moltke-Grünholz)、玛丽·冯·瓦斯默和马蒂尔德·冯·梅斯梅尔-萨尔登(Mathilde von Mesmer-Saldern),第四个伴娘是妮特。晚上,在婚礼前夕的闹婚之夜,这四位伴娘一起唱《我们为你编织新娘花冠》,新娘的头发用白色的玫瑰来装饰。[93] 弗里茨和贝蒂来自西兰岛的林斯泰特(Ringsted),他们最远。弗里茨,认为新郎是"一种候鸟",[94] 他放弃了在军校教学的工作,无疑是因为一份递交到丹麦国王那里的请求信,才成了海关检查员。[95] 家族大会后只过了大约 6 个月,国王就给他提供了一个职位,任命他为阿彭拉德(Apenrade)邮政局长,这是一个终身职位,尽管还有另外 22 名求职者以及邮政管理局的推荐人员，尽管弗里茨从未向邮政管理局递交过求职申请。[96]丹麦国王和普鲁士国王一样，也认为他的军官们应该要有教养的责任。弗里茨的父亲 1809 年在施特拉尔松的举止也许同样起了作用。这一项任命加强了弗里茨与皇宫的联系。更为甚者，当他搬去阿彭拉德的时候，遭遇了一场船难，损失了他几乎全部的财物，只是因为国王的额外赠予才避免了破产。"波罗的海的味道好像巧克力，"弗里茨是这么写的，"里面还有咖啡和茶，床在海滨浴场，哦，你这个可怜的邮局小局长！"[97]

结婚当天第一个到达的客人是来自柏林的小约翰。他报告了位于波茨坦广场边上这对新婚夫妇住所的修缮情况。接下来到达的是路易斯，是在他的太太玛丽的陪伴下来的，大家都叫她"蜜儿"（Mie），她出身于克罗（Krogh）家族，是丹麦王国林业部门一个负责人的女儿。他们在石勒苏益格伯特家的一场舞会上相识，蜜儿和古斯特是朋友。[98]蜜儿·毛奇庄重优美的风度，是"城堡主的夫人"[99]的典范，也给赫尔穆特留下了深刻的印象。阿道夫欣赏她"待人感情深厚，内心单纯，还受过极好的教育"。[100]蜜儿、路易斯和他们的小女儿约翰娜（Johanna）——"汉内穆塞"（Hannemusse）——住在费马恩岛（Fehmarn）的城堡里。大学毕业以后，路易斯在石勒苏益格-荷尔斯泰因政府里为住在戈托夫城堡的行政长官服务了七年，最后是在哥本哈根的"财务部"工作，这是丹麦最高财政机构。[101]差不多一年以来，他就是中级长官和费马恩岛的地方长官。这毕竟对他是有好处的，他在大学期间，刻苦学习了"吕贝克地方法律、丹麦法律、克里斯蒂安五世（Christian V）的法律、瓦尔德马尔（Waldemar）法律、尼德兰半岛法律，以及那些上帝才知道的法律"。[102]在城堡里，也就是他办公的地方使用的是吕贝克的城市法，在其他岛屿上用的是新的费马恩通用法律。

阿道夫成功地从荷尔斯泰因政府调去了在格吕克斯塔特的荷尔斯泰因最高法院，必要的考试也通过了。比这个法院更高级的只有基尔最高上诉庭，这是石勒苏益格公国、荷尔斯泰因公国和劳恩堡公国的最高法院。[103]作为格吕克斯塔特法院的成员，阿道夫现在是那个"讨厌的人"——布罗克多夫男爵的上司了。[104]在经济上他还是不能无忧无虑地生活，"我没有财产，相反，对那些无人供养的弟弟妹妹们的抚养责任都落到了我的头上……"[105]

莱娜在亨丽埃特去世以后，有一小段时间搬去了诺伊米伦她父亲那里。1838年，她嫁给了她已逝朋友安德烈森（Andresen）的丈夫约翰·彼得·克里斯蒂安·布勒克（Johann Peter Christian Bröker），当时32岁，是位于汉堡附近的于特森（Uetersen）小镇的牧师。[106]布勒克出身于石勒苏益格的手工业者家庭，赞同基督教的复兴运动，积极地参与新的宗教问答手册的设计，担任于特森贫民管理处的第一任负责人。[107]布勒克每个月一次在他首席牧师的住宅里，举办贫民管理委员会会议。与会者作为贫苦人民的保护人，任何时候都可以进入贫苦人民的家里，并有义务帮助他们找到工作。

现在未婚的就只有31岁的威普斯了，他还"特别年轻"。[108]亨丽埃特在普雷茨的时候就已经把他的教育问题基本上都委托给了莱娜。给威普斯举行坚信礼的牧师赫斯勒（Henssler）对此很早就表示了遗憾，"但是他绝对缺少能力"。[109]亨丽埃特在他还在巴尔考（Barkau）上学期间就已经推测，他比别人落后了差不多6年。威普斯每一门考试都不及格。"他是无可救药的。"[110]弗里德里希·菲利普这样认为。一个在普鲁士电报局的职位，还是通过赫尔穆特介绍的，他也放弃了，就如同放弃了原本打算参军的计划。现在，他作为一个没有职业、无家可归的人只能从一个亲戚那里搬到另外一个亲戚那里。他财务方面的事情是由弗里德里希·菲利普、赫尔穆特和阿道夫来处理的。[111]

伊策霍埃的婚礼

婚礼由城市教堂的副牧师台奥多尔·耶斯（Theodor Jess）主持，他在上一年的复活节前的星期日为妮特和玛丽举行了坚信礼。[112]因为伴娘们乘坐的马车迟到了，妮特和新娘的女朋友们尽全力，穿过劳伦齐乌斯教堂里拥挤的人群，开辟了一条通往圣坛的道路。耶斯在长篇大论中特别强调，由于新郎新娘年龄上的差距而给丈夫增加了许多义务，毛奇则把这看作训诫。当这位副牧师给予他们祝福的时候，赫尔穆特和玛丽跪在地毯上，这是欧内斯廷·伯特在她临终之时的卧榻上为平安夜绣的。[113]之后，这一家人聚集在了伯特酒店里参加宴会，播放着音乐，大家纷纷致辞。"特别受欢迎的叔叔阿道夫"说，也许是微笑着说的，庆祝婚礼的地方，经常还会有一个隐藏着的新娘；三天之后，妮特会和布罗克多夫订婚。当赫尔穆特和玛丽·冯·毛奇从宴席上站起来的时候，门德尔松的音乐《这一定是上帝的旨意，人们必须与自己所拥有的最爱的人分离》响了起来。玛丽眼睛里噙着泪水和她的父母、兄弟姐妹们告别。经过平讷贝格和万茨贝克，这对新婚夫妇在弗里德里希·菲利普那儿短暂住了几天，接着继续旅行。他们就要迈入一种新的生活，但也是旧的，是一种介于市民普通平静生活与即将席卷而来的民族革命之间的生活。

第五章
革 命

——民族的觉醒

　　星星之火在巴黎点燃。1848年2月，动乱发生了，导致国王的退位和第二共和国的成立。意大利、匈牙利、捷克、波兰和德意志邦联各国都出现了骚乱。在维也纳，作为复辟领袖的首相梅特涅（Metternich），在发生血腥冲突后不得不逃离维也纳。在曼海姆、海德堡、科隆、布雷斯劳和其他城市里，革命者们要求取消现有的军队，建立民兵组织，要求新闻和集会自由，要求召开全邦联范围的国民议会，要求德意志的统一。

　　3月18日，柏林爆发了起义。道路被掘开，路障被设立起来，在军队和人民之间爆发了一场数小时之久的街头巷战。然后，国王命令部队撤退。弗里德里希·威廉四世批准成立了一支民兵自卫队，发布《告亲爱的柏林市民书》。他骑着马，没有带护卫，披着黑红金三色绶带，穿过这个城市，同意成立普鲁士的国民议会，承诺制定宪法，他说普鲁士将会融入德国，并向安放在宫中庭院里死于巷战的战士们的灵柩表达了敬意。当国王夫妇出现在阳台上，国王探出头的时候，一个柏林人喊道："脱帽！""现在就差断头台了。"[1] 王后喃喃自语，吓得脸色苍白。

对于很多军官来说，从柏林撤退意味着自耶拿和奥尔施泰特大败以来最黑暗的时刻。最高指挥机构的督军，最高统帅，把自己的命运交到了他的民众的手里。这个军事国家似乎投降了。普鲁士议员大会将在歌唱学院，德意志议会将在法兰克福的圣保罗大教堂召开。"预备国民议会"同样也在法兰克福召开，为全德意志范围的选举做准备。此后，人们还想要制定一部国家宪法。很多人相信，政治上的民族主义也在普鲁士开始了它的成功进程。

公开信

对于丹麦这样一个多民族的国家来说，民族理念面临着严峻的考验。这个国家也是拿破仑战争的战败国之一。自从维也纳会议和挪威败北以来，整体国家（Gesamtstaat）就只包括劳恩堡公国、荷尔斯泰因和石勒苏益格公国以及加上丹麦的岛屿在内的日德兰半岛。同时，工业化发展带来的经济和社会变化削弱了民众对整体国家的爱国之心，而在拿破仑时代，这种爱国情怀在这两个公国都是不言而喻的。[2] 虽然还有很多民众仍住在农村，但特别是在荷尔斯泰因的城市里出现了一个受过教育的、有着财富的市民阶层，这个阶层不仅质疑贵族的要求，而且很快就开始考虑德意志民族的目标和自由的目标。在石勒苏益格公国里，由于丹麦语和德语的区别，渐渐形成一种对立。在那里，南部的人主要说德语，北部则主要说丹麦语。

这样就产生了三种派别：自治运动、脱离哥本哈根派和丹麦民族自由主义。致力于自治运动的代表人物是乌韦·耶森·洛尼森（Uwe Jens Lornsen），叙尔特岛（Sylt）的地方长官。洛尼森是王权忠实的臣仆，但是他认为王权这种专制的统治形式已经过时了。所以他呼吁，两个公国应借助整体国家自己的宪法进行自治。弗里德里希·克里斯托夫·达尔曼（Friedrich Christoph Dahlmann）被视为脱离哥本哈根派的代言人，他是基尔的一位历史学教授。和洛尼森一样，达尔曼希望能有一部针对石勒苏益格和荷尔斯泰因的宪法；此外，他还致力于将这两个公国并入一个德意志民族国家里。对于丹麦民族自由主义者来说，重要的思想家是牧师尼古莱·格伦特维希（Nikolai Grundtvig）和法学家奥拉·莱曼（Orla Lehmann）。格伦特维希——诗人、教育家和普及高等教育运动的创始人——同样想建立民族立宪国家，当然是在丹麦的引领之下。奥拉·莱曼的追随者们想要在石勒苏益格公国里把丹麦语作为官方语言，想要放弃荷尔斯泰因和劳恩堡，把石勒苏益格并入丹麦这个民族国家。"永远效忠丹麦！"（Danmark til Ejderen!）他们喊道，"把丹麦边界拓展到艾德河！"（Dänemark bis zur Eider!）[①] 德意志自由主义者则反驳道："永远不分裂！"（Up ewig ungedeelt!）"永远不分裂！"（Auf ewig ungeteilt!）这是他们从1460年的《里普条约》里摘引出来的。

为了适应每一种政治倾向的要求，国王允许在日德兰半岛、丹麦岛、石勒苏益格和荷尔斯泰因举行具有咨政职能的等级代表会议的选举。[3] 但这也无法避免整体国家的解体。因为一个关涉王朝的有争议的问题，彼此的冲突变得越来越尖锐起来。执政的奥尔登堡王室面临着父系绝嗣。如果在丹麦，女性的后代也有继承权，但是在这些公国中，奥尔登堡王室中只有奥古斯滕堡（Augustenburger）这一支具有继承权，这一支为首的人是克里斯蒂安·奥古斯特

[①] Eider 是艾德河，石勒苏益格-荷尔斯泰因境内最长河流。下文的艾德河丹麦人（Eiderdänen）是指希望以艾德河为界，将部分石勒苏益格-荷尔斯泰因的土地收归丹麦的民族主义者。——译者注

（Christian August）公爵。要求脱离哥本哈根派的代表聚集在"奥古斯滕堡"周围，但是国王拒绝了。1846年，克里斯蒂安八世在一封"公开信"中宣布，女性的继承权也适用于这些公国。这是火药桶的导火线。动乱爆发了，警察和军队必须插手此事。德意志邦联的媒体业立刻掀起了一场狂风暴雨，"石勒苏益格-荷尔斯泰因问题"一下子被提上了议事日程。[4]伊策霍埃和石勒苏益格的等级代表大会都自我解散。在诺伊明斯特，一个由德高望重的人组成的集会在皇家中级行政官在场的情况下向国王表达了他们的不信任，于是，这位名叫布罗克多夫的中级行政官，也是"潘希"的教父，被免职了。德意志行政管理处敦促想要一个较为缓和的惩罚，却是徒劳的。[5]在哥本哈根，克里斯蒂安八世去世以后，"艾德河丹麦人"于1848年3月把克里斯蒂安的继位者弗里德里希七世拉到自己的阵营里来，引发了一场战斗。这场战斗在荷尔斯泰因和石勒苏益格南部被称为"起义"，在丹麦和石勒苏益格北部被称为"叛乱"。北部和南部为了那些处在基本独立状态中的南部省份从一个联盟里分离而战斗，这是北部分裂战争的一种形式。这场战斗夺走了成千上万人的生命，邻里分开，家庭分裂，也包括毛奇一家。

德意志行政管理处

阿道夫·冯·毛奇经历了在哥本哈根的革命。1843年，大约是在"家族大会"举办一年之后，国王就任命他进入了德意志行政管理处，让他作为国务委员拉特根（Rathgen）的代表，此人是阿道夫的一个朋友。[6]奥古斯特与小洛特和弗里德里克一起搬到了她父母住的路易森隆德。小洛特年仅6岁就死去了。当这个代表机构成为一个常设机构时，奥古斯特和弗里德里克就搬到了哥本哈根。

1845年9月11日，在丹麦的首都，她的第一个儿子出生了。为了怀念阿道夫最年长的哥哥，父母就给他起名为威廉。

毛奇代表在这位统治者周围工作了四年多，很明显，他让方方面面的人都很满意，国王付给他很大一笔酬劳。[7]毛奇成了侍从官和授勋骑士，当然也和一个世纪以前的亚当·戈特洛布一样，获得了最古老的勋章。他没有学过丹麦语，哥本哈根的宫廷语言是德语。"在这里，我和我在丹麦关系很好的老朋友们和平共处，相处的方式是安静的、单调的，对于他们的问题和他们传递的消息，我一个字也听不懂。"[8]只有他的岳父看起来不满意。"上帝还会让我活着，"他写信给女儿奥古斯特，"你与你的丈夫和孩子们重新把你的房门在故乡的土地上打开，德意志人的肺重新呼吸到了德意志的空气，伴随着德意志人握手的是德意志人的心跳……"[9]虽然原本不负责专业上的事情，但阿道夫还是向"柏林-汉堡铁路"的一个代表团提出了建议，他的兄弟赫尔穆特是这个代表团领导机构的成员。丹麦的大臣想要一条穿过劳恩堡的线路，但是这样就会大大提高造价。人们共同商定了一条铁路的支线通往劳恩堡，在这一点上达成了一致意见。[10]这达成一致的意见肯定得到了在德意志行政管理处的阿道夫支持。他的上司，约瑟夫·冯·雷文特洛-克里米纳伯爵（Joseph Graf von Reventlow-Criminil），在1846年因为"公开信"离职了。"传言是，整个德意志行政管理处的人都要求辞职。"[11]赫尔穆特祝愿阿道夫"有一份薪水丰厚的荷尔斯泰因的职位，远离丹麦-日耳曼之间的混乱，有一套带花园和圆形围廊的豪华办公公寓！"[12]所有的代表依然在任。阿道夫去了基辛根（Kissingen）疗养，他试图避开荷尔斯泰因，因为他害怕那里的敌对行为。[13]克里米纳的继任者是卡尔·冯·毛奇-努特绍伯爵（Carl Graf von Moltke-Nütschau），阿道夫的一个丹麦亲戚。作为整体国家的支持者，毛奇-努特绍在艾德河丹麦人和德国自由主义者那里有着同样重要的地位。三月事件也给他的工作画上了句号。

叛乱与起义

1848年3月18日，在伦茨堡，荷尔斯泰因和石勒苏益格的等级代表会议成员举行了一次联席会议。"从伯爵到乞丐，所有人都穿了黑红金三色的服装。"[14]代表们要求新闻和集会自由、"全民武装"以及接受石勒苏益格进入德意志邦联。[15]这激怒了艾德河丹麦人。仅在两天后，他们就迫使在哥本哈根的政府任命民主自由主义者进入内阁。所有德意志行政管理处的成员都放弃了他们的职位。双方都觉得自己在石勒苏益格公国的权利受到了侵犯。

阿道夫和他的家人逃往基尔。在那里，革命者们于3月24日前夜宣告成立了"临时政府"。威廉·哈特维希·贝泽勒（Wilhelm Hartwig Beseler）担任总统，他是来自石勒苏益格的律师，也是达尔曼的学生。[16]临时政府的军事专家是弗里德里希·冯·诺尔（Friedrich von Noer）亲王，奥古斯滕堡的弟弟。贝泽勒和亲王想要巩固形势，他们两个都淡化了起义的革命性质。午夜过后很久，临时政府的成员们走向在市政厅前面等候的人们。贝泽勒大声宣读一份公告。他解释道，人们只能一直以失去自由的君主的名义行事，直到国王顶住了艾德河丹麦人的反对。在圣尼古拉教堂的钟声中，这群人用《在大海环抱中的石勒苏益格-荷尔斯泰因》这首歌回应，唱到"如果人们虔诚地信仰上帝，那么上帝就会让弱者强大起来"这一段时，所有人都露出头来。由于"失去自由的君主"的倒戈，荷尔斯泰因和石勒苏益格南部的大部分军官、神职人员和公务人员承认了临时政府。

阿道夫获得了这样一个机会，可以加入革命政府，但是他拒绝了，他保守的本能太强烈地抗拒此事。"国王也是被迫的和失去自由的"，这件事他在哥本哈根并没有发现。阿道夫仍然还是整体国家的拥护者，"尤其是在临时政府中，这个他多年来出于信念与之做斗争的、正在解体中的民主方向看来在很大程度上似乎得势了"。[17] 现在爆发的战争，他视为一场灾难。阿道夫带着他的孩子们和即将分娩的奥古斯特，来到了梅克伦堡的格尔斯多夫（Gersdorf）保利家的庄园，他们是母亲的朋友，然后又独自一人去了身在科布伦茨（Koblenz）的赫尔穆特那里，为的是去打听，为普鲁士人效力是否可行，这个家庭已经没有生活费用了。1848年5月23日，他们的第二个儿子，赫尔穆特在格尔斯多夫出生了。阿道夫写信给奥古斯特："我的亲爱的、可爱的妻子，当你把这个小婴儿抱在怀里的时候，我可以想象你脸上快乐的表情，我身边所有熟人都说，当我听到这一消息的时候，脸上表现出来的是多么开心的神情。"[18]

阿道夫希望"德军的武器"能够胜利，他觉得自己是"天生的德意志人"，却"作为国王忠诚的臣民，作为多年的丹麦政府官员，作为一个有感情的人，对双方那么多可爱的亲朋好友的命运深表同情"。[19] 回来为国家服务，他觉得是不可思议的事。这完完全全是有道理的，但是"谁想要参与，就必须属于这个新的时代，或者必须放弃和谴责迄今的信仰"。他自己觉得对"去崭新的世界这所学校里面学习"这件事没有什么兴趣，不管怎么说："谁会想要用旧的石头建起一座新的大楼呢？"[20] 阿道夫想移居国外务农。荷尔斯泰因的一些官员拒绝服从临时政府，比如这位新任的、忠于国王的诺伊明斯特的官员。他被基尔的政府解雇了，取而代之的是参加过起义的凯·洛伦茨·布罗克多夫。他和妮特从格吕克斯塔特搬到了诺伊明斯特的一个古老的城市宫殿里,这是一座华丽的办公大楼。[21]

就在临时政府宣告成立几个小时以后,诺尔亲王就带着几百人,出人意料地占领了伦茨堡这座要塞城市。一位熟悉当地情况的少尉参与了此事,此事能够成功,多亏了他的帮助,这个人是阿尔弗雷德·冯·克罗恩(Alfred von Krohn)。在伦茨堡长大,从哥本哈根的军校毕业以后,年轻的克罗恩跟赫尔穆特·冯·毛奇一样加入了普鲁士的军队,而且也在位于伯格大街的军事学院学习过。3月初,他曾和他的炮兵旅一起在首都的街垒路障跟革命者作战。之后,克罗恩被派往荷尔斯泰因担任教员。[22]现在,这位28岁的年轻人与志愿军肩并肩地作战,他们扛着他在柏林打那场运动的黑红金三色旗帜。在伦茨堡的亲王的轻骑兵发动突然袭击的时候,双方士兵都穿了丹麦的军装。分裂战争把伦茨堡的人们像雷击橡树一样地分开,亲王宣告了一项令人震惊的决定,谁想要"去北方",就可以去,而且是立刻、马上就可以去。当然了,没有荷尔斯泰因人会离开他们的家乡,他应该去往何处呢?他们所有人都有一个白色的臂章,从此以后就属于"石勒苏益格-荷尔斯泰因军队"了。说丹麦语的军官必须以名誉担保,离开伦茨堡,不与石勒苏益格-荷尔斯泰因作战。[23]

在伊策霍埃,伯特一家经历了民防和"德意志协会"的出现,这些人不再称呼对方为"长官",而只称呼其为"公民"。第二龙骑兵团加入了起义,并在石勒苏益格-荷尔斯泰因的国歌声中,朝着伦茨堡的方向行进。[24]所有关于野战部队的命令,阿道夫的岳父——奥古斯特·弗里德里希·冯·克罗恩上校,也是阿尔弗雷德和奥古斯特的父亲——都必须接受。为了给他指挥权,年轻的克罗恩应诺尔亲王的请求,前往格吕克斯塔特。[25]

奥古斯特·弗里德里希·冯·克罗恩,60岁,是荷尔斯泰因少数几个有战争经验的军官之一。1809年,他像弗里德里希·菲利普·冯·毛奇一样对抗过席尔。1813年,在丹麦军队里的克罗恩也参与了反抗盟军的战争。在那之后,他又在桑德堡-格吕克斯堡丧偶的公爵夫人露易丝那里担任内廷总监达数年之久。克罗恩决定去南面做事。他和儿子一起去了伦茨堡,去了亲王那里。女儿奥古斯特从此以后就一直生活在为父亲和兄弟的担忧中。[26]她的担心是有道理的。父亲克罗恩被任命为将军,他在弗伦斯堡(Flensburg)以北集结了4000人,远不如丹麦的主力部队,在撤退的时候犹豫太久,于1848年4月9日,在巴乌(Bau)附近展开的战斗中完败。他的志愿军部队像太阳底下的雾一样消失了。只有几支正式的部队到达了伦茨堡的防护墙,整个石勒苏益格落入了丹麦人的手里。失败威胁着这次起义。

在巴乌战役中,一名丹麦军官受了很重的伤,赫尔穆特和弗里茨从上军校的时候就认识这名军官了:弗里德里希·黑格尔曼-林登克罗内,他是罗利格德"普尔塞格"游戏的玩家。战斗当天,这个伤员就被抬到阿彭拉德邮局,抬到弗里茨·毛奇那里。在他临死之前,他请求他儿时的朋友,转达他向父母和兄弟姐妹们最后的问候。他在哥本哈根的父亲留给弗里茨一块怀表作为感谢,这块表是弗里德里希·黑格尔曼在巴乌战役时戴着的。[27]

对于弗里茨和贝蒂来说,起义就是一场灾难。他们两个人可以过着安稳的日子,要感谢邮政局长这个职位。弗里茨开玩笑地说,如果赫尔穆特在柏林也能够看到在阿彭拉德家里的活动,"你肯定会离弃普鲁士和高高在上的总参谋部,来到我们这里寻找草莓、醋栗、樱桃、海水,同时还会伴随着孩子们的叫喊声"。[28]但

第五章 革命

是现在，这位邮政局长已经上了前线。在阿彭拉德，这个有着大约4000居民的港口城市，人们可以买到一种夜壶，在这些夜壶的底座上面画着奥古斯滕堡兄弟，他们两个都在绞刑架下，脖子上面缠绕着绳索："你们两个叛徒应该知道，所有的丹麦人都在你们身上撒尿！"[29]在阿彭拉德，民族斗争和社会问题结合在一起，形成了一种具有高度爆炸性的混合物。有丹麦思想倾向的小市民、工人和水手走上街头，阻止市里的律师委员会承认临时政府。然而，阿彭拉德是隶属于基尔政府的。根据一项绑定了选举权和财产权的人口普查结果来看，在市政府里，亲德意志的、富有的市民是占优势的。[30]弗里茨·毛奇去年在参与等级议会会议的选举，对阵奥古斯滕堡的候选人时遭到惨败，也就不让人感到意外了。

现在，市长肖乌（Schow）还要求邮政局长宣布效忠，弗里茨拒绝了。毛奇回答说，他要恪守对国王发过的誓言。基尔的命令只有在不违背丹麦皇家邮政总局的指示时才能执行。[31]这样就决裂了。毛奇和那些人闹翻了，这些人管辖着阿彭拉德，根据他的出身和社会地位，他原本也是属于这些人的。军校的学员时期、军官职责、委任为邮政局长以及从林斯泰特搬出来的时候发生的沉船事故以后获得的国王的救助金，这一切都让人别无选择：弗里茨·毛奇选择站在北方事业的一边。

赫尔穆特公开谴责冯·克罗恩将军在巴乌战役中不顾家庭关系的行为。他看清了政治和军事之间的关系。毛奇说，克罗恩推迟了撤退的命令，他由于声望的原因不想放弃弗伦斯堡，所以在战争期间他也把政治问题放在军事问题之上。[32]

在逃到伦茨堡的临时政府的敦促之下，克罗恩被解除了指挥权。在志愿军军人和民主党人中间，他失去了所有的声誉。但他仍然享有诺尔亲王的支持。这样，他改任新的"战争部"执行部长，从而一直处于领导地位。现在最要紧的是，从仅有的47名同事中凭空变出一支队伍来。克罗恩的妻子，奥古斯特的母亲夏洛特·冯·克罗恩（Charlotte von Krohn）尽力推动此事。她出生的时候姓汤姆森（Thomsen），很快到处都叫她"战争部长"。她孜孜不倦地进行了无数次通信，仔细查阅了一堆文件，管理着一家伦茨堡野战医院，担任爱国的"支持国家协会"主席，与贝泽勒和新闻界代表会谈，后来还和海因里希·冯·加格恩（Heinrich von Gagern）会谈。当时加格恩放弃了圣保罗教会会长的职位，甚至为了石勒苏益格-荷尔斯泰因而战。夏洛特·克罗恩对很多人来说是运动的灵魂。[33]在伦茨堡，她的丈夫也知道，她"如鱼得水，可能只有最大的危险才能让她搬走，而我担心，她如果远离战场，将无法忍受安宁的日子"。[34]

　　战争部门让人去建造炮艇，做这件事并不费事，因为圣保罗教会议会已经批准建立一支帝国舰队，原因是荷尔斯泰因的海滨城市被丹麦国王的军舰封锁了。在国民议会中，民族的、自由党人的反丹麦自由理念和市民阶层的贸易自由思想以及保守党人的海上强国理念被混为一谈。这一切都导致了对舰队的热情，这种热情让人们相信，在海军中人们能够认识到这种新的自由统一的表达。很快，黑红金三色旗帜下的军舰，包括德意志邦联的第一艘潜水艇"烈焰出水号"，第一次出现在波罗的海和西海的海面上，现在人们还会将北海叫作西海。

　　但是大家都知道，这个胜负决定不是在海上，而只能在陆地上做出。这支新军队的核心是丹麦军队的荷尔斯泰因部队，有几千人，大量的志愿者都涌向他们，一开始人们根本无法为他们提供足够的武器和服装。[35]普鲁士军官负责征募、训练和作战行动。在实

第五章　革命　　　121

行全面征兵制度以后，组建了一支35000人的军队，配备了最好的供给和现代化武器装备。但战斗部队的政治心脏却跳动在"自愿军团"中。那里集合了来自整个德国的志愿者，其中有大学生、小资产阶级或者手工业的从业人员，他们不仅仅为了民族的利益，也为了民主的利益而奔走。大多数时候，他们是三月革命前的政治民族主义所推动的，这种民族主义在好多方面一直受启蒙运动思想的影响。尽管如此，民族理念还是将个人发展权利和人格尊严的思想毫不犹豫地从个人转移到了民族。但是随着义务兵役制度的实施，志愿军就变得无足轻重了。从此以后，在大多数士兵心中，一种模糊的、地方爱国主义情绪跟为维护祖先遗留下来的权利而斗争的感觉交织在一起。德意志的自由主义者或者民主主义者几乎都不再重要了。在石勒苏益格-荷尔斯泰因的军队里，保守的和资产阶级的军官永远占据上风，这种情况与在巴登不同。[36]克罗恩一家和他们的战争部成立了一支革命的军队——但它并不革命。

不同阵营中的家族

在革命的压力之下，德意志邦联的特使们决定承认临时政府。更为重要的是，受他们委托，普鲁士国王派遣了12000名士兵。这是30多年来，联盟军队干预下影响到所有德意志国家的第一场战争。4月底，联盟军队在普鲁士将军冯·弗兰格尔（von Wrangel）的领导下，占领了石勒苏益格公国。一时间，黑红金三色的德意志为普鲁士皇家军队的前行欢呼。现在战争已经全面爆发了，所有的安全措施似乎都失效了。

当普鲁士军队进入阿彭拉德时，弗里茨不得不搬出邮局，留下全部家当，经过波罗的海逃往菲英岛（Fünen）的欧登塞（Odense），

图 5-1 第四军团总参谋部的赫尔穆特·冯·毛奇中校。理查德·劳赫特（Richard Lauchert）绘制，1839 年前后

在那里安顿下来，担任军队的邮政局长。因为对国王的效忠，他成为丹麦骑士团的成员。[37] 与此同时，赫尔穆特为阿道夫和他的家人提供了避难场所，首先在科布伦茨，他于 1846 年被调往那里，然后是马格德堡（Magdeburg），那年夏天，他被任命为第四军团的总参谋长。他还敦促路易斯来找他，后者担任中级行政官的处境变得艰难了。在费马恩岛上，人们害怕丹麦人的入侵。在没有这位中级行政官协助的情况下，司法顾问冯·利森（von Leesen）成立了一个民兵组织。利森觉得自己能成为岛上的领袖人物，他武装了一支卫队，前往东荷尔斯泰因，招募志愿军军人，并为临时政府撰写申请书。当他的一个追随者向一位拒绝加入其民兵组织的居民的房屋开枪射击时，作案者被这位中级行政官传唤了，但他不仅没去，而且威胁道："武装的人民会帮助他的，会阻止他被强行逮捕。"路易斯警告说，这种混乱已经"达到了非常令人担忧的程度"。[38]

4 月 15 日，丹麦的战争护卫舰"加拉西亚号"停泊在费马恩岛前面，舰长 40 多米，装备 30 门大炮。舰上的一名军官和两名水

第五章 革命　　123

手要上岸。军官要求所有官员，带上国库里的东西登上"加拉西亚号"。利森和几个武装的军官，其中包括德特勒夫·冯·李利恩克龙，一起走向他。一个丹麦水手被击中，另外一个逃走了，军官被俘虏。战争部立刻向费马恩岛派遣军队，保护这个岛免受丹麦的报复。妇女和儿童被疏散到海利根哈芬（Heiligenhafen）和格罗森布罗德（Großenbrode）。

现在，利森对毛奇产生了不满情绪，指责他拖延了民众的军备。事实上，路易斯拒绝将民兵制度作为一项强制性义务来实行，并把这一切视为——利森这么说过——"有钱人针对穷人的一项"保护措施。[39] 在大街上，路易斯这位中级行政官被当作"丹麦人"遭到谩骂。路易斯请求临时政府撤了他的职。与他设想的相反，却来了两位特使全力以赴地安抚他的情绪。[40] 但是目前，路易斯可以留在岛上。赫尔穆特和阿道夫也开始考虑后路了。要么现在购置地产作为家庭的聚集点，要么一起去澳大利亚，在那里从头打天下——赫尔穆特打算移民阿德雷德（Adelaide）或者加勒比海。[41]

他们尽可能地团结在一起，但是分裂战争的战线贯穿着整个家庭。小约翰感觉自己是个德意志人。但是在生命的大部分时间，他都自愿地，也很乐意在哥本哈根度过。阿道夫、路易斯和弗里茨已经宣誓效忠丹麦国王。赫尔穆特则是普鲁士国王的军官。但是丹麦和普鲁士正在交战。另外，路易斯和阿道夫从来也不愿意与这个整体国家失去联系，他们想象着他们会被人民、丹麦国王和临时政府撕碎。岳父克罗恩是起义部队战争部的负责人。阿道夫的妻子，至少在政治上不支持她的丈夫，却支持她父亲的事业。[42] 还有，弗里茨认为自己是极其效忠国王的，所以他拒绝参加起义，甚至连赫尔穆特的来信也不再回复了。赫尔穆特认为他"不友好，几乎有点可笑"，[43] 不过也看到了"荷尔斯泰因的混乱……当然更多地是从一个德国人的视角"。⁴⁴当收到指挥南方的军队的建议时,他并未反对;但是,官方的文件终究没有到达。

军事上,在普鲁士的干涉之后,一切都变了。很快,丹麦军队甚至不得不撤离日德兰半岛的大部分地区。在陆地上,普鲁士仍然处于优势地位,但是没有一支舰队能让丹麦岛处于难堪的境地。除此之外,战争正在扩大成一个国际问题。沙皇感到不安,因为普鲁士似乎在召集革命党人,于是威胁要派遣俄国军队。伦敦也插手此事。英国政府在波罗的海的入海口既不希望有俄国的军队,也不希望有普鲁士的军队。不久,来自柏林和哥本哈根的外交官在俄国和英国的压力之下,在马尔默(Malmö)就停火一事进行了谈判。

邦国议会

伦茨堡的各级代表用文字的形式呼吁为召开制定宪法的邦国议会进行选举。与美国大革命的费城制宪会议或者是网球厅宣誓①之后的法国国民议会类似,邦国议会应该要通过一部石勒苏益格-荷尔斯泰因的宪法。赫尔穆特担心,阿道夫会参加竞选。⁴⁵事实上,他的兄弟被选为荷尔斯泰因公国巴尔考选区参加会议的代表。会议于8月15日在基尔城堡教堂召开。阿道夫是这样为他的转变思想进行辩解的,人们可以"不赞成革命,但又有义务,必须用全部的忠诚来参加正在进行中的革命……"⁴⁶革命党人现在似乎想用旧的石头来盖一座新的大楼。尽管邦国议会最终引入了一项与私人财

---

① 网球厅宣誓,法国大革命前夕,法国国王路易十六因反对三级会议改为国民会议,封闭了会场,第三等级代表就在会场附近的网球场举行了宣誓:在宪法未制定以前,决不解散,史称"网球厅宣誓"。——译者注

产挂钩的选举权，阿道夫肯定因为这项选举权也说过什么话，但其《国家基本法》被认为是革命年代最自由的宪法。然而，这不是毛奇推动的，事实上，虽然他阻止了，但此事仍然实现了。[47]

尽管德意志诸国掀起抗议的浪潮，与保罗教会的决定背道而驰，柏林和哥本哈根决定于1848年8月26日缔结《马尔默停战协定》。期限被定为七个月。对于柏林、法兰克福和基尔的革命者来说，该条约标志着分界线。在所有的地方，运动的冲击力逐渐消失了。他们的命运取决于谁拥有刺刀。普鲁士的军队仍然掌握在国王手中。很多士兵相信，他们不会压制革命，恰恰相反，是要防止无政府状态。秋天，在冯·弗兰格尔将军的指挥下，部队重新进入首都，而现在，普鲁士显然比石勒苏益格-荷尔斯泰因更急需这位将军。弗兰格尔没有遇到抵抗。"如果你们不想在荷尔斯泰因做错事情的话，"赫尔穆特警告他在基尔的兄弟，"我们已经到了忍耐的极限……这是一个严肃的时刻，决裂几乎不可避免了，这是与普鲁士革命的决裂，与以法兰克福为代表的德意志的决裂。"[48] 但是决裂被避免了。国民会议正在让步，现在投票赞成停火，以保持与旧的势力有可能达成协议。

戈托夫城堡里的一个"联合政府"将取代临时政府。根据《马尔默停战协定》第7条，该政府应该由丹麦以及普鲁士国王和五个石勒苏益格-荷尔斯泰因人组成，并"享有普遍的尊重和声誉"。[49] 两个石勒苏益格人应该由丹麦国王任命，两个荷尔斯泰因人则由普鲁士国王任命。总统的任命则需要所有人取得一致的意见。所有政府成员的甄选则由德意志方面自行决定。圣保罗教会的一个特使，马克斯·冯·加格恩（Max von Gagern），编制了驻马尔默的普鲁士谈判代表候选人名单。为了让丹麦人同意，加格恩只考虑了中间派的代表。在这份名单最上面是阿道夫·冯·毛奇的名字。[50]

毛奇家族与丹麦有联系，而阿道夫也没有在战争中以民主主义者或者民族主义者的身份自居。此外，虽然这个家族是贵族，在这个国家已经生活了几代人，但是他们既没有土地也没有房产，所以这个家族在象征着古代贵族的石勒苏益格-荷尔斯泰因骑士团里没有一席之地。与其说阿道夫是个贵族，倒不如说他是个官僚精英。他本人从诺尔亲王的角度保守地思考问题，诺尔亲王不希望发生政治或者社会革命，而是希望在他的领导下，联合这两个公国，然后如果情况允许的话，要么加入德意志邦联，要么将其置于整体国家的保护伞之下。在邦国议会中，阿道夫也在自由党人和民主党人中赢得了声望。总而言之，作为中间派的候选人，他似乎非常合适。

共同执政

临时政府的一位前成员弗里德里希·雷文特洛伯爵（Friedrich Graf Reventlow）的兄弟台奥多尔·雷文特洛-耶斯贝克伯爵（Theodor Graf Reventlow-Jersbek），担任了联合政府的总统。阿道夫最初拒绝参加，但是之后在10月22日被邦国议会任命为雷文特洛政府的副职。为了竞选，他做了一部分左翼党的事情。[51]但是"戈托夫的五个国王"[52]在民主党人和自由党人之中几乎没有遇到什么反对意见。贵族因为有了雷文特洛-耶斯贝克、海因策（Freiherrn von Heintze）男爵和阿道夫·冯·毛奇而占了优势。两位市民阶层的代表，亚历山大·普罗伊森（Alexander Preusse）和保罗·博伊森（Paul Boysen）来自古老的、效忠皇室的官员家庭。反过来，亲丹麦圈子里的人们则认为，戈托夫的执政者是反叛者。因此，在内政中，"五位国王"的活动范围是有限的，特别是《马尔默停战协定》规定，停火期间法律也必须停用。但是国家基本法仍然有效，由此两个公国第一次拥有一个符合宪法的政府。

毛奇希望避免德意志和丹麦之间即将爆发的关于五位摄政者合法性的争论，他打算转而"参加这个社会问题的斗争"。[53]在迪特马尔森（Dithmarschen）和很多东荷尔斯泰因的庄园里，这些"庄园里的固定工人们"造成了骚乱，那些短工们要求增加工资，缩短工作时间。应地方当局的要求，临时政府已经数次派兵，同时成立了一个工人委员会，这个委员会将调查政府的不足之处，这五位摄政者中的三位，即海因策、普罗伊森和博伊森会听取该委员会的意见。[54]此外，自战争开始以来，至少成立了30个工人协会，有5000名成员。工人们的骚乱和前期的劳工运动既不是社会主义的，也不是共产主义的；但是像毛奇这样的保守主义者预感到了危险，感觉到在剥削和苦难面前仍然有一种道德上的义务去采取行动。

柏林使命

11月20日，弗里德里希·威廉四世命令他在石勒苏益格-荷尔斯泰因的军官们回去。虽然只涉及大约30人，但他们都拥有很高的指挥权，以至于这"五个国王"害怕起义军队"遥远的存在"。[55]甚至于新任的总司令爱德华·冯·博宁（Eduard von Bonin）将军也来自普鲁士。这些军官在政治上对于联合政府也是起了作用的。他们的目的是防止"开放的无政府状态"，[56]把一场社会和民主的革命扼杀在萌芽中。雷文特洛-耶斯贝克派遣毛奇去柏林。阿道夫从国王那里取得了对这项命令的撤销令。诺尔亲王支持毛奇，和他一起住在菩提树下大街上的"梅因哈兹酒店"里。[57]情况很困难，因为伦茨堡起义军队的50名开路先锋公开谴责博宁的纪律处罚措施太过分了。将军和联合政府认为这是叛乱。普鲁士军官和他们来自石勒苏益格-荷尔斯泰因的士兵们之间的关系日益紧张。雷文特洛-耶斯贝克敦促在柏林的毛奇,他必须解释,戈托夫的政府"以最大的不情愿听说了此事,并决心以最强烈的方式反对任何无政府状态"。[58] 简而言之,"您肯定会有机会,使统治者对我们更有利的"。[59]

为了向阿道夫讲述这场骚乱,年轻的记者和历史学家台奥多尔·莫姆森(Theodor Mommsen)前往柏林。[60] 他的消息不能更糟糕了。在伦茨堡,军事法庭在冯·克罗恩将军的主持下举行会议。阿道夫的岳父逮捕了这 50 名开路先锋,并把他们带到了军械库。在民主协会的推动下,民众们想要释放他们。石勒苏益格-荷尔斯泰因的军队本来应该驱散人群,却拒绝了这项命令。

直至符腾堡的一个连队到来才重新恢复安宁。这个军事法庭判处 40 名开路先锋死刑。此外,军事法庭承认这是"抽签":在这个连队里每 10 名士兵里有 1 名要被枪杀。"今天在伦茨堡这里,人们都非常激动,公民们和士兵们认为将军的看法是错误的,他们不能接受。对普鲁士军官的仇恨……到处都产生了效果。"[61] 博宁把 7000 名士兵转移到了伦茨堡,所有的人都不是来自石勒苏益格-荷尔斯泰因。他把军事法庭的判决送给了联合政府。这"五个国王"要确认此事,并缓和此事。但是邦国议会和前临时政府的成员挑剔形式上的错误,要求成立一个新的法庭,这个新的法庭不仅由军官组成,而且由士官和士兵组成。博宁怒气冲冲,以辞职相威胁。[62] 只有来自石勒苏益格的民众代表团和来自石勒苏益格-荷尔斯泰因军官的请愿书才能使他改变看法。最后,没有一个开路先锋被杀。这"五个国王"计划只能解散这支连队。[63] 阿道夫在经过长时间的艰苦谈判后,最后终于找到了留下来的普鲁士军官。

第五章 革命

第六章
反　动

——民族的失败

"五个国王"依赖的是柏林统治者的善意。应丹麦首相亚当·威廉·冯·毛奇（Adam Wilhelm von Moltke）——丹麦第一任君主立宪制的政府首脑的要求，弗里德里希七世给联合政府的所有成员都贴上了叛军的标签。来自伦敦的特使施压才促使弗里德里希表示，愿意试着做最后一次沟通。普罗伊森和阿道夫·毛奇似乎更决心辞职，因为国王刚刚宣布他们是叛乱分子。[1]但是，英国、普鲁士和俄罗斯的外交使团特别关注这次沟通，以至于普罗伊森和毛奇最终都屈服了。战争对手想要交换特使，但是没有成功。丹麦宣布废除《马尔默停战协定》。

联合政府的成员辞了职，取而代之的是贝泽勒总督和弗里德里希·雷文特洛伯爵。这"五个国王"不支持发动战争。阿道夫·毛奇已经任职六个月了。战争又重新开始了。

阿道夫留在柏林，从现在起他是一个非正式的中间人。为了支持他，雷文特洛-耶斯贝克前往普鲁士的首都，行李箱里带着一封总督的信。1849年3月28日，马尔默停战结束后一天，弗里德里希·威廉四世被国民议会选为德意志皇帝。来自戈托夫的信件包括了对推举出来的皇帝的祝贺。邦国议会也派出五名议员，向国王表示祝贺。两位总督都让毛奇和雷文特洛-耶斯贝克来做决定，"在其他德意志国家的政府也前来祝贺之前，他们是否要与这有争议的祝贺之间保持距离"，[2] 人们不愿过早地从掩体中跑出来。事实上，对普鲁士的国王来说，皇冠不过是一个"用污物和泥土烘烤出来的冠状头饰"。[3] 他的拒绝意味着国民议会的终结。毛奇和雷文特洛-耶斯贝克在柏林成了朋友，他们从未将这封来自戈托夫的信件交出去。

国王又重新把所有的联系都掌握在自己手里。弗里德里希·威廉四世想要成为一个有雅量的胜利者。街巷战爆发前的几天，他本人就想颁布一部宪法。弗里德里希·威廉也希望能有一个普鲁士领导下的民族团结，只是民族团结不应该是革命的，而应该是反革命的。首先是"自由"，国王"至上而下"同意了宪法。这个宪法保障所有基本的权利、新闻自由和集会自由以及一个自由选举出来的众议院。臭名昭著的三级选举制与圣保罗教会的宪法相去甚远，但并不意味着这是一条"特殊道路"。例如，在英国，选举权也与财产和收入有关。然后是"团结"：德意志邦联的国王仍然可以基本凭自己的判断来治理国家，因为奥地利已经由于革命而瘫痪了。于是，弗里德里希·威廉建立了"德意志邦联"，这是一个由28位德意志诸侯组成的联盟，只有巴伐利亚和符腾堡拒绝加入。否则，这个联盟已经拥有了未来德意志帝国的规模了。最后就是这个"权力"：甚至是自由党人也参与了此事。在埃尔富特（Erfurt），人们第二次制定了一部小德意志的宪法，但这一次是在普鲁士的主持之下。

图 6-1　兰曹宫殿，兰曹的行政官阿道夫·冯·毛奇的官邸和住所

兰曹的行政官

阿道夫受到了总督们的嘉奖，被任命为兰曹临时的"行政官"。前联合政府的成员保罗·博伊森支持毛奇。[4] 高级官员的薪水很高。平讷贝格的地方官和兰曹的行政官是这个国家最富有的官员。人们半开玩笑地把这个地方官、行政官和赖因贝克的中级行政官称为荷尔斯泰因的三个诸侯。[5] 从国家法角度来看，阿道夫以丹麦国王的名义为兰曹的伯爵们"管理"着兰曹的领地。1721 年，据说执政这里的伯爵在一场手足相残中成为受害者，从此这块领地的统治权无人过问。事实上，统治权早就属于皇室了。[6] 行政官行使司法权，因为下级机关之间不存在司法与行政的分离。[7]

荷尔斯泰因被分成 14 个"办公机构"，没有两个办公机构的管理模式是完全一致的。这些办公机构是由高级官员领导的。在迪特马尔森的两个办公机构，这些高级官员叫作"总督"；在黑尔茨霍尔恩（Herzhorn），那里的高级官员叫作"郡长"；在阿尔托纳市，叫作"高级总统"；在平讷贝格地区，叫作"地方官"；在兰曹郡，叫作"行政官"。但是他们大多数被加上了一个头衔——"中级行政官"。由于司法活动，这些高级官员会收取费用，即所谓的诉讼费，这些费用占他们收入的很大一部分。然而，总督把他们的所有诉讼费都取消并转入了国库。[8]

行政官们总是喜欢把他们的居住地和办公场所安排在巴姆施泰特（Barmstedt）附近的兰曹宫殿里，这是一座风景如画的豪宅，坐落在兰曹湖的三个岛上。行政官有秘书和书记员，在他们的协助下，他除了伯爵领地，还管理着黑尔茨霍尔恩、索梅尔兰（Sommerland）和格吕克斯塔特附近的格林兰（Grönland）。但是因为一场新的战役即将来临，阿道夫让他的家人从路易森隆德去往马格德堡的赫尔穆特那里。

玛丽还敦促奥古斯特立即离开战区："最最亲爱的奥古斯特，……请你不要再写信了，立刻带上你的男孩们和女孩们，出发来我们这里，我已经在家里为赫尔穆特准备了一只摇篮。"[9] 台奥多尔·雷文特洛伯爵还为他们在汉堡附近的耶斯贝克庄园里提供了避难所："安安静静地待在乡村的野外和花园里，肯定比在马格德堡的阅兵广场上看太阳和影子要好很多。"[10] 奥古斯特带着孩子们一起去了她的大伯子那里，但是她很愤怒，因为阿道夫在兰曹任职之前没有征求她的意见，她认为，他是"出于骄傲或者虚荣心"才没有要求更高的薪水，她的指责也得到了证实。阿道夫自从离开德意志行政管理处以来，为他的"市民阶层的生存……一直未能采取坚定而明确的行动"。[11] 奥古斯特很紧张，几个月以前，她生下了她的第五个孩子，玛丽。[12]

第六章 反动

博宁的石勒苏益格-荷尔斯泰因军队和由普鲁士将军冯·普利特维茨（von Prittwitz）率领的联盟军队，在两次胜利后再次向日德兰半岛挺进。但是1849年7月10日，在大国的压力下，一个新的、对石勒苏益格-荷尔斯泰因不利的停火协议已经达成。与此同时，在德意志邦联，反革命的行动赢得了胜利。这意味着起义首先失去了道德上的，继而失去了军事上的所有支持。然而总督，尤其是邦国议会拒绝接受停火。但阿道夫是赞成的，并表示赞成解散议会，必要时可以使用武力。[13] 汉堡的一家报纸指责他，阿道夫自己转述说："我待在柏林，就是为了背叛和出卖我的祖国……"[14] 弗里德里希·雷文特洛伯爵也发人深省地说："人们只有通过多数人的信任，而不是依靠刺刀才能治理国家。"[15]

虽然毛奇在柏林达到了派遣一名特使的目的，奥伊伦堡伯爵就是这名特使，但是奥伊伦堡伯爵也不能弥合普鲁士和石勒苏益格-荷尔斯泰因之间的鸿沟。为了支持阿道夫，总督们在8月派了一名"公国的代表"去柏林——罗胡斯·冯·李利恩克龙（Rochus von Liliencron），诗人德特勒夫的叔叔。阿道夫精疲力尽，过度劳累，也可能是体力耗尽时出现了神经系统方面的问题，夜里3点左右，他在写字台前面开始"咯血"。[16] 先是李利恩克龙和爱德华·巴尔霍恩过来帮忙，然后古斯特·伯特（Guste Burt）不得不赶往柏林照顾她哥哥。"今天他从9点钟开始就已经躺在沙发上了，而且也可以在躺椅上稍微坐一会儿，看一看窗外。"李利恩克龙这样安慰着马格德堡的奥古斯特。[17] 阿道夫离开柏林，与他的家人一起在格尔斯多夫的保利家疗养，最后于11月初继续去往兰曹。

1850年的春天，起义军队在没有盟友的情况下投入了战斗。因为现在奥地利政府又出现了，它发现"德意志之家"已经被普鲁士占领了，就决定毫无顾忌地进行清理。当沙皇站在奥地利一边时，柏林和维也纳已经相互对立起来了。沙皇不想看到德意志邦联这样的新东西，而是想看到神圣同盟的旧的联盟。1850年，在奥尔穆茨（Olmütz）投降的普鲁士和1807年在提尔西特的无条件投降很相似，只是这一次不会发生战争。联盟解散了，旧的德意志邦联恢复了。此外，弗里德里希·威廉四世不得不放弃石勒苏益格公国和荷尔斯泰因公国的统一。"普鲁士的国王，"老克罗恩抱怨道，"是一个很好的、很亲切的男子，是一个聪明的人，理智而又风趣，却不是一个好的统治者。"[18]

在弗伦斯堡市，三位行政主管被任命来治理南部的石勒苏益格，还配了一个普鲁士人、一个丹麦人和一个英格兰人担任仲裁法庭的法官。瑞典-挪威军队将确保公爵领地的秩序。柏林和哥本哈根最终实现了和平。南方仍然是独立的。尽管如此，总督放弃了全民皆兵和志愿军的设立。"因为我们将要灭亡了，"弗里德里希·雷文特洛伯爵解释道，"所以我们将光荣地灭亡，而不是最后把我们自己撕裂，丑化自己的形象。"[19]博伊森说得更加清楚了："两个敌人正在威胁着我们，一个是丹麦的专制，另一个则是民主……"[20]

弗里茨·冯·毛奇

在费马恩岛上，人民大会宣布，我们是德意志人，反对与丹麦有联系。[21]路易斯·毛奇现在正受到这样的攻击，他第二次要求辞职，并和蜜儿一起永远离开这个岛。弗里茨·毛奇放弃了在西兰岛上邮政局长的职位，返回阿彭拉德过去的岗位上。很快，他就收到了一个可疑地址的来信，是写给"阿彭拉德的前邮政局长"[22]的。毛奇读道，对方认为他作为一个"丹麦化的"军官参加了敌军，因此"要求您,再一次辞职,把这个城市从您不光彩的存在里解放出来,这只是我虔诚的愿望。如果在这一点上没有弄错的话,我们就不得不提出反对您的声明,我们对您的兄弟,阿道夫·冯·毛奇,有多么尊敬景仰,因为他对石勒苏益格-荷尔斯泰因的忠诚,我们的内心也就对您这位作为国家公民的人充满了同样强烈的反感。向您致以蔑视。"信末尾附有110个签名。丹麦和德意志的报纸都刊登了这封信。"丹麦的石勒苏益格人"嘲笑这一切都是"傻瓜行为"。阿彭拉德的警察局长——偏偏是此人——唆使大家经常去砸这位邮政局长家的窗子,直到这位邮政局长彻底消失。现在,丹麦人的思想也在蠢蠢欲动。空气中弥漫着血腥的味道。瑞典-挪威军队的城市指挥官拉佩(Rappe)中校庇护着弗里茨。然后弗里茨公开地回击那些谴责他的人:"你们要求我自愿离开我的职位和这座城市,我坦率地回复一个坚定的'不',我不会这么做的……你们可以伤害我,可以侮辱我,可以让我生活得痛苦,那么现在,好吧,我会认为这只是一种牺牲,我是尽我的职责……这是你们的权力的极限。我可以失去我的财产,我已经自愿放弃了它一次,我认为我现在收回的东西是一份礼物。你们不能再剥夺我的自由了,同样不能被剥夺的是一份无愧的内心,这两样东西我都随身携带着,它们是不受外部关系制约的。只有那些自由的人,才不会被欲望和激情所控制……无论干面包还是佳肴都会让我很快乐,所以除了生命之外,别人什么也不能从我身上夺走。事实上,我不会诅咒那只把我从这个混乱的、没有爱的、不忠诚的世界里解救出来的手。……我站在这里,一个男人,站在你们面前……现在你们可以做像过去一样的事情。"[23]

这是一个路德式混合着一点点康德式的回答。自由是理性的行为,而不是激情驱使下的行为。这种行为所遵循的座右铭在任何时候都可以被视为一个普遍的立法的原则，同时也是一项义务。这三位官员组成的州行政机关罢免了市长。此后，阿彭拉德南部的追随者们很快就失去了阵地，开始了一场逃亡运动。对于这座城市的德意志政党来说，这就意味着结束。

康德和阿彭拉德的邮政局长对民族叛乱的看法是相反的，这场叛乱是在战争的第三年激起的。在军事上，这个决定是自人类有记忆以来在特拉维河（Trave）和施特尔河以北举行的最大的一次战役中做出的。1850年7月25日，六万多名丹麦的和石勒苏益格-荷尔斯泰因的士兵在伊德施泰特（Idstedt）对垒，其中就有某位毛奇将军率领的丹麦第一师。丹麦军队占上风。伊德施泰特的战役使南面的失败无可挽回。石勒苏益格-荷尔斯泰因输掉了这场战争。

战后的岁月

1850年，赫尔穆特和玛丽在多年以后又可以重新在伊策霍埃过圣诞节了。赫尔穆特觉得有必要绕道去一下兰曹："我在一场大雪后彻彻底底地迷路了，最后我穿过了一片美丽的山毛榉林，来到一座吊桥边上。在城堡的庭院里，我碰到了两个巨大的白色的人，后来才发现是雪人，当8点钟，塔楼上的大钟刚好敲响的时候，我才重新上了路。我进屋的时候还有些担心，但是当我看到阿道夫和奥古斯特正在喝茶，他也比我心里想的要好得多的时候，我就不怎么担心了。"[24] 阿道夫正在从一种新患上的肺部疾病中恢复。毛奇家族的成员们需要枪声过后的宁静。

丹麦在伊德施泰特获胜了，但是没有赢得和平。英格兰、俄罗斯和奥地利的政府都希望能永久和平，因此他们不想要艾德河丹麦人的政策。为了确保权力平衡，他们强迫重建整体国家，并要求胜利者愿意和解。于是，1851年5月，哥本哈根内阁召集了一个名人议会，将这群"广受尊敬的人士"派往弗伦斯堡。这个小组要为国家重新统一做准备。除了其他的五个人，阿道夫·冯·毛奇也被任命为荷尔斯泰因的议员。

这座港湾城市是丹麦人的据点。阿道夫说："丹麦人对这里的热情很高，我们一到这里，许多窗户都装饰了丹麦的国旗，此外我们并没有受到这一方的其他烦扰，尽管所有的眼睛都盯着我们。"[25] 台奥多尔·雷文特洛错误地担心了阿道夫的安全。

丹麦人在议会中占了多数。受荷尔斯泰因人的委托，阿道夫制定了一份关于未来管理制度的意见。[26]"不同派系的人……都安安静静面对面站着，没有人认识其他的人——一阵冷风吹过会场。丹麦人是年轻的，是强壮的，很显然也是很有天赋的；而石勒苏益格人则大多数是非常令人反感的，整个环境和气氛都很压抑，令人感到窒息。"[27] 两个政治团体做出了对立的决定，以至于议会很快又被重新解散。阿道夫回到了兰曹。

赫尔穆特和伯特一家在阿彭拉德看望弗里茨和贝蒂，这将是一次尴尬的重逢。战争留下了痕迹："他和贝蒂好像都有点改变了。"[28] 赫尔穆特巧妙地避免了任何政治对话，这是他和弗里茨保持的习惯。聚会为他们增加了负担，尤其是弗里茨和贝蒂在阿彭拉德的生活。

1852年夏天，邮政总局让他如释重负：弗里茨成为弗伦斯堡的邮政局长。调任是一种经济上的奖励。在向弗里德里希七世的推荐中，邮政总局提到了弗里茨对国王的忠诚。

兰曹人现在也过上了安定的生活。在丹麦国王的统治下，行政官阿道夫重新得到了诉讼费。1852年，弗里德里希出生，两年以后，第四个儿子路德维希来到了这个世界上。当奥古斯特在基尔的海滩上享受着假期的时候，阿道夫感到很高兴。"这里相当安静，小弗里茨在这里从未大喊大叫过,他在这里特别健康和快乐。女仆小心翼翼地照顾着他,为他感到骄傲,所以你不必为了他感到担忧。"[29]

最终,无论是德意志民族主义者还是艾德河丹麦人,都没有能够实现他们的战争目标。英格兰的外交部长开玩笑说,石勒苏益格-荷尔斯泰因的情况现在在法律上如此复杂,只有三个人能够理解:第一个是女王的丈夫阿尔贝特(Albert),他已经死了;第二个是一位德意志的学者,但是他已经神志不清了;第三个就是他自己,帕默斯顿(Palmerston),但是遗憾的是,他已经忘记了一切。事实上当艾德河丹麦人在哥本哈根用1849年的基本法来庆祝取得议会制的成功时,在公国里,仍然采用着专制主义的政府形式。[30] 贝泽勒被驱逐出境,诺尔亲王被流放到法国,他的兄弟克里斯蒂安·奥古斯特公爵,获得了位于遥远的西里西亚的一处庄园。许多民主党人逃往美国。哥本哈根政府对"战争女部长"的丈夫奥古斯特·克罗恩因叛国罪提起了诉讼。但夏洛特和她的丈夫及时逃往了巴伦斯特。凯·布罗克多夫失去了他在诺伊明斯特的职位,这是临时政府承诺给他的,但是并没有让他陷入困境;在荷尔斯泰因,古老的贵族是不会垮台的。

几周以后,布罗克多夫在伊策霍埃找到了一份警司的新工作;一个里面只有律师的城市机构,不是皇家机构,对凯来说并不意味着耻辱。这位警司有11个助手,要管理的不仅仅是维持秩序,他还负责警察法庭,处理所有微不足道的起诉。对于古斯特·伯特和妮特·布罗克多夫来说,失败也给她们带来了好处:母亲和女儿又住在同一个城市里了。[31] 妮特和凯除了两个儿子,还有四个女儿,浪漫主义者称赞她们为"荷尔斯泰因的玫瑰"。[32] 从费马恩岛上逃回来三年以后,路易斯·毛奇才成功地回到原来的工作岗位,找回

第六章 反动

了尊严。1853年，他作为劳恩堡政府的顾问来到了拉策堡。

阿道夫在兰曹做着行政官的事务，虽然只是临时的。紧接着，1857年，他就得到了来自哥本哈根的认可——加封他汉堡以北20公里处的骑士封地卡登（Kaden）的"专员"一职。[33] 同年，他前往哥本哈根，就荷尔斯泰因州政府的接管条件进行了协商。[34] 卡尔·冯·舍尔-普莱森伯爵（Carl Graf von Scheel-Plessen），"荷尔斯泰因的最高总统"，为反对艾德河丹麦人的政策，以辞职相要挟。阿道夫最终拒绝接受这个最高职位。

人们竟然能考虑让他来担任这个职位，而且他不在意为南方做事并将在兰曹的行政官邸和宫殿里住上15年，首先归功于他那小心谨慎的、调和斡旋的、始终是多做少说的行政风格。无论是作为在哥本哈根的德意志行政管理处的代表，还是作为基尔的邦国议会成员，或是作为石勒苏益格的联合政府的成员，抑或是作为弗伦斯堡的政要名人议会的代表，又或是作为兰曹郡的行政官——阿道夫·毛奇表现得既不是一个丹麦的君主主义者，也不是一个狂热的德意志民族主义者。他被认为是温和的保守派，虽然不能被艾德河丹麦人或者德意志的民主党人接受，但是整体国家的支持者和有德意志思想的自由主义者却可以。人们普遍欣赏他的品格。《平讷贝格周刊》赞扬道，他"是一个罕见的人，在任何情况下都怀着同样的善意，无论是面对富人还是穷人，高贵的人还是普通的人"。[35] 因阶级而产生的傲慢，毛奇身上是没有的。

赫尔穆特与革命

与阿道夫、路易斯和弗里茨不同，赫尔穆特可以远离风暴继续密切注视着这场分裂战争。但是没有一件事像1848年革命那样深深地影响了他的政治观。在第八军团任总参谋部的军官时，他经历了科布伦茨的三月事件。在信奉天主教的莱茵兰地区，国家权力的崩塌特别明显，该地区自从维也纳会议以来才属于普鲁士。"自由万岁，共和国万岁，然后我们也和普鲁士人两清了！"[36]那里很多地方的人都这么歌唱。出于安全的考虑，他把玛丽送往巴特埃姆斯（Bad Ems）的熟人那里。毛奇预计军方和民众之间会发生冲突，但是他想要避免流血冲突，采用拖延、回避、坚守的方法。在法兰克福议会的前期会议上，他还在宪法运动中看到了走向统一的必然道路。

着眼石勒苏益格和荷尔斯泰因，他原本就很希望德国人与丹麦人能保持良好的关系。但是分裂战争和民族主义迫使他认清自己的政治色彩。随着敌对行动的爆发，他突然认为，丹麦自50年以来一直奉行"反对日耳曼民族的政策"，并支持"脱离哥本哈根派"。"对于你们石勒苏益格-荷尔斯泰因人，"他写信给妮特，"我只能感到高兴。丹麦人也许不会打败你们。"[37]但是在柏林，看起来自由主义很快就不再是这场运动的主人了；在后面推动着自由主义的是工人阶级，是无产者和有产者之间斗争学说，是一个没有阶级的社会的乌托邦，简而言之就是共产主义。谁若像毛奇一样倾向于自由主义者，但又想保住王位、财富和国王的军队，就会觉得自己不得不表明态度，认为必须投向对立面，就变得保守起来。他向妮特承认："我会为在德国发生的事情感到高兴，……但是只有当秩序和法律继续存在，只有在任何一个权力中心机构能够维系下去时，才能做出一点事情来。"[38]

1848年6月底，赫尔穆特前往柏林，去接管这个大的总参谋部里的一个部门。这个城市发生了变化：贵族们逃到庄园里去了，军官们大多都穿着便服，勃兰登堡门和皇宫门口都有国民军站岗。"这是一个悲哀的社会，"毛奇在参观了一个歌唱学院以后说，"要

第六章 反动

宣讲，不是光说话；话说得多，内容少。……一个小时过去了，就为了决定应该选出 8 个还是 16 个成员组成一个委员会。在表决过程中，议员中相当一部分人对于到底投赞成票还是反对票犹豫不决；他们站起来，环顾四周，坐下来，简言之，很清楚的一点是，他们根本就不知道讨论的是什么事情。这就是我们的立法者！"[39] 他一直都有成见地反对着"顽固的普鲁士"，[40] 并希望，革命不是倒退，而是能够前进。

直到 9 月，他才迁居到了马格德堡，为的是接任第四军团总参谋部的领导职位，他在内心才下定了一个反对革命的决定。从此以后，他就以敌友模式来思考问题，想要用四万人的部队在柏林、普鲁士、德国建立起秩序来。现在他把普鲁士的议员骂为"犯罪团伙"，谴责民主"空谈家"的作用，不想再从这种"该死的政治"中获得任何东西。[41] 与阿道夫相反，赫尔穆特还为《马尔默停战协定》进行了辩护。非常奇怪的是，他突然就拒绝了南方的事情。他警告阿道夫，在那里，人们不相信普鲁士会为了一件不重要的事情而与半个欧洲开战；在柏林，保皇党们从现在起会毫无善意地密切关注石勒苏益格与荷尔斯泰因的斗争了。[42] 赫尔穆特独自派遣军队从马格德堡去往附近发生起义的这些小城市。他仍然不想维护基本特权，也不想要一个有着旧的普鲁士性质的专制主义。但是他认为必须要得出两个结论：第一，在普鲁士，只有国王才能在未来发动革命；第二，德国必须在普鲁士崛起，而不是在德国崛起一个普鲁士。

这场革命本来可以成为德意志历史上的一个转折点，但事实并非如此。它在国王和诸侯们的抵抗中，在像赫尔穆特·毛奇这样的军官的防御下，在像弗里茨·毛奇这样对国王忠诚的军官的抵抗下，在像路易斯·毛奇和阿道夫·毛奇这样的保守派的摇摆不定中失败了。不过它的失败主要源于自身的软弱。自由主义者和民主党人以不同的方式进行斗争。民族自由主义者和温和的保守主义者最初希望一小步、一小步地进行改革，并不希望进行一场革命。"当法律遭到践踏，"阿道夫说，"所有法律状态的基本原则也悉数毁尽。即使是最高贵的目的也不能通过非法的手法来实现。谁把魔鬼变成马车夫，那就不需要问，旅行前往何方。"[43] 但是一旦启动，许多自由主义者都支持这一运动。"人们可以不赞成革命，"甚至像阿道夫这样的保守派人士也这样认为，"但是你仍然有义务，用你所有的力量和忠诚来参加这次革命。"但是不论是与旧势力达成协议的自由主义道路，还是与旧势力做斗争的民主策略，都没有取得成功。[44]

曾经失败过一次的事情，未必在其他时代也一直不可能，无论在普鲁士，还是在石勒苏益格-荷尔斯泰因，未必就不可能。因为民族主义和自由主义的思潮绝没有完全丧失冲击力。在19世纪五六十年代，市民阶层甚至取得了迅猛的进步，变得越来越强大了。在60年代初期，一次有组织的工人运动开始了。奥地利和普鲁士正在争夺德意志市民阶层的支持，这两个国家都正处于一个看似势不可当的议会化进程中，它们都想要自己掌控民族运动的潮流。伴随着统一梦的破碎，社会各阶层的政治化已经完成。但是在柏林，君主权力的源泉如往常般涌现出来：宫廷、军队、国家服务、上帝恩典的外交政策上的特权以及他作为督军的指挥权。目前，普鲁士仍保持着其通过革命形成的地位：半专制君主政体，半宪政国家。[45]

三月革命前的政治民族主义在施普雷河畔通过一次革命爆发，在石勒苏益格-荷尔斯泰因则爆发于一场内战中。从易北河到克尼格绍（Königsau），德语和丹麦语之间的差异转化成一种对立。现

第六章 反动

代的和前现代的事物犬牙交错。一方面涉及朝代的问题，涉及前现代的继承顺序问题；另一方面只有通过艾德河此岸和彼岸因民族主义观念激发起来的风起云涌的现代群众运动，这两个公国才成为战争的现场。与后来的争端相比，受害者人数和对平民或囚犯的暴力程度，也包括平民对军队的袭击，仍然很低。伦茨堡的战争部有意识地进行内阁斗争。从丹麦的角度来看，这"三年战争"是对起义和侵略的胜利。特别是格伦特维希牧师接下来铸造着权势欲极强的德意志人的敌对形象。对南部邻国的厌恶将在一个世纪之久成为丹麦民族理念的核心。[46] 在德意志方面，许多人都得出了这样一个结论，实现统一是军事力量的问题。不只赫尔穆特·冯·毛奇认为："在德国这场伟大运动中最为真切的是那种对统一的不可否认的迫切要求，如果内阁成员们不走那条现在摆在他们面前的、唯一可行的实现这一目标的路，无论它被人们称为普鲁士的崛起或是其他，都无法阻止在晚些时候会再一次爆发新的运动。"[47] 从毛奇的观点来看，要抢在战争再次爆发之前，着手开始准备统一的各项事宜；但不是通过下面广大群众的压力，而是从上面，通过普鲁士国王和他的军队。

第七章
阿尔森岛

——民族的迟疑

国王和诸侯们几乎没有时间喘口气。像凤凰涅槃一样，民族主义再次抬头，与民族主义关系密切的自由派也重新上台。仅仅过了很短的一段时间，这个民族的理念就被排除在公众生活之外了。他们的运动力量汲取自四个新的来源——经济、社会、精神和政治的发展。

在经济上，民族理念的主要倡导者资产阶级庆祝了他们暴风雨般的成功。1850年后，工业革命取得成功——恰好发生在二十年以后！在全球经济高度繁荣和铁路建设稳步增长的推动下，出现了新兴的领先行业：钢、铁、煤炭和机械。大企业、股份公司和大银行的全面胜利开始了。电报的发明、更快的邮政系统和繁荣的新闻业扩大了经济活动的范围。"德意志关税同盟"在革命前就已经通过取消关税壁垒成功地做到了这一点。革命后，普鲁士阻止了哈布斯堡国家的加入。关税同盟保住了小德意志的脸面。许多人认为这是一项临时决定。至少有一件事是肯定的：随着资产阶级的成功，民族运动获得了新的发展。[1]

在社会方面，民族主义扩大了它的交际模式。从组织上看，它看起来似乎比以往任何时候都更稳固。歌手、射手、体操运动员和学生社团的成员组成了全德意志协会。数以百计的席勒庆祝活动弘扬了"民族文化"。射击比赛、体操比赛和歌咏节往往办成了宣扬民族事业的大型集会活动。在普鲁士，德意志进步党，也就是该运动的议会聚集地，在它成立的当年就已经赢得了选举。

在精神上，书桌上的民族主义发展出一种新的种类。自19世纪中叶以来，"普鲁士人"（Borussen）的历史学家学派影响了人们的历史观，影响了特别有名的教授，他们都是新教徒、自由主义者和民族理念的支持者。德罗伊森、聚贝尔（Sybel）、莫姆森编撰出了一个历史使命。他们宣称，普鲁士的历史走向注定了要给德意志民族一个统一的国家。[2] 德罗伊森的学生特赖奇克（Treitschke），拒绝了兰克（Ranke）所描述的无党派模式。由于工人和资产阶级之间的鸿沟越来越大，历史学家们被要求从特赖奇克的角度出发，在二者之间架起桥梁。对历史的描述成为对祖国的宣扬，成为反对历史进程的万能手段，展示了迅猛的进步与对扎根的渴望之间的相互作用。[3]

在政治上，围绕着石勒苏益格-荷尔斯泰因的纷争仍在继续，它让民族主义者也行动了起来。法国或者英国这样的大国仍然是典范。1859年，奥地利输掉了与法国新皇帝拿破仑三世和皮埃蒙特-撒丁岛（Piemont-Sardinien）王国的战争。玛甘塔（Magenta）战役和苏法利诺（Solferino）战役是意大利统一的开始，也重新推动了民族运动。按照意大利民族社会的模式，成立了德意志民族协会，这是一个自由和民主力量的联盟，这个联盟促进了普鲁士领导下的统一国家。[4]

工业革命、歌手、射击手、学生社团的成员、进步党、小德意志历史学家们和民族协会——这一切都预示了民族事业的胜利。即

图 7-1　玛丽·冯·毛奇，照片，日期不详

使没有战争和革命，团结似乎也近在咫尺。但是后来发生了令人吃惊的事情。毛奇家族的成员则参与了大部分。

赫尔穆特·冯·毛奇和玛丽·冯·毛奇

　　赫尔穆特·冯·毛奇和玛丽·冯·毛奇的婚姻很平静，或许也很幸福。小约翰观察到，赫尔穆特"已经成为一个完全不同的人：开朗而且平易近人。去年夏天，我总是把他闷闷不乐的性格解释为是他个人对我的厌恶，但我早已从这一点上回过神来，毫无疑问，一个女人必然能让他强大起来"。[5] 玛丽从来都是个乐天派，也总是很开朗，讥讽和恶意与她的天性是格格不入的。她的榜样是蜜儿·毛奇，"城堡主的夫人"和路易斯的妻子，她钦佩她在社交方面和家庭事务管理方面的能力。[6]

　　玛丽给了赫尔穆特一切似乎能够给予的爱。"在我看来，"她向往这个婚姻很久了，"你的来信闻起来有你这个小男人的味道，我

第七章　阿尔森岛

147

是多么喜欢闻你脸的味道,特别喜欢在你的耳朵后面吻你。"[7] 如果玛丽觉得"左边头痛,那么你肯定会觉得右边头痛"。[8] 这种关系越来越深。"我最大的幸福,"赫尔穆特知道,"是我的小妻子……"[9] 当玛丽去旅行的时候,她也会在远方关心丈夫:"请你不要开着窗户睡觉。我确信,约翰就是这么患上病的。你入睡那么快,睡得又那么熟,所以炎热对你不像对很多人那样有很大的影响。"[10] 她很享受在弗里茨和贝蒂那里接受温泉疗养,而且伯特一家也去了那里,赫尔穆特也很乐意一起去。"你的家庭疗法,"他开玩笑说,"为了防止欧内斯廷大声喊叫,你可以把她放在水下,在一定的时间范围里,在一定的限度内,肯定是有效的,但如果持续进行下去,她可能会彻底保持沉默。"[11] 很明显,玛丽没有孩子这件事,并没有危及他们的婚姻。"如果上帝不赐给我们孩子,"玛丽相信,"他这样做肯定只是为了保护我,我不应该完全依附于这个世界。他知道如何对待每个人,每个人都会失去某些东西,而且在这个世界上并没有太过于幸福,从而通过一个没有实现的愿望来提醒他,世间万物都是短暂的。"[12]

玛丽和她的丈夫很般配。"我的心,"她写道,"变成了你的,带着灵魂、身体和生命。自从你成为我的丈夫,我就把自己完完全全地交给了你。"[13] 作为未婚妻,她曾遗憾英国"只是她的半个"[14] 祖国;现在,她在读《军事周刊》,可以从每一位士兵的制服上认出他是属于哪一支部队,甚至可以像新兵一样拆卸步枪上的固定销。她的图书馆里有祈祷书、关于马匹饲养的书籍和描写七年战争的书。如果一只家犬跑掉了,它就会被认为是"逃兵"。如果玛丽必须卧病在床,她就是"在兵营生病的"。如果家仆有着无可挑剔的军事资历,他们肯定优先被录用。她瞻仰霍亨索伦家族就"好像一个孩子在看童话故事里的人物"[15] 一样。"符合宪法"这个词,妮特的儿子弗里茨·布罗克多夫（Fritz Brockdorff）说，"以及一切与政治有关的事情在毛奇家族狭窄的圈子里都是被严格禁止的。人们信仰的政治信条，可以用'忠诚于国王'这一个词来概括，无须进一步评论"。[16] 赫尔穆特必须提醒他的妻子，也要让人认可自由主义的观点："顺便提一下，亲爱的心肝宝贝，不要想着去改变别人的政治观点，让每个人都有自己的观点。……你现在是一个非黑即白的反动派，这对我来说没有问题，但是把'新闻自由'留给爱它的人吧。"[17]

很早的时候，亨利·伯特就成为替代他们孩子的角色了，特别是赫尔穆特很喜欢他。"这个男孩子几乎长高了一个头，"他说，"非常强壮，非常胖，当他给他的小侄女解释这些图片，并用他的胖乎乎的小手指弹钢琴的时候，真的很可爱。"[18] 仅仅两个星期之后，在拜访了伊策霍埃之后，好感增加了。毛奇说："孩子们已经变得比以前可爱得多了，特别是这个男孩，我已经没什么可说的了，他是无可比拟的。他很有力，高个子，很听话，而且很有趣。"[19] 修道院的后面，只有欧内斯廷还住在她父母那里。亨利参观了埃彭多夫（Eppendorf）的一所寄宿学校，而小约翰在圣克罗伊岛上正努力维持着那里的种植园业。

约翰的处境很困难。在世纪初，糖价稳定的时候，种植园获得了高额的利润。圣克罗伊岛在欧洲、非洲和加勒比海之间的大西洋三角贸易中发挥了主导作用，该贸易通过奴隶、糖和朗姆酒买卖盈利。岛上住着3万人，其中2.6万人是奴隶。然后局势突变，随着拿破仑大陆封锁令①的颁布，"白色的西里西亚甜菜"占领了欧洲

---

① 大陆封锁令，1806年11月21日，拿破仑宣布禁止欧洲大陆跟英国进行贸易的命令。——译者注

第七章 阿尔森岛

市场。[20] 甘蔗的价格跌到了谷底。不久，圣克罗伊岛上的大型农场也面临荒废。对种植园的反抗和丹麦自由主义的兴起则是另一个原因。1847年，哥本哈根政府决定，在12年的过渡期后废除奴隶制，并对奴隶主不予补偿。1848年，奴隶们缩短了他们的等待时间。一场叛乱迫使朔尔滕（Scholten）的最高长官立即给他们自由，从而避免圣克罗伊岛上的大屠杀。他的守备部队在一定程度上控制了局势。[21] 但是两年以后，局势依旧动荡不安。小约翰遇到了"原始的黑人居民，他们的自由并非归功于国家权力，而是由于他们自己的暴力行为……"种植园许多以前的奴隶在圣约翰斯岛上工作。对于其他有色人种来说，这是眼睛里的一根刺。他们散布谣言，声称小约翰不人道又残忍——并没有成功。在圣约翰斯岛上，他经营着岛上唯一的农场，这个农场的主人从未改变过。"所以在某种程度上，黑人仍然有这种感觉，他们仍然要听从我这位一直以来的主人。"

漫长的旱季令人担忧。"是的，您不知道，"他写信给兰曹的奥古斯特，"热带干旱是什么。当田野初见硕果红，就开始干枯变黄，很快就既没有牛奶，又没有草了，蓄水桶里我们赖以为生的雨水用尽了，牛死了。简而言之，就好像面色苍白的死神从四面八方盯着它们。"约翰只有很少的时候才能在庄园里享受生活，也很少有机会能从种植园的高处俯瞰克里斯蒂安城（Christianstadt）和加勒比海。他感觉很孤独，虽然一个"毛奇家的女人"[22] 住在岛上，但是他显然几乎和她没有什么联系。小约翰逃出来写作。他给哥本哈根的帝国议会写了一封关于奴隶问题的公开信。[23] 他思想活跃，幽默风趣，是一位出色的写信人。但是想要为这个家庭保住圣约翰斯岛，看起来在这种变化了的环境下几乎是很难做到的。"伯特酒店"从加勒比海收到了坏消息。伯特不得不吸收一个合伙人，麦卡奇

（MacCutchie）先生，共同经营。当玛丽去伊策霍埃看望她的父母时，行李箱里带着《汤姆叔叔的小屋》这本小说，她和她的父亲争论奴隶问题。[24] 伯特可能是因为她的劝说，第一次去了西印度群岛，想去那里实地考察一下情况。当欧内斯廷住在她母亲的"伯特酒店"的时候，14岁的亨利就搬去马格德堡玛丽和赫尔穆特那里了。

普鲁士亲王的副官

赫尔穆特的职业愿望已经实现了。自从1848年以来，他一直领导着马格德堡一个军团参谋部。所以，他认为他的职业生涯到头了。很久很久以来，鲜有迹象表明还有晋升的机会。这一突破是分两步实现的。首先，毛奇成了普鲁士亲王的副官，然后他进入了总参谋部的领导层。

普鲁士的弗里德里希亲王是王位继承人，也就是未来的国王，威廉一世皇帝的儿子。1888年，他在生命垂危的时候，作为弗里德里希三世皇帝登上了皇位，在位99天。他的母亲奥古斯塔（Augusta）是萨克森-魏玛大公国的公主，她关心歌德，而不是腓特烈大帝，她看重欧洲的西部地区，不看重易北河东面的地区，完全看不上俄国。她把宫廷设在科布伦茨，她的丈夫威廉王储，担任着莱茵省和威斯特法伦省的最高行政长官。他们两个人都不信任波茨坦的国王。一个保守的、亲俄的"阴谋集团"彻底改变了弗里德里希·威廉四世。例如，人们按照西班牙的榜样称之为宫廷前厅招待团，它是由格拉赫（Gerlach）兄弟和侍从副官艾德温·冯·曼特费尔（Edwin von Manteuffel）、历史学家海因里希·莱奥（Heinrich Leo）和皇家园林的高级官员路德维希·冯·马索（Ludwig von Massow）领导的。现在，这位没有孩子的君主，同时也是霍亨索伦家族的首领，要为弗里德里希亲王寻找一位副官和出身军队的老师。

当国王拒绝了古斯塔夫·冯·阿尔文斯勒本（Gustav von Alvensleben）的建议，并想要推出自己的候选人赫尔穆特·冯·毛奇时，奥古斯塔和威廉感到很生气。这不就意味着人们打算把亲王安排在这个阴谋集团的控制之下，由一个穿着制服的警卫监督吗？国王还认为，未来的君主不仅应当与古老的普鲁士密切相关，而且在面对民族思想例如西欧的思想时还应该有开放的胸襟。对此，他认为最合适的看起来应该是赫尔穆特·冯·毛奇上校，一个善于交际的军官，他曾经在奥斯曼帝国经历过一场战役，是一个有道德的、机智的人。并且最重要的是，他是一个受过教育的人。君主很了解这位上校。在国王的兄弟、普鲁士的卡尔亲王那里，毛奇在革命以前就已经担任过副官，他同样在统治者的叔叔、"罗马人"海因里希（Heinrich）亲王那里干过，海因里希亲王在这座永恒的城市里度过了30年。可以说，赫尔穆特已经有了服务亲王的经历。总参谋部的总参谋长卡尔·冯·赖厄（Karl von Reyher）热情地推荐了他的下属。现在，毛奇正处在波茨坦和科布伦茨之间的一个真空地带。

他深入虎穴，去了奥古斯塔住的地方——科布伦茨，在那里和奥古斯塔进行了一次长谈。毛奇克服了阻力，因为他自称，他既保守又自由，既不是反对派，也不是革命派，比起波茨坦的圈子，他更接近科布伦茨人。这是完全正确的。他对统治的理解最终形成了一个强大的、开明的改革君主制的思想，这一思想始终位于进步和民族发展的前列。他寄希望于"大德意志的解决方案"，想要避免与奥地利开战："好像是两个嫉妒的人要在一个火药塔里决斗一样。"[25] 毛奇认为，在经济和社会条件的压力下，统一会像成熟的果实一样从树上落下；也许不是今天或明天，但可能是在他生命中的某一天。无论如何，他感觉和"容克帝国"没有关系。[26] 毛奇身上体现了受过教育的人和军人的气质，资产阶级的效率和军人的团体精神，普鲁士的过去和德意志的未来，民族的梦想和工业革命的清醒的现实——"波茨坦人"和"科布伦茨人"都称赞他，这是可以理解的。

赫尔穆特·冯·毛奇就这样作为弗里德里希亲王的随从游历了欧洲。他在巴尔莫勒（Balmoral）见到了维多利亚（Victoria）女王，在温莎城堡和白金汉宫过夜。在伦敦的一家书店里，他偶然发现了自己的《俄国土耳其战争故事》的英文版。从序言来看，书是一位毛奇少校写的，据称已经去世。赫尔穆特在俄国亲历了沙皇的加冕典礼，他访问了圣彼得堡，在巴黎与拿破仑三世会谈。毛奇发觉，这位皇帝并没有"他那位伟大叔叔的阴暗严肃，没有帝王的态度和精心设计的外表"。"他是一个非常朴素的、相当矮小的人，他那张显得沉着冷静的脸给人一种亲切友好的印象。"[27] 同样观察敏锐的还有拿破仑的皇后欧仁妮（Eugénie）。"亲王的随从人员，"她惊奇地说，"一位叫毛奇（或者类似名字）的将军，是一个沉默寡言的人，但是他不亚于一个梦想家，他总是很好奇，很紧张，他会惊讶于最中肯的评论。"[28]

乡绅之死

乡绅伯特在重复他父亲的命运。他在西印度群岛待了一年，然后登上了一艘开往南安普敦（Southampton）的船，从那里经汉堡返回，在海上患上了一种"热病"。[29] 病情迅速恶化。最后，按照他的意愿，人们把他带到了甲板上。乡绅约翰·海利格·伯特于1856年7月25日在离英国海岸不远的地方去世了。船长对他进行了海葬。尽管他犯了那么一些错误，赫尔穆特安慰妻子，"对他来说上帝可能是一个温和的法官，他是多么和善，所以人们都那么爱他。……他在最后的日子里是如此孤独，这是多么令人伤心，因为那时他应该盼望着再过几天就能再次看到他所拥有的一切"。[30] 古斯特和欧内斯廷一起搬到了阿尔托纳一间租来的公寓里。[31] 亨利去了弗伦斯堡的舅父弗里茨和舅母贝蒂那里。玛丽说，潘希"长高了，变英俊了，更苗条了，也一如既往地出色和亲切"。[32] 这个男孩的行为举止很有吸引力，"我相信，他不只是亲切，还会是一个很帅气的人。只要他学点有用的东西就好"。[33]

小约翰继承了种植园。这个种植园负债累累，债权人第一年就拿走了全部收入。婚姻合同中规定的古斯特的遗孀抚恤金，约翰能偿付的和他的兄弟姐妹们继承的份额一样少。他与凯·布罗克多夫一起去了哥本哈根，为了协商新的贷款。玛丽不相信这种快速的救助："对于目前来说，只要收入都给了债权人，我几乎不知道，哥本哈根那边还能做些什么。"[34] 当"伯特酒店"关闭的时候，所有的银器都被拍卖了。这里的大多数东西都被玛丽·毛奇和布罗克多夫夫妇买走了。"汉堡的犹太人什么也没有得到，很不满意地搬走了，所有的一切都还是留在了这个家族里。"[35] 律师小约翰，不想和大家一样一窝蜂地去担任丹麦的公职，而是在亨利叔叔的科尔顿大宅住了几年，一直未婚，最后在哥本哈根定居下来。他把挪威作家安德列亚斯·芒奇（Andreas Munch）的悲剧《威廉·拉塞尔勋爵》翻译成了英语、德语和丹麦语。[36] 赫尔穆特讽刺道，糖的收成连支付装订费都不够。[37] 毛奇对这位"无害的、令人舒服的"[38] 约翰评价很低。但是《威廉·拉塞尔勋爵》出了好多版次。在文学界，小约翰名声大噪。不过，赫尔穆特和阿道夫仍然必须帮助古斯特维持生计。

莱娜的生计也遇到了困难。和亨丽埃特与古斯特一样，莱娜·布勒克在婚姻中也变得不幸福。她那很少的一点点财产，就是帕申的部分遗产，布勒克要求分一半。"我终于要锻炼自己，"她写信给赫尔穆特，"我要就这件事情和处理这件事情的方法再一次抑制我的感受。……因为我们没有对财产进行分割，正如你所听说的那样，我也相信，布勒克得到了我财产的一半，另外一半是我孩子们的，至少他是这样看的。……但是现在我们不说那笔让人讨厌的钱的事情了。"[39] 布勒克夫妇必须养活七个孩子——其中五个孩子是他们共同的孩子，另外两个女儿是两人在另一段婚姻中所生。有时候，莱娜没有钱去买圣诞节时需要的小东西。"你的礼物送来了，"她谢谢赫尔穆特，"就好像整个聚宝盆里的财富全部都倒在了我的身上。孩子们让我无法长时间静静地欣赏，他们大声欢呼：'赫尔穆特舅舅多么可爱，多么讨人喜欢，他总是像父亲般地照顾我们！'"[40]

赫尔穆特管理着莱娜的财产。他每季度都把自己的一笔钱用于支付她的生活费用。莱娜的长子约翰内斯（Johannis）已经在一艘往返于东亚和汉堡的商船上赚钱了。"他的身材矮小结实，有点烦人，他的手像木头一样，他的脸严肃而坚定，"母亲热情洋溢地说着，"在大家看来，他早就已经看到危险了，却没有感到胆怯。他那双深褐色的眼睛里充满了对爱情的渴望，这是他长久以来和他的亲密伴侣之间所欠缺的。"[41] 莱娜的第二个儿子恩斯特（Ernst），显然是来要钱的。毕竟，他的妈妈觉得他是一个花钱大手大脚的人。她的第三个儿子阿道夫没有通过候补文职人员考试，舅父赫尔穆特也帮不上他："如果他考试不合格，就只能一直处于下级官职中。以前对他的保护，现在已经帮不了他了。"[42]

总参谋长

1857年，参谋长赖厄去世了。他的自然继任者对于"波茨坦人"和"科布伦茨人"来说好像都是赫尔穆特·冯·毛奇。"再一次，有一个重要的职位必须被填补，"那个阴谋集团的头目利奥波特·冯·格拉赫（Leopold von Gerlach）指出，"毛奇是最佳人选。"[43]但是决定总参谋长任命的不再是国王，而是普鲁士的威廉。毛奇跟随的弗里德里希亲王的父亲代表着这位病中君主，他于1858年成为摄政王，1861年，在弗里德里希·威廉四世去世以后成为普鲁士国王威廉一世。对于威廉来说，毛奇也是"最佳"人选。

1857年10月29日，少将赫尔穆特·冯·毛奇上任就职。作为第一任"部队的总参谋长"，他主要不是在军队接受的训练，而是在军校、在总参谋部和军团里接受的训练。然而，更多的威望将会保证一个很高的军队指挥权。启蒙时代产生的东西，也影响到下一个世纪，即前线军官与参谋人员，行动果断的人和思想领袖，旧的贵族和资产阶级新贵存在矛盾。赖厄，一位村教堂唱诗班领唱的儿子，开始了他的士官生涯，后来又把许多非贵族的军官带到了总参谋部。在那里，看重的是成就和知识，鲜少看重出身。天赋是训练，尽管毛奇如此声称。许多担任教员的部队领导反而嘲笑他。后来有人说，毛奇在格拉韦洛特（Gravelotte）战役中无法拔出剑，因为剑已经锈在剑匣里了。嘲讽者闭口不谈战争图景的两个剧变，它们是由两次世界级别的革命引发的：法国大革命和工业革命。

法国大革命在军事上能存活下来要归功于1793年的大规模征兵。大规模征兵和将经济融入战争创造了近代第一支大规模的军队。革命军队通过血腥而无规则的、旨在消灭敌人的大规模进攻弥补巨大损失，不断地进行新攻势。通过外科手术式的防御策略将军事力量层层包围的所有希望似乎都破灭了。对于启蒙运动者来说，战争是祸害；法国人称赞它为神圣的民族斗争。革命者跨越了一切阻碍向"全面战争"发展的界限。同时代的人抱怨贝罗纳[①]的束缚被解除。"永恒的和平是不存在的，但是维持几个世纪的和平还是有可能的。"腓特烈大帝时代的军事作家和军官海因里希·冯·贝伦霍斯特（Heinrich von Berenhorst）预言："太阳系中从太阳数过来的三颗行星如果终于能够停止像满窝疯狗的狗窝那样，那么这个奇迹不是通过文化的进步、不是通过这个行星上不幸的居民的成熟和理解而产生，而是饥饿、瘟疫和表面的荒芜导致的。"[44]

革命者不是为了明确的政治目标而战，而是为了世界观的胜利而战。实现这一目的的方法是所有人力、经济、军事人才的任用和宣传战争的手段；革命者不关心对手的屈服，而关心道德，一段时间里也关心敌人生物学上的灭亡。"普鲁士人，"忠告者威胁说，"可以来打巴黎，但是他们进得去，出不来。"[45]拿破仑在俄国战役或者西班牙游击战争期间，军民融合，也就是旁观者和参与者之间的边界完全不存在了。战争达到了新的程度，以俄国为例，成群结队的俄国农妇出现了，"手里拿着棍子，绕着一棵砍下的松树树干跳舞，松树的两侧大约有60名赤身裸体的囚犯躺在地上，但是他们的头都枕在树干上，这些泼妇随着民族歌曲的节拍暴怒，一起哀号着，用棍子痛击，同时有几百个武装的农民作为守卫者静静地观望这可怕的狂欢"。据目击者说，被折磨的人发出了"令人心碎的哀号，不停地喊着'La mort, la mort!'[②]"。[46]

[①] 贝罗纳（Bellona），古罗马神话中的女战神。——译者注
[②] "La mort, la mort!"。法语，意思是"死亡，死亡！"——译者注

第七章　阿尔森岛

战争观念的改变

半个世纪以后，工业革命给世界带来了更致命的新式武器，从远程火炮一直到燧发枪。现在，大量军队通过铁路运输就可以更快地转移，而且可以通过电报更好地指挥。诸如此类的事，专业人士必须提前预计到，这也是普鲁士总参谋部的义务。当毛奇就职的时候，他已经负责策划游行和行动——至少在和平时期。克劳塞内克，赖厄的前任，是铁路军事用途的先驱者之一。自19世纪40年代以来，普鲁士用铁路调动部队既不是理所当然的，也不完全是非同寻常的。[47]毛奇也是紧跟着时代的脚步。但是要在部队领导中传播战争形势变化的知识是困难的，对他们来说"永远拥护国王！"这个最终结论似乎可以作为一句至理名言来使用。此外，毛奇必须听从战争部长的命令，而战争部长又处于军事内阁的阴影之下。君主的指挥权至高无上。

自集国王和军事领袖于一身的腓特烈大帝以来，霍亨索伦王朝已经在字面上理解了他们的指挥权，也把指挥权作为军事领袖的国王和军事力量之间的忠诚关系的保证。因为没有一个继承人拥有腓特烈大帝的统帅天才，总是会有一位总司令和国王一起到战场上去；这种双重领导以及双方的随从军官引起了混乱，最糟糕的是在埃尔富特的作战会议上，该会议召开于1806年普鲁士对拿破仑战争失败前夕。从那时起，军队就变得更加机动，技术和补给的条件变得困难。没有任何人能够洞察这一切。"作战会议"这个词对于毛奇这位熟悉历史的人来说，就是一件很可怕的事。他认为，只有一个顾问的一个意见可以传到国王的耳朵里。根据情况，这个顾问只能是参谋长。目前来看，只有毛奇一个人是持这一观点的。

宪政冲突

　　威廉一世国王是普鲁士的第二个士兵王。一切军事活动似乎都与他的本性有关。这同样适用于战争部长阿尔布雷希特·冯·罗恩（Albrecht von Roon）。与在总参谋部受过训练的毛奇不同，他没有接触过民族主义和自由主义，是一个保守的、呆板的波莫瑞人，他认为拥有权力和享有权利同样重要。罗恩和国王知道他们军队的弱点。每年，有兵役义务的人只有一半去了兵营。财政拮据使军队无法跟上人口增长的步伐。其他大国的军事力量在人数上都是占优势的。此外还有对战时后备军价值的怀疑。实际上，军队只是他们自己的影子。由沙恩霍斯特和博延在军队改革过程中创立的战时后备军，在与拿破仑作战时，是除了一支正规军之外另外形成的一支平民武装。但是这使他们与民兵十分相近，而民兵武装自腓特烈大帝时代以来就不怎么受普鲁士国王及其职业军官们的重视。这就是为什么罗恩的前任们忽视了战时后备军。这种不信任主要但不仅仅是基于军事方面的考虑。国王威廉也认为战时后备军在政治上是不可靠的，觉得他们的资产阶级特性比较可疑。而正规军则不同：在普鲁士的军队里，所有军官将近三分之二出身于贵族。怪不得，威廉希望战时后备军后撤，把战线扩大两倍。

　　一方面，罗恩希望通过将服役期延长至3年，并增加每年的新兵数量来实现这两个目标；另一方面，他希望把战时后备军从战场上赶到后方。"优质军队"——这就是罗恩的口号，这个口号勾勒出他的目标。专家们提出了顾虑。他们说，军队的扩大无疑是必要的，但是战时后备军的缩减与目前这个需要扩大军队规模的时代不相适应。旧普鲁士人罗恩的"品质代替规模"与国民战争的维护者们提出的"规模代替品质"之间发生了冲突。[48]赫尔穆特·冯·毛奇不必表态。威廉和罗恩并不指望总参谋长在和平时期帮忙磨剑，而是希望他能够提出在战争中使用这把宝剑的建议。

众议院在普鲁士议会里拥有预算权，一旦国防预算不够，战争部长就必须提交一份方案。但是在议会中，自由党占绝对多数。罗恩的草案失败了。第一，战时后备军代表了人民军队的自由模式。第二，大多数会员认为三年的培训会支出太多的经费。第三，他们怀疑，国王希望通过延长新兵的服役时间，真正把他们送上战场，为的是把军队当作罗马禁卫军来用。第四，国王的指挥权引起了他们的不满，因为它剥夺了军队的宪法基础。争论的核心是关于刺刀的归属问题：皇家军队还是议会军队？

前线越来越艰难。当军事内阁首脑艾德温·冯·曼特费尔已经考虑发动政变时，而威廉却在考虑辞职，以及普鲁士的议会制即将取得突破时，罗恩得以说服国王，采取最后一项紧急措施：任命俾斯麦为首相。

普鲁士派往巴黎的特使奥托·冯·俾斯麦被认为是一个最强硬的反动主义者——他好像一块红色的布，更准确地说，是一块黑白相间的布料，不仅仅是对自由党而言。毫无疑问，他也想实施军队改革，反对议会，这不是秘密。事实上，罗恩开始了他的改革工作，首相在没有得到议会同意的情况下提高了税收，用这些收入开展他的改革工作。"德国看到的不是普鲁士的自由主义，而是它的权力。"俾斯麦在议会里是这么说的。"不是通过演讲和多数人的决定，而是通过血和铁来决定这个时代的重大问题——这是1848年最大的错误。"[49]一个战斗的宣告：俾斯麦把议会推到一边，依靠普鲁士的军事力量。现在似乎需要总参谋长了。

神圣联盟破裂了，欧洲陷入了运动中。克里米亚战争把奥地利和俄国从朋友变成了敌人，在谁来继承巴尔干地区的奥斯曼帝国这个问题上存在分歧。法国也不再参与其中。波拿巴又一次发起了动乱，发动了战争，提出了战争的口号。拿破仑三世成功将欧洲政治中心从维也纳转移到巴黎。就像法国加冕的政变者一样，俾斯麦也用暴力夺取成功。威廉国王可以随时免他的职，致力于让他垮台的反对者不在少数。在当前形势下，没有人会改变立场。首相因此正在寻找政治危机。因为人们很少会让一个成功的人离职，所以俾斯麦需要不断地成功，因此，他对其手段的使用也不会挑剔。"有原则意味着，嘴里横着放一根竿子，进行一场林间赛跑。"[50]他设定的目标取决于哪个目标看起来能够得以实现。

1863年，帝国的建立还是一件遥不可及的事，这个目标绝非俾斯麦从一开始就瞄准的。他可以快速说出"民族欺诈"的话。但可以想象的是，普鲁士的权力扩张将以奥地利为代价。因为在石勒苏益格和荷尔斯泰因，大火再一次猛烈地燃烧起来。1863年11月15日，丹麦国王弗里德里希七世去世。他的继任者在艾德河丹麦人的压力之下批准了《十一月宪法》。他把石勒苏益格公国编入了整个丹麦。然而，这破坏了《伦敦协议书》，就是11年前结束对石勒苏益格和荷尔斯泰因战争的那份和平协议。与此同时，一位奥古斯滕堡家族的成员也登台亮相了：弗里德里希王储，他是克里斯蒂安·奥古斯特公爵的长子。王储提出了他这方面的要求，并宣称，他也不受这份协议的约束。"我的权力是解救你们！"[51]他呼吁德意志思想，并援引了1848年的国家基本法。

一股全国性的热情再一次涌向联盟的所有国家。支持奥古斯滕堡的协会，如雨后春笋般以百倍速度遍地开花。集会、请愿、呼吁捐款和报纸文章——民族主义者到处都要求宣告成立"石勒苏益格-荷尔斯泰因公国"。出于自治的愿望，出台了一整套的方案。[52]

大德意志人和小德意志人，自由主义者和民主党人，奥古斯滕堡甚至德意志中等强国的诸侯们突然都团结起来。真正的民主党人台奥多尔·施笃姆（Theodor Storm）赞美了这场"神圣的战争"和旧的"石勒苏益格的坟墓"：[53]

> 没有花环，也没有十字架，杂草丛生；
> 在伊德施泰特死去的人召唤着，
> 他们睡在这里，德意志的荣誉也睡在这里
> 十三年了，这些人已经死了十三年了。
>
> 醒醒，你们这些骑兵！抖落身上的沙子，
> 再一次跨上这些倒下的骏马！
> 爆炸，爆炸，你们这些猎手！为了祖国
> 再送一束花！我们需要男人，男人！

"啤酒屋热情"[54]让俾斯麦完全冷静下来。他站在国际法的立场上，拒绝了奥古斯滕堡公爵的要求，直截了当地提出要求，尊重协议书。作为担保人，英国和俄罗斯无法反驳他。两个国家保持中立。维也纳政府发现自己又突然站在了老对手一边。它统治着一个多民族的国家，必须打压民族思潮，以此来支持普鲁士。德意志邦联决定了一项《军事实施案》。丹麦的武装部队也在备战。

1864 年的战争

在全国人民最兴奋的时刻，一位来自哥本哈根的客人来到了位于贝伦大街 66 号的总参谋部大楼。将军凯·冯·黑格尔曼-林登克

罗内,"黑格尔曼家族成员"中最年轻的一位,在前往彼得堡的路上拜访了他在军校当学员时期的朋友。离勃兰登堡门不远的总参谋部大楼是一座雄伟的宫殿,也是毛奇夫妇的住所。在凯·黑格尔曼逗留期间,气氛依然是缓和的。当这位丹麦将军转身要走的时候,普鲁士的总参谋长陪着他下楼来到门厅。"他在那里问我,"黑格尔曼说,"如果我们的高级统治者对彼此不满,我们的旧日友谊是否应该结束。我回答说,在任何情况下,我们对彼此的个人感情都是一样的,虽然我们在某些情况下,例如在前面提到的外界情况下有分歧。"[55] 赫尔穆特深知阿道夫、路易斯和弗里茨所面临的困难,他对他出身的这个国家的战争前景深感忧虑。

荷尔斯泰因的大多数官员拒绝宣誓效忠丹麦的新国王。另有些人宣誓效忠,却逃到了日德兰半岛或者丹麦群岛上。还有些人选择了最困难的一条路,他们宣誓效忠克里斯蒂安九世,但是尽管在任期间有反丹麦情绪——兰曹行政官的犹豫不决是可以理解的。驳斥者想要派他们中的一个人去兰曹,为的是把阿道夫·冯·毛奇也拉入到民族自由主义的阵营里。最后选出来的是保罗·亨里奇(Paul Henrici),他是来自格吕克斯塔特的一位前同事。但是亨里奇不喜欢"在这类事情上把建议强加给一个我一向仰慕的人……"[56]

最后,亨里奇留在了格吕克斯塔特。阿道夫·冯·毛奇宣了誓,即刻便不得不忍受一种"邪恶的恐怖主义"[57] 的折磨。赫尔穆特在柏林给他的兄弟提供了避难之处,并建议他以健康原因离开。事实上,阿道夫的肺部疼痛越来越严重了。赫尔穆特几乎承担了所有的费用,在他的催逼下,阿道夫与奥古斯特一起在马德拉群岛(Madeira)上享受了一年的休假。古斯特·伯特和欧内斯廷·冯·阿尔托纳(Ernestine von Altona)一起搬去了兰曹的"田园小屋",为的是照顾家里的事和孩子们。在马德拉群岛的一年时间里，阿道夫感觉自己的身体看上去强壮了；不管怎样，他仍然留在了兰曹。[58] 路易斯·毛奇，位于拉策堡的劳恩堡政府的第二位顾问，同样坚持待了下来，虽然他也公开宣了誓。来自于特森的牧师布勒克担任荷尔斯泰因等级代表大会的代表。国王弗里德里希七世死后，布勒克立刻就辞了职，他可能更支持奥古斯滕堡。[59] 与之相反，弗伦斯堡的邮政局长弗里茨·毛奇向丹麦新的君主表明了忠诚。

1863年平安夜的前一天，来自萨克森和汉诺威的军队越过了与荷尔斯泰因公国之间的边境。所有的丹麦武装力量都撤退到了位于石勒苏益格城附近长达15公里的防御设施——丹麦防线的后面。在荷尔斯泰因和劳恩堡，两名专员以联盟政府的名义进行强制管理。[60] 一个由知名人士组成的委员会为奥古斯滕堡的搬入做准备，其中就有亨里奇。有人建议说，应该暴力驱逐宣誓的人。亨里奇提倡适度，却是徒劳的。"无论是多么令人遗憾，像侍从官冯·毛奇这样一位受人尊敬的高级官员，可能会第一个受到这一措施的影响……"[61]

两万人口，主要是平民，12月27日已经在距离兰曹只有一箭之遥的埃尔姆斯霍恩（Elmshorn）集合，为的是宣布奥古斯滕堡为"石勒苏益格-荷尔斯泰因的公爵"。三天后，"弗里德里希八世"宣布，从现在起，由他在基尔执政。在埃尔姆斯霍恩，对所有宣誓的人进行驱逐的申请没有得到多数人的支持。人们对混乱、"第四等级"、工人们和社会革命的恐惧太深了。但是，报纸依然在兴风作浪。汉堡的出版社印制了请愿书，签字人要求"撤换""维护丹麦利益的侍从官兰曹的毛奇"。[62] 愤怒的常去做礼拜的教徒向石勒苏益格-荷尔斯泰因的报纸爆料，毛奇假托公务繁忙，"为了不必在普通的祈祷日参加牧师哈尔德（Harder）和加特豪森（Gardthausen）肃穆的演讲"。[63] 这两位牧师向民众布道，宣传德意志的民族主义思想。次年1月底，普鲁士军队进驻荷尔斯泰因的时候，局势不断地恶化，民众对普鲁士军队的到来非常冷淡。"哦，我有多恨这些乌合之众！"[64] 表示怀疑的不只有台奥多尔·施笃姆。但是对阿道夫来说，最艰难的日子已经过去了。来自普鲁士的新的文职专员宣布："通过人民，保护忠诚的官员免遭威胁和驱逐。"[65]

但是接下来会怎么样呢？赫尔穆特·冯·毛奇成了驱动力。总参谋长敦促俾斯麦，以军事理由促使两个公国合并。毛奇说，一个新的、独立的公国必定会成为哈布斯堡王朝的附庸。它在普鲁士北侧撕开了一个口子。但是俾斯麦知道，任何单独行动都很危险。大国，尤其是奥地利，不会袖手旁观。所以俾斯麦就拉上维也纳外交部长冯·雷希贝格（Rechberg）跟他同舟共济。双方达成了一个"占领承诺"：共同征服石勒苏益格公国。[66] 双方军队都把行动限制在石勒苏益格地区。俾斯麦和雷希贝格想由此避免其他大国的干预。他们发出的在48小时内废除《十一月宪法》的最后通牒期限一到，奥地利和普鲁士的军队就会单方面越过艾德河。防御者必须早点撤离丹麦防线。38000名士兵在天寒地冻中撤退，在丹麦引起了冲击波。[67] 指挥官被撤职，其他人被撤换，例如凯·冯·黑格尔曼-林登克罗内将军，他现在领导着日德兰半岛上的丹麦军队。总参谋长赫尔穆特·冯·毛奇不在这些部队里。国王让毛奇留在柏林。但是现在，当敌人撤退到弗雷德里西亚（Fredericia）要塞里、杜佩尔（Düppel）城墙的后面和阿尔森岛（Alsen）上的时候，一种不安的感觉在普鲁士的领导层蔓延开来。毛奇被召回弗伦斯堡的司令部。

第七章 阿尔森岛

停 战

赫尔穆特在峡湾还遇到了弗里茨和贝蒂,他们结婚已经30年了,没有孩子。这位邮政局长每天都在经历敌对行为。"可怜的弗里茨,"赫尔穆特的信里是这样写的,"已经变得相当衰老了。我也同样变得衰老了。"[68] 在旧墓地,讲德语的人破坏了"伊德施泰特的狮子"。这座由雕塑家赫尔曼·比森(Hermann Bissen)创作的纪念碑,是为了庆祝这场战斗胜利建立的,展示的是丹麦国徽上的动物,四米高,自豪地望向南面。1859年,丹麦岛和石勒苏益格北部的很多人都在为这只狮子募捐,其中也包括伊德施泰特附近的指挥官丹麦的毛奇中将以及凯·冯·黑格尔曼-林登克罗内。[69] 提倡打破旧习的人们虽然能把铜狮子的头砍掉,却不能把它的躯干从基座上推倒。盟军总司令陆军元帅弗兰格尔禁止进一步进攻。赫尔穆特请求陆军元帅,也要保护弗里茨·毛奇。"弗兰格尔揽着他,和他一起穿过城市……"[70] 总的来说,总参谋长现在站在弱者一边。"我正在努力确保,讲丹麦语的石勒苏益格人不会遭受不公平的事情,而且所有人都能得到保护。"[71]

亨利·伯特在弗伦斯堡也是皇家普鲁士军队的一名少尉。他从学校时代就已经熟识这座峡湾城市了。乡绅伯特死后,他搬到弗里茨和贝蒂那里,对唱歌的热情超过了对学业的热情,于是在高中毕业之前,他退学,在柏林通过了候补军官考试,在赫尔穆特的建议下,进入了明登(Minden)的一个步兵团,在不到一年的时间里,升任少尉军衔。谈到亨利的军事生涯,玛丽·毛奇表现得很内行。"在第15军团,"她写信给赫尔穆特,"据说有两个年轻人因为那里人太多而被拒之门外。第25军团又是不值得推荐的。……还是让他去当狙击射手吧,这样一来,他和人打交道也比较方便。"[72] 赫尔穆特在柏林让亨利的贵族身份得到认可。几个月来，这位少尉和古斯特一直都被称为"冯·伯特"。[73] 自战争开始以来，古斯特就担心她儿子的生命。亨利没有做什么可以让他的母亲放心的事情。"我亲爱的亨利！"舅父赫尔穆特提醒道，"从给你附寄的信里，你会看出，你的母亲很担心你。……你只要寄封信，并用铅笔在上面写上'一切都好'。"毛奇在弗兰格尔那里举荐了亨利，他指出，这个少尉会说丹麦语——"也许需要有人执行一些特殊任务"。[74]

总参谋长从战略上建议，绕道杜佩尔左侧，朝着日德兰半岛上的黑格尔曼进军。毛奇不知道把作战行动限制在石勒苏益格的指令，这让弗兰格尔怀疑这是一个非政府的行动号召，因此他没有更细致地询问毛奇，便命军队占领了科灵（Kolding）——最近的一座日德兰半岛上的城市，最后甚至无视柏林要求他撤回军队的命令。俾斯麦要求将弗兰格尔免职，毛奇回到了首都。应罗恩的要求，总参谋长从此以后偶尔会奉命向国王报告。[75] 情况一直是如此：毛奇是反对向杜佩尔战壕发起冲锋的。他警告说，与其不必要地流血，不如在登陆丹麦岛之前，消灭日德兰半岛上黑格尔曼的武装力量。但首相赞成攻击杜佩尔。俾斯麦解释说，战争必须迅速结束，以避免来自英国和俄罗斯的干涉。军阀追随俾斯麦，而不是毛奇。国王威廉把进军日德兰半岛变成一次附属行动，他宣布占领杜佩尔是主要目标。让毛奇满意的是，伯特少尉在日德兰半岛上出了风头。国王授予亨利红鹰勋章。"对于你这样一个年轻的军官来说，这具有双重价值，"毛奇异乎寻常兴奋地称赞道，"你的母亲对此该有多么骄傲，多么快乐！你去告诉冯·德尔·戈尔茨（von der Goltz）中校，我很感激他把你照顾得那么好，给你提供了这么好的证明你自己的机会。"[76]

总参谋长在柏林写信的时候，军队已经为攻克杜佩尔的战壕付出了高昂代价，所有幸存下来的丹麦人都从杜佩尔这边撤回到阿尔

第七章　阿尔森岛　　167

森岛。奥地利人和普鲁士人几乎占领了整个日德兰半岛。但是因为阿尔森岛上的武装力量威胁着盟军的背面，黑格尔曼的军队可以控制半岛上的一些地区。1864年5月9日，一次停战中断了作战行动。再一次回到司令部的赫尔穆特·冯·毛奇没有被邀请参加杜佩尔战场上的胜利阅兵式。

在柏林，玛丽照顾受伤的士兵，然后去荷尔斯泰因东部西斯马尔（Cismar）的妮特家里住了几个星期。丹麦中级行政官凯·布罗克多夫也在那里。1857年，乡绅伯特去世以后，布罗克多夫努力想在塞格贝格（Segeberg）寻找一个行政官员的职位，但是最终在村庄一样的西斯马尔落脚。[77]玛丽也在石勒苏益格见到了她的丈夫。和赫尔穆特一起，她参观了普鲁士的一个宿营地。当士兵们认出将军的制服时，欢呼声响起。这对她来说是不是一个振奋人心的时刻，有人后来从玛丽那里获悉了答案。"不，这不是真的，那一刻我在士兵面前感到惭愧；我很抱歉，士兵们看到毛奇结婚了；军官必须是自由的，我认为，由于这个原因他不能结婚。"[78]这正是腓特烈大帝的观点。涉及婚姻，玛丽对腓特烈的崇拜显然有了限度。

在长街上，赫尔穆特第一次看到了这座山墙向街的小房子，27年以前，他的母亲在这里去世了。现在那里住着一位美术老师，他带着毛奇参观了公寓。"天花板太低了，我的手都够得到，除此之外都很舒适、整洁。新的教堂墓地里的坟墓保存得很好，由于没有碑文，我在铸铁厂定做了一块牌匾，这块牌子可以铆合在栅栏上。"[79]美术老师留给他一张这幢房子的水彩画。[80]在家庭事务上，毛奇并不总是有着普鲁士人的理智。

攻克杜佩尔之后，阿道夫写了辞职申请书。在兰曹，人们的情绪对他来说似乎中毒太深。在拉策堡，路易斯的上司，地方官冯·卡多夫（von Kardorff）去世了。阿道夫希望能接替他的职位或者得到一笔养老金。[81] 现在，他普鲁士的兄长帮上忙了。赫尔穆特和阿道夫决定，给俾斯麦写信。阿道夫就荷尔斯泰因和石勒苏益格官员的情况写了一份纪要。总参谋长写了一封随寄信件，强调了阿道夫对丹麦国王的忠诚。"我认为我应该这样做，"赫尔穆特说，"为的是说明撰写者忠诚和保守的立场，关于此人，我只是顺带说一句，他是我的兄弟。"[82] 阿道夫在他给俾斯麦的纪要中解释说，所有宣誓的人都会受到"他们资产阶级地位和家庭物质毁灭的威胁"。[83] 首相承诺会给予支持。[84] 但不是所有"丹麦的"官员都能留任。

占领阿尔森岛

停战将于6月结束。毛奇制订了征服阿尔森岛的计划。国王通过曼特费尔（Manteuffel）获悉了具体内容，威廉批准了这次作战行动。国王把这项行动的执行权委托给了他的总参谋长。1864年6月29日，凌晨2点，第一波攻击席卷了索特鲁普斯科夫（Sottrupskov）的阿尔森海峡，共有2500名士兵乘坐600艘船。亨利·冯·伯特是萨特普鲁-霍尔茨（Satrup-Holz）的一位副官，这里也是宣誓的地点，他把入侵的开始通知了弗兰格尔的继任者普鲁士的弗里德里希·卡尔（Friedrich Karl）亲王。"第一次报告是由伯特少尉带来的，三支小队已经乘船转移。"[85] 然后，亨利就骑着马回来了，并带来了第二波攻击。在一个占领了的杜佩尔战壕里，赫尔穆特观察着周边的场景：摆渡的船，丹麦人的防御活力，普鲁士炮兵的回应，丹麦装甲战舰"罗尔夫·克拉克号"的隆隆声。5点半的时候，一切都结束了。"征服了阿尔森岛，亨利和我身体都很好，向兰曹汇报情况。"[86] 他给他的妻子发电报。丹麦损失了3148

名，普鲁士损失了372名士兵。现在，在征服整个日德兰的道路上已经没有什么阻碍了。"我们本想去攻击黑格尔曼，但是他坐船出访去了，逃过了我们的攻击。"[87]赫尔穆特说，也许他也松了一口气。在哥本哈根，失望开始蔓延开来。"不惜一切代价实现和平"，是对杜佩尔和阿尔森的口号。旧的政府下台，新的政府请求休战。关于和平的谈判在维也纳开始。

总参谋长同情"可怜的小丹麦"。[88]赫尔穆特住在弗伦斯堡的弗里茨和贝蒂那里。"因为我们双方都避开政治不谈，所以一切进展顺利。"[89]许多丹麦人离开了这座城市。"现在最后一个和他们交好的家庭也搬到了哥本哈根，"赫尔穆特遗憾地写道，"这两位老人可以整个冬天一起玩扑克牌了。"[90]之后，贝蒂生病了。10月27日，在经过了好多个漫长的不眠之夜后，她得到了些许安宁，看上去似乎如此。"她在弗里茨的怀里入睡。因为害怕吵醒她，他可能已经在那里坐了几个小时了，将近8点的时候，他来找我，说：'我不知道，贝蒂是睡着了还是死了！'"[91]为了帮助这位鳏夫，古斯特还有欧内斯廷匆匆赶来，欧内斯廷已经结婚了，嫁给了一个几乎一贫如洗的来自挪威的名叫克努德森（Knudson）的老师。"这个家庭里的事务，"赫尔穆特说，"由古斯特和欧内斯廷操持着，所以我也希望，现在总算可以休息一下了。"[92]两周以后，11月15日，有消息传来，小约翰于前一天在哥本哈根突然去世了。"到目前为止，人们能得到的唯一安慰是，可怜的约翰去世前，病床边上有很多人照顾着他。……我请求他，"赫尔穆特抱怨道，"原谅我对他做出的一些严厉和不友好的评价。当人们这样站在一个人的坟墓前，都会为他感到难过，但为时已晚。"[93]

伯特少尉通过了他在军官学校的考试，被调往柏林，接受了在公国拍摄地形照片的任务，但最重要的是了解民众的情绪。赫尔穆特把他从斯坦布尔带回来的测量台送给了他。"你们的特殊培训，"他建议，"我不熟悉，但是我认为，少说话，多听，眼睛睁大……好吧，再见，我的老男孩，把你自己的事做好。"[94]

路易斯在拉策堡有了一个新的上级，联盟专员任命了冯·基尔曼西格（Kielmannsegge）伯爵为第一任行政专员。在绅士大街上的当地政府，基尔曼西格、路易斯·冯·毛奇和林斯托（Linstow）三任行政专员必须对劳恩堡公国所有办公部门、法院和市政府对诉讼费的混乱计算提出意见。[95]

兰曹的阿道夫在适应和拒绝之间左右摇摆。通过亨里奇的介绍，他见到了奥古斯滕堡，表示愿意为他效劳。[96]他向赫尔穆特承认，他正在考虑离开。总参谋长建议，这种申请的提出不应该基于政治原因，而应该基于健康原因。否则，阿道夫可能会失去养老金，这个结果是"你的经济状况不允许你不考虑的"。[97]阿道夫现在养着六个孩子：威廉17岁，赫尔穆特16岁，玛丽15岁，弗里德里希11岁，路德维希9岁和露易丝8岁。弗里德里克几年前就去世了。在兰曹湖的宫殿岛上，孩子们由家庭教师授课，其中就有神学家卡尔·朔巴赫（Karl Schaubach），后来成为威廉二世皇帝的宫廷牧师。阿道夫不雇用任何民主党人或者自由主义者，"他们囿于政治激情的狭隘，不管怎样，我都要保护我的孩子们不受其影响"。[98]

孩子们似乎经历了一个无忧无虑的时代。几十年后，那个被叫作"赫利"（Helly）的小赫尔穆特造访兰曹的时候，他就迷上了这里："在这一小片土地上，有着怎样的青春魔力。……那是一段美好的时光，我们所有人都应该庆幸这段时光就在我们面前，没有任何不和谐的声音。"[99]赫利品尝着格拉文施泰因的苹果，唤起了他对那棵树的记忆，"那棵树矗立在兰曹的家边上，是我们男孩对苹果渴望的理想之所在"。[100] 赫利——伯父赫尔穆特的教子、"好孩子"[101] 和最喜欢的侄子——拜访了阿尔托纳的基督教会,并推动了一项军事进程。最年长的孩子威廉在阿尔托纳马上就要高中毕业考试了,但他和他父亲一样,肺不太好。伯父赫尔穆特操心着这件事,想把威廉换到威斯巴登(Wiesbaden)的一所高级中学里,那里的气氛比较温和。这位将军试着劝阻他的侄子打消对当兵的偏爱。"拥有在大学的学习能力和经济能力——在可以预见的未来几年里肯定有这可能,平民职业生涯的前景一定会远远好过从军生涯。"[102]

威廉和赫利的所有兄弟姐妹仍然生活在兰曹湖的岛上。弗里德里希是这位邮政局长最喜爱的人,是弗里茨的教子。"他真是一个心地善良、正派、听话和勤奋的男孩,我们一天天地越来越喜欢他。"弗里茨开心地说着,那时这个男孩在弗伦斯堡度过了一段时间。但是弗里德里希也体弱多病。这个孩子变得"越来越爱交际,越来越爱说话,爱开玩笑,也爱笑,简而言之,他肯定会给我们带来快乐的——如果他身体健康的话"。[103] 对于这位邮政局长来说,弗里德里希一生都是"心地善良的弗里茨"。[104] 小约翰也喜欢小弗里德里希,他希望"学习科学能让他尽可能少地挨打"。[105]

维也纳和约

1864年10月30日,丹麦、奥地利和普鲁士缔结了《维也纳和约》。国王克里斯蒂安九世失去了在石勒苏益格、荷尔斯泰因和劳恩堡公国的所有权力。历经400年,丹麦的整体国家结束了。奥古斯滕堡人空手而归。一个"共管之地"取代了"石勒苏益格-荷尔斯泰因公国":奥地利和普鲁士共同管理这些公国,凌驾于民众之上。现在,一位普鲁士的地方最高长官在石勒苏益格执政,在荷尔斯泰因执政的是一位奥地利的地方行政长官。这些公国的最终命运仍然悬而未决。奥地利把劳恩堡的所有权力以250万塔勒的价格转让给了普鲁士。[106] 路易斯宣誓效忠劳恩堡的新公爵、普鲁士国王威廉。连奥托·冯·俾斯麦都亲自操心位于柏林劳恩堡事务部的事情。他把劳恩堡的购买成本转嫁给劳恩堡。"普鲁士一定会成为永恒的不可分割的整体。"[107] 俾斯麦悄悄地预言。

就战争图景的发展而言，有两点可以让人们有希望回到为军事力量筑篱的状况：政治高于军事和军队非国有化。俾斯麦成功地让作战适应他的外交目标。盟国已经放弃了自由党人的媒体一直要求的使用民兵。毛奇也不想和民族主义者，甚至和民主党人开战。此外，无论是总参谋长还是奥地利的军队统帅，都没有率领全部兵力进入战场与"可怜的小丹麦"战斗过。与自由战争相比，损失算少的。又一次让贝罗纳俯首帖耳了？很明显俾斯麦已经割断了民族运动，给了它当头一棒，胜利地超了过去。行动的法则再次掌握在政府手中。

普鲁士军队赢得了声望，它的总参谋长也是。国王现在命令毛奇更为经常地做报告。甚至在家庭事务方面，威廉也会向他征求意见，比如为威廉王子挑选军事教育家，这位威廉王子就是未来的国王威廉二世。[108] 大多数自由主义者既没有把这一场战役当成民族战争，也没有把这场战役当成德国统一的胜利来庆祝。相反，他们把整个事件看作反民族力量的警察行动。[109] 事实上，杜佩尔战役和阿尔森之战绝非为了实现德国统一发动的战争，而是为了旨在扩大普鲁士势力的内阁战争。但是不确定性在增长。在短短的六个月内，俾斯麦和毛奇的士兵们取得了20年来民族运动未能取得的成就：两个公国从丹麦这个整体国家分离出去。首相没收了民族性的物件，他让人把伊德施泰特的狮子装在箱子里运走。从现在起，这只狮子要守护柏林军械库了。

第八章
两场战争

——创建民族国家

克尼希格雷茨战役

一个可怕的景象：对面，非常近的地方，紧挨着一条通往克尼希格雷茨的公路，成千上万的人从霍拉森林（Hola-Wald）里摇摇摆摆地走出来，努力向着西面走去。他们失去了部分知觉，穿着破制服，伤口也没有包扎。从罗斯科斯山（Roskosberg）开始，毛奇、俾斯麦、国王和弗里德里希·卡尔王子几乎就能分辨出逃兵的面孔了。士兵们受苦受难已经四个小时之久。手榴弹和炮弹仍然向森林里纷纷落下，把树干和树枝炸成碎片，炸死或炸伤了很多在霍拉森林里坚守阵地的人。地上到处都是尸体，没有任何保护措施，似乎早就超出了人可以忍受的极限。国王给他的马用上了马刺。他训斥着从霍拉森林里逃出来的人："我会再一次派你们上前线的，坚持下来，像个勇敢的普鲁士人！"[1]——一个颇为尴尬的登场。威廉的神经紧张到快要崩溃了。

左边过去稍微远一点的地方，普鲁士人和奥地利人在斯维普森林（Swiep-Wald）里也经历着类似的恐怖。从那里飞奔到罗斯科斯山的副官们报告说损失惨重。在霍拉森林和斯维普森林的后面，在兰根霍夫（Langenhof）、利帕（Lipa）和克伦姆（Chlum）的高处，可以看到200门大炮发射时产生的火光。奥地利的将领、炮兵司令官路德维希·冯·贝内德克（Ludwig von Benedek）已经精疲力尽了。他的炮兵分队燃起了一场史无前例的大火。罗斯科斯山上没有人有过类似的经历，毛奇在尼济普没有经历过，弗里德里希·卡尔在杜佩尔也没有经历过。王子弗里德里希·卡尔是第一军的总司令，刚在所有人面前流了血。这时如果有人在罗斯科斯山战场拿着望远镜扫视，从北部的贝纳泰克（Benatek）一直看到南部的斯特雷塞提茨（Stresetitz），他大概会以为，一场冬季的风暴正在这里肆虐——硝烟正吹过山坡、丘陵和山谷。

这时是夏天，1866年7月3日，一个阴雨连绵有雾的日子。背后是火光中的小村庄萨多瓦（Sadowa）。在其前方，比斯特里察（Bistritz）的另一边，将近50万人还在战斗——参战人数超过了1813年的莱比锡"大会战"。[2]"毛奇，毛奇，"国王喃喃地说，"我们会输掉这场战斗。"——"陛下不仅能赢得今天这次战斗，而且能赢得这场战役。"[3]总参谋长回答道。俾斯麦相信他，"冷静得透心。"[4]首相身穿一件战时后备军少校的制服，非常紧张，他将一个雪茄盒递给毛奇。总参谋长仔细挑选出最好的那支雪茄，俾斯麦认为，这是一个令人安心的信号。

将近12点30分的时候，俾斯麦拿起他的双筒望远镜望向一些看起来像一排树的东西。毫无疑问，这排树正在移动。朝着它们的方向，向北，奥地利的大炮在开火。俾斯麦把双筒望远镜递给毛奇。总参谋长观察了整件事，然后策马来到君主面前。"这次战斗胜负已定，确切说是向着最有利的方向。"这是什么意思，国王怒吼着，霍拉森林和斯维普森林就在眼前。最好先解决掉山下那些地方的困境。"不，"毛奇回答，"我们一定会取得完美的胜利的。维也纳已经在陛下您的脚下了。"⁵ 总参谋长知道，这"一排排的树"是弗里德里希王储领导下的第二军的精锐部队。在罗斯科斯山上，所有人都异常急切地等待第二军的介入。王储的军队终于冲入敌军侧翼。尽管如此，毛奇的预言还是大胆的。对毛奇的传说将这个预言作为数学计算的结果来加以神化。事实上，第一军仍有崩溃的危险。如果国王威廉，这位最高军事领袖失去了镇静，那么他的臣仆，总参谋长也会失败。因此，毛奇必须安抚、保证、解释、承诺。事实上，威廉并没有当逃兵。

但是才过去三个小时，在克伦姆被第二军团的近卫军占领以后，这场战斗的胜负就真的决定了。毛奇去了战场。"在一些地方，田野里布满了人和马的尸体。步枪、背包、外套……到处都是。受伤的人伤势很严重，没有人能帮忙。一位军官恳求我们，开枪打死他。抬担架的人不停地工作，但是肢体残缺不全的人数量太多了。"⁶ 是什么样的负担让他心情沉重，尽管外表冷漠，毛奇后来如是透露："一个战败的将军！哦，哪怕多少能想象出一丁点儿这到底意味着什么！在奥地利司令部克尼希格雷茨的晚上——我只要去想象一下——像贝内德克这样一个勇敢、能干且当之无愧的将军！"⁷ 毛奇的胜利改变了欧洲。政治上也没有什么和以前一样了。

"1866年的战争，"毛奇回忆说，"不是因自身受到威胁而进行的自卫，也不是由公众舆论和人民的声音挑起的，而是内阁认定的一场有必要发生的、蓄谋已久的、悄悄准备的战争。不是为了夺取土地、扩张领土或物质利益，而是为了某种理想的财富——为了实力地位。战败的奥地利未被索要一寸土地，但是它必须放弃在德国的霸权。"⁸ 这话说得开诚布公又很贴切。这场为期七周的战役被认为是一场"工业化的内阁战争",不是迫于压力,而是违背民意、在工业化的条件下发动的。大量人员乘坐火车到达作战地区,他们是被那里的指挥官通过电报调度来的,除了这些人以外,华伦斯坦的军队看上去人数很少。工业制造的新武器通过了测试:铸钢炮筒内有膛线的火炮和步兵的后膛枪,也就是普鲁士撞针式步枪。前者比滑膛炮射击更精准,后者比任何一把前膛枪都要快。此外,撞针式步枪也可以趴着射击。这样枪手就更容易隐藏。

但是,铸钢炮筒、后膛枪和工业的发展,对克尼希格雷茨战役的重要性不及军事文化。[9]战争开始时,威廉国王已将所有行动的责任移交给了总参谋长。[10]就这样,毛奇和部队参谋部在战争期间接管了"大脑"和"神经中枢"的角色。贝内德克的军队不能提供任何具有可比性的东西。[11]由于普鲁士参谋部这一新的重要性,他们的上司收获了几十年发展的成果。

毛奇不是现代总参谋部的创造者,而是它的完成者。但是作为所有行动的负责人,他也实施了一些独特的举措。几乎所有专家都认为他的"集中向前"策略是高风险的。毛奇摒弃了关于"内线"优势的原理,他不相信在战前召集所有部队的必要性。为了加快前进的速度,他把军队在"外线"即一条长约300公里的弧线上分为三支部队,到了战场才把它们集中起来——进一步来说是通过集中运动进行围攻。"小型"部队更容易提供给养,行动更快;前提是,有一个像总参谋部这样的机构制订计划和调控电报、公路和铁路间的共同协作。但是也有缺点。当一个军团由于意外或者被敌人袭击而偏离行军方向的时候,计划就会失灵。还有一种危险,那就是敌军会集中优势兵力各个击破单个部队。

相反,贝内德克依靠的是久经考验的策略,依靠"内线"的优势——通讯渠道短,后备力量投入迅速,可以逐个击败敌军。因此，在克尼希格雷茨战役时，决策会影响最终的结果。毛奇虽犯了错误，甚至是严重的错误，[12] 但是他犯的错误比对手少。这就决定了胜负——并非是唯一因素，不过是主要因素。此外，西里西亚和卢萨蒂亚（Lausitz）有着比波希米亚（Böhmen）更为密集的铁路网，让毛奇能够更快地把部队转移到作战地区。因为奥地利人知道这一点，所以他们先发出了战时动员。这样的军备为俾斯麦提供了一个战争借口，可以应对欧洲列强、普鲁士公众和他自己的国王。因此，1866年战役的前期事件首次揭示了外交和军事逻辑之间的相互作用，也对下个世纪的欧洲历史产生了影响。[13]

战争源于奥地利和普鲁士之间旧的矛盾，起因于石勒苏益格和荷尔斯泰因的争议。俾斯麦想把战利品合并到普鲁士，雷希贝格则希望建立一个独立的公国。毛奇提议，询问邦国自己的意见。第一个问题是："德意志还是丹麦？"对那些选择了"德意志"的人又提了第二个问题："奥古斯滕堡还是普鲁士？""大地主和高级的行政官员中的许多人现在都倾向后者。"[14] 但是雷希贝格对此不感兴趣。谁若像俾斯麦一样，想把这两个公国划归普鲁士，但又不想对奥地利进行补偿，就不得不把君主国的命运交到军队手中。这也让俾斯麦担心。

大多数旁观者预计奥地利皇室会取得胜利，尤其是萨克森和汉诺威政府。他们与哈布斯堡家族结成同盟。毛奇倾向于德意志国族，把战争视为同室操戈。但是，战斗决定一经做出，总参谋长便完全振奋起来。"1866年6月的一个夜里，"俾斯麦说，"我邀请他来见我，想弄清楚，军队是否会提早24小时开拔，他给我的回答是肯定的，并且因战争的加速而兴奋。当他迈着灵活的步伐离开我妻子的沙龙时，到了门口又掉转头，严肃地问我：'您知道，萨克森人炸毁了德累斯顿大桥吗？'看着我惊讶和惋惜的表情，他说："不过是用水，因为有灰尘。'①"15

毛奇这场胜仗把奥地利从德国驱逐了出去。维也纳政府更加迫切地需要缓和国内的紧张局势。《奥匈和平协议》（1867）把这个多民族的国家划分为权利平等的两部分。皇帝弗朗兹·约瑟夫（Franz Joseph），彼时也是匈牙利的国王，同意解散德意志邦联。石勒苏益格、荷尔斯泰因、汉诺威、黑森选侯国（Kurhessen）、拿骚和自由城市美因河畔的法兰克福成为普鲁士的省。霍亨索伦王族的国土扩充到历史上最大疆域范围。萨克森从此以后就是"北德意志邦联"的一员。俾斯麦把22个德意志国家和3个美因河以北的自由城市，也就是汉堡、不来梅和吕贝克联合成了一个邦联国家。俾斯麦本人则担任"邦联首相"。除了代表所有邦联国家的"邦国议会"，也就是原来的政府机构以外，一个"帝国议会"也参与了立法。其成员不是根据三级制，而是根据普遍的和平等的男性选举权选举出来的。北德意志邦联和帝国议会是俾斯麦向民族主义者支付的部分对价。

在克尼希格雷茨战役之前，最初那些军事上的胜利已经产生了惊人的结果。因此，纳霍特（Nachod）胜利的消息引起了爱国热情的爆发。俾斯麦，无论出现在柏林还是别的什么地方，都会有一群欢呼着的人围着他——他任职期间还是第一次。市民们写给国王的信件铺天盖地，在信中表达了对国王的忠诚和好感。这已经预示了民族运动的分裂，而它实际上是在克尼希格雷茨战役之后才出现

---

① 这里使用了文字游戏，"萨克森人炸毁了德累斯顿大桥吗"中，"炸毁"所用的"sprengen"一词还有另一个意思"洒水"，因此有了下句的"不过是用水，因为有灰尘"。——译者注

的。[16] 许多自由主义者现在将这位"冲突首相"视为一位伟大的政治家。俾斯麦承认违反了宪法，随后获得了议会对预算的批准。在邦国议会上支持这位首相的那群自由党人组成了民族自由党，主要是得到了实业家、银行家和信仰新教的文化市民的支持。那些把自由放在统一之上的人们聚集起来，成立了德意志进步党，他们在帝国议会中是较弱的党派。就这样，毛奇的这场胜仗在内部也起到了颠覆性的作用。43年以前，自从资产阶级的反对党在汉巴赫（Hambach）集会上提出人民政权和民族统一的要求以来，普鲁士被视为反动势力的一个避难所。克尼希格雷茨战役克服了许多自由主义者对军事君主政体的反感。

这场战斗使毛奇成为名人。例如，在一次西里西亚之行中，到处都充满了热情。"到目前为止，这次旅行是一场持续的欢呼，"他给他的妻子写信说，"所有的教堂塔楼都在我们要去的地方挂上了旗子，周围的栏杆上都是鲜花和冷杉树的嫩枝。在帕特施考（Patschkau），整座城市灯火通明，古老的塔楼被五颜六色柔和而静谧的光照亮。有一个地方挂着我真人大小的肖像画，使用的是透明画法；另有一个地方是铭文：'谁制订了作战计划，就要把它执行到底，毛奇做得很好。'"[17] 国王威廉授予他黑鹰勋章，这是普鲁士的最高荣誉，任命毛奇为格奈泽瑙以前指挥过的一个军团的统帅，并送给这位总参谋长20万塔勒。在柏林火车站，玛丽兴高采烈地迎接丈夫从波希米亚回来。"这么快的战役是闻所未闻的，"毛奇写信给他的堂兄弟，"刚过去五个星期，我们就回到了柏林。"[18]

"毫无疑问，土地所有权决定了一个家庭何去何从。从这个意义上来说，本家族最古老的脉系失去故乡已经差不多一百年了。"[19] 毛奇在他的《家族简史》中解释道。由于国王的馈赠，赫尔穆特可以寻求一个新的祖宅。将军想到了梅克伦堡，但是没找到中意的。

图 8-1　克莱绍的宫殿，1880 年

玛丽想去荷尔斯泰因，但是那里也没有合适的地产。[20] 最后，在一次去往西里西亚总参谋部之旅以后，毛奇于 1867 年花 24 万塔勒买下了骑士封地克莱绍（Kreisau）。连同宫殿在内总共 400 公顷，宫殿当然有一些败落，位置在布雷斯劳西南约 50 公里处，靠近施韦德尼茨（Schweidnitz）①的苏台德山脉（Sudeten）中部的山脚下。"整片土地就像一个花园，不管去哪里，都很美。"[21] 他的一个人生梦想实现了。"我最大的心愿，"他在给阿道夫的信中写道，"一直是，我们逐渐地聚集在一处地产上……"[22]

平讷贝格的地方官

现在，毛奇家族真正扎下了根。此后的 78 年时间，共有四代人，克莱绍成为这个家族的聚集点。毛奇把这片地产变成了不能转让的财产。阿道夫的长子威廉将会成为未来的庄园主。威

---

① 施韦德尼茨，今波兰的希维德尼察，位于布雷斯劳西南大约 50 公里处。——译者注

廉·冯·毛奇自从中断了大学的法律学业，就一直在一个驻扎于西里西亚的龙兵团里服役。1866年，这个兵团属于后备军，没有参与克尼希格雷茨战役。[23] 现在，伯父赫尔穆特把他调到路德维希卢斯特（Ludwigslust）的龙兵团里，这支队伍里的人出身高贵，军官们常常出入梅克伦堡-什未林大公爵的宫廷。此外，路德维希卢斯特离威廉的父母家即兰曹的当地政府也不远。

在那里，阿道夫只是一个随叫随到的公务人员。普鲁士在石勒苏益格-荷尔斯泰因的首位最高行政长官冯·舍尔-普莱森男爵（Baron von Scheel-Plessen）一点儿也不顾及奥古斯滕堡家族。根据丹麦法律，舍尔-普莱森让人压制民族性的协会。阿道夫白白地讨好奥古斯滕堡家族了。在这些公国里，普鲁士武器的胜利只能找到微弱的回响。难怪台奥多尔·施笃姆对于冯塔纳写一首杜佩尔赞歌的提议反应非常冷漠："最亲爱的冯塔纳！您见鬼去吧！"[24] 舍尔-普莱森把普鲁士的地方法规引入石勒苏益格和荷尔斯泰因。阿道夫虽然体弱多病，但是经常工作到精疲力尽：司法和行政分离，实行普遍的兵役制度，采用普鲁士的税法，为第一届"地方议会"的选举做准备。阿道夫又雇了一些职员，并自掏腰包给他们发工资。[25] 毕竟，政府派了候补文职人员冯·普拉滕（Platen）去兰曹帮他。

兰曹和平讷贝格两个伯爵领地将在一位县长的领导下组成一个新的平讷贝格县。平讷贝格伯爵领地比兰曹大，由地方官鲍迪辛伯爵（Graf Baudissin）管辖。这位伯爵比阿道夫年轻20岁，是一位经验丰富的官员。阿道夫即将退休，地方官这个新的职位原本只考虑鲍迪辛。[26] 阿道夫可能也预感到了。在为冯·舍尔-普莱森男爵描绘自己的职业生涯时，他隐瞒了自己在联合政府中的活动，这可能是他曾经所取得的最有影响力的职位。哥本哈根的君主严厉谴责"戈托夫五王"为反叛者——不建议接受他们进入普鲁士皇家军队。

此时他的兄弟又帮了更大的忙。赫尔穆特写信给柏林的内政部长奥伊伦堡伯爵,他建议,把平讷贝格县长的差事转给地方官阿道夫。奥伊伦堡的回复是让他等。"我们内政部的懒惰,"赫尔穆特叹息着说,"是不可预测的。"[27] 但是在普鲁士,哪个公务人员又能拒绝帮克尼希格雷茨战役胜利者的忙呢?奥伊伦堡选择了阿道夫·冯·毛奇。[28] 1868年4月6日,国王威廉一世任命总参谋长的兄弟为普鲁士的县长。但还是有居住方面要求的:阿道夫和奥古斯特必须从兰曹搬到平讷贝格,搬到位于丁施泰特大街23号的以前的当地政府,一个有25间供暖房间的大宫殿。[29] 这所房子的维修费用远远超过县长拥有的资金。但是以前丹麦的官员领取他们以前的工资,阿道夫的收入比普通地方官的两倍还要多,因此他可以承担得起这座宫殿的日常开支。[30]

路易斯在拉策堡也致力于管理上的改革。他的太太蜜儿·毛奇在克尼希格雷茨战役的几周后就去世了。1868年,当他的上司基尔曼西格伯爵离开公国,俾斯麦派一个普鲁士财务顾问到拉策堡来接替的时候,这位鳏夫退休了。[31] 第二顾问的继任者是古斯塔夫·珀尔(Gustav Poel),他是路易斯的女婿。[32]

凯·布罗克多夫也在普鲁士找到了职位。1866年,他成为中级行政官,然后成为荷尔斯泰因的新县塞格贝格的县长。[33]

邮政局长弗里茨离开了弗伦斯堡。他和古斯特一起搬到吕贝克的一间公寓里,那是她童年时生活的城市。路易斯、弗里茨、古斯特和亨利几乎每年夏天都要去克莱绍旅行。布罗克多夫夫妇只是偶尔来做客。[34] 赫尔穆特让人对城堡进行了翻修,造了一个公园,并自己干点儿农活。玛丽负责室内布置。

第八章 两场战争　　183

玛丽·冯·毛奇之死

1868年11月,赫尔穆特和玛丽去了塞格贝格,参加凯和妮特的银婚庆典。[35]这个冬天,这对夫妇是在柏林度过的。12月初,玛丽在荷兰皇宫参加了一次慈善义卖活动。她回来以后,似乎只是有点感冒,却患上了风湿热,这是一种关节炎。右脚的剧烈疼痛转移到左脚上,很快,疼痛席卷了她身体的左侧,只有右臂能够活动。医生给她注射了吗啡。赫尔穆特把古斯特从吕贝克叫来了这里。"妈妈,我没有办法张开手来拥抱你。"[36]玛丽问候着她的继母。在接下来的两周里,又出现了心膜炎。玛丽越来越频繁地失去知觉。她清醒的时候,会和赫尔穆特讨论关于克莱绍的计划。[37]多家报社报道了她的病情。一位来自美因茨的"化学家"写信给"冯·毛奇将军夫人",承诺给她提供一种"基于化学原理的治疗药剂"。[38]就连国王的御医也是束手无策。古斯特日日夜夜、衣不解带地守在她继女的床边。"那是一个可怕的下午,"赫尔穆特向吕贝克报告说,"她下腭痉挛,手剧烈地颤抖,那双黑色的大眼睛目不转睛地看着我们。她恢复了知觉,没有一句抱怨。"[39]在一个清醒的时刻,玛丽与古斯特和赫尔穆特告别。妮特从塞格贝格赶到这里,在平安夜的上午到达了总参谋部大楼,但是她的姐姐已经认不出她了。一家人聚集在病床旁。"我们大家都坐在她的床边,"古斯特这么说,"她给我做了一个手势——她已经不能说话了——感谢上帝,让我理解了这个手势的意思,从她的写字台里拿一只戒指过来。她先是匆忙地摸了摸她丈夫的头和肩膀,想要看看这个人是不是她的丈夫,然后用颤抖的手把这个戒指戴到了他的无名指上,之后完全平静下来,重重地呼吸了几次以后,她的灵魂解脱了。"[40]

玛丽·冯·毛奇,娘家姓伯特,于1868年12月24日去世,年仅42岁。古斯特说:"赫尔穆特闭上他可爱的褐色的眼睛,然后跪了下来,把他灰白的头深深地埋在双手里,并感谢上帝让他结束了这场战争,把最可爱的人嫁给了他。"[41]

赫尔穆特通知了阿道夫、路易斯和弗里茨。"她享受着难得的幸福生活,从一个悲伤的晚年里解脱出来了。"[42]这个家庭团结在赫尔穆特的周围。妮特的女儿索菲试着安慰他:"亲爱的赫尔穆特姨父!……我们童年和青年时期最甜蜜、最幸福的记忆都是和她联系在一起的……"[43]路易斯这样说:"玛丽这么快离开我们的消息让这里很多人的眼眶湿润了……"[44]莱娜很担心丧妻的赫尔穆特:"你现在要一个人在这个可怜的地球上走一会儿,然后赶快投入她的怀里。……你什么也没有了,我的心很痛,眼泪迷糊了双眼。上帝把所有的爱和仁慈都给了你。"[45]妮特把玫瑰花放进了棺椁里。吊唁信、亲笔信、慰问卡、哀悼电报、名片、捐赠的花圈像潮水般涌到了总参谋部大楼。阿尔森战役的总司令和1866年时第一军团的指挥官弗里德里希·卡尔亲王如是说:"愿上帝能够安慰您,只有他可以做到这一点,愿他在您左右,特别是在今后那些困难的日子里。"[46]弗里德里希王储卡尔·冯·文克男爵,他的土耳其同伴,现在是北德意志邦联帝国议会中民族自由党的议员;卡尔·舍尔-普莱森男爵,基尔的最高行政长官;贝图西-胡克伯爵(Graf Bethusy-Huc),西里西亚的庄园的邻居,都向他表示了哀悼:"命运给他带去了这样一个生活伴侣是幸福的,失去她对他来说是最艰难的考验。"[47]

王后也参加了在总参谋部大楼里举行的悼念仪式。她敦促古斯特搬到柏林去,这样赫尔穆特就不会孤单了。玛丽的棺椁由赫尔穆特亲自送到了克莱绍。失去亲人把妮特和赫尔穆特连在了一起。"亲爱的赫尔穆特!"妮特在返回塞格贝格的那天写道,"无法再在你身边,不得不离开那些充满着最甜蜜的以及现在最悲伤回忆的房

第八章　两场战争

图 8-2　亨利·冯·伯特，陆军元帅的副官

间，我觉很难过。……共同的痛苦让我们走得更近了，尽管我要在你面对痛苦的时候静静地离开。……我们要快乐地相信，亲爱的玛丽的灵魂会永远存在于我们心中。……凯让我向你致以最衷心的问候，我亲爱的赫尔穆特。……他很清楚，我们失去了什么。他爱我们的玛丽，崇拜她，这是她应得的。我们所有的孩子都对她怀着无限的爱。"[48]

在克莱绍，工人们在施泰因贝格山（Steinberg）上按照庄园主的设计建造了一座陵墓小教堂。"这座建筑，"赫尔穆特对他在平讷贝格的弟媳说，"建在宫殿附近的一座小山上，从那里可以看到广阔的美丽的庄园和群山。"[49] 古斯特和弗里茨一起搬进了总参谋部大楼。国王任命亨利·冯·伯特少尉为赫尔穆特的副手。"在我的身边，不乏和玛丽关系亲密的人。"[50]

县议会正在举办宴会。它的主席、县长阿道夫·冯·毛奇退休了。为了参加1870年6月1日举行的告别仪式，行政专员冯·鲁莫尔（Rumohr）从石勒苏益格来到了平讷贝格，为的是向阿道夫授予皇家勋章。波茨坦的审计总署吹毛求疵地提出，为什么不把勋章和文件通过邮局寄送呢？普鲁士的节俭在克尼希格雷茨战役胜利者的兄弟面前也并未留情。[51] 现在，阿道夫为了保守党想要进入帝国议会。但是他的健康状况却越来越令人担忧。奥古斯特和阿道夫决定，像去年一样，由他们的女儿玛丽和露易丝陪着，一起去克莱绍旅行。之后，他们想在卢加诺湖（Luganer See）好好地疗养。[52] 作为晚年居所，阿道夫和奥古斯特也想在吕贝克购买一套公寓。最后，这个病人要照顾好自己，夏天在这个地方，冬天那几个月去南方。

1870 年的"作战会议"

赫尔穆特、亨利、古斯特和弗里茨自 5 月底以来一直在西里西亚。路易斯也在克莱绍过夏天。赫尔穆特打理公园，照看农场，计划了一次去加斯坦（Gastein）的浴疗之旅，并与兄弟姐妹们一起郊游，7 月 12 日的下午，一个星期二，他和阿道夫、奥古斯特、玛丽和露易丝坐着一辆敞篷马车兜风。他牵着缰绳，通过水位探测，驾车涉过一处浅滩。浅滩旁边有一座木板小桥横跨这条小河，一位电报信使在小桥上向他们呼喊，把电报交给了驾车的赫尔穆特。他打开电报，读完，然后一言不发地继续前进，很明显，他开始心不在焉了，还撞在了路缘石上。"大约过了一个小时，他回到住所的时候，迅速跳下车，对跟随他进屋的兄弟说：'有件愚蠢的事情，我今天晚上必须去柏林。'他上楼去了书房，在那里一直待到喝茶时间。他像往常一样，安静、友好地坐在这个小圈子的中间，突然站起来，用手在桌子上敲打，喊道：'让他们尽管来，不管有没有南德，我们都已经武装起来了。'没有做进一步解释，他又回到了自己的房间，一直在那里待到离开。"[53] 电报是冯·斯蒂勒（Stiehle）上校发的，他是柏林总参谋部资历最深的部门负责人。斯蒂勒说，总参谋长必须在场，这是迫切的需求，对法国的战争即将打响。几个小时后，赫尔穆特和亨利乘坐夜间火车从施韦德尼茨前往普鲁士首都。

俾斯麦也认为战争有可能要发生，就中断了他在瓦尔津（Varzin）庄园的休假，准备召开一次帝国议会会议，他也给毛奇发了电报，请他在7月12日大约18点30分到他的官邸吃晚饭。毛奇迟到了。俾斯麦后来讲述说，总参谋长看起来比他的实际年龄年轻还是年长十岁，取决于战争的前景是在变好还是在恶化。[54] 毛奇、俾斯麦和罗恩讨论了出自王室旁系的王储利奥波特·冯·霍亨索伦-锡格马林根（Leopold von Hohenzollern-Sigmaringen）的西班牙王位候选人资格的问题。

回顾一下往事。3月中旬，威廉一世就已经在柏林的宫殿里召集了一次枢密院会议。国王和利奥波特的父亲卡尔·安东·冯·霍亨索伦-锡格马林根（Karl Anton von Hohenzollern-Sigmaringen）亲王只是在那里倾听。俾斯麦、毛奇、罗恩、王储弗里德里希、外交部的国务秘书赫尔曼·冯·蒂勒（Hermann von Thiele）、北德意志邦联首相府的负责人鲁道夫·冯·德尔布吕克（Rudolph von Delbrück）和王室大臣亚历山大·冯·施莱尼茨（Alexander von Schleinitz）就支持抑或反对西班牙王储登上王位的理由，商议了四个小时之久。俾斯麦全力支持王位候选人资格——并非要向法国开战，而是作为威慑拿破仑的手段。[55] 毛奇早就有了类似的想法。[56] 总参谋长表现出对情况很了解，他以前曾与西班牙的军官们交谈过。毛奇知道，西班牙的军队很少习惯于追随自己的国王，而是大多追随他们的将军；尽管如此，他还是主张继承王位，"为了国家、君主制原则和我们王室家族的利益"。[57]

几个月后,7月2日,马德里政府恳请王储真正登上西班牙的王位。随后法国的民族主义者发出愤怒的呐喊。他们臆想着自己被包围了,想要"为萨多瓦报仇"。克尼希格雷茨战役以后,战争快速结束,这曾经让拿破仑三世未能作为调解人在莱茵河左岸地区获得"赔偿"。

然后,在7月6日,拿破仑的外交部长安托万·阿格诺尔·德·格拉蒙特(Antoine Agénor de Gramont)在立法机关前面发表了一场煽动性的演讲。格拉蒙特威胁说要发动战争,并派他的大使贝内德蒂(Benedetti)去埃姆斯(Ems),普鲁士国王正在那里疗养。贝内德蒂应该敦促霍亨索伦王室的领导者,撤销王位候选人资格。[58]

7月12日,在首相的官邸里,俾斯麦、毛奇和罗恩认为,现在已经处于历史事件发生的前夜。[59]首相的儿子赫伯特·冯·俾斯麦(Herbert von Bismarck)是聚会现场的目击者,他说,所有人都认为,"由于法国人的狂妄自大和战争损失,几乎不可能维持和平了;还有待斟酌的是,是否值得——如果这样做是光荣的就好了——再次避免这场已经预见到其血腥度和持久性的战争"。[60]俾斯麦猜想,西班牙人的战争威胁可以改变局势,认为马德里的抵抗是不可能的。毛奇表现出了自信。由于普鲁士的军队状态和军事装备,普鲁士以前从未能以胜利如此唾手可得的姿态发动战争。[61]在13天之内,他就可以做好军队动员。[62]事实上,毛奇自从1866年以来一直在尽一切努力,加速进一步动员军队和集结军队。[63]现在,俾斯麦、罗恩和总参谋长似乎越来越倾向于接受这场挑战。俾斯麦回忆说,毛奇的"好斗性,他对战斗的热情,对执行我认为有必要的政策起了很大的帮助"。[64]首相让人去叫内政部长奥伊伦堡。奥伊伦堡将前往埃姆斯并清除贝内德蒂对国王威廉的教唆。毛奇、俾

第八章 两场战争

斯麦和罗恩认为所有的外交手段都已经用尽。不同于偶尔传出的断言，他们在7月12日并没有决定发起战争。[65] 无论如何，决定权掌握在国王手中。

但是，现在奥伊伦堡带来了王储利奥波德放弃王位的消息。根据赫伯特·冯·俾斯麦的说法，毛奇"因为恼怒于情况反转而涨红了面孔，这次旅行是白费力气，他早就在计划的这场战争似乎又变得遥遥无期了"。[66] 罗恩和俾斯麦似乎也被击败了。首相想要返回瓦尔津，[67] 甚至可能已经产生了辞职的念头。"他们一走了之，"据说毛奇曾这样解释道，"他们回瓦尔津去了，在那里种白菜；但是我们作为士兵必须忍受着，眼睁睁地看着国王怎么被法国人打耳光。"[68]

然而在巴黎，主战派对放弃王位并不满意。[69] 第二天，7月13日，格拉蒙特派了埃姆斯的大使再一次去了国王那里。格拉蒙特要求霍亨索伦家族永远放弃西班牙的王位。法国让普鲁士在战争和羞辱之间做出选择——不管怎么说，以1870年盛行的民族荣誉观念那是一种羞辱。外交部驻埃姆斯的代表、枢密顾问阿贝肯（Abeken）受国王委托以电报的形式通知俾斯麦这次意外事件。"陛下问阁下，是否立即向我们的特使和新闻界转达贝内德蒂的新要求和对这一要求的拒绝。"[70] 直到现在，俾斯麦才坚定地推动战争，他删减了阿贝肯的"来自埃姆斯的电报"，通过简化把它伪造成了"埃姆斯电报"——并非像他在《思想和记忆》中所说的那样，这么做属于灵机一动，而且毛奇和罗恩在场，是非常小心谨慎的、或许只有他一个人且没有戏剧性的场面。[71] 在阿贝肯那里听起来像是继续进行外交谈判的声音，而在俾斯麦那里听着简直就是回应法国挑衅的军号声的调子。"埃姆斯电报"在新闻界产生了立竿见影的作用。而在法国几乎没有人注意到，莱茵河东部地区电报改变了人们的心理状况。两个王朝之间的势力争夺成了德意志民族的事情。

即使在德国南部，人们也对格拉蒙特煽动性的演讲和贝内德蒂大使看似厚颜无耻的行为感到愤怒。

工业化的全民战争

民族的理念旨在用感情控制民众。从本质上讲，它是建立在所有生活在这个地区的人包括死去的和未出生的人的共同理念基础上的。在危险时期，特别是在战争时期，这种理念要求个人的忠诚，直至准备在"祖国的祭坛上"献出自己的生命。1864年和1866年，普鲁士的大多数人根本没有对这些要求做出反应，要么犹豫，要么中庸。1870年，不仅在普鲁士，大多数人都被这种做好牺牲准备的感觉控制着。与陌生人划清界限是这个民族的特征之一。在俾斯麦和毛奇的时代，自拿破仑战争以后，德意志运动的标志是对法国的仇恨。[72]这就是为什么北德意志邦联和南德意志各邦国几乎在一夜之间就转变成一个抵御法兰西帝国挑战的民族防御共同体。1870年7月19日，巴黎政府向普鲁士宣战。

将军赫尔穆特·冯·毛奇是第一位整个德意志的统帅。他不仅指挥普鲁士-北德意志邦联军队，还指挥所有巴伐利亚、符腾堡和巴登的军队。他有意识地给他的军队指挥们留了一些活动余地。"总的来说——服从是原则，但是人高于原则。"[73]毛奇家的人绝对不会只在将帅山①上经历战争。副官亨利·冯·伯特一直跟在赫尔穆特身边，侄子威廉和赫利属于战斗部队，同属于战斗部队的还

---

① 将帅山（Feldherrnhügel），军事术语，指战争期间元帅将军们驻扎的营地，之所以称作"山"，是因为这个营地尽可能会选在高于周边地区的地方，从而可以更好地观察战场情况并指挥作战。——译者注

有妮特的儿子弗里茨和路德维希·冯·布罗克多夫。8月4日，在魏森堡（Weißenburg）的第一次战斗中，赫利就体验了战争的冲击力。当时他是一名充满激情的战士。"那个男孩，"伯伯赫尔穆特称赞道，"总是快乐地去工作。"[74] 作为弗里德里希王储领导下的第三军团的一部分，赫利的军团在倾盆大雨中遇到了法国阿尔萨斯集团军的部队。"现在我们，"后来人称"小毛奇"的候补军官赫尔穆特（赫利）·冯·毛奇说，"穿过了老城区。在这里，在村子中间，军团里的第一个人倒下了。……他突然倒下去，倒在地上。没有人听到一声枪响。……我还能看到这个男人在我前面，躺在房子的台阶上，他已经死了，眼睛呆滞地凝视着前方，他的上衣都撕开了，血淋淋的衬衫露了出来。第一个死人可能会给每个人留下难忘的印象。"[75]

当赫利的军团到达法国前线的前沿阵地时，普鲁士人急促地冲向敌人，越过一片开阔的地块，没有掩护，在法国人的炮火中冲锋。"在我的右边和左边，第一批人倒下了。我还记得我惊讶于周围的人怎么倒下了的那种感觉。我清楚地听到子弹打中骨头的声音。人们的枪掉在地上，跌倒在地。这儿倒下一个，那儿倒下一个，一排排火光四射，最后我们来到一个粪堆边，扑倒在地。我知道，刚才最后一段路我是弯着腰跑的，在一定程度上，被战火的冲击力压制住了，我突然闪过一个念头，这是不是我的错。我们屏住呼吸卧倒在地。现在我们也开火了，估计距离400步……"[76] 赫利的上尉指挥猛攻，但是几秒钟以后，他就死了；他的副手、一名中尉代替了他几分钟，随后也被射死，倒在了地上。现在，毛奇沿着普鲁士步兵的队列奔跑，追着他们，赶着他们，敦促他们进攻。在普鲁士人发起冲锋之前，法国人逃离了。普鲁士人就像着了魔一样，开始疯狂的追击。"我们总是走在前面，时不时地，当敌人出现时，我们停下来并开火，燃烧的热情使我们充满了胜利的感觉。

疲劳消失了，人们笑着，欢呼着，用明亮的眼睛看着对方，总是向前走，并不关心周边发生了什么。"[77]这份战斗报告一定是候补军官冯·毛奇在晚上写的。连队里的所有军官都倒下了。

在边境地区的会战中，交战双方均伤亡惨重。[78]在最初的几个星期里，战争的规模和它的残酷程度远远超出了欧洲人自滑铁卢战役以来经历过的所有战役。[79]但战争部署和行军策略是行之有效的。在魏森堡战役和沃尔特（Wörth）战役之后，赫尔穆特于9月2日在卢森堡边境附近的色当取得了进攻战和包围战的巨大胜利，这是一场他再次利用铁路输送兵力取得的胜利。1870年，他也曾将因补给问题分散在各地的大部队快速集结，迅速调往前线，并且直到战地才整编在一起。当时的普鲁士-德国战胜了法国，并不是因为它的人口更多，经济更发达，或者说社会更为"现代"；而是归功于总参谋部更加深刻细致地思考了社会、经济的发展变化对战争的影响，所以德方部队更加机动，后勤保障更加充分，在战斗中能够更有效地执行命令。[80]

毛奇自己对战事的发展也颇感意外。与克尼希格雷茨战役的不同之处在于，色当之役并未决定整场战争的胜负。虽然此役俘获了包括法国皇帝在内的10万名法方官兵，但普鲁士司令部极端过分的要求让刚刚成立的法国共和政府在面对国内汹涌的民意时，不可能跟普鲁士签订停战协议。因此德法两国的民族主义者实际上都妨碍了对战局的有效控制。毛奇要求吞并阿尔萨斯和洛林（Lothringen）。他觉得只有这样，才可以使普鲁士在未来免遭攻击。对他来说，与法国作战是一桩心头大事。在俾斯麦看来，国家利益至上的原则要远远高于民族主义情绪，毛奇则往往与此相反。因此

第八章 两场战争　　193

总参谋长在战争失控、坠入工业化的全民战争方面，起了推波助澜的作用。[81]

就这样，位于巴黎的法国政府在毛奇驻军包围下不得不把战争继续下去。他们几乎没有可供调遣的常备兵力。以莱昂·甘必大（Léon Gambetta）为代表的法国人招募外省的民兵入伍。不着军装的"法国游击队员"破坏铁轨、炸毁桥梁、剪断电报线缆或者伏击德国兵。毛奇并不把这些人称作"法国游击队员"、自由射手，而将其称作"法国匪兵"、游荡中的贼。德国人开始疯狂的报复。从哪幢房屋发出冷枪，他们就直接把那幢房子给点了；除了杀死游击队员之外，他们也击毙了不少平民，因为二者实在难以区分。伤亡数目不断增加。毛奇征召预备役士兵和地方武装士兵上前线。30万德国兵在8月进军法国，后来又追加了70万士兵！罗恩的口号"不靠数量靠质量"也已实施到了极致。"这场可怖的战争还要持续多久，"毛奇悲叹道，"我们最后到底能跟谁缔结和约，目前谁也不清楚！整个民族都武装起来，是不可低估的。"[82] 战线似乎拉得过长，补给开始跟不上了。

应当如何结束这场消耗战呢？俾斯麦要求直接炮轰法国首都。他认为，这样就会在其他大国介入之前迫使战争结束。毛奇提出异议，他认为当下紧要的问题并非攻城拔寨，歼灭敌方的军事力量才是目的所在；若已决心参战，行动时就必须心无旁骛，只存刀剑；现在正是彻底清除法国威胁的时候；指挥战争进程的不应是外交部，而是总参谋部。俾斯麦则反驳道，每一个战争决定都是一项政治决定，所以每一项军事行动都必须满足政治的要求。不论是英国还是俄国，都不会在法国面对如此羞辱时还袖手旁观。政治家俾斯麦基于政治考量希望能很快停火。毛奇这位军事家则从军事原因考虑，要求打一场"歼灭战"。而国王则站在了俾斯麦一边。[83]

围攻巴黎的运动战逐渐演变为阵地战。国王和毛奇驻扎在凡尔赛宫，赫利和弗里茨·布罗克多夫随部队围城。总参谋长记述道："我刚刚还跟亨利一起出去了，给赫利带去一大盒马格德堡酸菜，一盒配着吃的腌肉，还带去一袋豌豆和两瓶香槟酒。这两个可怜的家伙能度过一个愉快的夜晚了。"[84]12月23日，弗里茨·布罗克多夫受了重伤。毛奇急急忙忙赶往战地医院。去年新寡的妮特想立刻去探望她的儿子，但收到了一份毛奇转发来的由主治医生撰写的电报："布罗克多夫上尉度过了一个平稳的夜晚，胸闷和咳嗽都有所减缓。他自我感觉好多了。近卫军团战地医院，上尉军医巴尔（Bahl）。"[85]毛奇想把路德维希·布罗克多夫调到后方去，但遭到了他的拒绝。

德意志军队围困巴黎时，俾斯麦得以同南德意志诸邦国就加入北德意志邦联一事进行谈判并顺利达成一致。1871年1月18日，巴登大公弗里德里希在凡尔赛宫的镜厅宣告威廉一世为德国皇帝。国王有些感伤地说，他现在得跟老普鲁士"说再见"了。[86]

威廉说得没错。帝国的成立虽然让普鲁士成为德国的中坚，德国成为欧洲的霸主，但是俾斯麦与民族主义观念的结盟却为君主政体留下了死穴。不久后，皇帝的头衔就给普鲁士王国蒙上了阴影。不管是与一个统一的德国并肩相处，还是置身其中，普鲁士都会不可避免地渐渐失去独立性。与19世纪欧洲其他的民族国家相同，德意志帝国也是战争的产物。就此而言，它并没有走出一条特殊的道路，而是融入了悠久的欧洲传统中。早在前现代时期，国家的理念与现实也同样是在战争中诞生的。[87]

在俾斯麦与毛奇的较劲中，国王一言九鼎与法国缔结了和约。巴黎投降了。德意志帝国赢得了一个新省份：阿尔萨斯-洛林。毛奇觉得这根本不够。这位总参谋长认为，法国获得了喘息的机会，它会变得强大起来。他确信，把一个大国彻底打趴下，永远不得翻身，并非不可能。他从以往的经历推导出三点结论。其一，战争的野蛮化是很难阻止的。"但愿所有的政权都强大到足以控制住民众好战的狂热。"[88] 今后的每一场战争都是全民战争，战争持续的时间无法预测，"有可能是七年战争，也有可能是三十年战争"。[89] 在奉行民族主权原则的世纪里，战争与和平不再完全由国王和内阁定夺，对此毛奇一开始是表示赞同的，但现在民族主义点燃了他心中虚妄狂热之光。其二，法国人渴望报仇雪恨，重操刀戈在所难免，不得已时，德国必须先发制人，打一场预防战，来摧毁敌方的联盟。因此他在1875年敦促对法国开战，1887年提出对俄国发动战争。这两次倡议都受到俾斯麦的阻挠。其三，"德国不能寄希望于通过一次快速、顺利的进攻在短时间内摆脱一个敌人，然后集中精力来对付下一个敌人"。毛奇告诫说："我们刚刚才切身体会到，就连结束这场大获全胜的对法战争也是一件多么不容易的事情。"[90] 毛奇从那时起就开始坐在指挥桌前研究军事地图，思考如何解决对法国和俄国双线作战的难题，却一筹莫展。无论毛奇在作战计划中如何调整兵力在东、西方进攻中的比重，鉴于当前已陷入工业化的民众战争，再也不可能通过几次战役来击垮对方，他的所有尝试都徒劳无果。德国这个中等强国——如果是这样的话——不可能迅速取得双线作战的胜利。

对于总参谋部，结果只能是，放弃外交上的大胆冒险，战略上将作战计划限定为只采取防御性军事行动，做好与民事当局的军事协调工作。毛奇绝不可能将这样的结论告知总参谋部中他的门徒。

与此相反，那里继续充斥着纯粹的专业精神。为了解决不可能解决的问题，毛奇手下这些"被神化的英雄们"忙碌于不断更新作战计划。他们以此备战局部战役，而非整场战争。总参谋部这种仅仅从军事专业的立场去观察世界的倾向，得到了"铁血宰相"的纠正。但是如果俾斯麦引退了，情况又会如何呢？自由主义几乎无法构成一种平衡力量。资产阶级早就高度评价了战争的成就，他们崇敬那些在许多方面显然功不可没的人：军队、皇帝、俾斯麦，还有总参谋长赫尔穆特·冯·毛奇。

毛奇从法国回来后，参加了他弟弟阿道夫的葬礼。阿道夫于1871年4月7日在卢加诺（Lugano）疗养时不幸去世，享年66岁。威廉和赫利，阿道夫的长子和次子，扶灵柩送往巴姆施泰特。赫尔穆特后来造访了他弟弟阿道夫去世时住的那家名为贝哈（A. Béha）的酒店。他在给威廉的信中写道："从阳台，甚至从床上便可看到圣萨尔瓦多山遍布山坡的森林，从玉兰树的树梢望去，是宽阔的湖面彼侧美妙的堤岸。在他最后的日子里，美丽的大自然和从战场上的儿子那里传来的捷报肯定会带给他一些快乐和阳光。"[91]

第八章　两场战争

第九章
毛奇崇拜
——民族的自我认知

奥林匹克之巅

赫尔穆特·冯·毛奇站在了奥林匹克之巅,这位总参谋长被擢升为伯爵并被任命为陆军元帅。被视作活生生的丰碑的日常生活是有隐患的。无论毛奇去哪里,几乎都能被人认出来。例如,在一次去往塔特拉山(Tatra)的郊游途中,在拉蒂博尔(Ratibor)火车站,清晨就聚集了很多爱看热闹的人,"为的是看着伯父赫尔穆特"。[1] 陪同的赫利叹息着说。勤劳的铁路员工,奥地利皇帝的子民,主动为毛奇准备了一个豪华车厢。"这对我们来说是很舒适的,因为这个车厢四面都有窗户,所以视野很好,可以一览无余地看到巨人山脉和苏台德山脉景致真正迷人的地区。"[2] 但是这种崇拜经常会让毛奇感到不舒服。赫尔穆特和赫利决定,在他们抵达疗养地施梅克斯(Schmecks)后,尽可能地隐姓埋名。在塔特拉山脚下的一个小镇里,毛奇真的没有被人认出来。

但是他们只在一个简陋的客栈里找到了暂时的容身之处,在一个"很小的房间里,有一张廉价的床,朝着院子的方向有一扇很小的窗户,还能闻到一些地下室的味道。毛奇伯伯非常生气"。[3] 无论如何,他睡在了床上,而赫利则在沙发上过夜。客栈的侍者们不情不愿地为他们提供着服务。厨房几乎总是关着的。毛奇想要一个更好的房间,却是徒劳的。"经理拍了拍他的肩膀说:'是的,您看,您应该感到高兴,您至少还有安身之处,不需要躺在稻草上。'"[4] 毛奇真的生气了,想第二天离开施梅克斯。他骂道:"他们不把我们当回事儿。……等我们离开的时候,我就会登记——毛奇伯爵,陆军元帅,骑士勋章获得者,写上所有的头衔和职务!!"[5] 但是赫利想在塔特拉山上多走一走。他晚上陪着伯父去餐厅的时候,便在餐厅门口处稍事逗留。"毛奇伯爵是否已经进去了。你应该看到的!谁?毛奇伯爵?那位陆军元帅?那位著名的——哦!酒店的客人们口口相传!突然间,所有的侍者都变得温顺且周到,客栈老板一边冲过来给我们安排座位,一边说道:'阁下,您有什么吩咐?我专门让人为阁下您准备食物,阁下,您请坐这个座位,这是一把装了软垫的椅子,这里也没有穿堂风,给您推荐这款葡萄酒,不,不是那个,阁下,那只是一种本地产的葡萄酒。'……伯父赫尔穆特平静且满意地凝视着我,隔着桌子朝我眨眨眼睛,低声说:'一定有人认出我了。'——我从他嘴角上微微扬起的笑容里并没有看出他对这次被破坏了的隐姓埋名感到不满!"[6]

在帝国的几乎每一座城市里,市长都会用毛奇的名字给一条街道命名,大多数都在德国经济繁荣年代建筑热潮下兴建的街区里。亚琛、柏林、不来梅、德累斯顿、格尔利茨(Görlitz)、汉堡、科隆、吕贝克、马格德堡、慕尼黑和帕尔希姆纷纷授予他荣誉市民的称号。一个西里西亚的军团、一列火车、一座斯特拉斯堡要塞和一艘军舰也冠上了他的名字。"这是一艘出色的、令人骄傲的战舰,"赫利赞扬道,"整体漆成白色,装有 12 门重型大炮并配有 430 名船

第九章 毛奇崇拜　　199

图9-1 陆军元帅赫尔穆特·冯·毛奇纪念碑，位于柏林的"大星广场"

员。在这艘战舰的船首斜桅下就是伯父赫尔穆特巨大的头像，全体船员都戴着写有'毛奇'名字的帽子。"[7]被颂扬的人把这一场景写信告诉古斯特，这艘毛奇伯爵号"有350英尺长，和'威廉国王号'一样长"。[8]

陆军元帅创立的"毛奇伯爵家族基金会"维持着在帕尔希姆和柏林的残疾人之家的费用。他们为普鲁士军队的老兵和克莱绍庄园的农民提供住处和膳食。如果毛奇去听音乐会，例如在柏林歌唱学院的音乐厅，当他出现的时候，所有的人都会停止交谈。艺术家和观众们都从座位上站了起来。[9]在他仍然在世的时候，就已经为他树立了纪念碑，第一座于1876年建于帕尔希姆。在很多家庭的起居室里，曾经被布置成祈祷角的地方，现在都放上了威廉皇帝、俾斯麦和毛奇的画像。

凯旋大道

　　1871年6月,全普鲁士都想,看起来似乎如此,举行一场盛大的凯旋游行,庆祝军队返回柏林。菩提树下大街上的艺术学院正面挂着"帝国创立者"俾斯麦和毛奇的巨幅画像,是由院长阿道夫·门采尔(Adolph Menzel)亲自绘制的。当毛奇6月15日告诉弗里茨关于凯旋仪式前夜的事情时,忽略了上述这些东西:"从莱娜大街到勃兰登堡门建起了大约可以容纳十万人的巨大观礼台。在哈勒门和莱比锡门这里竖立了两个巨大的雕像——日耳曼尼亚(Germania)①和阿尔萨提亚(Alsatia),如果人们不给它们送一把巨大的雨伞放到手里,它们很可能会在持续不断的雨中倒塌。整个美盟广场被两个巨大的观礼台覆盖,高度直抵房屋的二楼,剧院广场、大学和卢斯特花园也都是如此。整条凯旋大道上无数的旗杆竖起了旗子以及各种三角彩旗;在菩提树下大街,大炮和机关枪一直从勃兰登堡门列到皇宫,形成了一条枪炮大道,成行成列,共有1000件,但是这些还不到缴获总数的四分之一。"[10] 几年前,柏林人曾举行一场长达两公里的凯旋游行庆祝他们战胜了奥地利。那个时候,"博鲁西亚"(Borussia)的雕塑也在游行队列里。现在,军队要组成一个长达六公里的凯旋游行队伍。在游行路段的尽头,宫殿的休憩花园里,端坐着"日耳曼尼亚"。勃兰登堡门上挂着横幅标语:"这是上帝指引下的一个转折。"——国王曾以此来解释色当战役的胜利。毛奇和伯特上尉一起坐在车里,在穿过柏林的途中被认了出来,人们欢呼着向统帅打招呼。"倘若我输了一场战役,"他

---

① 日耳曼尼亚,以及下文的阿尔萨提亚和博鲁西亚,分别是拉丁语对日耳曼、埃尔萨斯和普鲁士的称呼,用女性形象作为这些地区的譬喻和象征。——译者注

小声地对潘希说,"那么他们现在肯定会说:'那头老毛驴来了!'"[11]

1871年6月16日,异常炎热的一天,威廉皇帝骑着高头大马,站在42000名战士的最前面,伴着钟声,进入这座帝国的首都。成千上万人围着街道。小教堂里演奏着《万岁胜利者的桂冠》。许多可以俯瞰这条路线的靠窗位置都被人特意租了下来。围观的人们爬上屋顶。甚至在勃兰登堡门上方都挤满了无数围观的人。皇帝的身后跟随着骑在马上的普鲁士、萨克森和巴伐利亚的王子。三位巨头——俾斯麦、毛奇和罗恩紧随其后。威廉早就对他们用语言表示了感谢,这些感谢的话被写进所有中小学教科书里:"您,战争部长冯·罗恩,磨砺了我们的宝剑;您,将军冯·毛奇,领导了这场战争;您,冯·俾斯麦伯爵,多年来通过政治领导把普鲁士带到了现在这个顶峰。"[12] 后面跟着的是81面缴获的旗帜和鹰旗,由士官们抬着;接下来是近卫军,其后是皇家步兵军团的一个营,最后是来自所有德意志军队的代表:巴伐利亚人、萨克森人、符腾堡人、巴登人、黑森人、梅克伦堡人以及来自吕贝克、汉堡和不来梅三座汉萨城市上层社会的成员。"这些近卫军看起来非常棒,"俾斯麦的一个朋友,施皮岑贝格男爵夫人(Baronin Spitzemberg)崇拜地说,"他们是如此阳刚,被太阳晒黑了皮肤,留着大胡子,过分紧绷的普鲁士精神通过战役有了一点儿放松,他们真正让我们这些充满爱国之心的人看到了最壮观的场景。"[13] 唯一参加列队游行的一些女性在巴黎广场上等候,巴黎广场是首都的"接待大厅":50名"荣誉少女"用月桂花环向皇帝致意,作为这座"女性"城市把自己献给这位胜利者的譬喻。[14] 晚上,勃兰登堡门上的维多利亚雕塑在灯光照射下闪闪发光。"我应该如何来总结这件事呢,"作家摩西·奥尔巴赫(Moses Auerbacher)很困惑,"我已经目睹了世界历史。再也没有什么能比得上这种亲临其中的满足感……我无法向你准确地

图 9-2　1871 年 6 月 16 日，皇帝威廉在勃兰登堡门前欢迎凯旋的队伍。威廉·卡姆普豪森（Wilhelm Camphausen）的木刻版画，1875 年

描述凯旋归来的队伍的盛况。"[15] 庆祝活动让几名士兵丧生，他们死于中暑。

毛奇成为追忆之所

色当纪念日，也是德国的第一个国庆节，奠定了毛奇战役的最终胜利。色当纪念日和对毛奇的狂热崇拜成了同一枚奖章的两个面。色当纪念日不是源于上层的指示；它植根于教会界的提议，包括德国新教徒协会，一个民族自由党基督教徒组成的社团。[16] 选择哪个日子庆祝帝国成立，起初还讨论了其他的可能性：皇帝宣告德意志帝国统一的 1 月 18 日或者签署《法兰克福和平协议》的 5 月 10 日。没有一个被采纳。"人民对 5 月 10 日都知道些什么？"《西里西亚报》的一位编辑问道，"不能以合理的理由向人民证明，选择另一天更合适，……敌人的最后一支作战军队败给了我们统帅的天才作战艺术,这一幕现在已经牢牢地锁在了人们的记忆里了。"[17]民族纽带的情感让民众为之癫狂,这在战争中尤盛,使"毛奇"和"色当"成为德国人的两个回忆之所。[18]"回忆"指的是一个社会群体的记忆,例如一个民族的记忆。集体的回忆决定了一个群体如何感知它的样子。它们塑造了每个民族的自我认知。"之所"指的是集体记忆中与超量意义相连的锚固点:故事、神话、纪念碑、人物、建筑物、图片、旗帜、事件、节日。它们的意义可能会改变或者完全失去。那么,色当战役的庆祝活动和对毛奇的狂热崇拜会使德国人的自我认知变成什么样呢?

半个世纪以来,色当纪念日一直是国庆节,有庆祝焰火,阅兵仪式,礼拜仪式,学校庆典,歌曲,演讲,飘扬的旌旗,体操运动员、老兵和士兵协会组成的游行,舞会。简而言之,拥有一种也包括我们当代在内的所有国庆节都未曾达到的火热情绪。"色当纪念日,我的天,真的还有其他的事情发生,"一位小时候目睹了庆祝活动的目击者回忆说,"那是一种情绪——对于现在来说,我很难找到其他可以与之相比的东西,就好像德国国家队赢得了世界杯一样,而且每年都赢一次。"[19]新教徒协会的成员弗兰兹·冯·霍尔茨多夫(Franz von Holtzendorff)声称,在帝国议会里没有法律,没有辩论,这对社会主义者、民主党人和耶稣会信徒的伤害比在色当纪念日的庆祝活动更大。[20]霍尔茨多夫指的是这次统一进程中的所有失败者。

帝国的建立,虽然听起来很奇怪,但的确是一个充满着崩溃的故事。第一,哈布斯堡皇帝的那些讲德语的臣民,1848年仍然是这个民族的一部分,从此以后就不再属于这个帝国了。许多同时代的人认为这是与历史决裂。第二,天主教徒已经沦为少数派。对他们来说,帝国的建立意味着熟悉的事物崩塌。[21]美因茨的主教禁止在

图 9-3　美因河畔的法兰克福的色当纪念日，1895 年 6 月 2 日

色当纪念日敲钟。他认为庆祝活动代表着信奉新教的普鲁士对天主教的胜利。[22] 第三，波兹南、阿尔萨斯-洛林和石勒苏益格-荷尔斯泰因的那些非德意志族群感觉自己像失败者。随着帝国的建立，他们自己的民族希望似乎已经完全破灭了。第四，传统的邦国如黑森选侯国和汉诺威等终于在 1871 年灭亡了。对于很多人来说，这是一场令人惊慌失措的垮台，他们在很长一段时间里都无法忘记。第五，失败者中还包括那些拒绝继续与诸侯们分享权力的人，例如进步党和工人党这两个党派中的民主党人。[23] 社会主义者是无法从"神圣的色当"[24] 赢得什么东西的，他们提出抗议公开反对吞并阿尔萨斯-洛林。[25] 至少在议会里，资产阶级民主党从未从毛奇的战役胜利中恢复过来。1884 年，进步党的历史结束了——又一次垮台。此后，资产阶级几乎一致承认作为皇家军队的部队在法律上的特殊地位。

安东·冯·维尔纳

因此，毛奇崇拜和色当纪念日共同塑造了这个民族的自我认知：小德意志的、普鲁士的、新教的和民族自由的。这两者同样代表了与西面邻国法国的错乱关系。最后色当纪念日也让人想起了法国和德国之间的"世仇"。

"毛奇"和"色当"这两个追忆之所的意义肯定是不会消耗完的。因为每个国家的自我认知都是由这些形象的力量来塑造的。许多画家发现了一个新的题材：陆军元帅赫尔穆特·冯·毛奇。

例如，"画王"弗兰兹·冯·伦巴赫（Franz von Lenbach）就多次出现在柏林和克莱绍，为的是对他的毛奇肖像进行准备性的试画。毛奇从柏林告诉他最年长的侄子，这位画家"突然像流星一样……在从弗里德里希斯鲁（Friedrichsruh）通往慕尼黑的路上"出现了，"他想……和他的妻子一起来这里，想要带来两幅给我画的肖像画，一幅给国家美术馆，一幅给我，这让我很开心，因为我答应过，让人给我画幅像放在里希特菲尔德（Lichterfelde）的陆军元帅府"。[26] 位于柏林里希特菲尔德区的普鲁士军事学院向来都会向学员展示高级军官的肖像：作为学员们应该竭力效仿的榜样，而原本安置在它内院的伊德施泰特的狮子，在此期间已经被搬走了。[27] 伦巴赫和出身自本家族帝国伯爵这一支的玛格达莱娜·冯·毛奇（Magdalena von Moltke）结了婚。[28] 在画家们心目中，陆军元帅与俾斯麦相反，是一个愿意配合的模特。在克莱绍宫殿的沙龙里，伦巴赫的一幅毛奇画像挂在了俾斯麦肖像对面墙上最尊贵的位置。[29]

人们有理由认为，伦巴赫是俾斯麦第一位歌功颂德者。而毛奇的御用画家则更多地被认为是安东·冯·维尔纳（Anton von Werner），他是柏林艺术学院的成员。令人奇怪的是，他对法国

图 9-4　1871 年 1 月 18 日在凡尔赛宫的镜厅宣告德意志帝国成立。安东·冯·维尔纳绘，1885 年（弗里德里希斯鲁版本）

的榜样们亦步亦趋，画风发生了改变。[30]《德意志帝国宣告建立》（1877）可能是他最著名的作品。第一幅作品，就是所谓的宫殿版本，放在中心位置的并不是皇帝连同总参谋长和首相，而是聚在一起欢呼的军官。他们穿着所有德意志军队的制服。宫殿版描述了他们的战友之情。[31] 赏画的人需要稍微仔细一些，才能辨认出皇帝来。俾斯麦和毛奇能够一眼看到，因为人群中留出了两个缺口。弗里德里希斯鲁版本主要表现的是普鲁士三巨头。

另外两幅同时代的人熟悉度差不多的油画反映并塑造了毛奇在公众意识中所起的作用。《毛奇伯爵在凡尔赛的书房里》（1872）展示了围困巴黎期间，总参谋长在新街临时住所里的场景。戴着眼镜正在读书的将军看起来就像一位在自己图书馆里的文化市民。地板上的信件让人们想起了一位丢三落四的教授。只有身上的制服和放在写字台上的军用地图表明他是一位军人。很显然，这个房间不是阅览室，而是军队的指挥中心。毛奇不是在将帅山发号施令，而是在宁静的办公室里。维尔纳的画向作为军事科学家的总参谋长传递了一种信念，世界是可以统治的。它向具有业绩观念的市民保证军功可以通往贵族世界。维尔纳把霍亨索伦家族的军事王国送进了博物馆，同时还把贵族的继承领导权也送了进去。赏画者应该可以预感到，工业化的战争把这两样东西都推到了历史书里。

《毛奇和他的幕僚在巴黎城外》(1873)是受石勒苏益格-荷尔斯泰因艺术协会的委托所绘，为了完成这幅画作，使用了摄影技术，进行了一次准备性试作。这次试作展现了一些奇特的东西：毛奇穿着制服"骑在"木头架子上。但是这位陆军元帅作为"显摆大师"一直保持着贵族的传统。[32] 贵族阶层通过图画、象征和符号来维护自己的声望。为此，这位军事统帅对木头架子也就忍了。

维尔纳以图画的形式描述了领导层与民兵之间的关系，更准确地说，是毛奇及其总参谋部在德国军队中的地位。[33] 毛奇骑着高头大马，从一个山坡上观察塞纳河盆地。在他身后，军官们有的看地图，有的指点地形，有的进行着严肃的交谈——很显然是普鲁士总参谋部的成员。顺着站在毛奇旁边的冯·波德别尔斯基（von

图9-5 陆军元帅赫尔穆特·冯·毛奇，1873年左右。为画作《毛奇和他的幕僚在巴黎城外》进行的摄影准备性试作

208　　　　　　　　　　　毛奇家族：一部战争史

Podbielski）将军伸出的手的方向看过去，远处可以看到荣军院的圆顶。画面左前方，士兵们正在扎营。红色的袖口和头盔清楚地表明，他们是符腾堡和巴伐利亚军队的成员。画面右侧边缘，通讯兵在架设电报杆。普鲁士军队，其中包括炮兵，行进在毛奇和电报杆之间的通往巴黎的道路上。当士兵们见到他们的将军时，都欢呼雀跃起来。因此，这幅图画颂扬了所有德国人在战争中的凝聚力，它再次显示了毛奇和总参谋部是军队的大脑，将军在老百姓中的受欢迎程度也不可或缺。最重要的是，维尔纳描绘了一种三重形象：毛奇的总参谋部运用现代技术，带领热情高涨的人民军队走向胜利。[34] 画的中间位置绝不是军队的统帅，而是军队。

在统一战的战斗画面中，缺少了对英雄的刻画。[35] 不是英雄行为，而是民族团结赢得了这个帝国——正如画家们看到的那样。在安东·冯·维尔纳那里，毛奇的判断力，他的清醒的思考，简而言之——这位资产阶级学者的美德让人民军队取得了胜利。[36] 毛奇享

图 9-6 《毛奇和他的幕僚在巴黎城外》。安东·冯·维尔纳绘，1873 年

第九章　毛奇崇拜　　209

有这么高的威望，不是因为他是贵族的军官，而是因为他为民族所做的贡献。画面上的战争展示的并不是臣仆精神，它的视角投向了这位征战沙场的将领，将他作为战斗的资产阶级民族执行者。所以"毛奇"的追忆之所不仅代表着军事力量的升值，也代表着资产阶级将军事力量收归囊中。

像所有的追忆之所一样，"毛奇"和"色当"拓宽了每个人的视野。1871年以前，关税联盟、修建铁路、城市化和工业化使经济市场向国民开放。1871年以后，色当纪念日和毛奇崇拜也将文化市场向民族性扩展——当然通过自上而下的民族化的政策。在德国的大学里，一位瑞士历史学家嘲笑道，这个故事被涂抹上了黑白红三色①。国民小学和文理中学都收到了新的历史书。在学校、办公部门和教堂，说德语成为一种义务。士兵协会维护着军事传统。很快，其成员人数就超过了百万。[37] 用现代德语说，色当纪念日和毛奇崇

图9-7　陆军元帅赫尔穆特·冯·毛奇在新的总参谋部大楼书房里，1873年

---

① 黑白红三色，自1892年起成为德意志帝国国旗的颜色，是德意志帝国的代表色。——译者注

210　　　　　　　　　　　　　　　　　　　　毛奇家族：一部战争史

拜属于民族建设的一部分，它们把汉萨商人、巴伐利亚森林工人、莱茵地区的知识分子和东普鲁士农民绑定成一个民族。

"总参谋长之家"

1871年6月，位于国王广场的新的总参谋部大楼里为毛奇准备了首席公寓。皇帝从他私人的钱柜里拿出12000塔勒，用于资助这套公寓的装修。新的总参谋部大楼是一座巨大的建筑，由奥古斯特·弗莱辛格（August Fleischinger）和古斯塔夫·沃格特尔（Gustav Voigtel）设计，耗时四年建成，它所在的地点基本上就是今天联邦总理府的位置。国王广场6号是这个帝国最受人景仰、也最神秘的办事机构。总参谋部里共有175名军官，比赖厄去世时的人数多了四倍。[38]现在，毛奇不会出错的名声转移到了总参谋部头上。对法国的战争结束后，国王下令将军事学院划归总参谋部管辖。在毛奇的领导下，这所军事学院发展成一所应用技术大学，它不再为军官们教授普通公民教育。很多老师来自总参谋部，往往是来自历史研究处。"战争史中已经发表了的东西，"毛奇解释说，"总是根据成功进行了抛光打磨的。但这是敬重及祖国之爱所必须遵守的义务，不要去损害这些名望，它们将我们军队的胜利与特定人物联系起来。"[39]换句话说，在公众场合，必须维护包括毛奇在内的军队的声誉。这一点在历史处的文献中确实有所体现。他们对普法战争[40]的描述是毋庸置疑的：训练、裁减和部署罗恩的"优质军队"让德意志的战旗胜利飘扬。只有在毛奇离职后，总参谋部才会核算出，工作人员实际上有多少短缺。[41]

赫尔穆特、弗里茨、古斯特和亨利搬入了位于一楼东南翼的这套首席公寓里，生活起居由仆人、门房、马车夫、女厨和清洁女工负责照料。拼花地板和门把手上，引人注目的除了象征毛奇家族的三只黑琴鸡，还有伯特家族的徽章。这是毛奇坚持这么做的。一排房间几乎看不到头：接待厅、工作室、卧室、会议室、银器室、茶室、音乐沙龙、吸烟室、餐厅、家人的房间、勤杂房——整个公寓对毛奇来说太大了。[42] 例如，会议室只在圣诞节使用。在平安夜，来自全国各地的礼物在那里堆积如山。尤其是每年都有许多来自西里西亚和荷尔斯泰因的礼物。[43] 主人的书房装饰得特别富丽堂皇。从房间的大阳台上，毛奇可以看到蒂尔加滕公园、克罗尔歌剧院（Kroll-Oper）、国王广场、毛奇大街和施普雷河湾，还有横跨在施普雷河湾上的阿尔森桥（Alsenbrücke）。国王广场上正在建造胜利柱，1873年色当纪念日那天举行了落成典礼，此后它便提醒人们不要忘记统一战争。吸烟室是土耳其风格的，用来纪念毛奇曾经在奥斯曼帝国度过的日子。音乐沙龙整个色调是白色和金色，里面放着一架贝希斯坦三角钢琴，居住在这套房子里的人几乎每天晚上都聚集在这里。亨利用他的歌声给全家人带来快乐。"他的声音如泣如诉，可以把歌唱得如此动人。"[44]

亨利·冯·伯特负责管理财产，处理家庭事务，晚上在茶室里朗读文学作品——比较偏爱弗里茨·罗伊特或者查尔斯·狄更斯，以及跟陆军元帅打惠斯特纸牌。伯特还是单身，他偶尔会和庄园的主人们或者他的老仆人一起出现在克莱绍。亨利的歌唱老师弗里德里希·德雷斯勒（Friedrich Dressler）已经成为这个家庭的常客。每年，他都会和宫殿庭院附近的女士们在接待大厅里为慈善音乐会进行排练。如果路易斯从拉策堡来首都，他经常在音乐沙龙里拉上几个小时的小提琴。退休后，他全身心地投入音乐之中。[45] 古斯特打理这个家。晚上，她很少弹钢琴，显然更喜欢听儿子唱歌。

这也因为弗里茨是一位真正的"乐迷"。[46]这位邮政局长自然会忍痛离开。"如果我们在演奏，而且他有可能不跟我们坐在一起，那么我们每次都会把门敞开，这样他就能在他那个离我们稍微有点远的房间里听到我们的声音，在那里，他抽着烟斗，坐在那张大靠背椅上：这是一种可爱、宽容的天性，从不大声抱怨那些严重的痛苦。"[47]弗里茨不欣赏理查德·瓦格纳（Richard Wagner）的音乐，但是他和瓦格纳长得很像，以至于走在街上，路人会把他和瓦格纳混淆："大师——柏林真是太走运了！"[48]库诺·冯·毛奇伯爵（Graf Kuno von Moltke）跟伦巴赫的妻子同样出自帝国伯爵一支，他在总参谋部大楼里经常演奏大提琴，有时候也会弹钢琴。"罗伯特·舒曼，"德雷斯勒说，"大概也会这样说他，他只要把手放在键盘上，就会诞生一个合乎伦理的作品。"[49]库诺创作管弦乐和军乐，其中包括《大选帝侯骑兵进行曲》。他的姐姐丹克尔曼伯爵夫人是这座首都著名的沙龙女主人，经常和陆军元帅打惠斯特牌。[50]

侄子和侄女们

毛奇一家每年夏天都在克莱绍度过。如果陆军元帅来了，这里就会挂上普鲁士和德意志的国旗。在宫殿旁边，象征着和平的橡树遮掩了大门，这棵橡树是为了庆祝《法兰克福和平协议》种植的。入口处高大阶梯的左右两侧，竖立着两门大炮，它们是来自法国的战利品。皇帝送给陆军元帅的其他大炮都被重铸成了钟，如今在召唤信徒进入教堂。毛奇在村子里铺设了一条铁路支线，它取代了通往施韦德尼茨的马车路。"我被困在我的克莱绍里，就像牡蛎困在它的壳里。"[51]无论天气怎么样，他每天都会去教堂山散步，这个地方现在叫作施坦贝格山，并且都会到玛丽的长眠之地去看一看。1882年，他写信给妮特，小教堂"边上的玫瑰一直长到了屋顶，开着数百朵花"。[52] 小教堂里有一句保罗的话："爱是法律的实现。"[53]

他为克莱绍庄园主夫人购置了这座山上别墅作为未亡人住所。它矗立在森林边缘的一座小山上，距离城堡步行大约20分钟的路程。"我打算还要为将来那些不能转让财产权的遗孀们做同样的事情，因为在一个年轻的经济体中，岳母们总是不被人喜欢的。"[54] 最早住进山上别墅的毛奇家族的成员，是阿道夫的遗孀奥古斯特和她的女儿露易丝。有时候，"战争女部长"克罗恩会来做客，她是奥古斯特精力充沛的母亲。[55] 德雷斯勒拜访了山上别墅里的奥古斯特。他说，她把自己"打扮得让人看着很舒服，一跨过门槛，就会有一种惬意、舒心的气氛让人感觉如同在自己家里。房间里是路易丝女王时代的漂亮的旧家具，墙上挂着珍贵的家庭照片……在客厅里，也有一架珍贵的三角钢琴，毛奇太太请我也弹奏一曲"。[56] 1882年，奥古斯特的女儿玛丽花了很多钱让人翻修了这座山上别墅。[57]

玛丽是玛丽·伯特的教女，嫁给了非常富有的实业家欧根·冯·库尔米茨（Eugen von Kulmiz）。欧根的父亲卡尔·冯·库尔米茨（Carl von Kulmiz）是一家钢铁公司和一家名为西里西亚股份公司（Silesia AG）的化工企业创始人，公司位于下西里西亚的萨劳（Saarau）。欧根统治着一个帝国：宫殿、农庄、矿山、陶瓷厂，还拥有铁路建设的股份。克莱绍的毛奇也早就是个百万富翁了，但是和他萨劳的亲戚相比，财富就不足为道了。卡尔属于新的经济资产者中的顶尖人物。

家族族长照顾所有的18个侄子和侄女，对于"四个巨人"则特别优待，他们是阿道夫身材高大的儿子。他们中有三个人都已婚配，姻亲社会地位与他们门当户对，甚至更高。只有年龄最小的路德维希还是单身。他出于爱好经营着农业,并且接管了克莱绍的管理工作。"从路德维希稀稀拉拉而且含糊其词的信中,"毛奇抱怨道,"我没有了解到多少,不清楚克莱绍的情况到底怎么样,收成有可能不好,以前的收成也不怎么样。农业是一个太不稳定的行业。"[58]1889年,陆军元帅为路德维希买下了离布雷斯劳不远的佐滕贝格山(Zobtenberg)边上的韦内尔斯多夫(Wernersdorf)庄园,并偿还了庄园本身附带的所有债务。

弗里德里希·冯·毛奇,即"有着金子般的心的弗里茨",他是小约翰最爱的孩子,当古斯特和弗里茨搬到吕贝克的时候,他也陪伴着兄弟姐妹,并自然而然在那里上了学。[59]高中毕业后,他在斯特拉斯堡和柏林学习法律,暂时住在总参谋部大楼里。伯父赫尔穆特付给他一笔"津贴",数额相当于一个普鲁士陆军上尉的军饷。考试通过后,弗里德里希于1882年成为奥波莱(Oppeln)的政府候补文职人员。[60]他娶了尤丽叶·楚克施韦特(Julie Zuckschwerdt),是马格德堡一位非常富有的银行家的女儿。她的父亲在国际性的食糖贸易中挣到了一大笔财富,并在县议会里代表民族自由党。[61]尤丽叶是一个聪明、友好的姑娘,还是歌德专家和艺术之友。她对当代绘画了解很多,收集了很多画,讲起来如数家珍,引人入胜。[62]陆军元帅在奥波莱拜访了这对夫妇。"他们把家布置得很漂亮。"[63]弗里德里希是一个敏感、懂得平衡的人。当他的兄弟威廉和亨利·伯特之间发生争执的时候,他会尽力去调解。"至少我现在已经很清楚了,"弗里德里希写信给亨利,"这中间出现了令人遗憾的误会。不管事情是怎样的,我都想恳请你冷静地对待,不要无谓地气愤。一切都会有好的结果。我今天只想请求你,亲爱的亨利,不要把我的兄弟威廉往坏处想。"[64]在奥波莱,1884年11月29日,他唯一的儿子汉斯-阿道夫(Hans-Adolf)出生了。

仅仅几个月后，弗里德里希·冯·毛奇就成为上西里西亚地区托斯特-格莱维茨县（Kreis Tost-Gleiwitz）的县长。在那里，这位33岁的男子担任的职务跟他的父亲15年前在平讷贝格的职务相同。

毛奇的教子赫利出于对军队的热情，在六、七年级的时候就已经离开了克里斯坦中学。陆军元帅把他安排在了波茨坦的近卫军中。对法战争结束以后，赫利去了军事学院上学。19世纪70年代末，他在瑞典度假期间结识了伊丽莎·冯·毛奇-惠伊特费尔德（Eliza von Moltke-Huitfeldt），她是特别富有的弗拉基米尔·冯·毛奇-惠伊特费尔德伯爵（Graf Wladimir von Moltke-Huitfeldt）的女儿。伯爵住在隆德（Lund）附近的奥韦萨鲁姆宫殿（Schloss Ovesarum），他说："我和我的家人在赫尔辛戈尔（Helsingör）附近的玛丽恩利斯特（Marienlyst）海滨浴场度假。有一天，我郊游回到哥本哈根的时候，我的妻子告诉了我一个消息，我感到很惊讶，两个年轻的普鲁士军官和她走得很近。两个普鲁士军官？我的天啊，你永远都是丹麦人！但是当我听说了他们的名字——冯·布兰肯伯格（von Blankenburg）先生和陆军元帅的侄子赫尔穆特·冯·毛奇先生，我有点放心了。这个德意志的毛奇家族几百年来和我们都没再有过更加密切的关系，他们始终都属于这个家族。"[65]

伊丽莎（Eliza）是一个性格内向、大概也有些忧郁的人。赫利知道："能让你真正感觉到快乐的东西如此之少。"[66] 显然，经历过不幸的青年时代，这种感觉让她很压抑。此外，伊丽莎还有听觉障碍，这是她童年得了一次几乎致命的猩红热带来的后遗症。她的外公是外交官，她曾在巴黎外公那里度过了几年时光。伊丽莎会说流利的法语，会弹钢琴，可以为赫利伴奏，赫利大提琴拉得特别好。赫利遇到了这样一位可以交流思想的亲戚："我发现我和你的兴趣

图9-8 伊丽莎·冯·毛奇和赫尔穆特·冯·毛奇（小毛奇）

爱好和对问题的看法完全一样，这真是太好了。"[67]1879年，这对年轻人举行了婚礼。陆军元帅恭喜他的侄子"能和这样一个卓越的家庭结亲"。[68]

赫利和伊丽莎住在波茨坦。他们有了四个孩子：威廉、阿斯特里德（Astrid）、埃尔泽（Else）和亚当（Adam）。与父亲和伯父一样，赫利也受过很好的教育。他会说法语、瑞典语和丹麦语，画画也很好。"有些画会让你产生很多思考，另外一些画虽然让你思考得比较少，但是全都在默默地、意味深长地注视着你，似乎它们想要说，如果你想了解我，就思考一下我。忘记你自己和你的时代，忘记你生活的世界，置身于我的时代和我的世界。"[69]他的文学英雄是歌德，他最欣赏《浮士德》："这是我们德语文学曾经创造过的最伟大的作品。"[70]在野外进行地形测量时，他包里始终装着这本书。"你应该看看我，"他给伊丽莎的信中写道，"当我弯着腰站在测量台边上，孤独地站在随风飘动的灌木丛的野草中间，一边大声地朗读《浮士德》中的独白，一边用圆规测量距离的时候。间或我不得不自我嘲笑一下……"[71]

第九章 毛奇崇拜

图9-9 克莱绍的家庭照：路德维希·冯·毛奇、伊丽莎·冯·毛奇、陆军元帅赫尔穆特·冯·毛奇（站立者）和赫尔穆特·冯·毛奇（小毛奇）

威廉是"四个巨人"中年龄最长的，不过在兄弟中间被称作"矮子"。尽管他身材格外高大，但还是比其他三人矮一点儿。伯父赫尔穆特也为他扫除了一些障碍。1875年，毛奇把他带进总参谋部，然后又把他调到骑兵精英团，调到柏林的近卫军军团。威廉去军事学院学习，住在总参谋部大楼，跟德雷斯勒学习小提琴。对于克莱绍遗产的处理，毛奇非常严格。"我亲爱的威廉！如果将来有人愿意为你支付账单——当然这种情况在实际生活中很少发生——但我仍然要建议你，不要让他等14天才得到答复。"[72] 毛奇也负责着这个侄子的生活。每个季度，他都会支付一笔抚养费，也承担了威廉的债务，从不吝啬于劝诫威廉。"相信我，那些年轻时没有学会钱少省着花的人，年纪大了有钱也不够花。放心，我非常乐意让你的境况在未来得到改善，只要能让我相信，你懂得经营，而不是反过来。"[73]

威廉与贝图西-胡克伯爵和伯爵夫人保持着联系。他们是毛奇庄园的邻居，住在上西里西亚地区的班考（Bankau），冬天那几个月在柏林度过。1866年的平安夜，威廉是在首都跟爱德华和艾米·贝图西-胡克一起庆祝的。[74]陆军元帅在他担任弗里德里希王储副官的时候就已经认识这位伯爵了。在伯爵夫人那里总是能听到家庭音乐。"她那极其漂亮的女低音,"德雷斯勒说,"对于陆军元帅来说,远胜于她丈夫著名的议会宴席。后来大家都知道了,这对可爱的夫妇和毛奇家族结成了亲戚关系。"[75]威廉娶了这个家庭的大女儿,埃拉·冯·贝图西-胡克(Ella von Bethusy-Huc)。她为他生了六个孩子:莱奥诺蕾(Leonore),人们叫她"莱诺"(Leno);赫尔穆特,所有人也包括陆军元帅,都叫他"穆迪"(Muthi);还有玛格丽特(Margarete)、莫妮卡(Monika)、彼得和卡尔-维戈(Carl-Viggo)。

上尉亨利·冯·伯特患上了神经衰弱。1883年,他和他母亲去了瑞士休假旅行,在苏黎世,他因为体力不支倒下了,被转入一家疗养院。自此以后,古斯特的心脏衰弱变得明显起来。1883年3月27日,她去看望当时与克努德森生活在波茨坦的欧内斯廷时,突发心梗去世了。[76]老毛奇让人把古斯特安葬在克莱绍的教堂山上,就葬在玛丽的旁边。亨利请求辞职。他在德累斯顿附近的克莱沙(Kreischa)疗养院里住了几个月,然后在萨克森首府附近的布拉塞维茨(Blasewitz)买了一栋房子。"这处美丽的地产,"德雷斯勒说,"坐落在易北河畔,美丽的花园视野很好,可以观看船来船往的河流和河对岸矗立的高山。冯·伯特先生从担任陆军元帅副官起就跟萨克森的王室保持着联系,这为他打开了进入德累斯顿上流社会的大门,很快萨克森首府的知识分子们就在他漂亮的家中会面了。"[77]毛奇看望了在布拉塞维茨的亨利。但是亨利没有再回柏林。1887年,跟随他多年的仆人开枪自杀了。伯特的精神又崩溃了,他必须去精神病院。"可怜的亨利!"[78]老毛奇抱怨道。

第九章 毛奇崇拜

图9-10 伊丽莎·冯·毛奇，1897年

取代亨利的职位、担任陆军元帅副官的是赫利·冯·毛奇，他带着伊丽莎和孩子们一起搬进了总参谋部大楼。伊丽莎接手了古斯特的角色。他们的孩子们让这间大公寓里充满了生气。偶尔，他们也会陪同陆军元帅一起出游。"所有的柏林人，"阿斯特里德回忆道，"都向他们的毛奇致意，这让我们心中充满了崇敬之情。"[79]伊丽莎承担了代表的义务。毛奇说："今天，她参加了战争部的慈善义卖，……此外还有宫廷舞会和私人舞会，以及由42位来自上层社会的夫人组成的歌唱协会，不久以后，她们要为玛德莱娜基金会举办一场音乐会并在我的会客大厅里进行排练。"[80]赫利则忙于总参谋部的工作。这是毛奇这个名字赋予他的义务。他写信给伊丽莎："我觉得自己一天比一天更有力量，想要去做好每一件事情，对你的思念如同喷涌而出的泉水，赐我以力量，让我不断向前，向前，就像你和我的名字赋予我的使命一样。"[81]1889年，县长弗里德里希·冯·毛奇接手了文化事务部中教育和教学部门的领导职务，这个家族在柏林的实力得到了加强。赫利的弟弟从他的新书房可以看到菩提树下大街繁华漂亮的景色。[82]几个星期以来，弗里德里希一直住在总参谋部大楼里，

直到他和他的家人搬进了蒂尔加滕公园边上的一所公寓里。

陆军元帅对待这些侄子的孩子们就像对待他自己的孙子们一样。弗里德里希的儿子汉斯-阿道夫在波茨坦的一次学校演出中成功扮演了《安提戈涅》剧中的克瑞翁,"以至于对他的评论出现'惊人的'这个词"。[83]汉斯-阿道夫从白喉病中康复后,毛奇松了一口气。[84]他对威廉的长子、再下一任克莱绍的庄园主穆迪更是疼爱有加。而穆迪在学校里成绩并不好。陆军元帅年老了,待人宽厚温和:"穆迪更喜欢滑冰,而不是在学校里流汗,我不能为此责怪他……"[85]这个男孩不得不担忧每一次的升级:"穆迪是升级了,还是他的老师们在考试的时候喊'再来一次'?"[86]在克莱绍,他玩那些作为战利品的大炮。"小赫尔穆特爬来爬去,喊着爸爸爬进了大炮里。今天他有些烦躁不安,我相信,他是长了一颗牙齿。"[87]当然,穆迪也会得到"爷爷"的建议,连同一笔小小的零花钱:"如果你把所有的钱都放在储蓄银行的存折上,那你就是一个吝啬鬼,如果你在短时间大手大脚把它乱花掉,那你就是一个铺张浪费者。正确的做法是介于两者之间。"[88]穆迪在瑙姆堡(Naumburg)附近的罗斯莱本修道院寄宿学校老是喜欢捉弄人。1889年,即他在这里上学的第二年,校长禁止他复活节假期回家。穆迪的老师们把惩罚向陆军元帅而不是威廉做了解释。[89]毛奇是一家之主,甚至比血缘上的父亲更有发言权。

陆军元帅之死

所有的兄弟都比毛奇去世得早。1853年,威普斯去世;1874年,弗里茨去世;1889年,路易斯也去世了。只有生活在于特森的莱娜在毛奇去世后还活着。[90]"我身体还凑合,"他解释说,"我没有生病,但是老了。如果还能在克莱绍过一个夏天的话,那么我会满足地离开。"[91]1890年10月26日,他90岁生日的时候,昔日战争中的敌人和青年时期的朋友凯·冯·黑格尔曼-林登克罗内为他送上了来自哥本哈根的祝福。毛奇很感谢他:"除了在幼年时期,我们很少见面,后来全副武装以敌人的姿态面对对方,但是我们一直保持着忠诚的友谊直到暮年……但愿幸存者身上留下的伤口能够被抚平。"[92]人们组织了火炬游行队伍,伴着军乐,还有歌唱爱好者合唱团助兴,还安排了燃放烟花等一系列的庆祝活动,类似于国家庆典。

但是也有其他声音。赫利很愤怒,伯父赫尔穆特"收到了一封恐吓信,写信者告诉他:你这一生都靠着工人们的汗水过着穷奢极欲的生活……"[93]几年前,陆军元帅就已经在苦苦思索,如何应对第四等级人们的起义了:"可以计算出,柏林有八万社会主义者和三倍于这个数字的好奇围观者,后者才是主要的麻烦。人们下手时肯定不会手软:在开阔的马路上直接用骑兵踩踏暴动者,用刺刀砍,用榴弹去对付路障。"[94]赫利看待这件事情也很悲观,他警告伊丽莎:"但我们生活在这个时代,暴动自下而上,发生在世界各个角落。在柏林这个大城市里,很多人遭遇了许多贫困和苦难,开始越来越多地进行思考。……不好的时代肯定会到来,即使没有那么快,但肯定会到来,我们两个还会站在风暴的中心。"[95]只有军队才是抵抗革命的屏障。[96]对于左翼自由主义者和社会民主党人,赫利只感到厌恶。他抱怨说,在帝国议会的日子里,"这些和善而麻痹大意的人,他们会一直坐着,直到他们之上的国家建构坍塌,把他们掩埋在废墟下面,直到嗜血红色社会主义的号叫声响彻大街,直到民众发酵的情绪形成大火把年轻的德意志帝国烧成灰烬,直到我们的敌人们用脚踩踏着我们分裂的民众的脖颈"。[97] 从他的视角来看，帝国缔造者的杰作已经出现了裂缝。

陆军元帅赫尔穆特·冯·毛奇伯爵走到了生命的尽头。现在他想向自己和家人解释，岁月能给人留下什么——人是什么，人可

图 9-11　赫尔穆特·冯·毛奇（老毛奇）在德意志帝国议会与保守党议员在谈话中，1889 年

图 9-12　赫尔穆特·冯·毛奇，伦巴赫绘，1888 年

以有什么企盼，人能做什么以及能知道什么。《欣慰的思想》[98]蕴含着他在生活、思想和信仰上的经验果实。没有一个词是关于战役和功绩的，这一切显然只是尘埃和阴影。毛奇关注的是面向造物主的创造。他声称，人是一分为三的存在，灵魂就占了两个单元：理性和情感，"理性的灵魂"和"感觉的灵魂"。二者都与第三单元对立——也就是说与身体这种"作为对我们自身陌生的东西"对立。毛奇作为诺斯底主义者回答了人是什么这个问题：最为根本的是精神或者灵魂。总参谋长的思想先驱认为不仅躯体，而且理性也是心绪的仆人。毛奇认为，人是被他的"感觉的灵魂"所控制的。当然，理性是神性的明亮火花。在它的帮助下，人类可以解开宇宙的秘密。"自然界里不存在任何随意的东西，法则无处不在。"所有理性的目的都是为了揭露真相。理性和世界秩序是相互对应的，我们的头脑确实能够解读宇宙，这使他敬畏和惊奇："思考的灵魂在无尽的星空中游荡，它将铅锤甩出投进深不可测的最小生命的深处，在任何地方都找不到极限，但在任何地方都是规则，是神的思想的直接表达。"大自然的法则和人类的理解在毛奇看来是神性的反照："理性和世界秩序是一致的，它们一定是同源的。"毛奇以他这个时代的自信回答了人能够知道什么的问题：基本上是这个世界上的一切。

而理性与信仰又有什么关系呢？毕竟，理性思想会抵制奇迹，抵制这"信仰最为钟爱的孩子"。毛奇声称，这种怀疑不是针对宗教的，而只是针对它教条式的传授。所有宗教的核心不是教条，而是道德。因为善总是与理性相符合，所以道德与理性之间并不存在矛盾。相反，例如基督教将世界从野蛮提升到了文明开化的程度，废除了奴隶制，使劳动变得高贵，让妇女与男子平等，并将目光投向了来世。大规模的谋杀、宗教法庭和三十年战争是教条主义思想的

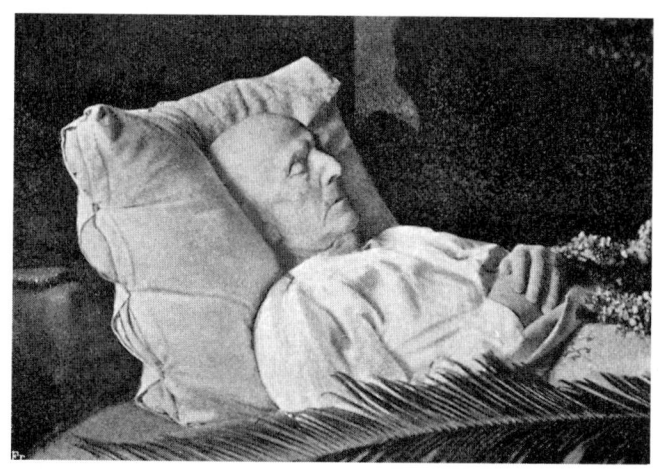

图 9-13　总参谋部大楼里临终之时的陆军元帅，1891 年

结果，是对"人类理解力无法触及的事物"的争斗。良知提供了一个准则，它被公认是神的起源，向所有宗教的信徒宣传道德——如家庭的神圣价值。所以这就是人应该做的事情：用道德行为处世。

　　人可以企盼什么呢？毛奇知道，生命的创造和发展，需要每个人付出不可估量的巨大努力，以至于用死亡来毁灭他同样是无法估量的损失；这种可能性人们可以安心地拒绝，因为这将是不可估量的不理性。但是，对理性的管理，在宇宙万物中随处可见。因此，人可以寄希望于自己的灵魂能够继续活着。至于他是否应该希望如此，那是另一回事。因为，毛奇问道，看到我们的生活、思想和行动在一张桌子上铺开，真的会让人心生向往吗？他把永生想象成从更高的领域观察和体验世俗的事物，把它提升到那个层次，在那儿可以解开所有存在之谜。不仅是理智，更重要的是心灵必须认为"当灵魂不朽的时候，灵魂将会永存"。因为只有心灵才有能力去爱。而爱是"我们存在的最纯粹、最神圣的火焰"。在毛奇看来，对周围人的爱是爱上帝的表现。在这个世界上，只有爱才能超越死亡："对那些在我们前面逝去和在我们死后还活着的人的爱，肯定是永恒的。"[99] 关于人类存在的价值或无价值、意义或无意义，都是由爱决定的。[100] 毛奇希望有一个温和的法官。最后留给这位军事领袖的只有爱。

1891年4月24日，赫尔穆特·卡尔·伯哈德·冯·毛奇在总参谋部大楼里去世了。赫利说，他的最后一眼，落在了玛丽的画像上。

第十章
威廉时代

——民族的光与影

在"汉莎号"下面，风景就像一幅幅变化的全景画：富尔斯比特尔（Fuhlsbüttel）的飞艇大厅、布兰克尼兹（Blankenese）的绿色丘陵、汉堡港熙熙攘攘的人群。汽船通过汽笛声迎接齐柏林飞艇。这艘 LZ13 飞艇犹如天空中的一支巨型雪茄，18700 立方米氢气为它提供了浮力。飞艇上严禁吸烟，阵风也会危及它的安全。两年前，1910 年 6 月，LZ5 飞艇在参加完一次阅兵式后遭遇了不幸。人们对飞艇的热情有所减弱。[1] 陆军和海军把齐柏林飞艇用于军事目的。在"汉莎号"的乘客舱里，乘客们从窗户左右两边往外看，桌边坐着的全部都是总参谋部里的军官，其中包括赫尔穆特（赫利）·冯·毛奇。"汉莎号"长 148 米，隶属于德意志飞艇运输股份公司，这是世界上第一家航空公司。[2]

现在正好是顺风。这艘配备了三台迈巴赫发动机的全新飞艇，向着易北河下游加速飞行，时速超过每小时 100 公里。大约 60 分钟后，"汉莎号"在库克斯港（Cuxhaven）上空盘旋，然后在北海上空盘旋。但是，天际隐约出现一条飑线。几乎没有什么时间来展示这艘飞艇的特点：下降到水面上几米高的地方，然后再次上升，

图10-1　赫尔穆特·冯·毛奇，陆军总参谋长。一张明信片，1912年左右

匀速行驶，平稳，没有摇晃，最后返回陆地，在低空飞行，让乘客可以看到地面上的细节。"这是一种美妙的感觉，"毛奇兴奋地说，"像鸟儿一样在空中盘旋，随心所欲地起起落落……"[3]

在返航的途中，飞艇飞过易北河和蜿蜒的平诺河，在左手边，飞过了埃尔姆斯霍恩的屋顶和烟囱，然后飞过了北海沿岸高燥地带中间的一个绿岛：一片小的山毛榉林，几十年前，威廉、赫利、弗里德里希和路德维希曾经觉得它无比广大。小山毛榉林的后面是沃什洛赫（Vossloch），巴姆施泰特西面的一个小村庄，阿道夫和奥古斯特曾在那里用温啤酒和黄油面包宠溺着他们的"四个巨人"。然后，终于看到了：兰曹。"那个小岛上有留下我们美好青春记忆的老房子，四周绿水环绕。我认识那里的每一个地方，每一个我们玩耍过的地方，认识那里每一棵我在上面刻了名字的树，我认识那些窗户，因为我曾经住在它们后面，还认识那里每一座我们走过的桥。这一切一点也没有改变，它们在我记忆中是多么根深蒂固。"[4]庄园、法院、花园，在这个花园里，毛奇曾挨了几个冬夜的冻，只为射到偷吃卷心菜的兔子，养了鲫鱼的池塘，还有赫利和威廉为了躲避绘画课而爬上的冷杉树。"一切都像玩具那样堆了起来，这里又有些孩子们，就跟当年一样，他们中止了嬉戏，张大眼睛盯着天空，他们大概和我们那个时候一样快乐，大概认为这种美好的生活永远不会结束，我们当年也是这样想的！"[5]读者几乎看到了作者眼里的泪水。听到了忧郁的声音，是一种叹息和渴望，也许是对能够摆脱成人生活负担的不确定的渴望。"螺旋桨发出嗒嗒的声音，"毛奇说，"在它们发出的这些声音中，我听到了孩子们昔日的欢呼声，父母的声音，树叶的沙沙声，以及过去岁月的呢喃。这个时代离现在有多远，有多么的不通世故，现在，人们在空中盘旋，感受着过去、现在和未来是如何交织在一起的。"[6]"汉莎号"安全返回富尔斯比特尔。一艘和它的时代一样的飞艇：技术上的现代化，没有节制，非常危险。

民族主义的变迁

辉煌与荣耀，仪仗制服与节日盛装，警卫团与皇家演习，接力赛跑与舰队检阅，齐柏林飞艇与"皇帝号"远洋邮轮，后者甚至比"泰坦尼克号"还要大——德意志帝国实现了前所未有的崛起。在威廉时代，从1890年俾斯麦被罢免到1918年第一次世界大战结束，一种史无前例的权力意识渗透到社会的各个角落。[7]无论如何，这是任何与职员、教师、药剂师、律师或者手工业师傅——换句话说，就是资产阶级中的中产阶级的成员，是介于上层的乡绅贵族、大型企业主和高级官员以及最底层的小农民、工人和临时工之间的那些人——交谈过的人都不得不相信的。威廉时代从整体上来说是一个经济繁荣的时代。帝国的大学在各地都享有很高的声誉。技术革新，主要是普遍的电气化，此外还有电动化的开始以及无线电行业的开始，都为经济的发展开辟了新的市场。在俾斯麦的统治下，帝国已经从一个农业国家变成了一个工业国。但是在威廉时代，工业的发展有了欧洲独一无二的繁荣。当时，英国的工业发展缓慢，法国的工业发展更慢，俄罗斯才处于工业化初期，德国却已经点燃了技术工业的火花。在经济上，帝国是世界上最现代化的国家之一。

与此同时，欧洲的民族主义思想大厦也经历了四次变革。第一，自由主义这一部分解体了，取而代之的是排外主义、对世界权力的欲望和战争的倾向。种族的民族主义与政治自由主义的民族观念相叠加。[8]第二，认为独立国家的形成只是少数几个民族的特权，而这些民族的经济、政治和文化稳定似乎是毫无疑问的，这种信念崩塌了。现在，很少有欧洲人听说过的群体如爱沙尼亚人、威尔士人、巴斯克人也开始主张这一权利。因此，民族主义运动的数量不断在增加。[9]第三，越来越多的人似乎相信只有通过国家独立才能实现"民族自决"。到目前为止，只有很少的民族运动能走得这么远。[10]第四，最重要的是，从现在开始，语言决定了一个人是属于哪个民族的。如果说之前它只是一个特征，那么现在它已经占据主导地位。[11]

造成这种变化的原因很多，也有很多争议。有一点是可以肯定的：欧洲各国争夺海外殖民地的竞争愈发激烈；尤其是与非欧洲文化的冲突，加上大规模的移民潮，使帝国主义时代变成了排外时代。[12]此外，国际形势也发生了变化。从1878年的柏林会议到1890年左右威廉时代的开始，欧洲人在很大程度上内部瓜分了地球。一个民族国家的每一分收益都意味着另一个民族国家未来的损失。这种竞争的加剧加深了人们对民族的依恋之情。最后，自然科

图 10-2　威廉一世皇帝，1887—1888 年

学的发展促进了政治学说的突破，这些学说用生物学来论证民族主义观念。社会达尔文主义者在达尔文进化论的激励下，认为国家、民族和种族都是有生命的存在，在不断的生存斗争中，必须遵循适者生存的规律，必须遵循自然界的法则。[13] 以英国为例，兵役联盟（National Service League）吸引了大约 10 万名成员。联盟的宣传将在民族安全问题上的妄想与相信英国种族的优越性结合在一起。[14] 在德意志帝国，4 万名泛德意志主义者要求获得更多的"生存空间"，促进讲德语的定居者越境定居，并要求采取建立在种族意义基础上的反犹太主义的措施。[15]

民族主义的变革由欧洲各地的中产阶级所承载，他们对国家重要性的信仰超过了自己的社会地位。这也麻木了人们对来自底层社会威胁的恐惧。因为，民族主义的增强，不仅是对新的世界观胜利进军的回应，更重要的是对工人运动兴起的回应。在这种担忧中，德意志帝国的许多公民感觉与统治者有着密切的联系。也正是这个原因，外交政策和战争仍然是皇帝及其顾问们或多或少可以在没有议会的情况下做出决定的两个领域。[16] 威廉对技术革新的开放态度，尤其是对"资产阶级"舰队的热情，也使他获得了认可。

此外，威廉二世表现出了一个深刻的变化：他同时代的大多数人，甚至是他自己，都快忘了他不仅是皇帝，而且也是普鲁士的国王。同时，普鲁士的首相不再顺带以帝国总理的身份处理政务，而是帝国总理顺带以普鲁士首相的身份处理政务。德意志人的内部民族塑造暂时告一个段落。

男性德意志人因为服兵役而团结在一起。"您在哪里服过役？"这个问题，已经成为理解这个民族的一句套话。在大众旅游时代还远未到来之前，莱茵地区的居民迁往西里西亚，或者波莫瑞人迁到

图 10-3　威廉二世皇帝，1890 年以后

了阿尔萨斯，使得民族国家变得似乎可以感知。在部队里，新兵们学会了如何使用武器，为民族效力。[17]因此，扩大军事上的"回忆之所"得到进一步重视。对陆军元帅毛奇的崇敬而言，他的家庭对这种诠释有着持久的影响。

克莱绍：膜拜之所

克莱绍已经成为膜拜之所。陆军元帅去世以后，现在宫殿的主人是威廉·冯·毛奇伯爵，每周日都有数百人来到宫殿膜拜。他们经常从很远的地方乘火车、汽车或者步行来到这里，惊讶于庄园，在花园里沿着长廊散步，或在陵墓前放上鲜花。[18]偶尔，威廉或者埃拉也会愿意向参观者展示"陆军元帅的房间"。在毛奇位于一楼的卧室里，时间似乎停滞了。瓷器架上的假发、死者面型、毛奇右手的石膏模型、床铺、勋章和荣誉证书，还有墙上的一张大的家谱——这一切有一点让人联想起一座寺庙。

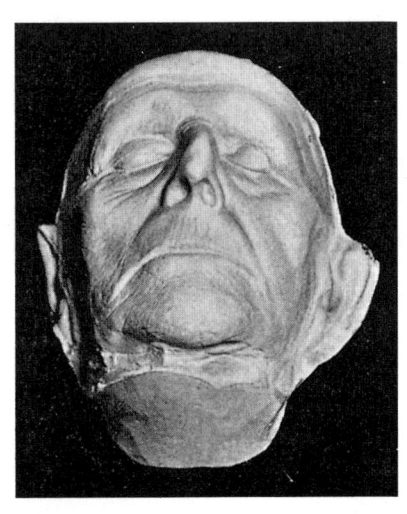

图 10-4　陆军元帅的死者面型

第十章　威廉时代

只有在夏天的时候，威廉和埃拉才会住在宫殿里。这位毛奇伯爵是汉诺威守备部队的指挥官。在那里，他们夫妇每年冬天都会搬进一个有着14个房间并配备有工作人员的公寓里。[19]穆迪仍然是那个问题孩子。当这个男孩患上白喉的时候，他的父亲在病床前用马鞭逼着他吃药。他的情况越来越糟糕了。穆迪很快又患上了肺结核，医生无法治愈。埃拉并非只相信医生的技术。在克莱绍，她在宫殿的地下室里秘密接见了一名会看手相预测未来的吉卜赛女人。[20]

这件事情后来在这个家庭里一而再再而三地被提起。那个吉卜赛女人声称，有一个戴着蓝色项链的女人，有一天会给克莱绍带来巨大的幸福。埃拉这辈子一直与灵魂师以及呼神唤鬼这类事情打交道。[21]显然，是她把波士顿的女传教士推到了穆迪的病床边，她们是基督教科学会的成员，也就是人们口中俗称的"以祈祷的方式帮人治病的人"。而克莱绍的继承人也真的被治愈了，这应该归功于基督教科学会，穆迪从未对此表示过怀疑，看上去似乎是这样。

图10-5　毛奇右手石膏模型

遗产之争

"祖父"依然无处不在。1891年,在陆军元帅去世几个月后,在毛奇生日那天,一家人聚集在教堂山上,举办一场追思会。"白天,"柏林政府的部门负责人弗里德里希·冯·毛奇说,"这个小教堂里停放着三口装饰过的棺椁和燃烧着的蜡烛,看起来非常庄严……临近傍晚的时候,小教堂散发出最为亲和的力量。在开着的门前,一个来自施韦德尼茨的男声合唱团唱起了赞美诗。然后,牧师做了一个祷告,并宣读了朔巴赫为纪念这个日子而写的致辞。牧师的祝福结束了这场只有亲戚才参加的小规模追思活动。"[22] 但是有一个人刻意避开了这场纪念活动:亨利·冯·伯特。他想避免任何一个与威廉碰面的机会。亨利曾在德意志出版社(Deutschen Verlags-Anstalt)的顾问、斯图加特的约瑟夫·库尔施纳(Joseph Kürschner)的介绍下,签署了一份合同,印刷出版赫尔穆特写给玛丽·伯特的所有信件。同时,威廉通过中间人让人在柏林出版了陆军元帅的著作《毛奇全集》。总参谋部战争史处的冯·莱辛斯基

图10-6 克莱绍教堂山上的纪念教堂

(Leszczynski)中校为威廉审阅了这些稿件。弗里德里希抱怨说,总参谋部俨然以"遗物的守护者"自居。[23]

亨利觉得自己吃亏了,想要对威廉提起法律诉讼,甚至威胁要把德皇牵扯进来,并且请求赫利对威廉施加影响,"为了让对我们伟大的已故伯父及德意志民族的缅怀免受由……物质利益冲突而导致戏剧性场景"。[24] 因为这本《全集》,亨利抱怨说,"我和我的亲戚们"——指的是欧内斯廷和巴尔霍恩一家——"不仅损失了承诺给我的巨额稿酬,而且我的健康和精神都受到了严重的损害。……亲爱的赫利,在你最困难的时候,我忠实地站在你的身边,现在该你为我做同样的事了"。[25]

但不是亨利,而是法律人士弗里德里希充当了调解人的角色。"如果你有什么担心的事情,亲爱的亨利,只要我可以帮得上忙,你可以随时来找我。"[26] 不过,弗里德里希也有顾虑:"陆军元帅的情书,我以为,这是一次大胆的行为。他们藏起了你给我看的这些珍贵信件,我自然进行惩罚。"[27] 弗里德里希安抚,解释,谈判,前往布拉塞维茨,写信给斯图加特的库尔施纳。

最后,他们找到了一个经济上的解决方案,亨利和他的出版商都同意了。毛奇订婚期间的信件在这本《全集》中出版。[28] "我很高兴,也很感激,"弗里德里希给布拉塞维茨写信说,"对我们可敬的长眠的人的爱使我们又聚在了一起。"[29] 金钱当然一定是发挥了作用的。

在那之后,亨利就失去了踪迹。费迪南德·哈拉赫伯爵(Graf Ferdinand Harrach)为他留下了永远的纪念。哈拉赫的画作《毛奇与他的副官德·克莱尔中校和冯·伯特上尉在巴黎城外的观察站》(1876)让总参谋长在争夺首都的战争期间所在的位置看起来像一个歌剧院的包厢。只有副官们才和"剧场前排座"的军队保持着联系：奥托·克莱门斯·德·克莱尔（Otto Clemens de Claer）中校和亨利（潘希）·冯·伯特上尉。[30]

对于几乎所有的历史学家来说，这套《毛奇全集》成为研究老毛奇生平的基础。[31]但是出版者——威廉·毛奇伯爵、小毛奇和普鲁士的总参谋部——已顾及"有声望的人"。在第三卷的序言中，赫利谈到了陆军元帅的担忧："这很容易发生，通过分享个人的经历，一个在历史中纯粹、崇高的形象，会以一种丑陋的方式被损坏，偶像的光环也会遭到破坏。"[32]威廉为作品集写了一篇序言。他解释说，他的家人并不想让毛奇的生活画面"永远在其狭小的圈子里独自保持着光明和忠诚"，而是"要把他的生活画面呈献给德意志人民，正如他本人用文字和语言所证明的那样"。[33]在这些句子中掺杂着宗教启示的调子。

出版者们不想呈献给德意志人民的内容，用蓝色蜡笔在原件上做了标记。"这位可怜的绅士"，毛奇1864年曾对国王表示过同情，"似乎没有力量摆脱包围他的意见所造成的情绪。"[34]——蓝色蜡笔。1890年1月，毛奇报告说，"明天是奥古斯塔皇后的庄严的葬礼，这是一个很好的机会，我们又可以乘机凉快了。"[35]——蓝色蜡笔。"骑兵在空旷的街道上用刺刀对抗暴乱者，用炮弹清除路障。"[36]——蓝色蜡笔。毛奇父亲的生平事迹被出版者们篡改得几乎到了伪造的地步，关于恋爱的事，同性恋的经历，自杀的念头，离婚的欲望，关于帕申遗产的争议以及关于法国荣誉军团勋章的事情，都只字未提。[37]《毛奇全集》的读者无法从中了解追随亨利多年的仆人自杀的相关事情，也很少能获悉毛奇参与过他最年长的侄子的生活，无法了解他对亲戚们的保护，无法了解亨利的崩溃或者是乡绅伯特的无情，也不知道莱娜与普罗普斯特·布勒克的困难，当然也不可能得知关于版权之争的事情。这个列表还可以拉得更长。"他会因为这套文集的出版而神话般地复活。"[38]弗里德里希,他的侄子表达了这样的希望——而且不无理由。

神经质的侄子

赫利几乎每天都会和皇帝说话。两个人是在一个波茨坦的警卫团里服役的时候认识的。[39]很长一段时间以来,他们之间建立起了友谊。小毛奇也曾多次以陆军元帅副官和家庭常客的身份与威廉见面。如果他们在皇家演习期间相遇,例如1881年在伊策霍埃,这位王位继承人就会找机会接近他在警卫团的战友。"威廉王子",小毛奇说,"昨天和我一起骑了很长时间的马。我想,他很高兴,能在陌生的人群中找到一个老熟人。"[40]1888年,当威廉在帝国议会的开幕式上第一次代表王室发表演讲的时候,小毛奇感到很钦佩:"他用优美、具有穿透力的声音说出了演讲的最后一段话,没有一丝拘谨,他坚定而骄傲地站在那里,是一个强大帝国强有力并且自信的统治者。……这是美丽、伟大的一幕。"[41]在陆军元帅去世的那一年,威廉让他的老熟人成为他的侍从副官。自此以后,小毛奇就成为统治者身边的人。

威廉二世皇帝成为欧洲的第一位"媒体君主"。在公众场合,他几乎总是被摄影师包围,让自己的镜头无处不在:演讲、节庆活动、军事演习、阅兵和狩猎,甚至在他那艘"霍亨索伦号"游艇上,他每年夏天都会坐着这艘游艇进行"北国之旅"。威廉一丝不苟地注重自己的外表,每天更换制服多达六次,并督促他的皇后,一位石勒苏益格-荷尔斯泰因的公主,严格控制饮食。[42]他想把霍亨索伦王朝带入大众化、媒体化的时代。皇帝将他祖父颂扬为"威廉大帝";与他相比,俾斯麦和毛奇充其量只是"忠臣",实际上只是"跟班和侏儒"。[43]

这些弯路也是他对统治者职位守旧的、可以说是迟来的专制主义观点造成的结果。威廉的"亲政"已经被同时代的人认为是与经济、社会、军队、行政和政府中多层次的、不断变化的、经常相互冲突的潮流所不相容的。[44]

总之,威廉避免了成天研究档案。在波茨坦或者柏林,人们很少见到这位"旅行皇帝"。侍从副官们不得不分享他对旅行的热爱,这里也包括了赫利·冯·毛奇和库诺·冯·毛奇伯爵,库诺是一位作家,也是德雷斯勒认识的人。[45] 因此,赫利和库诺在弗里德里希斯鲁经历了皇帝对已被革职的俾斯麦的拜访。[46] 赫利坐车前往彼得堡参加沙皇亚历山大的葬礼,他惊叹于凯瑟琳大帝时代的冬宫、骑术学校、喀山大教堂和宫廷马厩以及华丽的马车。在莫斯科,他目睹了沙皇尼古拉二世的加冕典礼:"那是一种无法形容的辉煌,我们完全惊呆了。……大家摸了摸额头,问自己,神志是否清醒,还是脑子发烧了,产生了幻觉。"[47] 美丽的皇后似乎给他留下了很深的印象:"皇后看起来很迷人。她穿着色彩清新的服饰,有着圣母一样的眼睛。……"[48] 他在圣彼得堡城外猎熊,与沙皇尼古拉二世进行了一次长谈:"沙皇和毛奇告别的时候很友好。"[49] 赫利前往马德里参加阿方索十三世(Alfonso XIII)的登基典礼,他对一种斗牛表演感到惊奇,"那里有九头公牛,大约十到十二匹马和两个人被杀"。[50] 他代表威廉二世,在波茨坦火车站上午迎接了暹罗王储,下午迎接了波斯的沙阿①。毛奇在哥本哈根遇到了年迈的"杜佩尔国

---

① 沙阿(Schah),伊朗国王的称号。——译者注

王"克里斯蒂安九世:"我认为,在这个世界上,你找不到第二个具有同样自然的人性和友善的宫廷了……"[51]

皇帝让他紧紧跟在身边:1891年至1893年担任侍从副官,1893年至1896年担任柏林宫廷近卫队的指挥官。毛奇感觉到了为部队服务的冲动。只有在演习的过程中,他才找回自己的感觉:"就像阿拉伯的马儿呼吸着沙漠的热气一样,我长长地、深深地呼吸着这种火药味。这里是我的元素,这里是我的生活、感受、思考……还有什么比军人的生活更美好的事情呢?……我想我就是为成为一名野战军的军人而生的……"[52]宫廷里的气氛可能会扼杀任何一种野心。"为了我的未来,我有必要在中断了二十年之久以后重新回到前线。"[53]1896年,皇帝让步了,任命毛奇为亚历山大皇家步兵军团的司令官。这支部队驻扎在波茨坦,与罗曼诺夫王朝保持着联系。"大幕落下,新戏开始了!"[54]

不过,这部戏没有什么新意。"皇帝对我非常亲切和蔼,关于伯父赫尔穆特,我还有很多事要告诉他。"[55]毛奇提到他们在新宫里的一次长谈时是这样说的。这些是他的职业生涯得以继续的主要支柱:皇帝的仁慈和伯父赫尔穆特的名声。另一方面,同志们和上级领导们也一致认为:毛奇是一位有能力、有智慧、天赋极高的军官。1899年,他成为"后备将军",波茨坦的城市指挥官和第一近卫军步兵旅的指挥官。毛奇就这样回到了皇帝的身边,甚至还在波茨坦指挥了一支部队,一直以来,波茨坦都是近卫军之城。现在,毛奇不仅拥有了军事统帅身边的耳目,还负责了部队的对外形象。

皇帝仍然很友好。即使是在涉及军事问题的信件中,威廉也是选择了"亲爱的尤里乌斯"(Julius)[56]的称呼,也许是暗指恺撒式的叔叔和统帅。1900年,毛奇想去中国镇压义和团起义。毛奇很清楚，中国人有充分的理由抵制："因为如果我们要坦诚的话，就是贪婪驱使我们来分羹中国这块大蛋糕。"[57]这句话说得很实在，也让人看到了毛奇内心燃烧着的野心。可是皇帝却拒绝了，"因为正如他所说的，他的左右离不开我"。[58]

失望的情绪很深。"如此不可或缺，却又显得如此多余，真是太奇怪了。"[59]尤其是北国之旅让他感到很紧张。1902年7月中旬，在挪威的山上，库诺、赫利和皇帝三个人一起造访了"一位石勒苏益格-荷尔斯泰因的老人，他在山岩向外突出位置有一座漂亮的别墅，视野很好，可以看到这个城市的锚地。他们还去拜访了老人的邻居，一位挪威的老船长"。[60]毛奇充当了翻译，而且完全不勉为其难。他最讨厌的是俱乐部的基调，他厌恶"我们这个圈子里由无聊笑话形成的主基调"；[61]他饱受无聊和懒散的折磨，船上的所有人都不赞成他这样懒散——"不幸的是，除了一个人之外，所有人都不赞同"。[62]皇帝唯一不敢张口大骂的人就是毛奇了。1902年，他被提升为副官长兼第一近卫军步兵师师长。

鲁道夫·施泰纳的亲信

在"旅行皇帝"身边的生活，迫使他和伊丽莎长期分离。和克莱绍的埃拉一样，伊丽莎也在设法接近唯灵论者的圈子，她与工人的妻子安娜·罗特（Anna Rothe）一起组织了降神会，此人是帝国最著名的巫婆。几年后，罗特被揭露为一个骗子。[63]伊丽莎还与作家有联系，例如赫尔曼·苏德曼①，她很欣赏这位作家的作品。

---

① 赫尔曼·苏德曼（Hermann Sudermann, 1857—1928），德语作家，文中谈到的小说《从前》(*Es war*) 于1901年在德国斯图加特出版。——译者注

她写信给苏德曼说:"我在这里还是先不谈对小说《从前》的看法吧……此刻,我正处在行动中,急切地等着看,一个邪恶、鲁莽、意志薄弱的女人会把一个高尚的男人变成什么样,我担心,这个人是缺少人格的!"[64]

伊丽莎人生的这次际遇是由她的朋友玛丽·冯·西弗斯(Marie von Sivers)介绍的。[65] 西弗斯为一位私人学者工作,就是此人创立了神智学,即后来的人智学:鲁道夫·施泰纳(Rudolf Steiner)。他的神智论,也就是"神的智慧",和共济会一样,只有知情人士才能加入。1900年左右,神灵的教义和神的智慧属于紧密交织的世界。由于唯灵论的衰落,施泰纳也赢得了新的追随者:瓦里西·康定斯基(Wassily Kandinsky)、皮特·蒙德里安(Piet Mondrian)、玛丽亚·蒙特梭利(Maria Montessori)、克里斯蒂安·摩根斯坦(Christian Morgenstern)。与唯灵论者不同,神智学者产生影响并非是在社会的底层。施泰纳作讲座,写书,举办研讨会。[66]

伊丽莎·冯·毛奇是他第一批女学生中的一个。1904年7月,伊丽莎向她亲爱的"施泰纳博士"请求"一些精神上的帮助"。[67] 施泰纳把她吸收到了他的秘传学派的内部圈子里。伊丽莎的大女儿阿斯特里德跟随着母亲的脚步,加入了阿德亚尔神智学协会(Theosophische Gesellschaft Adyar)。克莱绍的埃拉·毛奇同样属于阿德亚尔神智学协会。[68] 阿斯特里德尊崇施泰纳为"伟大的知神者",倾听"来自精神世界的声音"。[69] 阿斯特里德的妹妹埃尔泽和她的音乐老师科恩内克(Koennecke)有了一个孩子,他同样有唯灵论倾向。为了能和埃尔泽结婚,科恩内克离了婚。[70] 夫妻俩搬到了德累斯顿。"据说她看起来气色很好,"毛奇说,"脸颊胖胖的,对家务活非常热衷,把房子布置得像首饰盒,她认为这个世界上从来没有一个女人像她生活得这么幸福。这当然很好啦,我把源于自己感受到的一切都给生生地吞了下去,这样我就可以为她高兴了,埃尔泽找到了她自己渴望的东西。"[71]

伊丽莎仍然是一个神智学者和唯灵论者。[72]她在家里组织了十次降神会,相信自己可以通过一位巫婆与圣灵乌列尔(Uriel)沟通。[73]施泰纳几乎出席了每一次降神会。毛奇没有异议,恰恰相反,他鼓励伊丽莎与施泰纳交谈,还告诉她,与他交谈总能给她带来提神醒脑的力量。[74]施泰纳回忆说:"我从1904年开始就常到毛奇先生家中做客。他家每次请客都会邀请我参加。邀请函不仅来自毛奇夫人,也来自毛奇先生。我对毛奇先生非常敬佩,但是我从来不强迫自己接受他的观点。谈话往往持续数小时,总是会涉及世界观的问题。"[75]1904年,施泰纳的世界观是神智学的。"霍亨索伦号"上的客人们极其惊讶,因为他们在北国之旅时也谈到了神智学的话题。"我们五六个人坐在一起,"毛奇说,"因为只有我一个人对这些事情有点儿了解,那我就得带头说,先是有几个人笑了起来,然后他们越听越认真,最后他们就像在教堂里听牧师讲话一样专注。"[76]毫无疑问,毛奇对施泰纳的神智学很感兴趣,但是他这辈子也不会成为一名神智学家。[77]毛奇似乎对宗教和哲学问题持开放态度。因此,施泰纳被他看作一名迷人的、受过高等教育的、有时也是令人安慰的对话者,仅此而已。毛奇是路德教派的人。例如只要涉及天主教的"帝国的敌人",他的态度都很坚定:"而这种信仰体现出来的究竟是什么力量,它是建立在多数民众缺乏思考能力这种广泛基础上的!"[78]然而,在路德的神学中,毛奇有时也会陷入沉思。"我不明白,一个本应是爱的神,为什么要以无辜者血淋淋的牺牲来与有罪的人和解……"[79]然而,与伊丽莎不同的是,毛奇仍然是一个受教会约束、相当自由的新教教徒。[80]

第十章 威廉时代

"寄宿房客"

1902年夏天，威廉、埃拉和穆迪在克莱绍期待着两位女访客。即将到来的是南非女子杰西·罗斯·因内斯（Jessie Rose Innes）和她18岁的女儿。在德累斯顿，在俯瞰城市的"白鹿区"，杰西看到了一则广告：西里西亚的州预算局正在寻找会打桥牌的付费客人。[81] 杰西和她唯一的孩子多萝西（Dorothy）正在欧洲之行中，她们已经在法国、意大利和德国见过了很多东西，但还没有看到西里西亚的庄园。[82] 她们到达克莱绍的时候，可能引起了一些困难。27岁的穆迪几乎不能和杰西的女儿交谈。他不会说英语，而她只会说一点点德语。杰西和多萝西想换衣服去吃饭，所以她们两个都去了楼上她们的房间。当多萝西下楼时，埃拉的呼吸也凝固了：这位年轻的客人穿着一件白色的连衣裙，并且戴着一条蓝色的项链。[83]

穆迪显然喜欢多萝西，吃完饭，打完桥牌，他建议大家一起合奏音乐。多萝西弹着钢琴，为穆迪的歌声伴奏。克莱绍的继承人也是这个家族中的一个"乐迷"。因为穆迪之前接受过的学校教育不全面，所以他不能上大学。白喉和肺结核阻碍了他职业军官的生涯。对于他这位陆军元帅的侄孙来说，能够成为预备役军官就已经很满足了。这个独来独往的人酷爱歌唱。现在，就像看上去那样，他对杰西的女儿同样充满了热情。不管怎么样，在接下来的几天里，杰西让人收拾行装，要把多萝西从她那热情的仰慕者身边带走。她嘲笑穆迪是"年轻的条顿人"，带着女儿逃离穆迪，首先逃到巴黎，然后又回到开普殖民地。将近三年的时间里，穆迪不得不坚持写信与多萝西保持联系。

多萝西与普鲁士乡村贵族的传统之间隔着一条巨大的鸿沟。多萝西的父亲詹姆斯·罗斯·因内斯（James Rose Innes）是第三代南非人，是一位广受赞誉的律师和政治家。他说话算话，但是每当公民的自由权利被剥削或者有色人种受到歧视时，他总是不屈不挠。[84]南非的黑人总是处于弱势地位。八年来，他代表维多利亚东部选区参加了开普敦议会，这是殖民地的议会。他的席位的获得要归功于黑人的投票。他首先得到了南非最有影响力的黑人领袖约翰·滕戈·贾巴武（John Tengo Jabavu）的支持。[85]因内斯曾在两届内阁中担任司法部长：1890年至1893年，在总理塞西尔·罗德斯（Cecil Rhodes）领导下工作，罗得西亚地区（Rhodesien）就以他命名，此人是种族主义者，因内斯本人并不欣赏他；1900年至1902年，在第二次布尔战争期间，在自由党领袖戈登·斯皮格爵士（Sir Gordon Sprigg）的政府中任职。

因内斯奉行和解和调解的政策。当布尔战争中的英国指挥官基钦纳勋爵（Lord Kitchener）想在开普敦宣布戒严时，因内斯固执地拒绝了。[86]"他是你能想象得到的最有法度的人，技术或者道德上的稍许失误，对他来说都是可怕的。"[87]因内斯将要结束他开普殖民地首席大法官的职业生涯，他被授予贵族称号，得到各行各业人士的赞赏。他的太太杰西，娘家姓普林格尔（Pringle），来自一个全国著名的殖民地开拓者家庭。她的父亲是南非文学之"父"托马斯·普林格尔（Thomas Pringle）同父异母的兄弟。杰西坚持女权，也敢于做一些闻所未闻的事情。在因内斯家居住的朗德博施（Rondebosch），于1896年学会了骑自行车。"当我看着自己的腿，想起自己的伤口时，我只想笑，"她写信给因内斯，"刚开始的时候，几乎没有什么好运气。我想要尽快真正地学会骑车，才能早日从中获得乐趣。"[88]

1905年，这一家人到访伦敦的时候，穆迪也来到了英国的首都。几个星期前，他的父亲威廉因中风后遗症在汉诺威去世，享年58岁。这位年轻的条顿人，也就是现在的毛奇伯爵向多萝西求婚。同意这件亲事，尤其让她的父亲感到很困难。多萝西·罗斯·因内斯和赫尔穆特（穆迪）·冯·毛奇于1905年在比勒陀利亚结婚。作为冯·毛奇伯爵和伯爵夫人，他们回到了克莱绍。

任命总参谋长

赫利站在权力之门前面。由于威廉二世皇帝的个人军团和政府的半议会制形式，与统治者的关系比以往任何时候都更多地决定了高官的任职和权力的行使。1904年2月，皇帝任命赫利为总参谋部军需官，这一职位决定了他会是未来的总参谋长。[89]同时，他仍然是一位副官，因此仍然与统治者保持着很近的距离。

在此期间，大将阿尔弗雷德·冯·施利芬伯爵（Graf Alfred von Schlieffen）就住在总参谋部大楼的这座大公寓里。毛奇说："施利芬和我相处得很融洽。他很有礼貌，对待我有时也很友善。"[90]在专业方面，施利芬和毛奇经常有不同的看法。毛奇声称："人们无法想象出比我们双方的观点更大的矛盾了。"[91]这让人感到很惊讶，因为施利芬把自己看成老毛奇的学生。[92]

1905年，总参谋长起草了一份作战计划，施利芬称该计划是根据陆军元帅的教诲起草的。更重要的是，所谓的施利芬计划，就是为了解决施利芬的老师在他的绿色办公桌边上没能解决的困难。这个计划似乎是两线作战的成功秘诀。施利芬指望着西部的闪电式胜利。因为在设防的边境上有所突破似乎是不可能的，所以德国西部军队的右翼应该越过比利时和荷兰这两个中立国，继续向法国北部进军，然后转而向南，强有力地包围法军，向瑞士边境进逼、包抄，最后全军歼灭。在这之后，施利芬想把所有部队都投放到东线上去，在那里，他最初只想确保自己的边境安全，想把战争的主要担子留给奥地利人。施利芬计划在军事上极为大胆，但在政治上却背负着严重的不利因素：对比利时和荷兰中立性的破坏也会促使英国与德国开战。

从两个方面来看，施利芬确实是老毛奇的接班人。[93]一方面，他想把政治逐出作战指挥。他做出的对法国发动战争的决定破坏了比利时和荷兰的中立性，这件事他连帝国总理也没有告诉。施利芬在总参谋部的学生们也有类似的想法。现在，总参谋部和军事学院之间的联系过于紧密，国民教育的缺失，军事学院向军事高等专科学校的转型，这些都是他们的报复。[94]另一方面，施利芬只有一个目标：消灭敌人。拖延、变得疲惫不堪或者局部成功都不是他要做的事。但是在三个重要的方面，施利芬完全偏离了老毛奇的原则。对法国的战争结束后，陆军元帅在西线推行防御计划，而施利芬却很少考虑任何防御措施。[95]他对进攻的狂热，反映了俾斯麦时代和威廉时代的声音——当时的克制，现在的力量感。

此外，有人可能会说，施利芬打包围战严重上瘾：包围战教科书式的典范色当战役已经触动了德国战略家们的美丽神经。施利芬选择公元前216年坎尼包围战的胜利作为未来战争的典范，绝非巧合。所以，施利芬计划产生了一种类型的巨型色当会战。无论如何，在施利芬的指令中不再出现"突破"这个词了。

毕竟，与老毛奇不同的是，这位总参谋长沉迷于对计划的妄想中。如果陆军元帅仍将这一战略描述为"援助体系"或"在最困难条件下的行动艺术"，[96]那么施利芬不只是计划了行动的部署和开局，还计划了西部战役的整个过程，至少在大体上是这样的。

于是，施利芬计划在力量感表面下透露出一种深深的不安全

第十章 威廉时代

感。虽然，1902年德军的战时兵力已达200万人，[97]但是对于总参谋部来说，指挥这样的国家军队是一个新的挑战，尤其是在双线作战的情况下。施利芬计划的妄想掩盖了一个观点，即在欧洲中心地带的军队无法在两条战线上打赢这场国民战争。事实上，施利芬将德国的"幽灵部队"考虑在内了，他寄希望于这些暂时只存在于纸上的军队。[98]

在包围战结束之后会发生什么——例如，在法国发现了第二个甘必大的情况下——施利芬从未考虑过这一点。尽管汉尼拔在坎尼战役中取得了胜利，但迦太基最后还是输掉了对罗马的战争，这一点施利芬没有想到。总参谋长计划的是战役，而不是一场战争。因此，赫利就陪同施利芬进行的参谋旅行所作的报告，看起来几乎是不现实的。在阿尔萨斯-洛林，他称赞总参谋长："您让我们看到一个全副武装的民族的崛起，就像看一幅广阔的全景图。我们看到了一个又一个军团是如何密密麻麻地列队，看到了预备役师是如何联合起来组成新的军团，从而加入战士的行列；我们看到了战时后备旅的组建，看到了占领军的集结；我们看到了庞大的军人队伍，像宽阔的浪花一样涌过边境，在一个意志的指引下，努力向着目标前进。"[99]目前来说，这样的群众斗争只在施利芬的心目中。

早在1905年，皇帝就想让刚刚经过一年学徒期和考虑时间的毛奇来任职。"我认识您，"皇帝解释道，"我对您很有信心……我问过施利芬伯爵，他告诉我，他已经观察您有一年时间了，他不能提出一个比您更好的继任者……您是军中知名的人物，每一个人都很欣赏您，也会像我一样信任您。"[100]尽管如此，毛奇还是担心自己的能力。其他军官也提出了担忧，指出毛奇在总参谋部的经验有限。[101]

毛奇自己也不喜欢皇家演习。他向皇帝抱怨，带领国民军这种事，超乎寻常地困难，从未尝试过，在演习的过程中几乎学不到。因为没有人应该"输给"这位上校督军。"尊贵的陛下应该已经注意到了，现在越来越难找到这种会反对尊贵皇帝陛下的军官了。那是因为每个人都说我只是被人杀死了。"[102] 传说 17 年来，君主在每场战争中都是以胜利者的身份离开战场的。威廉宣称，他"不知道，双方不是用同样的武器在战斗"。[103]

毛奇建议有一个试用期。"尊贵的陛下，今年让我进行一次皇家演习。如果一切顺利的话，永恒的陛下可以留下我……"[104] 1905 年秋季演习期间，没有画面上完全不合时宜的骑兵战役，也没有皇帝的军事参与。这次演习被认为是成功的。1906 年 1 月 1 日，皇帝任命赫尔穆特·冯·毛奇为总参谋长。

他的升迁在宫廷和政府圈子里都没有留下好的印象[105]。很多将军对这个任命感到很震惊。[106] 威廉宣称，毛奇拥有"必要的领导才能，必要的胆量，不怕承担责任，在军队和国家里都有一个好名声"。[107] 赫利能领导，有好名声，对皇帝也表现出骨气，但他能感受到责任的担当。毛奇说，如果在兰曹，有人对他说"我被任命接替伯父赫尔穆特的位置，我一定会深感遗憾地认为他肯定是得了精神失常的不治之症。而我现在却坐在这里，坐在他曾经工作的办公室里……"[108] 他只是作为统治者的宠儿进入了办公室，这种气息将会伴随他的一生。[109]

转折：多萝西·冯·毛奇

多萝西·冯·毛奇伯爵夫人（Dorothy Gräfin von Moltke）成为克莱绍的新任女主人，她在"女管家"的帮助下，管理着一个非常庞大的家庭：许多女仆、两个男仆、一个穿着阅兵制服的猎人、马车夫长赫尔曼（Herrmann）以及他手下的几名马车夫。[110] 园丁们一周过来两次，一大早就把新的植物搬进屋里。多萝西的德语学得越来越好，但永远也不会说得完美无缺。寡妇埃拉主要在汉诺威生活，但是喜欢来克莱绍，然后不经询问就承担起了她以前庄园女主人的角色。

1902年，阿道夫的遗孀奥古斯特因年事已高在山上别墅里去世了。"和母亲在一起会失去什么，"赫利说，"我从我自己的经历中就知道。随着时间的推移，连接青春和所有美好回忆的纽带被割断了，只剩下一种巨大的空虚感和孤独感。"赫利的妹妹露易丝得到了一个伙伴：玛侬·舍恩贝格（Manon Schönberg），人称"小舍恩"，她也在马车夫泰兹（Taetz）和女厨师欧内斯廷的帮助下，打理这个家。[111]

多萝西也和穆迪一起信仰基督教科学。"在基督教科学中，"她欢呼着说，"我找到了所有问题的理性答案，而我只是千千万万人中的一个；我找到了最美妙的平和，找到了治疗所有恐惧的灵丹妙药，找到了最强大的动力，不仅为了纯洁、正确的生活，而且为了纯洁、正确的思想。"[112] 毛奇伯爵作为一名治疗师越来越活跃，主要是在柏林，偶尔也会在克莱绍的村子里。

穆迪让人们感到很惊讶。不只想在夏天，而是想一年四季都在西里西亚过着一个农民生活的毛奇伯爵，穆迪算是头一位。他不参加狩猎，那是贵族生活方式古老的表现形式。"对他来说将会变困难的是，"多萝西担心，"待在这个战争成瘾的国家里，如果一个容克不像其他人一样生活，就会有很多的流言蜚语，会引起人们的惊讶。"[113] 但这还不是全部。"我忘了告诉你们，"她向南非报告说，"赫尔穆特给了他的工人们每人一小块土地，我认为这样做很

图 10-7　年轻夫妇：多萝西和穆迪在南非，1905 年

好，也很正确。"[114] 难怪穆迪很受这些雇工们的欢迎。他只是皱着眉头在家里管理收成。穆迪的妹妹玛格丽特嫁给了附近的一位地主兼骑兵军官迪特里希·冯·特罗塔（Dietrich von Trotha），她说的话大概一下子触碰到了穆迪的敏感神经："他其实原本想成为一名歌手。"[115]

这一切都让多萝西脱颖而出：性格开朗，心情愉悦，心地善良。这是一位来自另一个大陆的女人，遇见她的人早就已经聊了很久关于她的事了。[116] 多萝西身上体现的是一个突破、一个转折点、一个新的开始。"韦内尔斯多夫的路德维希叔叔，姑父欧根·库尔米茨叔叔和姑妈玛丽·库尔米茨，他们所有人都很爱她。"[117] 还有被称为"艾特"（Ete）的玛格丽特·冯·特罗塔，她是多萝西的小姑子，很快就和多萝西成了亲密的好朋友。但是当特罗塔一家来到克莱绍的时候，不同的世界发生了猛烈碰撞：有大德意志倾向的军官及地主与来自南非的自由主义者之间发生了交锋。"他是一个激烈的反犹主义者，"多萝西惊讶地说，"他基本上认为，祖国的每一

第十章　威廉时代　　251

个错误不是来自犹太人就是来自英国人的影响！就个人而言，他是非常好的，但是，哦，他的意见！这就是为什么和我尊敬的妹夫相比，路德维希叔叔看起来几乎像是个社会民主党人的原因。他在阐述自己观点的时候，我是屏住呼吸听的。"[118]

她在埃拉这里找到了一个喜欢辩论的盟友，埃拉也同样无法忍受对犹太人的仇恨。[119]那么正好，"小舍恩"可以同这些传统的东西决裂。"我们把网球场修好了。"多萝西说。"小舍恩"经常从山上别墅里下来比赛。然而，有时候，旧的东西还是会压倒一切，比如说城堡里的装饰。多萝西对她的父母解释说："我们总是根据我们的品位和财富来建造和布置房子，但是这里的房子充满了传统，当然，这种传统很强烈，很遗憾的是这种传统延伸到很多难看的家具上，而这些家具又不能扔掉。"[120]女子网球和陆军元帅的房间——在克莱绍一切都动起来了。

开始的时候仍然困难重重。"容克的这种生活并不适合像我们这样的年轻人，尤其是对赫尔穆特来说，对他的精力来说，几乎无

图10-8 多萝西·冯·毛奇和她的儿子赫尔穆特·詹姆斯，1907年左右

法为他提供足够的活动领域……"[121] 越来越多的时候，穆迪有了只致力于基督教科学的想法。"赫尔穆特经常颇有感慨地说：'如果我的名字只是叫迈尔（Mayer）就好了！'"[122]

因此，多萝西和穆迪无论如何不想给他们的第一个孩子取名为赫尔穆特，而想给他取名为路易斯-詹姆斯（Louis-James），他是1907年3月11日在宫殿转角上的悬楼里出生的。但是让多萝西感到遗憾的是，因为整个家族"为他不叫'赫尔穆特'而震惊不已，所以我们只得遵循传统"。[123] 于是，路易斯-詹姆斯就成了赫尔穆特·詹姆斯。

4月3日傍晚时分举行了洗礼，没有在某个教堂里，而是在陆军元帅的房间。"洗礼台"是从餐厅搬来的一张桌子，没有放在十字架前，而是在家谱前面。谱系呈现出一棵橡树的形状。在树的最上端，发出更嫩枝干的地方，还有空位子。这孩子穿着他的爷爷威廉在奥古斯特怀里受洗礼时穿的那件衬衫。这个婴儿出生进入这个家族，同时也代表着这个家族的未来。长子将继承宫殿和伯爵的头衔，由11位教父教母协助，包括埃拉、杰西——为孩子出生而专程从南非而来的杰西，来自韦内尔斯多夫的路德维希、欧根·冯·库尔米茨和总参谋长赫尔穆特·冯·毛奇，他还在庆祝活动上致了辞。[124] "那是一个令人感动的场景，"多萝西说，"这间简朴而具有历史意义的房间，年迈的毛奇们被这些回忆深深地打动了，……毛奇家族所有人当中最年轻的这个小人儿，对过去和未来毫无感觉，却对现在极为感兴趣。"[125] 洗礼时的座右铭是多萝西选择的："因为我确信，无论死亡还是生命，无论诸侯领地还是权力，无论现在还是将来，或是任何其他的造物，都不能把我们与上帝的爱分开，这爱在耶稣基督心里。"[126] 大家唱了一首歌，牧师进行赐福。"天气晴朗，阳光明媚。"[127]

第十章 威廉时代

第十一章
堕入深渊

——民族的灾难

毛奇-哈登诉讼案

宣判日：柏林-莫阿比特（Berlin-Moabit），在瓢泼大雨中，围观的人挤在刑事法庭门口。20名警察维持秩序。蜂拥而至的人们，力量是巨大的。只有在出示了座位票后，才可以获准入场。值得注意的是，许多法律工作者如资深法官、律师、见习律师以旁观者的身份进入大楼。他们利用自己的人脉关系，在法庭上争取到一席之地。围绕审判的漫画已经出现了300多幅，更不用说记者们每天的报道了。[1] 就连国外的媒体也在讨论此案。原告：库诺·冯·毛奇伯爵，皇帝的朋友，现在无权无职，60岁，曾经担任侍从副官，后任维也纳使馆武官，最后成为柏林的中将和城市指挥官。[2] 被告：马克西米利安·哈登（Maximilian Harden），46岁，《未来周报》记者和编辑。在公众的认知中，二人早已经互换了角色。皇帝的朋友成了被告。在六天的诉讼中，听到了很多事情！库诺殴打他的前妻，把女人说成"厕所"，把每一段婚姻说成"应急育种机构"；据说皇帝最亲密的知己奥伊伦堡亲王曾跪求库诺不要和毛奇伯爵夫人发生性关系。

尤其是手帕的场景，至今还留在人们的记忆中。"有一天，"毛奇的前妻在法庭上说，"菲利普·奥伊伦堡（Philipp Eulenburg）在他的一次拜访后，把他的手帕忘在了毛奇伯爵的房间里。毛奇伯爵发现手帕后，热切地将它贴在嘴唇上，说：'我的灵魂！我的爱！'"[3]其他证人肯定地表示，近卫军的军官们参与了同性恋的狂欢。

"同性恋"——1907年，这个新词人尽皆知。[4]毛奇和他的朋友们——现在这一点看起来很清楚，似乎能够把君主给团团围住。毛奇宣称，他们在皇帝周围"形成了一个固定的圈子，没有我们，没有人可以来找他"。[5]在前一天，也就是10月26日，律师做了最后总结陈词。哈登的律师喊道，一个这种性格的军官，必定会被人"从皇帝陛下的周围赶走！据说，毛奇伯爵是一个天生'有理想、热情洋溢的'人！当人们看到这样的文字时，欧洲人会怎么想！我们伟大的民族诗人席勒写的不是'厕所的尊严'，而是'女人的尊严'！把女人叫作厕所的男人是德国男人，这实在是太过分了！不！不！不！我们的妻子，我们的母亲，我们的女儿被这样的话羞辱了！"[6]在哈登律师看来，同性恋者都不属于这个民族，尤其是当他们辱骂的时候。然后轮到原告的律师，他的总结陈词大为逊色。最后是毛奇，一个糟糕的演说家，他搬出陆军元帅来寻求救助，像溺水者抓住一棵稻草："今天，在已故的陆军元帅生日这天，我本该身穿制服沿着菩提树下大街走走，现在报贩子们在那里冲我尖声高喊，怎么让毛奇这个名字声名扫地。以前在这个日子，菩提树下大街会洋溢着喜庆的气氛。而今天——人们喊着'把他钉到十字架上去！'，以前人们喊的是'和散那！'①"[7]出于安全考虑，哈

---

① 和散那（Hosianna），耶稣进入耶路撒冷时，众百姓的欢呼语。有求助的意思，后引申为赞美。——译者注

图 11-1　库诺·冯·毛奇，1907 年

登提醒陪审法庭，原告只是陆军元帅的远房亲戚。宫廷和贵族的世界都震惊了。"我对目前正在莫阿比特进行的毛奇-哈登诉讼案非常反感，"施皮岑贝格男爵夫人在她的日记中倾诉道，"难以置信，法律竟然允许公开讨论这样的事情。"[8]

大家都在焦急地等待着诉讼结果。当毛奇和哈登从门前围观的人群中走过时，人们开始颇有声势的示威活动。[9] 上午 10 点 30 分，法官克恩（Kern）开始陈述判决理由："在此必须明确指出，并不能证明毛奇伯爵有同性恋方面的犯罪行为。这里只能证明，他是个同性恋，并且无法压制对他人的冲动。……判决内容如下，被告侮辱他人的罪名不成立，无罪释放。判令私人原告毛奇伯爵承担诉讼费。"[10]

有些围观的人欢呼起来。《每日邮报》评论说："一个现代国家的司法行政部门很少有像毛奇-哈登诉讼案那样，以同样的方式污染了公共道德，动摇了下层民众对上层甚至是王权的信心，在外国人面前，更加无情地把自己的国家钉在耻辱柱上。更加令人厌恶和难以理解的事从未在德国法庭上出现过。有人在莫阿比特开设了一场认识变态恶习的讲座，并邀请了全世界的人来聆听。"[11] 皇帝和君主制度的声誉受到了严重的损害。

将近一年前，1906年11月，威廉二世和他的男性朋友们一起在利本贝格宫（Schloss Liebenberg）待了几天。这座位于乌克马克（Uckermark）的宫殿属于菲利普·楚·奥伊伦堡-赫特费尔德亲王（Philipp Fürst zu Eulenburg-Hertefeld），他是外交官，君主的亲信。这次访问在媒体上引起了轰动。据谣传，"某位姓毛奇的人"[12]——指的是总参谋长赫尔穆特·冯·毛奇或者他的弟弟最高行政长官弗里德里希·冯·毛奇，不久将接替帝国总理比洛，后者主管东普鲁士已经三年了。

11月17日，哈登发动了一次大规模的攻击。他在《未来周报》杂志发表了一篇文章，尖锐地抨击了利本贝格一家。这篇文章是根据毛奇的前妻和外交官弗里德里希·冯·霍尔斯泰因（Friedrich von Holstein）提供的信息撰写的，这位外交官是皇帝宫廷里的显赫人物。[13]哈登说，奥伊伦堡亲王恳请君主亲临他的个人军团。亲王在幕后操纵着一切。奥伊伦堡对他的朋友们都很照顾。"一个毛奇是总参谋长，另一个毛奇和他走得更近，他是柏林的指挥官……他们都是好人。懂音乐、作诗、笃信神灵；他们都如此虔诚，以至于他们希望从祈祷中得到的救赎比从最聪明的医生那里得到的救赎还要多；在他们的交往中，无论是口头的还是书面的，都是感人的友谊。如果他们不是属于皇帝最亲密的朋友圈和……那么这一切都是他们的私事。在看得见的地方和看不见的地方交织着的丝丝缕缕，让德意志帝国难以呼吸。"[14]哈登认为，奥伊伦堡和库诺·冯·毛奇有同性恋的倾向。

1906年的时候，同性恋还是一种犯罪行为，通常被视作误入歧途。哈登的攻击是为了把皇帝与"无男子汉气概、优柔寡断、娘娘腔的顾问们"[15]分开，哈登把外交政策的失败归咎于这些娘娘腔的顾问，这些人尤其要为摩洛哥危机的失败负责（1905—1906）。哈登猜想，奥伊伦堡亲王要为皇帝的软弱无能、无男子汉气概以及太过于平和的态度负责。

事实上从远处看过去，利本贝格家族就好像一个二级政府。[16] 朋友圈的焦点是奥伊伦堡亲王、毛奇伯爵和符腾堡驻普鲁士特使阿克塞尔·冯·瓦恩布勒（Axel von Varnbüler）。所有成员都是贵族，年纪相仿，都有军事或者外交生涯，都有艺术天赋，都持有种族主义或者反犹主义的观点，而且几乎所有人都从事与透视法、唯灵论或者催眠术有关的事情。所有人都是同性恋或者具有同性恋倾向。[17] 比如说毛奇，利本贝格一家称其为"毛头小伙子""可爱的人"或者"图图"。他们在背后称皇帝为"小宝贝"。俾斯麦在1898年去世，他曾称利本贝格家族是"基内登①的宫廷奸党"[18]——一个女性化的男性二级政府。奥伊伦堡很可能在任命赫尔穆特·冯·毛奇为总参谋长的过程中没有起到任何作用。赫尔穆特·冯·毛奇无论如何也不属于利本贝格这个圈子。但是，比洛成为帝国总理，也是得益于奥伊伦堡的影响。[19] 亲王也支持库诺。[20] 施皮岑贝格男爵夫人平时消息灵通，她在日记中称库诺为威廉二世的"走狗"。[21]

库诺既不适合当军官，也不适合当历史学家。1903年，他升任将军，并调任总参谋部历史处主任。前任主任莱辛斯基继续管理所有事务，工资则秘密支付。有军方的笑话说，君主任命他，"为的是准备在总参谋部新成立一个音乐处，而负责人就可以去指挥欧洲的音乐会！"[22]

哈登的指责让皇帝大为震惊。奥伊伦堡和库诺不得不在没有开听证会的情况下辞职。"长期以来一直威胁地悬在空中的东西"，施

---

① 基内登（Kinäde），这里指娘娘腔的男人。——译者注

皮岑贝格男爵夫人指出，现在"像闪电一样"劈了下来。"库诺不得不因为涉及变态方面的过失递交辞呈……"[23] 同时，威廉要求他的朋友们，"恢复他们的名誉"。如果库诺·冯·毛奇想避免自绝于社交圈，他就得告哈登诽谤。

哈登无罪释放后，威廉二世下令撤销判决——这是公然违反法律的。不过，检察院似乎也考虑再审。正义女神出现在皇帝的面前，保护着他。在第二次毛奇-哈登诉讼案中，库诺的侄女玛格达莱娜·施维宁格（Magdalena Schweninger）也出现在法庭上，她和冯·伦巴赫离了婚，她出生于毛奇家族，也是一位女伯爵。与"慕尼黑画王"分开后，玛格达莱娜嫁给了当时奥托·冯·俾斯麦的私人医生恩斯特·施维宁格（Ernst Schweninger）。在证人席上，夫妻俩对一审主要证人——跟库诺离异的妻子的可信度进行了论证。"就我个人而言，"玛格达莱娜在法庭上说，"我叔叔库诺从我的童年起就一直是个有点可爱、有点女性化的男人。我也曾有机会亲自观察过几次他和奥伊伦堡之间的友谊，我发现这种友谊特别感伤，我不是很喜欢……"[24] 尽管如此，库诺的前妻还是被法院认定为有癔症。在上面的轻微压力下，法官宣判被告有罪。现在在公众场合，哈登被辱骂为想挑拨离间的犹太人闹事者。[25] 毛奇的名誉似乎又恢复了。帝国总理敦促哈登放弃上诉。哈登最终答应了，当然，前提是毛奇要公开发表名誉声明，大意是，哈登的行为不是出于危言耸听，而完全是出于对国家的关心。库诺在声明上签了字。帝国总理府为哈登承担了所有的诉讼费用。但由于奥伊伦堡被判处伪证罪，他与巴伐利亚一位渔夫的性关系被曝光，君主的名声——也是皇帝的自信心仍然受到了严重的动摇。[26]

越来越多的时候，人们会把所谓的俾斯麦时代健康的过去与显然已经堕落的现在相比较。利本贝格的权力被破坏了。在诉讼案之

图11-2 威廉二世皇帝和赫尔穆特·冯·毛奇，1911年

后，只有一个身居要职的人与皇帝有着密切的私人关系：总参谋长赫尔穆特·冯·毛奇。[27]

世纪末情绪

总参谋部里有一种世界末日的情绪。殖民地的争夺，奥匈帝国、奥斯曼帝国里少数民族的骚乱，对工人阶级迫切要求话语权的担忧，甚至是革命，这一切都让总参谋长有一种如临深渊的感觉。以敌友形象来思考，是"威廉二世"这一代人的特点，[28]这种思维已经融入他的血液。此外，他怀疑虚弱、柔弱、堕落无处不在："德意志民族作为一个整体，是一个悲惨的社会。……到处都在撕拆，都在乱扔污秽，到处都是诽谤和欺骗，这一切都是在善良、愤怒的外衣下。虚伪、狭隘的自私和极端的唯物主义随处可见。"[29]即使是演习，也无法改善他的心情。"我们陷入了一种可怕的和平观，"毛奇谈到军队的状况时说，"当我看到所有胡闹行为时，我感到很害怕，因为目前最主要的事情是认真地、努力地备战，但这些最主要的事却完完全全被忘记了。"[30] 总参谋长经过三次演习得到黑鹰勋章后，他并不感到高兴，而是感到绝望："我真的很惭愧。伯父赫尔穆特用一场胜利的战役获得了这个普鲁士人的最高荣誉。我们后辈则是用三次演习获得的！！"[31] "我们后辈"——是理解这句话中悲观主义的关键，这种悲观在普鲁士的普遍性中并不罕见。"我们后辈"——暗示了尚未走出先辈的阴影的军人阶层受挫的自尊心，同时又怀疑自己的世界注定要被新的力量、新的思想所左右。这种思维方式让人不禁想起1806年耶拿和奥尔施泰特一役战败前普鲁士军队领导层的思维方式。[32]

1907年，德意志帝国的公民在和平中生活了36年。难怪非军事团体的重要性越来越大。对毛奇来说，这一点是值得关注的。"国家的日益繁荣，"他警告，"工业的蓬勃发展，贸易的巨大发展所带来的巨大财富里隐藏着一种危险，那就是削弱了人民对战争能力的价值和意义的理解。"[33] 对这种柔弱甚至堕落行为的警告，反映出军官们对社会意义丧失的恐惧。

世纪末的情绪越来越蔓延开来。军事科学家科尔马·冯·德尔·戈尔茨男爵（Colmar Freiherr von der Goltz）曾经是军事学院的老师以及最值得尊敬的陆军将领之一，他写了一篇影响巨大的历史论文《从罗斯巴赫到耶拿和奥尔施泰特》[34]。论文以史为镜，批评当下。腓特烈大帝在七年战争中战胜法军的罗斯巴赫一役成了色当战役的比喻。戈尔茨警告，如果国家的军事实力在一次大获全胜之后再次削弱，那么一场"新的耶拿战役"就会再次发生。因为对拿破仑的失败，是由于"以浅薄的启蒙运动、虚假的人道精神、追求享乐和自私自利为主导的时代精神对军队的影响"。[35]

第十一章 堕入深渊

图 11-3　柏林的毛奇大桥和总参谋部大楼,背景是国会大厦的圆顶和胜利柱,1900 年左右

"日耳曼特性与斯拉夫特性"

崩溃情绪的产生同样因为社会民主党的兴起。[36]这个"颠覆党"体现的并不只是一场群众运动,它还是一种生活方式。有工人舞台、工人厨房、社会主义妇女俱乐部、工人运动员、工人歌手和工人青年。社会民主党似乎只为国际工人阶级而不是资产阶级国家服务。但是他们内心的挣扎慢慢失去了锋芒。渐渐,革命党变成了改革党。暗地里,爱德华·伯恩斯坦(Eduard Bernstein)身边"修正主义者"的影响力越来越大。[37]他们希望自己成长为国家和社会的一员,这样就能很快进入政府——可以说是通过和解来改变。威廉时代的经济鼎盛产生了政治后果。劳动力越来越少了,工会开始发挥作用,雇主尽量给最低工资的铁律已经不能再无限制适用了,社会民主党在帝国也开始感觉好一点了。

但是在军官团里，党内的变化几乎没有人注意到，甚至连总参谋长赫尔穆特·冯·毛奇也没有注意到。他 30 岁时就已经害怕革命，害怕君主制的垮台和国内的恐怖。对皇帝威廉一世的暗杀激起了他对暴力的幻想。他 1878 年时咆哮着说："我们已经失去了德意志人的荣誉，至少我是这么认为的，而且是因为这些禽兽的过错而失去了，这些禽兽不配让一个德意志女人生下他们，如果禽兽有理性的话，甚至连禽兽都会把他们赶走，因为他们真是禽兽不如，带着恶心的身体在泥土里打滚。……如果我抓了这些家伙中的一个，就会有二十个或者一百个来对付我，我想跪在地上感谢我的上帝，而且我带着我从未有过的喜悦心情去和这些人类的渣滓作斗争。"[38] 毛奇对自由主义者表现出了不理解的态度。"他们自称人民的造福者，却并不关心将给他们所希望造福的同胞们带来的不可名状的苦难；他们怎么就不去学学法国大革命时期的吉伦特派成员，学学这些怀着善意的高贵男人们，在断头台的绞刑架上去找他们造福人民的果实呢。"[39] 还在担任总参谋长的时候，毛奇就认为德意志军队正被社会主义分子渗透。他警告总参谋部的军官们："爱国主义的蛊惑越是在德意志各部族和各社会阶层之间挑拨离间，越容易破坏国家和君主制的最后一根也是最坚固的支柱，我们就越是有责任坚定地团结起来，维护伟大的过去留传给我们的神圣财产。"[40]

克莱绍的多萝西以肯定的目光捕捉到了特殊的气氛。"我很高兴，"她向南非报告说，"德国人有一个用来吓唬自己的愚蠢幽灵，让他们和英国人一样神经过敏。'德国入侵'这个词让每一个真正的英国人的脊梁骨都会打一个寒战，而'社会民主党人'和'革命'这两个词对英国人的堂兄弟[①]在他们的祖国也有同样的作用。"[41]

---

① 英国人一向称德国人为堂兄弟。——译者注

世界政治和海军军备在资产阶级民族主义的推动下，使帝国的外交政策陷入了僵局。结盟体系固化为两个敌对阵营。很快，中欧列强德国和奥匈帝国就和欧洲外侧的三个强国英国、法国和俄罗斯形成了对立。帝国领导层不去想想自己要为这种状况负多少责任，他们，尤其是毛奇，错误地认为德国已经被围在一个危及生存的包围圈里。"所有人都声称，"总参谋长抱怨说，"我们是麻烦的制造者，没有人看得出，德国人只想独善其身。"[42] 尤其是英国这个海上强国，并没有看到这一点。很多岛民都感觉到了帝国舰队军备的威胁。对毛奇来说，敌人不是法国，当然也不是俄罗斯，最大的敌人是英国。他一直骂一个民族"对外傲慢，自以为是，说话的时候满嘴都是关于人性的乏味的空话，内心里除了追逐利润、棉花和贸易政策就什么也没有了"。[43] 英国奉行的是"自私的利益政策"[44]——显然与帝国的利益背道而驰。对于这样的一个威胁生存的"包围圈"，毛奇将其归咎于"一场为期多年的、由国王爱德华七世发起的颠覆活动"。[45] 英国力争"称霸世界"，想摆脱"世界市场上令人不安的竞争对手"。[46] 这种对迫害的恐惧，大概也是军事领导人强硬声音的一种回响。威廉对英国的敌意是臭名昭著的，但是英国政府却因为舰队装备，这个皇帝最爱的孩子，放弃了它的"光荣孤立政策"。[47]

种族主义多少也混杂在其中。毛奇研读休斯敦·斯图尔特·张伯伦的著作，反犹主义者的权威著作，他坚信"日耳曼特性和斯拉夫特性"之间会发生冲突。[48] 罗马人已经"在枯萎的树枝上，我们日耳曼人还比较年轻，但我们到了时候也会走同样的路，会给年轻人腾出空间。在这方面，无论民族还是个人都是一样的"。[49] 有时候，他的作品可以说是违背了种族的本性。"我也很想收拾好行装，向着春天的方向走去。但是我却缚于责任的枷锁上，像一只用铁链拴住的老狗一样，只能闷闷不乐地抱怨。但是，我太过于日耳曼人了，这种对大自然的憧憬不可能不萦绕在我身体的每一个部位，我将永远无法得到满足。"[50]

毛奇深信，战争是人类不可避免的命运，可以促进人类的进步。"所以，德国也有自己的文化任务要完成。然而，这些任务的完成并非没有摩擦，因为始终有阻力需要克服，只有通过战争才能发展。"[51] 毕竟，有一点是明确的："人类精神上的进一步发展只有通过德国才有可能实现。"[52] 毛奇以社会达尔文主义者的身份思考问题。最晚从1904年开始，他就生活在"不可避免的"战争的预料之中："没有人知道我们头顶上正在酝酿着什么样的暴风骤雨，与其说是极其认真地在准备一些困难的事情，不如说是民族的互相砍杀。"[53] 而在1909年，他往萨劳写信时说："日耳曼特性和斯拉夫特性之间的冲突……即将显现……当它'开始'的时候，我对站在我身边的先生们有伟大而美好的信心。这一点是无限珍贵的。"[54] 第二次摩洛哥危机的和平结局让他感到非常不安："如果我们从这个事件中夹着尾巴逃脱了……那么我对德意志帝国的未来感到绝望，那我就走人。但在这之前，我将提出建议，废除我们的军队，将我们置于日本的保护之下，然后我们就可以不受干扰地赚钱，事情变得简单了。"[55]

缺乏自我价值感、情绪低落、僵化的敌人形象，种族和社会达尔文主义的思想，再加上对"不可避免的"战争的期待——在德国百万大军的策划者和领导者中，高度危险的因素增强了。

内政部长冯·毛奇

1907年夏天，普鲁士内务大臣特奥巴尔德·冯·贝特曼·霍尔韦格（Theobald von Bethmann Hollweg）调任帝国内务部的国务秘书。这是一项出力不讨好的任务：帝国越来越难治理了，国内的政治力量相互阻挠。⁵⁶帝国总理和首相伯恩哈德·冯·比洛（Bernhard von Bülow）驳回了"税收政策"。现在他想用"比洛集团"来统治。他没有通过与议会中的核心党派天主教党的和解来获得议会的多数选票，而是以尖锐的民族主义的声音在民族自由派和保守派之间结成一个联盟。对于谁来接替被怀疑有自由主义倾向的贝特曼，比洛推荐了一位高度保守的官员：最高行政长官弗里德里希·冯·毛奇，总参谋长的弟弟。1907年6月24日，毛奇出任普鲁士王国的内政部长。

弗里德里希·冯·毛奇是西里西亚的小布雷萨（Klein-Bresa）庄园的主人，一直以来都是一个能干、聪明的人，而且由于妻子的缘故，也被视作"有钱的"⁵⁷高级官员。他在众议院积累了政治经验。⁵⁸作为内政部长，弗里德里希是普鲁士国务部即普鲁士王国政府成员。这个政府归首相来管。如果国王主持会议，大臣们就到宫中参加"枢密院会议"，只有君主才能罢免大臣们的职务。弗里德里希的任期有四个关键词：社团法、语言政策、行政改革和选举法改革。

首先，他向国务部提交了一份关于结社和集会的法律草案，比洛也想将其引入帝国议会。⁵⁹但是对于政治协会，弗里德里希制定了过于严格的条件。国务秘书贝特曼拒绝接受该草案，甚至称其为"反动"。⁶⁰帝国总理必须向他的"比洛集团"中的左翼自由派做出让步。政治集会仍然受到警方的监督。此外，少数民族成员不允许以自己的语言来举行此类会议。⁶¹

相反在"波兰政策"的问题上，弗里德里希跟比洛达成一致。波兹南、西普鲁士和西里西亚的"日耳曼化"正在由内政部长和帝国总理共同推动。在这片帝国的领土上，生活着200多万母语是波兰语的人。⁶²自弗里德里希大帝以来，所有霍亨索伦家族的国王们都把他们的波兰纳税人和士兵视为王朝的正式居民。1870年的战争和许多波兹南人对法国事业的支持,才改变了国家政权的态度。在那之后,由于认为语言是民族的主要特征,导致了一场"语言战"。德语成为一种对所有行政机关都具有约束力的语言。

现在,比洛想进一步压制波兰语的使用。今后,以前属于少数可以用波兰语授课的宗教课程,也将只能用德语授课。[63]这些毛奇参与的规则构成所有日耳曼化尝试的高潮,更好的说法是:低潮。1908年3月20日的法律允许强行征用讲波兰语地主的土地给讲德语的定居者。"然而,有一件事远远凌驾于国家原则之上,"社会民主党人在国会大厦里咆哮道,"那就是人性的原则。"[64]可惜这一切都是徒劳无功的,在保守党人看来,"日耳曼人"和"斯拉夫人"之间的斗争甚至比财产的不可侵犯性更重要。

1809年,皇帝任命贝特曼·霍尔韦格接替帝国总理冯·比洛,这对毛奇来说并不是什么好兆头。贝特曼是美因河畔的法兰克福一位银行家的儿子,他是一个温和的人,热衷于改革,对资产阶级政党关心的事情持开放态度。而对于毛奇来说,名声是更为重要的东西,所以眼中只有易北河东岸的乡村贵族。[65]贝特曼希望在政治力量之间建立一条"对角线",以获得保守派、自由派和中间派的支持。毛奇在国务部试图为普鲁士所有的保险合同颁布反对"波兰语可能占主导地位"[66]的"语言条款",但是失败了。大多数人认为没有必要制定这样的规定——这是给内政部长冯·毛奇的一记耳光。

行政改革的推动力是由议员们提供的,而不是毛奇,但是内政部长毛奇却提出了自己的要求。"行政管理的活力,"毛奇警告,"在其自身的官僚主义束缚下,会窒息而亡。"[67]困难是显而易见的:官僚主义的规则太多,官员太多,职责不明确,办理时间长。[68]

第十一章 堕入深渊

皇帝也让人知道，他是"官僚主义作风的反对者"。[69] 1909年2月18日，威廉召开王室会议。在柏林城市宫①里，毛奇强调了改革的紧迫性："过度集权，缺乏明确性、统一性和流动性。"[70] 会议决定成立一个委员会。到最后，变化却很少。这也要归功于毛奇，他通常会阻拦建议。[71]

普鲁士选举法的改革，在比洛任职期间就已经开始了，[72] 内政部长毛奇对此特别关注。当德意志其他各邦都走向普选、平等选举、直接选举和无记名选举，帝国议会也是自由选举产生的时候，普鲁士却坚守着自己令人憎恶的三级选举制，这保证了地主贵族的过度影响力。参与帝国议会选举的人数一直很高。然而，在不对等、公开、间接的众议院选举时，许多选民都待在家里。[73] 很长一段时间以来，社会民主党人和左翼自由主义者一直呼吁将帝国议会的投票权移交给普鲁士。多萝西在1908年问："这大概就是一场民族运动来实现一种更为宪政的政府形式吧？我衷心希望如此，因为一个像德国这样具有教育和现代性的国家，不可能永远以现在的政府形式继续下去，它甚至都不想装一下自己是代表制的。"[74]

1909年底，贝特曼宣布对选举法进行改革。"这将很有意思，"多萝西在写给她父母的信中说，"地方政府是否执行许诺的选举改革。我害怕不执行。但现在的制度是文化民族的耻辱，你们不觉得吗？"[75] 贝特曼和毛奇在国务部发生争执。此前，毛奇曾警告"不要对选举法进行民主化"。[76] 尽管按照毛奇的说法，"必须展示未来的某种前景"；但"需要极其谨慎。因为显露出来的东西，是无法逆转的"。[77] 这就把毛奇推到皇帝那边去了。"威廉二世想独善

---

① 城市宫，位于柏林市中心的宫殿，曾为普鲁士王国的王宫和德意志帝国的皇宫，于"二战"末期沦为废墟。——译者注

其身……因为南德意志日益沦为民主的牺牲品,那么帝国的繁荣发展就越来越多地只能依靠普鲁士。"[78] 但是在国务部里,毛奇甚至在反对引入秘密选举时遇到了阻力。[79] 即使是保守党也不再坚持公选。

南极考察

造访总参谋部大楼,对内政部长来说,可能意味着休息。弗里德里希偶尔也必须和他的哥哥商谈一下公事。因此,一位年轻的巴伐利亚军官的计划掀起了巨大的波澜:威廉·菲尔希纳（Wilhelm Filchner）,一个彻头彻尾的冒险家,策划了一次"德国南极探险"。他已经和经验丰富的极地研究人员欧内斯特·沙克尔顿（Ernest Shackleton）、弗里德乔夫·南森（Fridtjof Nansen）一起,给出了建议。菲尔希纳现在需要钱去施皮茨卑尔根群岛（Spitzbergen）探险。赫尔穆特·冯·毛奇邀请科学家、记者、企业代表、巴伐利亚特使和普鲁士内政部长在总参谋部的会议大厅里听取了菲尔希纳的演讲。"我宣布了我的计划,"菲尔希纳说,"并给出了我的成本预估,大约100万马克。我接着说,英国和日本正在装备南极考察队,德国现在是时候表现出对极地研究的兴趣了,也应该向北极派出考察队。"[80] 这对国家声誉的暗示起了作用。总参谋长对菲尔希纳的演讲做了补充,"热烈呼吁大会尽其所能地帮助他完成德国的科研探险"。[81] 菲尔希纳领取了经费。1912年他要对南极考察的重要资助者表达敬意。从那时起,在"柳特波德摄政王海岸"（Prinzregent-Luitpold-Land）有几块无冰岩石用来纪念赫尔穆特·冯·毛奇和弗里德里希·冯·毛奇——"毛奇冰原岛峰群"。[82]

选举权改革失败

穆迪因为克莱绍,继承了普鲁士议院上议院的一个席位。"他在那里处于孤立和困难的境地,"多萝西说,"因为他在许多方面都与他这个阶层的人士不同,没有人习惯这种方式的惊喜。"[83]穆迪从未参与过一次辩论。

弗里德里希和尤丽叶把多萝西引荐进了社交圈。"今天,尤丽叶婶婶把我们介绍给布罗克多夫伯爵夫人,"多萝西在1910年1月报告说,"她是皇后的首席宫廷女官,我们去参加了贝特曼·霍尔韦格夫人的招待会。"[84]多萝西要在舞会上向皇帝介绍自己,舞会之前,尤丽叶组织了一次舞蹈排练,两位霍亨索伦的王子也出现在了排练演出现场。

图11-4　赫尔穆特·冯·毛奇,1910年左右

1月29日，他们将去贝尔维尤宫（Schloss Bellevue）[①]参加皇家舞会。"贝尔维尤宫位于蒂尔加滕的深处，非常古老，装修得非常漂亮，看着像一直有人居住，有人使用，也很有个性。整个宫殿用烛台照明，间或有一两盏油灯，光线出奇地柔和美丽。舞厅是椭圆形的，白色的，有一些漂亮的蓝绿色大理石柱子。来了100到150人……"皇后奥古斯特·维多利亚（Auguste Victoria）和多萝西说了几句英语。皇帝向她挥了挥手。"但是我想，他也不知道我是谁。"晚餐时，她可以静静地看着这对执政者夫妇："他是个帅气的男人，留着黑色的小胡子，青灰色的头发，眼睛炯炯有神。皇后有一头漂亮的银发，看起来温柔、和善，并且有些笨笨的。"[85]

在那之后，多萝西参加了更多的舞会，感受到了威廉时代的辉煌："然后是各色制服，有中国的、日本的和土耳其的，以及所有欧洲国家的，还有几十个青年侍者，他们沿墙站着，穿着红色的西装，前襟和袖子上带有白色褶皱。那是一种令人眼花缭乱的壮观和色彩，从楼上画廊往下看，大厅就像是一块珍贵的波斯地毯。"[86]

1910年1月，当多萝西在帝国首都的舞厅里跳舞的时候，弗里德里希·冯·毛奇预见到了自己的政治结局。他向奥廖拉夫妇寻求安慰，几十年来，奥廖拉夫妇就一直是毛奇夫妇的亲密朋友。瓦尔德马·冯·奥廖拉伯爵（Waldemar Graf von Oriola）是阿希姆（Achim）和贝蒂娜·冯·阿尼姆[②]（Bettina von Arnim）的外孙，

[①] 贝尔维尤宫，也称作望景宫，是柏林的一座宫殿建筑，建成于1786年，曾有多位王子居住，是威廉二世的宫廷，在纳粹时期被改用作帝国政府宾馆，如今是德国总统的官邸。——译者注
[②] 阿希姆·冯·阿尼姆（1781—1831）和贝蒂娜·冯·阿尼姆[49]（1785—1859），德国著名的浪漫派作家和浪漫派女作家。

第十一章 堕入深渊

现在和他的妻子玛丽住在法兰克福东北的布德斯海姆宫（Schloss Büdesheim）。[87]伯爵是一名很有天赋的律师，他在议会中代表民族自由党人。瓦尔德马的母亲是柏林的沙龙女主人，经常参加德雷斯勒在总参谋部大楼举行的合唱团排练——瓦尔德马和弗里德里希很有可能是在音乐会的中场休息时认识的。在选举法改革的斗争正在白热化时，弗里德里希庆祝了他们长久以来的友谊，同时也将其视作抵御敌人世界的防火墙。"四个人类之子，"他写信给玛丽，"他们相互理解，互相给予快乐，从来没有彼此抱怨，他们很高兴……在众人的盲目、愚蠢和邪恶之下，紧紧团结在一起，手牵手地共同走好长得不合理的永恒生命中这一小段路。这是上帝的命令！在新年将至之际，代问瓦尔德马好，我们将用坚定的目光和态度来迎接新年，因为可以肯定的是，在他的心中隐藏着很多的挫折和失望。致以最忠诚的问候，您的弗里茨·毛奇。"[88]这语气让我想起了他的父亲阿道夫。

1910年2月10日，贝特曼向邦国议会提交了新选举法草案。今后，议员将由直接选举产生，但要保留与财产挂钩的选举权和公开选举。"文化承袭者"的意见越来越重要，他们是至少有三年大学学习经历的男子，也可以是陆军和海军的士官。政府希望士兵的态度是保守的。

社会民主党人和左翼自由派断然拒绝了草案。"上星期天，"多萝西说，"到处都是反对新改革法的大型示威活动，到处都有人在说这件事，好像法国大革命那样的事情就要发生了！而这其实真的没什么要紧……"[89]就连保守派也全盘否定了这部法律。任何对与财产挂钩的选举权的放松都必定危及他们在议会的权力地位。贝特曼回忆说："左派认为，在国内外给我打上一个反动的黑分子的烙印，对他们来说是有利可图的，右派则把我当作一个伪装的民主人士来迫害。"[90]中间派也希望看到变化。然而，弗里德里希·冯·毛奇却放弃了与邦联议会中的党团进行谈判——这是对议会的一种漠视，甚至让普鲁士的一位部长感到惊讶。"而母亲则默默地环视着整张桌子。"[91]众议院中的一位自由主义者嘲讽道，显然他很欣赏《蓬头小子》①这本儿童书。为了避免在议会中失败，贝特曼必须在5月底撤回草案。改革惨遭失败。三级选举制一直实行到1918年。1910年6月18日，内政部长弗里德里希·冯·毛奇辞职。[92]

毛奇病了。"那可就太好了，"总参谋长建议道，"如果汉斯-阿道夫能多少着手处理这件事情的话。"[93]汉斯-阿道夫是家里的独子，现年26岁，在柏林、海德堡和柯尼斯堡学习法律，并且结束了在布雷斯劳作为预备役少尉的兵役。现在他在波茨坦的政府任职。[94]有时，汉斯-阿道夫也会想着去从事钢琴家的职业。在1900年之前的两年时间里，他得以在小布雷萨与有着波兰犹太血统的"神童"布罗尼斯拉夫·胡伯曼（Bronislaw Huberman）一起练习。弗里德里希在小布雷萨为这个男孩提供了庇护，并使他能够接受音乐教育。后来，胡伯曼成为20世纪最重要的小提琴家之一。

1911年，胡伯曼的资助者弗里德里希又回到"烦人的政治"[95]中去了。在提尔西特，他正在参加帝国议会的选举，"为的是尝试一下，让帝国议会在立陶宛的这样一个选区再次免于民主化"。[96]可他失败了。一个几乎没有什么成就的政治生涯结束了。总之，多萝西觉得"弗里茨叔叔……非常令人失望。尤丽叶阿姨上周来这里的时候显得很有魅力，她很有文化，对事情充满兴趣，而且相当独立。这个德国女人在心智上远远超出男人，至少在容克阶级是这样的，而且她的视野开阔得多"。[97]

---

① 《蓬头小子》(*Struwwelpeter*)，德国著名的儿童书籍，书中用喜欢恶作剧，捉弄小动物的"坏"孩子蓬头小子的种种故事来教育儿童，作者是海因里希·霍夫曼（Heinrich Hoffmann, 1809—1894）。

第十二章
马恩河

——民族的失败

总参谋长思考时沿用了施利芬的思路。他也想将这场在两条战线同时作战的战争转变为两场先后进行的战争，这样就需要在一条战线进攻。毛奇搁置了针对俄国的战争计划，把施利芬的计划大幅改动，"毛奇计划"由此产生。[1]

第一，他取消了进军荷兰。他担心封锁，要保留鹿特丹作为贸易的"呼吸管"。放弃向荷兰推进，直接造成无法绕开列日要塞。这又导致了第二个改动，即决定在战争一开始就马上通过突袭占领列日：这是一个在军事上颇有争议的冒险之举。首先，这样的计划增加了毛奇将每个外交危机都快速转为军事行动的压力。世界上所有军队都有作战计划。但只有在毛奇计划中，从战争动员到开战之间的过渡期短得如一道闪电。[2] 第三个改动是，如果说施利芬能够想到在西边会遭到对手的抵抗，毛奇也就有理由相信法国人会打进攻战。所以，他要加强己方军队在阿尔萨斯-洛林一线的部署，也就是说，不必把每个自由兵团调动到右翼。这个措施稀释了施利芬计划。毛奇从俄国和法国的军备状态得出必要的结论。在他任职期间，欧洲的军队实力日益朝着不利于帝国的方向发展。总参谋长对德国的军备并没有直接发言权。军队的装备属于战争部和帝国总理府的职责范围。[3]但毛奇的发声在军备政策方面还是有些分量的。争论主要围绕着一个问题，罗恩当初就面对过这样的问题：要质量还是要数量？因为毛奇计划算上了幽灵军队，所以总参谋长就把宝押在百万军队上。而战争部长要对帝国议会和财政部负责，他只能主张有质量的军队。[4]

反正长期以来海军舰队总是拥有优先权。直到1911年第二次摩洛哥危机之后，贝特曼才开始升级军备。海军对帝国总理来说是个障碍。他想达到能与英国保持平衡的状态。贝特曼要求重新考虑军队，强烈敦促战争部长树立军队标杆，尤其是沙皇帝国的军备状况给柏林的压力日益显现。这些军备威胁到陆军战斗部队之间的平衡。[5]迟至1917年，参谋部里才有人相信，俄国的军备扩充在当时将会达到足以让毛奇作战计划看起来无从实施的程度。[6]

此外，毛奇并不觉得会发生闪电战，而是会出现一场全民战争。他在1905年就预感到："第一声枪响肯定会成为一场全欧普遍屠杀的信号，人们会毛骨悚然地回忆起这声枪响。"[7]虽然有些政治家和将军比毛奇更加卖力地要求增加军备[8]，但总参谋长毛奇希望能更为充分地利用义务兵役制，要求"全民皆兵"。他的很多要求都因帝国总理和战争部长的异议而搁浅。与他的伯父陆军元帅一样，毛奇也无法左右政治动向。皇帝和帝国总理，而绝不是总参谋长决定着前进方向。[9]但这并不能阻止欧洲的军备竞赛升级。

军备竞赛加剧了各地的危机。在每一场危机中，要求增加军备的呼声迭次响起。[10]"如果他们不这么正儿八经地去做这些，那简直是荒唐可笑，"多萝西悲叹道，"尽管拥有人类智慧、文化和文明，诸多民族相互猜忌对立，每年为武器支付几千万，而目的在于杀戮其他人，而这些人，根据他们皈依的宗教，其实都是兄弟啊！"[11]

1912 年的"作战会议"

黑山、塞尔维亚、保加利亚和希腊在 1912 年秋天让奥斯曼帝国布满战争风云。欧洲产生了新的紧张状态,多萝西和穆迪来到总参谋部大楼做客。"我第一次真正地与赫尔穆特叔叔有了接触,"多萝西跟她的父母说,"赫尔穆特叔叔说,战争或许因为简单的原因一触即发,大家早就准备好打一场大仗了,这样庞大的武器库总是个危险。"[12] 毛奇对自己在这场军备竞赛中推波助澜的作用心知肚明。"但他也相信,"多萝西这么看,"绝对没有任何理由发动战争。"[13] 毛奇希望德国和英国能够结盟——"这样它们在世界上就处于领先地位。现在的紧张关系全是爱德华国王的错。"[14] 英伦岛上的反德情绪完全是由记者和政治家造成的。"我不完全同意这个观点。"[15] 多萝西壮着胆子反对。毛奇在私下表达了他的担忧:"如果要开战,我还是希望尽早,希望届时我还没老到不能很好地处理这些事情。"[16] 病痛和衰老让毛奇苦不堪言,让他更加忧心忡忡,深恐有负重任。也正是在这几周里,他在侄女玛丽·冯·库尔米茨面前称自己为"一幢老房子……已经开始遍布裂痕,摇摇欲坠了"。[17]

巴尔干战争让欧洲原本就已紧张的神经绷得越来越紧,英国政府表示有可能对中欧列强进行武装干预。12 月 3 日,皇帝愤怒地召集他最重要的军事顾问,除了毛奇,还有海军参谋长约西亚斯·冯·黑林根(Josias von Heeringen)和海军国务秘书阿尔弗雷德·冯·蒂尔皮茨(Alfred von Tirpitz)上将。毛奇敦促先发制人开战。"越早打,越好。"[18] 毛奇说,俄国在完成军备竞赛计划后,最晚五年后就会动手。要抢在俄国人前面,因为力量对比将对中欧列强越来越不利。蒂尔皮茨没有反驳,但他想要再等上两年。他认为,到 1914 年,北海-波罗的海运河才能用于舰队作战。毛奇反唇相讥,海军就是等到那时也不能完备。最后只有一项决议，让公众对即将与沙俄帝国发生的战争做好准备。但后来，并未进行任何战争宣传。[19]

在历史学家中，这次会议极负盛名。有人从这次会议上找到明证，德国意图在1914年通过发动一场战争来攫取世界强国的地位。但实际上，会上几乎没有人提及这个。[20]尽管这次集会表达了一种危险的姿态，但时间不站在中欧列强一边，这个观点越来越占了上风。尤其是总参谋长热忱地宣扬要进行一次先发制人的预防性战争。

1913年，比利时国王在波茨坦进行国事访问时，毛奇表现出十足的好战劲头。[21]对法国的战争迫在眉睫，一触即发。他如是威胁这位君主。"小国嘛，总有一个极大的优势，可以与我们同行，因为那些要与我们作对的小国，后果一定很惨。"[22]毛奇希望，一旦开战，德国部队能够不遭受任何抵抗地穿过比利时。他战争意愿的背后，主要还是对俄国军备的戒备心理。此外还有当时的心境，这种心境结合了对毁灭的信念、对战争的期待、对缺失的自我价值认知以及对自身来日无多的感触。"岁月飞逝，"他在1914年初写道，"人越老，时间流逝越快。到5月我就年满65岁，一个老朽了！"[23]多萝西有别的忧虑："我希望，德国别与奥地利凑得那么近，不然对德国可没什么好处，我们好像'几乎'总是会被奥地利拖入一场什么战争中去。"[24]

贝特曼拒绝先发制人的预防性战争并援引俾斯麦的做法，毛奇则与他的奥地利同行康拉德·冯·赫岑多夫（Conrad von Hötzendorf）达成一致，此人同样敦促赶快开战。1914年初夏，两人在卡尔斯巴德碰面。对他们而言，互相认定先发制人的预防性战争是必需的，这一点并不难。回到柏林后，毛奇劝说外交部的国务秘书："调整德国政策，要为不久即将到来的战争做好应对准备。"[25]他对俄国军备的恐惧逐渐向恐慌失措发展。[26] 毛奇同时也担心，战争将"在长达几十年的时间里摧毁整个欧洲的文化"。[27] 总参谋长也觉得，德意志帝国获胜的机会很小。换句话说，虽然他完全清楚战争会带来何等恐怖的后果，并且也怀疑他的行动计划能否提供一个制胜秘诀，但他仍整天嚷嚷着采取武力威胁的政策。形象化地说，对死亡的恐惧把毛奇推向了自杀。

七月危机中的毛奇

1914年6月28日，奥地利皇太子夫妇在萨拉热窝被一名塞尔维亚民族主义者刺杀。接下来几周要发生的事情，是由维也纳、柏林和彼得堡的几个头戴皇冠的小圈子决定的。英国和法国的国家领导大多只是应对弗朗茨·约瑟夫一世、威廉二世和尼古拉二世的招数。萨拉热窝刺杀案发生后，毛奇在很长时间都无法相信，战争马上就要爆发了。7月18日，他还在卡尔斯巴德休养，根本未考虑到敌对情绪。[28] 直至7月23日，也就是奥地利向塞尔维亚发出最后通牒的那一天，总参谋部里还波澜不惊地延续日常工作。[29] 三天之后，毛奇还觉得，将奥匈帝国与塞尔维亚之间的战争局限于巴尔干半岛上，是可以想象的。[30]

直到维也纳发出了宣战声明，局势越来越清楚地表明，俄国政府绝对不会放弃塞尔维亚，在"鹰派"和"鸽派"之间才发生激烈的争论。[31] 一方是毛奇和将军们，他们想启动毛奇计划。而另一方的贝特曼和外交家们还在争取走一条较为缓和的路线，他们一直试着把冲突控制住。贝特曼事后回顾这段争论时这样认为，总参谋长持续地推波助澜，而且"宣布……采取军事行动绝对有必要。我只好以自己的观点去附会他的观点"。[32] 帝国总理绝不应当附会别人的观点,但贝特曼不是俾斯麦。

1914年7月30日上午,毛奇暗中破坏了帝国总理在维也纳进行斡旋调停的努力。总参谋长给他的奥地利同行赫岑多夫发了一份电报:"对于奥匈帝国来说,要想保全,把这场欧洲战争坚持到底,是最后的手段。德国一定会一起走下去。"[33]奥地利外交部长完全摸不着头脑了。"到底谁在负责政务啊,毛奇还是贝特曼?"[34]这份电报并未使情形更加恶化,因为电报抵达时,贝特曼已经指示他的外交官,不必在维也纳促成调停了。尽管如此,这一事件表明,最晚在7月30日,毛奇打算不计一切代价发动战争了。随后,到了夜晚,才传来俄国进行全民总动员的消息。这时才彻底明朗了,贝特曼限制战争规模的如意算盘已经彻底落空。毛奇本人在促成战争,他于7月31日写道:"这场战争会成为一场世界战争,英国人也会介入。至于这场战争的规模、持续时间以及会怎么结束,只有很少人能够想象得到。"[35]1914年7月31日,皇帝和贝特曼宣布进入"迫近的战争危险"状态。现在钟声已然敲响,德国的作战部队准备进行动员。

这真是个令人深思的场景:8月1日,大约16点30分,贝特曼、蒂尔皮茨和普鲁士的战争部长埃里希·冯·法尔肯海因(Erich von Falkenhayn)在城市宫召开会议。皇帝签署了动员令。"我特此决定,德国陆军和皇家海军需依照为他们所拟定的动员计划之要求做好战争准备。兹确定8月2日为战争动员的第一天。"[36]法国陆军也进行了战争动员。毛奇在返回总参谋部的路上收到了指令,即刻回到城市宫。威廉皇帝和贝特曼情绪不错地向他宣读了一份电文。德国驻伦敦大使宣称,如果德国不攻击法国,英国会让法国保持中立。皇帝松了口气,命令部队现在向东进军,而不是向西:"现在我们只需要跟俄国打仗!"[37]毛奇简直无言以对。向西进军是一场以分钟为单位计划好的、巨大的行动部署。他情绪非常激动,怒气冲冲地说,把陆军部队从西向东调动根本不可行。否则,调动到俄国前线的就不是军队,而是一群手持武器、没有任何给养保障的乌合之众。"如果您的伯父还健在,"威廉皇帝呵斥道,"他一定会给我一个不同的答案!"[38]

毛奇只做好了一种开战准备,完全排除了其他可能性。而一位总参谋长,必须为应对各种情况准备不同的备用计划。但毛奇并没有——这是德国总参谋部第一次令人无法置信的渎职之举,没能尽到应尽之责。几年之后,总参谋部里包括铁路部门的领导都声明,将向西进军转为向东进军其实是完全可能的。[39]"伯父"若在,真的很可能给出一个不同的答案。

但现在,他的侄子却坚持认为向西进军没法阻止,无论如何也要跟法国开战,打进法国去。毛奇预言,不然的话,法国人会从背后偷袭德国人,他们也进行了战争动员。"情绪越来越激动,我一个人孤立无援。"[40]皇帝和帝国总理试着说服总参谋长。贝特曼甚至以辞职相要挟。但是毛奇的情绪极为激动,嘴唇都在发抖,坚持自己的立场。法尔肯海因把他拉到一旁。他后来回忆道:"他声称,他已经彻底崩溃了,因为皇帝的这个决定向他表明,皇帝一直希望和平。我安慰着毛奇。我赞同他的意见,但皇帝的想法里并没有什么伤害到毛奇的地方……"[41]这是合理的。因为帝国要跟谁开战这样的决定,并不是由总参谋部来下的。这样的决定是一切政治决定中最具政治性的。但毛奇非要纵身跃入黑暗去冒险,什么都拦不住他,谁也阻止不了他。海军上将穆勒[①]听见他在

[①] 全名格奥尔格·亚历山大·冯·穆勒(Georg Alexander von Müller),时为德意志帝国海军内阁长官。——译者注

咒骂："现在只差俄国自己也挂掉了。"[42] 毛奇只认死理，坚持进军方案不能有任何变动。否则他"无法对任何情况负责"。[43] 他甚至在战争动员的第二天就辞职——这简直跟要挟没什么两样。毛奇得逞了，他最终说服了皇帝，向西边进军。毛奇保证说，在此之后，还有可能，"随意把陆军的劲旅调往东部"。贝特曼惊愕不已地表态，不管怎么说，万万不可占领卢森堡。毛奇再一次表示反对。贝特曼断言，还得使用卢森堡铁路呢。皇帝闷闷不乐地说，总参谋长"不想用卢森堡铁路，他要用别的铁路"。[44] 显然，法尔肯海因在战争部获悉来自伦敦的电文内容之后，已经中止了进军卢森堡的行动。[45] 现在，威廉皇帝也下令，驻扎在特里尔的第十六师不得向卢森堡进军。"我觉得，"毛奇抱怨道，"我的心都要跳出来了……就此，我被打发走了。"[46]

回到总参谋部以后，毛奇一言不发地冲进了办公室，气得脸色铁青。他放声痛哭。"我就像被击垮了一样，流下绝望的泪水。"[47] 他反复说着一句话："我要跟法国和俄国作战。"他抽泣着："但我不能跟这么一个皇帝作对。"[48] 伊丽莎担心，她的丈夫可能轻微中风了。因为没法让毛奇安静下来，她让人去找威廉·冯·多梅斯（Wilhelm von Dommes），此人是总参谋部的中校，也是毛奇家的挚友。毛奇的副官汉斯·冯·黑夫滕（Hans von Haeften）也确认："他的整个神经系统都受到了极其严重的损害。"[49] 总参谋长觉得自己就是一个牺牲品："我永远无法摆脱这次经历留给我的印象，我内心的某个东西彻底被毁掉了，再也无法重建，信心和信任都动摇了。"[50] 然后塔彭（Tappen）中校把一份发给特里尔驻师的电报放在了桌子上。总参谋长应当确认一下中止进军卢森堡的命令。毛奇拒绝签字。"这份电报您爱怎么办就怎么办。"[51] 毛奇表态说，这简直太孩子气了。毛奇不签字，塔彭中校只好签了电文。

在德国军队迈入战争之时，总参谋长闷在他的办公室里大约五个钟头，貌似什么事情也没做。办公室一面墙上悬挂着陆军元帅的画像。[52] 显然毛奇经常祈祷，尽管肯定不是"未曾间断地"[53]。毫无疑问，毛奇经历了一场心理危机。内心的紧张亟待发泄。一方面他对民族间厮杀混战充满恐惧，另一方面又怀着一丝希望，1914年这场"无从避免的"战争或许还是能赢的，两种情绪来回锯锉着他的神经。法尔肯海因曾称"尽管我们会为此毁灭——那也不错"。[54] 这等潇洒言论，毛奇绝对说不出来。毛奇感受到他的责任，这不用问。但真正负责的态度或许是，不考虑自己的声望，向帝国领导层承认战略局势中的弱点，并促使其采取克制的态度。[55] 毛奇多年来早就放弃这么做了——这是总参谋部的第二项严重渎职，未尽应尽之职。

23点左右，皇帝再次命令他回到城市宫。威廉皇帝澄清说，很遗憾，德国驻伦敦大使发来的电报基于一个误解。真实情况是，英国人从来没说过他们会保证法国中立。他们只是想表明，如果德国一门心思地朝东面打过去，他们自己先会保持中立。"现在您可以做您想做的事情了。"[56] 皇帝挥挥手，走了。毛奇马上下令占领卢森堡。向西部的进攻开始了。

柏林群情激昂。"迫近的战争危险"这个消息一宣布，便在很多地方受到了欢迎，人们的心情一下子放松了。"呀！总算是来了！"《每日评论》①描述着等待中的大众心态，"就像一声解脱的呼喊穿过人群。没有高声欢呼，没有喊万岁的声音，所有面庞上满是严肃——这种令人不安的紧张气氛沉甸甸地压在柏林整座城市上，

---

① 《每日评论》（Tägliche Rundschau），1881—1933年发行于柏林的一份报纸，除每日政治概览外，还刊登经济新闻、柏林当地事件的报道等。——译者注

这一切化解在一个解脱的深呼吸中：可算是来了！"[57] 国内的政治生活就像是停摆了一样。其他国家的人民代表机构，英国的议会，法国的国民大会，俄国的杜马，都颁布了相应的法律。帝国的所有政党都与皇帝暂时休战。

"八月体验"① 是一个全欧的现象。各个年级的学生坚定地走向战场，妇女和姑娘们站在街边用鲜花向出征的队伍告别。很多人期待，这场战争很快就会打完，就可以回家过圣诞节。处处都充斥着这种感觉，出征不是去获取荣誉或者去征服，而是为了捍卫民族的自由与价值。[58] 整个帝国肯定不是只有欢欣雀跃。"1914年精神"主要是由城市居民和资产阶级撰写的。[59] 德国的民族主义喧嚣在少数人那里引起的其实只有担忧。

石勒苏益格-荷尔斯泰因的最高行政长官

在北石勒苏益格地区，最高行政长官德特勒夫·冯·比洛（Detlev von Bülow）和第九军团的司令长官冯·勒尔（von Roehl）将军，违法将一些说丹麦语的市民逮捕起来，号称"预防万一"。[60] 丹麦报纸也被禁止了。在宣布迫近战争危险的状态后，帝国的军事司令长官接管了执行权。他们只接受皇帝调遣。普鲁士的内政部长弗里德里希·威廉·冯·勒贝尔（Friedrich Wilhelm von Loebell）在8月3日给行政长官冯·比洛下了指示，撤回逮捕令和禁止令。但比洛连听都不听。内政部长要求总参谋长介入。毛奇让人转达了他的意见，他十分重视一点，不要通过单方面的措施损害了目前贯穿于我们整个民族的伟大民族主义情怀。[61] 总参谋长同意释放所有

---

① 八月体验，指1914年8月欧洲各国的战争狂热现象。——译者注

被捕者。但无论是比洛，还是勒尔，都不退缩。丹麦的媒体已经开始讨论这个事件了。勒贝尔生气地指责"最高行政长官的无能"，同时也指责"一位将军的独断专行和任意妄为"，他派遣先前的内政部长弗里德里希·冯·毛奇作为调停者前往荷尔斯泰因。[62]毛奇在勒尔的行政驻地阿尔托纳进行了会谈。他很快缓解了局面。丹麦语的报纸又可以出版发行了。比洛被停职，弗里德里希·冯·毛奇接替了他的位置。

弗里德里希·冯·毛奇带着尤丽叶和他尚未婚配的小女儿玛丽亚一起搬到了77年前他的祖母亨丽埃特去世的城市。"只要情况允许，"他在致玛丽·冯·奥廖拉的信中写道，"我们过着一种还算满意的日子。感谢上帝！我们生活的地方，有小城市的热情好客，有近乎乡村般的宁静风光。宽敞的大房子在一大片公园中，那里环绕着一些古树。从房子出发，不用几分钟就可以穿过一片山毛榉林来到蓝色的施莱湾，海上白帆点点……我特别开心的是，这里的风景和人深得尤丽叶的心……对我来说，能够为我亲爱的故乡奉献上我的绵薄余力，总归有一种特别幸福的意识，特别是在这个忧愁走向家家户户的时候，这是不言自明的。"[63]

行政长官的家中也同样有烦恼。1913年底，汉斯-阿道夫开始了外交生涯的培训。[64]在雅典的公使馆中，他表现出与人交往时的机智变通和迅捷的领悟能力。他的上司给贝特曼写信称："我没法不恭喜我们的外交机构有了特别精明强干的后起之秀，正是在冯·毛奇身上看到了这样的干才。"[65]1914年5月，他被调往君士坦丁堡的使馆任参赞，在这座城市的公园里立有陆军元帅的雕像，不久后，他又得离开这座城市。汉斯-阿道夫·冯·毛奇少尉上了前线。

解除赫尔穆特·冯·毛奇的职务

1914年8月2日,德国进军的齿轮转得飞快。在只有一支队伍把守东部边境的情况下,七支队伍集结在西部。8月2日,总参谋长给外交部送去了一份备忘录。[66]毛奇要求的偏偏是要对战争进行一场革命化。按毛奇的话来说,目的不能仅仅是消灭敌人的作战力量,必须从内部让敌国分化瓦解。在南非、印度和埃及煽动起义或者动荡,一定会让大英帝国覆灭,对支持沙俄帝国的社会主义者也会有同等功效。这是一个全面战争的先导理念,偏偏是由普鲁士国王兼德意志皇帝的一位保守派将军提出的。[67]

8月初,穆迪、多萝西和7岁的赫尔穆特·詹姆斯在总参谋部用餐。穆迪想参加上议院的特别会议。多萝西和穆迪大概把他们另外三个儿子留在克莱绍了:5岁的约阿希姆·沃尔夫冈(Joachim Wolfgang),昵称约沃(Jowo),1911年出生的威廉·维戈(Whilhelm Viggo),以及最小的儿子,1913年出生的卡尔·伯恩哈德(Carl Bernhard)。多萝西对她的儿子们怀有极大的希望。"我梦想着,他们将来有一天会为世界带来福祉。"[68]多萝西的梦想并非指的是光宗耀祖,也不是指光鲜亮丽的职场生涯。多萝西理所应当地将她的愿望跟为了自由与和平的超越个人的行动相联系,这着实令人惊讶,也令人印象深刻。"这确实是个有些奇怪的想法,"她向父母承认,"你们——通过儿子们——能够在一个更为自由宽容的德国产生的过程中起着很大的作用;而在各个国家日益扩大的和平交流的历史过程中,德国又是一个伟大因素,这是对'爱国主义'这个词的最新定义。这样齿轮就互相咬合,人是多么渺小,同时又是多么无限的伟大!"[69]

7月31日，在宣布战争危险时，毛奇给家里发了一份电报。他宽慰大家说，大家可以待在克莱绍。[70]而那里，对俄国进军的担忧日益增长。穆迪、车夫总管赫尔曼和所有的仆人必须准备上前线。马匹和轿车被征用了，值钱的东西都装箱了。埃拉前往汉诺威。只有妇女和儿童留在那里：露易丝和小舍恩待在山上别墅，多萝西和三个儿子留在宫殿里。

造访总参谋部给了穆迪和多萝西了解第一手情况的机会。赫尔穆特·詹姆斯后来回忆，"赫尔穆特叔叔略微迟到了，他走进来的时候，我迎面扑过去说：'赫尔穆特叔叔，我们什么时候能打赢战争呢？'他怎么回答的，我记不得了，但我还记得那种突然袭来的震惊感，我猛然间感觉到，战争也有可能输掉，我们可能会输掉这场战争。这种感觉再也没有离开过我，无论是在期盼胜利的狂热中，还是在阅读各种英雄事迹的书籍时，都不曾离开"。[71]

但赫尔穆特叔叔多少能说些宽慰的话。偷袭列日成功了，虽然伤亡不轻。进军比利时比预想要困难得多，留下了一片兵燹过后的痕迹。在昂代讷（Andenne）、塔米讷（Tamines）和迪南（Dinant），德国军队屠杀人质，不仅杀了男人，还杀了妇女和儿童：昂代讷211人，塔米讷384人，迪南612人。游击队员令经验不足、惊慌失措的士兵产生了一种对非正规军的狙击队员极度紧张不安的心理幻觉。甘必大的狙击手在集体记忆中留下了深深的印迹。

伊丽莎十分担忧丈夫的身体，她决定陪同毛奇去司令部。伊丽莎说，他"急需她的护理照料"。[72]妻子在总司令部里守护在需要护理的司令员一旁！伊丽莎把威廉·冯·多梅斯中校打发去见威廉皇帝，去获取他的许可，多梅斯早就预料到威廉二世会大发雷霆。他赶到宫殿，皇帝和皇后带着随从们正准备出门。"这简直不像话，"皇帝火了，"冯·毛奇夫人陪同丈夫到总司令部去。大将还没有病到这个份儿上吧。"[73] 皇后进行了调停。8月16日，伊丽莎以战地医院院长的官方身份，实际上是为了照料她丈夫，同赫尔穆特·冯·毛奇和皇帝一起前往位于科布伦茨的总司令部。军事内阁长官莫里茨·冯·林克（Moritz von Lyncker）问过法尔肯海因，他是否能在紧急情况下接手总参谋长的位置。林克很怀疑"冯·毛奇大将在健康状况如此不堪的情况下，还能否履职"。[74] 法尔肯海因同意了。

8月18日在法国北部，为了包抄敌人，右翼部队开始掉转方向。总司令部里，人们充满信心。在东部战线上，却出现了一个严重的危机。第八军不得不撤离几乎整个东普鲁士。毛奇决定，将右翼的两个军团调往东部。不久后，他就会发现，这两个军团实在是少不得。"我认识到，"他承认说，"这是一个错误，而且在马恩河畔尝到了恶果。"[75] 这段时间里，皇帝在总司令部里待得很心烦，因

图12-1 伊丽莎和赫尔穆特·冯·毛奇，1914年左右

为毛奇天天给他作报告。威廉二世的血腥幻想时不时地加重了:"'两米高的尸堆……一位下级军官用45颗子弹干掉了27名法国人等等不一而足。'——太恐怖了!坐在他身边的毛奇苦不堪言。"[76] 伊丽莎相信,她的丈夫需要帮助和支持。她请鲁道夫·施泰纳来科布伦茨。8月27日,毛奇在进军前往法国的途中,于科布伦茨附近的下拉恩施泰因与施泰纳秘密会面了20分钟左右。此时,东部战线的情况艰难,而在西部战线,一周半之后马恩河战役就要打响。

8月底,就在司令部搬迁到卢森堡之际,第八军的最高司令官保罗·冯·兴登堡(Paul von Hindenburg)和他的参谋长埃里希·鲁登道夫(Erich Ludendorff)成功地在坦嫩贝格阻止了俄国军队的进攻。但在西部战线,9月6日德军右翼便遭到反攻。毛奇像是濒临神经崩溃了。[77] 这位总参谋长多次"处于极其激动和深受震撼的状态之中……完全无法做出强硬的决定"。[78] 他在9月11日致信伊丽莎时写道:"太糟糕了,巴黎东部的战斗将以我们的失利结束。我们军队中的一支一定会撤回,其他队伍不得不紧跟着退回。充满希望的战争开端马上会发生反转。"[79] 右翼的第一军和第二军退缩了。毛奇总算前往总指挥部,亲临前线,他在9月12日做出了唯一还算正确的决定:为了能够形成一条封闭战线,他命令第三、第四和第五军全部撤回。"这是我这辈子最艰难的决定,费了我很大的心血。我预见,如果我不把部队撤回的话,会发生一场灾难。"[80] 毛奇就此及时粉碎了法国领导层的计划:在巴黎和凡尔登之间将敌方包围,打一场巨大的坎尼战①。在马恩河

---

① 坎尼战(Cannae),原指公元前216年迦太基统帅汉尼拔以少胜多击败罗马军队的坎尼之战,是合围歼敌的经典战役。"坎尼"成为完胜的代名词,被世界各军事学院军备详细研读。近一个世纪里,众多著名军事将领皆欲尝试重新创造一次自己的"坎尼",将敌方完全包围并歼灭。——译者注

畔，毛奇虽然吃了一场败仗，但避免了一次灾难。胜负不是由过度行军及战斗成绩决定的，而是由没有掩护的侧翼决定的；不是德国军队在马恩河被打败了，而是德国的将军们被打败了。毛奇心力交瘁，被法尔肯海因替代了。他下了最后一道指令，命令加固埃纳河（Aisne）岸的新工事。步兵们躲进战壕，运动战结束了，阵地战开始了。

早在1914年，能在四年之后成为现实的所有决定都已经做出了。伦贝格战役之后奥地利人面对俄国人、坦嫩贝格战役之后俄国人面对德国人、马恩河战役之后德国人面对西方列强[①]，很难再有还手之力了。帝国即将面临的是，与力量对比强大很多的强国集团打一直担心的消耗战。如果在弗里德里希大帝的时代，此刻大概是启动外交攻势的最好时机。但在1914年，好战的民族主义把气氛彻底毒化了。已经有那么多人成为工业化民族战争的牺牲品了，所以，似乎只有以胜利缔结的和平才能够被接受。战争场景的变化和民族理念共同汇成20世纪最为原本的灾难。毛奇在其中起到了很大的作用。最后，这位总参谋长要与自己的良心搏斗："多少血已经流逝，多少莫名的痛苦降临在无数无辜之人身上……我一想到这些，不禁毛骨悚然，而且我仿佛觉得，必须对这种恐怖状态负责……"[81]

战争中的克莱绍

在克莱绍，多萝西只在楼上睡觉，由一只凶猛的大狗守护。她

---

① 西方列强，这里指第一次世界大战期间（1914—1918）德意志帝国和奥匈帝国在西欧的对手，包括法国、英国和意大利。——译者注

学习射击,两支枪就放在触手可及的地方,监督庄园的运营,记好各类账本。开始时,还不怎么能够感受到战争。信件依旧分发,火车准点,价格上涨幅度不大。然而有轨电车的售票员"大部分换成了女性,女士们接过很多原先由男人做的工作"。[82] 就连多萝西也被卷到八月体验中去了。"当然,每份伤亡名单都会带来哀痛和担忧,但这个时代如此之伟大,每一个人都十分自豪地见证历史。整个民族是一体的,每一项个人得失或是争论都被忘却,所有人都为一件事情活着——德国的胜利,这跟为了德国的存在是一个意思。"[83] 多萝西经常邀请一些伤员从施韦德尼茨来到克莱绍,一起喝茶或者吃晚餐。"我们跟他们一起玩,唱歌,聊天,听他们讲述经历,特别有意思。赫尔穆特·詹姆斯总会找出最难过的人,特别关心他,就像是母鸡关心小鸡那样。"[84]

特罗塔家的4位男孩子几乎一直待在克莱绍。赫尔穆特·詹姆斯跟卡尔-迪特里希(Carl-Dietrich),也就是玛格丽特的大儿子,一同去施韦德尼茨上学。多萝西每周两次把庄园里的女人们召集到宫殿来。她们唱歌,编织,交换信息,主要是交换有关前线男人们的信息。哪位战争寡妇说起与丈夫的最后一次告别,很多人就会哭起来。赫尔穆特·詹姆斯和约沃一起演戏——詹姆斯演陆军元帅,约沃演使徒彼得。"陆军元帅想得到许可,回到人世间,他要为祖国而战,但彼得不允许,这位老战士想着在克莱绍的所有小毛奇们,心里略感宽慰。"[85]

东普鲁士的围歼战之后,军方将俄国战俘派送到各个庄园当劳工,也有战俘来到了克莱绍。多萝西让战俘每个星期称体重,以确保他们受到了体面的对待。多萝西汇报说,"我们的俄国战俘中有两位必须……离开,去一家糖厂工作。当他们听说必须离开克莱绍时,他们哭了起来!"[86]

在此期间，穆迪在后方觉得十分无聊，他在驻扎于琴斯托霍瓦的第六西里西亚军的一个后勤部门服役。他为士兵们组织歌唱，参加上议院的会议，读了很多书，抽了很多烟，弹钢琴，开始一段婚外情——这可不是第一次。多萝西听闻此事，就把她丈夫叫来说清楚情况，甚至有可能当着全家人的面。[87] 不仅仅在克莱绍，战争改变了两性之间的关系。多萝西说："不管怎么说，我比从前更加充满活力，也更加独立了，如果一个人把克莱绍、家庭等全都扛在肩上，这其实是再理所应当不过了。"[88] 多萝西要用穆迪小情人的名字来给自己最小的孩子起名，为她的女儿受洗。[89] 这个姑娘最后得到了另外一个名字：阿斯塔（Asta），这对所有局中人都是十分幸运的事情。

1914年的德意志协会

1914年12月30日，赫尔穆特·冯·毛奇被任命为副总参谋长。影子参谋部的这位领导还可以暂时留住在国王广场边上"红房子"[90]里的公寓中。陆军元帅奥古斯特·冯·马肯森（August von Mackensen）去探望他，见到了一位"内心已经崩溃的人"[91]，先前的帝国总理比洛看到的是一位卧床不起的病人。"我看见毛奇躺在床上。他看起来病了，脸色比床单还要苍白。他带着忧郁的微笑向我招招手：……'还是我说的对，我当初不想接受这个职位。'"[92]

马恩河战役的结局没有告知公众。毛奇参与了针对他的继任者的种种阴谋。[93] 兴登堡、鲁登道夫和毛奇强烈要求解除法尔肯海因的职务，兴登堡甚至还要求让毛奇官复原职，而毛奇本人未经要求就向皇帝发出了意见书。毛奇写道："法尔肯海因这个人，无论是从性格，还是从才能来看，都不适合担任陛下在军事领域的首席顾问，尤其是在目前这样困难的时期。"[94] 毛奇的副官汉斯·冯·黑夫滕递交了毛奇的请求信。但皇帝断然拒绝重新任命。"八天之后，"黑夫滕引用这位君主的话，"冯·毛奇将军将会再次崩溃，就跟当初在马恩河畔的事件发生后一样。"[95] 法尔肯海因留任了。"但愿皇上永远不后悔这一点，"毛奇抱怨道，"就这样把对他很可能还有用的人给推到一边去。"[96] 这位被解职的人摆出一副受害者的姿态，并且越来越固执，伊丽莎非常痛苦地确认了这一点。但他还一直继续敲战鼓，支持与那些"妄想从文化系列中消灭德国的"敌人进行"神圣的战争"[97]。毛奇矢志不渝地坚信德国人肩负的民族"世界使命"[98]。

1915年，他成为"德意志协会"成立委员会的成员，这个协会是一个根据盎格鲁-撒克逊模式建立的政治俱乐部，根据协会章程，要将所有职业、阶层和政党联合在一起，以便"将1914年一致团结的精神延续到和平的岁月中去"。[99] 但在这个协会中，从来没有齐聚过所有职业、阶层和政党的成员，而只有这个国家的精英——大银行家、工业家、议员、海军上将、将军、教授、大出版商、大使、神学家、作家和画家等。戈哈特·豪普特曼（Gerhart Hauptmann）、托马斯·曼（Thomas Mann）、弗兰克·魏德金德（Franz Wedekind）和马克斯·斯勒福格特（Max Slevogt），萨穆埃尔·费舍尔（Samuel Fischer）和乌尔施泰因兄弟（Ullstein-Brüder），古斯塔夫·施特雷泽曼（Gustav Stresemann）和马蒂亚斯·埃茨贝格尔（Matthias Erzberger），弗里茨·蒂森（Fritz Thyssen）和罗伯特·博世（Robert Bosch），弗里德里希·阿赫利斯（Friedrich Achelis）和阿尔伯特·巴林（Albert Ballin）……这里只是随手举几个名字。谁要想加入俱乐部，必须由俱乐部会员举荐。毛奇推荐了五个人，其中有生活在布雷斯劳附近大彼得斯维茨（Gross Peterswitz）[①]的库诺·毛奇伯爵和来自埃森的阿尔弗雷德·胡根贝格，胡根贝格是媒体业巨头及军工企业家，后来的政治家、魏玛共和国的死敌以及希特勒的铺路人。

1915年11月28日20点30分，赫尔穆特·冯·毛奇庄严地在普林斯海姆宫（Palais Pringsheim）宣布俱乐部第一次会议开始。"先生们！此时，我们在后方的安定和平中聚会，外部战争正在残酷进行，我们的兄弟和儿子们正在与一个敌对的世界作战，他们每时每刻、每一天都准备付出自己的生命，为的是通过牺牲他们个体的生命，留存我们整个民族作为整体的生命，使其免受灭顶之灾。我们的敌人想将这样的覆灭强加给我们……通过战争，我们的民族团结一致了，党派分裂似乎曾经撕裂了我们的民族，它最好的力量浪费在了琐碎的争吵中。对祖国之爱的神圣热焰融化了所有的限制，正是当初那些安逸生活的自私主义在我们之间设置了限制……1871年，我们成为一个帝国，现在要紧的是，我们成为一个民族……谢谢大家，衷心欢迎大家！"[100]八月体验的反转迅速成为一个神话，这与毛奇和德意志协会密切相关。

赫尔穆特（"赫利"）·冯·毛奇于1916年6月18日在帝国议会上去世，为陆军元帅科尔马·冯·德·戈尔茨致完悼词后，他便倒下了。伊丽莎组织了家族葬礼。鲁道夫·施泰纳致辞怀念。

毛奇极力推动的战争，又接着肆虐了两年。战争拖得越久，带来的损失越大，帝国的百姓越绝望地挨饿，内部的压力就越大。当初带来内部暂停争端的战争民族主义，现在造成了更大的社会分

[①] 大彼得斯维茨，波兰语名为Pietrowice Wielkie，又译作大彼得罗维采，是上西里西亚地区的一个乡镇。——译者注

第十二章　马恩河

裂。[101] 1918年4月，德国军队为期40天的进攻失败了。军队又损失了35万士兵，其中大部分是经过选择、无从替代的精锐部队。而且这时候，美国人也介入了，从4月开始有25万美国兵参战。猛然激增的优势必定会或早或迟地粉碎任何抵抗。在长达三年半的官方对战况涂脂抹粉和即将胜利重现和平的宣传之后，被赋予独裁权力的鲁登道夫要求帝国政府最晚在9月29日公开向美国总统请求停战——这犹如晴空霹雳，没有经过任何政治、军事和心理上的准备。这使对手的谈判意愿失去了任何基础，德国军队的战斗士气一落千丈。因为在政府公开宣布战争失败之后，还会有哪个士兵在战争中死战到底？

基尔革命

10月底，还一直在等着停火协议。尽管如此，海军远洋舰队必须出海打一场"决定性的战役"。但威廉港的水兵起义了。为了平息事端，海军参谋部将第三舰队从威廉港调防到基尔港。1918年11月1日，这个舰队回到了故乡的港口，连同禁闭室里关着的47名领头闹事者。其余愤怒不已的舰队成员都获得了假期，可以上岸休假。

1917年，最高行政长官弗里德里希·冯·毛奇将他的行政官邸迁到了基尔。[102] 首先要履行许多官方活动，还要监察他的官员们。行政工作由各地区政府负责。但官员群体的最高代表是弗里德里希·冯·毛奇。[103] 在基尔，军方也接管了执行权。司令官威廉·苏雄（Wihelm Souchon）中将为安顿好第三舰队已经忙得焦头烂额了。食品极其短缺。行政长官办公室列出一长串清单，上面是当今重要机构的地址：帝国食用油脂处、州油脂处、帝国营养品和蛋类分配处、州营养品和蛋类分配处、帝国蔬菜水果处、帝国糖类处、州肉类处、州饲料处……这张清单还远远没有到头呢。[104]

当饥肠辘辘的水兵们成群结队要求释放他们的战友时，局势迅速激化。古斯塔夫·诺斯克（Gustav Noske）是帝国议会中社会民主党的海军专家，他前往基尔进行调停。游行、枪战、首批死亡者、水兵与进驻军队的士兵称兄道弟、组建士兵与工人委员会——革命局势很快形成。诺斯克成为工人委员会的负责人，接过了苏雄的职位。革命的火星从基尔迸发并蔓延到柏林和整个帝国。动荡是失败造成的结果，而不是造成失败的原因。这些动荡使那些主要责任人很容易悄无声息地消失。皇帝、各邦诸侯、帝国总理、军队指挥官和资产阶级的部长们就像是理所应当一样，毫无抵抗地离开了台面。留下的只有社会民主人士、左翼自由派人士和左翼天主教人士、当年的"帝国敌人"。现在他们可以只管去承担失败与投降的责任了。

在基尔，最高行政长官弗里德里希·冯·毛奇在工人委员会获得了委员的位置。海因里希·屈比斯（Heinrich Kürbis）是社会民主党的区政府主席，他要监督毛奇到底在做什么。[105] 这位副手参加所有的会议，而且具有否决权。海因里希·屈比斯作为革命的代表，弗里德里希·冯·毛奇作为皇帝的最高行政长官，他们在日常交往中显然相互理解得不错。[106] 石勒苏益格-荷尔斯泰因保守的官员群体能和工人委员会及士兵委员会工作到一起去吗？抵触、摩擦、暴力或者是食品分配机制的坍塌看起来都是完全有可能的。毛奇克服了他对革命的厌恶感，给所有下属一种安宁的力量。作为官员来说，这毫无疑问是他生命中最大的功绩。1918年11月9日，当菲利普·谢德曼（Philipp Scheidemann）在柏林宣告德意志共和国成立时，毛奇公开了他的声明："就今天基尔工人委员会——这个委员会业已宣布自身为石勒苏益格-荷尔斯泰因省的临时政府——向我呈报的有关执行石勒苏益格-荷尔斯泰因省内部计划措施的决定,我在遵循法律的情况下声明,在国家和帝国立法的基础上,在我的义务和良心允许的范围内,在延请任命给我的副手屈比斯协同的情况下,暂时继续工作,主要是完成有关维持安宁和秩序、尽可能不受干扰地继续民众的食品供应和服务于居民的福祉的任务。我向我的下级机构提出请求,按照相同的方针在他们的业务范围内也同样履行工作。"[107]

66岁的毛奇从来都是民主的死对头,他不愿意长久地在共和国内供职。12月31日,他卸下了最高行政长官之职。弗里德里希·冯·毛奇通过发表在官方公报上的声明向公众告别:"普鲁士政府应我的请求批准我离开公务之职。今天,在我将石勒苏益格-荷尔斯泰因最高行政长官之职交与我的法定副职之际,我向所有的机构和本省所有居民诚挚地道一声别了,同时为大家给予我的极大信任和尽心尽意的支持表达真诚的谢意,这样的信任和支持我随时随处可遇。有了这样尽职尽力的协助,我才能在这个充满忧患的时代顺利履行公职。在这告别之际,我的内心充满一个忠诚的愿望,希望我挚爱的故乡能在上帝的帮助下摆脱战争带来的所有困境和苦难,摆脱不可避免的痛苦后果,走向幸福的未来。"[108] 弗里德里希和尤丽叶回到了小布雷萨。毛奇们最后一次卷入石勒苏益格-荷尔斯泰因的革命中去。

这场20世纪之初的灾难造成了超过1000万人死亡,另有1800万人失去了健康。它让世界经济濒临毁灭的边缘,结束了欧洲的统治地位,造成了德国、奥地利和俄罗斯君主制的覆灭;令人悚然的杀戮,对平民的空袭,第一次在"故乡前线"出现全面战争——但这一切还都只是序曲。

第十三章
克莱绍和韦内尔斯多夫

——民族的危机

家族的愤怒

毛奇家族,甚至整个德意志帝国都面临着惨重损失。汉斯-阿道夫·冯·毛奇十分担忧,他现年35岁,是普鲁士驻斯图加特公使馆参赞。埃米尔·莫尔特(Emil Molt)在1919年5月27日"非常兴奋地"[1]踏进公使馆。莫尔特是一名神智论者,同时也是"瓦尔多夫-阿斯托里亚"(Waldorf-Astoria)卷烟厂的工厂主,他在鲁道夫·施泰纳举办的活动上认识了汉斯-阿道夫。[2]来访者递上了一本还散发着墨香的书:《战争的"罪过":总参谋长赫尔穆特·冯·毛奇对1914年6月至1914年11月之间事件的观察与回忆》(下文简称《回忆》)。[3]此书导言由施泰纳撰写,他还付了印刷费,五万册已经装箱待发。这本书中还包括了小毛奇的《观察与回忆》,写于1914年11月。起初《回忆》只是为伊丽莎所作。[4]但施泰纳在前言中声称,此书由冯·毛奇夫人主编"是历史赋予她的义务"。[5]不管怎么说,此书以"在德国能够找到的有关战争开端最重要的历史文献……"[6]为内容。

这本书有些劲爆的内容。汉斯-阿道夫读到，他的伯父在1914年奉行了一项行动计划，而这个计划自始至终是以损害比利时的中立性为代价的。显然，皇帝的作战部队最初也是要进军荷兰的。在这种情况下，这些作战部队其实完全可以任意占领那个自1918年起为皇帝提供庇护的国家，法国政府却一直想将威廉二世送上法庭。施泰纳写道，如果威廉二世和贝特曼·霍尔韦格没有爬上"他们的位置"[7]，战争也许就永远不会爆发。从《回忆》中可以看出，总参谋长在7月的最后几天里确实催促着开战。他显然在8月1日痛哭流涕，在城市宫里上演了一出悲喜剧之后，皇帝和帝国总理阻止他进攻。施泰纳引用了总参谋长的话："我觉得，最高超的外交技巧并不在于不顾一切地去维护和平，而是在于将国家的政治局势持续地朝着一个方向建构，这样的话，即便在不利的前提下，这个国家也能步入一场战争。"[8] 如果军事判断如此独步于决策层，施泰纳写道，这就意味着政治领导层的失误。帝国总理和皇帝的拱手让权将总参谋长推到了一个孤独的高处，他不得不在1914年7月底站在高处决定几千万人民的命运。然后，作为军方人士，毛奇做出了一个军事决定。但是情况到了这步田地，原因在于长期的畸形发展，更确切地说是由于整个民族对世界霸权的追求。"在对外的意义上扩展势力"使帝国成为许多邻国不可救药的敌对国。德国不应该花费那么大的力量去发展军事实力，而应该去"发展文化"。[9]

施泰纳对这本书的出版寄予厚望。这位人智论者期望此书能带来政治文化的变化，使德国政治远离对世界霸权的追求和军事思维模式。"德国人民将不得不从不幸中学习，他们的思路在未来一定会有所不同。"[10]

汉斯-阿道夫立刻决定予以反击。这位放声痛哭的总参谋长早有预谋,一旦战争爆发就去损害比利时的中立性——这不仅危及家族声誉,显然也有损帝国的兴盛。因为在凡尔赛,德国代表团至今仍未签署和平条约,虽然协约国给出的为期五天的最后通牒期马上就要到了。尤其是第 231 条令人纠结烦恼。这一条写的是,德国承认自己是"所有损失和所有破坏的肇始者","协约和结盟政府及其成员遭受的这些损失和破坏,正是由这场因德国及同盟国的进攻而强加于它们的战争造成的"。[11] 这简直给德国报纸撰写社论的那些笔杆子当头一棒。几年来,他们所听、所写的一直都是他们的民族是别国袭击的牺牲品,对战争的爆发是完全无辜的。现在,胜利者言之凿凿的说法与此完全相反。施泰纳也绝对不相信,德国就像协约国说的那样,"为了满足自私自利的对强权势力的渴求"[12],而蓄意引发战争。但德国对战争的爆发也负有责任,这一点施泰纳还是很明确地承认的。

汉斯-阿道夫担心,这本书将会给德国的谈判专家带来非常大的麻烦,这并非没有理由。1914 年 8 月,他本人就在被他伯父从西线调往东线的部队中。9 月,汉斯-阿道夫在马祖里湖区(Masurische Seen)附近的围歼战中幸存了下来。1915 年 2 月,他被调往布鲁塞尔后方,进入比利时总督辖区的政治部。"您知道,"他的父亲当年致信玛丽·冯·奥廖拉说,"汉斯-阿道夫从波兰战壕被调派去布鲁塞尔了。他离开战友们,心情很沉重。但对我们这些老家伙来说,这可是个好消息……他在面对敌人时经历了很多困难,表现得非常勇敢。愿他忠于职守,继续为祖国效力。"[13] 人们猜测,在他这次调动的背后,是他伯父那只护佑的手在起作用。

自从 1919 年 1 月以来,汉斯-阿道夫·冯·毛奇作为代办,在斯图加特与德意志南部诸邦谈判。谈判的主要内容是,如果凡尔赛的和谈失败了,应该采取什么措施,因为如果出现这种情况,法国军队很有可能会占领符腾堡、巴登和巴伐利亚。汉斯-阿道夫非常了解民间的怨气。战争造成的死亡、伤残，加上又冷又饿的冬季、革命以及巷战已经耗尽了所有战斗意愿。"至于和平，"他向柏林汇报说，"帝国政府认为'不能接受'的态度在较为审慎的圈子里是完全被赞同的。但在广大民众中，因为缺乏有效的引导宣传，对此不感兴趣的人占主导。由政府组织的一些抗议集会，参加人数远远不及预期。在工人居住区举行的两个集会便因为人数不足而告吹了。"[14] 汉斯-阿道夫显然属于那些较为"审慎的圈子"，在必要的情况下，这些圈子将把斗争继续进行下去——但是具体怎么斗争，并不明朗。因此对他而言，这本《回忆》来得尤其不是时候。

汉斯-阿道夫与施泰纳取得了联系，并表示伊丽莎的做法当初没有获得一家之主的同意，因此没有权利印行这本书。弗里德里希·冯·毛奇从小布雷萨告知外交部，包括情报处处长维克托·瑙曼（Victor Naumann）。瑙曼回过头来直接去找伊丽莎和总参谋长。汉斯-阿道夫试着说服施泰纳："出版这本书真是糟糕透顶，柏林根本就没有人看。"[15] 施泰纳貌似很受触动。他暂时停止交付此书。从前就职于总参谋部的威廉·冯·多梅斯将军一直是伊丽莎的信任之人，他出面劝说这位未亡人改变主意。多梅斯记录道，冯·毛奇夫人"因为书籍的出版感到内心不安，从而显得非常沮丧（完全不同的精神世界——那些信！）。冯·毛奇夫人把那些都读给我听。里面有些内容极为过分"。[16] 因为当时施泰纳声称，她丈夫的灵魂要求出版这本书，她这才同意的。[17]

多梅斯赶到斯图加特，前往普鲁士公使馆。将军松了口气写道，汉斯-阿道夫成功地拦住了这本书的发行。"他从施泰纳博士那里获得一个表态，也就是等他父亲，即家中长辈以及外交部赞成"再发行。而公使馆参赞的态度是非常明朗的，"绝不投赞成票"。[18]

而后，多梅斯驱车前往施泰纳处，将伊丽莎的一封信交给他。施泰纳读道："交给您这封信的冯·多梅斯将军昨天来找我，他是总参谋部派来的……因为即将出版的那些记录……亲爱的善意的博士——我目前处于一个内心充满痛苦的可怕状态中，因为我面临着一种内心无法主宰的情况……我觉得，就犹如我对亡夫亲爱的灵魂做了一项不公正的事情，叛变了一样。"[19]

多梅斯开始努力说服施泰纳。他承认，毛奇的《回忆》让整个帝国的指挥看起来非常无能。这么说贝特曼·霍尔韦格没有问题，但对于皇帝和毛奇，却并非实事求是。这样写对他们太不公平。真的要做这么不公平的事情吗？多梅斯问，让毛奇去世后还要背负背叛皇帝、损害祖国的骂名，这又能带来什么好处呢？这部《回忆》把毛奇表现为一个小家子气、唯我独尊的人，可以因为自己的一点小痛苦就完全忘记了祖国。而实际情况完全相反啊。[20]对毛奇家族来说，如果这本书得以出版，那真是太可怕了。他们现在就已经开始指责伊丽莎了。

但这一大堆话根本就不能说服施泰纳。多梅斯加大了火力，他直接说，毛奇的《回忆》有很多事实上的错误。第一，皇帝的作战部队只是抢在敌方前先行一步，法国的陆军指挥也想让部队穿过比利时。第二，施利芬计划绝对没有不惜损害比利时的中立性。第三，施利芬计划从来没有意图损害荷兰中立性的打算。施泰纳问他，能对他说的话发个誓吗，发誓说这些错误确实都是毛奇犯的。多梅斯毫不犹豫地说可以。[21]直到这个时候，施泰纳才退让。在这次谈话之后，这本书被销毁了。汉斯-阿道夫以家族的名义补偿了所有印刷费用。[22]

不仅毛奇和多梅斯压下很多历史文献源头，甚至帝国总理谢德曼也封存了很多文献，这些文献指明帝国领导层以及维也纳政府对引发战争所负的主要责任。除了当年的外交官、皇帝的将军们，社会民主党人也一同编织着帝国遭到袭击的谎话。[23] 在年轻的、撕裂的共和国内，似乎只有一点毫无争议：所有派别都觉得《凡尔赛和约》是不公正的——其中也包括魏玛国民议会的大多数议员，他们曾在胜利者的压力之下，最终同意签署了这份和约。身在克莱绍的多萝西察觉到这一点："对这个世界而言，只有两个可能性，一个是真正的国际联盟，一个是德国不停地制订计划，以期重新建立它昔日的势力范围。毫无疑问的是，到底什么才是对人类更有智慧并且更好的。"[24] 但由于全欧的民族主义情绪高度膨胀，不允许胜利

图13-1　多萝西·冯·毛奇及其父母，还有孩子们——赫尔穆特·詹姆斯、约阿希姆·沃尔夫冈·威廉·维戈·卡尔·伯恩哈德和阿斯塔·玛丽亚在荷兰，1919年

图 13-2　多萝西·冯·毛奇和她的五个孩子在克莱绍宫殿前，1919 年左右

一方列强的公众意见中出现温和的调子。[25]战争结束了，战争民族主义还留在很多人的头脑中。

毛奇-马恩河争论

德意志帝国战败，失去了好几块领土，阿尔萨斯-洛林划给了法国，奥伊彭-马尔梅迪（Eupen-Malmedy）划给了比利时，波森（Posen）和西普鲁士划给了新建立的国家波兰，赫鲁钦地区（Hultschiner Ländchen）划给了捷克斯洛伐克——这个小国同样是《凡尔赛和约》的产物。石勒苏益格和上西里西亚地区，由全民公投决定属于哪个国家。几乎整个国家的商船队、三分之一的煤炭资源和四分之一的矿石资源都失掉了。而且帝国还要筹集高额的"战争赔偿"。萨尔地区、但泽走廊和梅梅尔地区（Memel）未来都要

第十三章　克莱绍和韦内尔斯多夫　　303

处于国际联盟的监管之下。禁止普遍兵役制，职业军队兵员限制在10万人之内。《凡尔赛和约》规定的条件十分苛刻，却并没有苛刻到足以长远地削弱帝国。

在这个背景之下，人们开始寻找失败的原因。不久，人们的目光就集中到毛奇和马恩河战役上。有关于此的讨论从1919年爆发，渐渐趋于平息，一直到魏玛共和国结束才终止。战争时代的出版物曾将马恩河战役阐释为一场胜利。[26] 毛奇的名字根本就没有出现。总参谋部的陆军战况简报上，并没有"马恩河战役"一说。1919年，德国在结结实实地摔了个嘴啃泥之后，开始激烈地对毛奇和马恩河战役展开讨论。参谋部高级军官为讨论定了调子，在核心要点上，对失败的原因提出了三个解释：个人独断理论、军备理论和堕落理论。

个人独断理论将所有错全部推到了毛奇身上。战争结束后，这在军官团中几乎成为共识。[27] 公开支持这个理论的主要是威廉·格勒纳（Wilhelm Groener）将军。他是陆军最高指挥部中鲁登道夫的继任者，后来成为魏玛共和国的国防部长和内政部长，通常被认为是施利芬的忠实崇拜者。格勒纳说，毛奇作为"心不甘情不愿的统帅"[28] 稀释了施利芬计划，把马恩河的胜利拱手让出了。如果有一个克里斯玛型①的领袖，德国本来是可以赢得战争的。[29] 1922年，施泰纳和伊丽莎还是让毛奇的《回忆》出版发行了，这么做也是为了驳斥这种理论。[30]

军备理论承认，毛奇以现有的战斗力无法打赢"超大型坎尼

---

① 克里斯玛型，特指"一种神奇的近乎天赋的领袖魅力"，该概念最早由德国著名社会学家马克斯·韦伯引入政治学领域。——译者注

战"。这个理论的拥趸声称,在马恩河,最多也只能获得战略上的胜利,不可能打一场歼灭战。他们得出的结论是,如果武器装备更大规模升级,毛奇的计划很可能会走向胜利。但经济、国家和社会的财政支付能力的界限基本上不在他们讨论的范围之内。[31]

堕落理论吸取了战前时期的世纪末情绪。例如鲍姆加滕-克鲁修斯(Baumgarten-Crusius)将军解释说,马恩河战役是"一个处于下跌途中的堕落民族的"[32]失败。将来只能通过教育民众牢记"民族恨"来阻止类似的言论。霍斯特·冯·麦茨(Horst von Metzsch)悲叹,整整一代人的幻觉在马恩河畔破灭了,"德国看来不是斯巴达那样的战斗民族"。[33]鲁登道夫把毛奇丑化成了犹太人、教皇和共济会的工具。他说,这些人要奴役日耳曼种族。[34]他把目光投向了施泰纳在下拉恩施泰因与毛奇的那次会面。

第一次世界大战结束二十年之后,身着军服的专家们才开始在关得紧紧的大门后面持另外一个观点:"我们现在对这个问题大概比较一致了。如果我们的对手坚定地要坚持,而且也能坚持下来,那么即便马恩河战役的结果不一样,这场战争也赢不了。"[35]但有关毛奇-马恩河的争论主要还是为了思考德意志帝国如何再次上升为世界强国的手段和途径。这场争论得出的结论是,增加军备,加强民族主义教育,对内政、经济和军队进行更加强有力的领导,最好把这一切都交到一位克里斯玛型的领袖手中。所以说,关于毛奇-马恩河的争论反映同时也左右着民族理念的极端化。

混合委员会

自从攻占巴士底狱以来,就没有哪一个事件像第一次世界大战这样,如此彻底地改变了欧洲社会。[36]不仅是国界、政党、经济、战争观念和各国宪法发生了深刻的变化；思考和观念的各个主流，即各类"心态"也被重新塑造。例如德意志帝国毫无节制的战争目标，仅花了几个星期，便在1918年的《布列斯特-立托夫斯克和约》中以牺牲俄国利益的方式得以实现，这让人觉得此后建立东部帝国的春秋大梦简直唾手可得。[37] 数百万人在战壕里经历了战争的狂风骤雨，这在内政方面破除了很多人的心理障碍。几十万战争老兵涌入了各类新的、半军事化的政党、社团，从"钢盔社"到"红色阵线战士团"，再到国家社会主义者的"冲锋队"。一种"新的民族主义"应运而生，不仅出现在德意志帝国，但这里尤盛。新民族主义被视为对一系列严重危机的反应。[38] 世界大战、对战争目标的狂热、战败、革命和凡尔赛的"耻辱和平"，在各地都引发了恐惧，担心分崩离析。从前那种保守的民族主义，即公务员、军官或者牧师所信奉的，可以说是与一定财产和教育相连的民族主义——君主制的、集权国家的、与威廉皇帝统治时代相关的——早就不能够满足极端民族主义者们了。通过第一次世界大战，这场真真切切的多民族之间的战争，"民族特性"和"种族"概念急速升值。在波兰、立陶宛和捷克斯洛伐克，说德语的少数族群形成，促进了这一发展趋势。国界两侧说德语的人曾经通过战争，第一次觉得自己成为具有共同经验和苦难的共同体。此外，美国总统威尔逊已将"民族自决权"最终打造成了一个主流概念。[39]

"民族特性"，而不是国家，成为国族的基础。再一次出现建立大德意志帝国的梦想，这就丝毫不奇怪了。"1914年理念"，也经历了一次升值过程。"1914年理念"要为维护"德意志文化"而斗争，同时还要抵抗"西方文明"，尤其是抵御"1789年理念"。当时援引渲染文化民族，即对所谓的优越遗产充满自豪，这在崩溃后为每一位从民族理念中汲取自我价值情感的人提供了一种平衡。最后，国家力量也在民族思想中逐渐更为强势地占据了中心位置。"这类民族主义之父就是战争。"[40]恩斯特·云格尔（Ernst Jünger）如是认为。他曾任前线军官，也是哲学家，被一些人尊崇为新民族主义的思想先驱。极端民族主义者相信，只有诞生一个新的强权国家，最好是加强版，才能够打破"凡尔赛体系"。

在上西里西亚地区，肆虐着一场未经宣战的战争。"协约国政府委员会"（Interallierte Regierungskommission）的领导人勒龙（Le Rond）将军的部队竭尽全力，才能抵挡住武装斗争。汉斯-阿道夫作为目击者，追踪了整个较量过程。1920年2月，外交部派他协助普拉施马（Praschma）伯爵工作。普拉施马的任务是在全民公投期间维护德意志帝国的利益。1921年3月20日，百分之六十有选举权的投票者决定留在德意志帝国。外交部对毛奇的工作十分满意。他的上司们十分认可他，取得这样的结果，"冯·毛奇先生功劳不小，他以行动力、深谋远虑和细腻的政治分寸感很好地捍卫了德国的法律立场"。[41]

但接下来，勒龙对很多事情都力不从心。说波兰语的上西里西亚人燃起了一场针对说德语的人的武装起义。波兰的游击队与德国的志愿军打起来了，双方都做了一些残暴的事情。毛奇在勒龙与德国人的"自卫协会"之间调解斡旋。多萝西致电南非时说："情况可比报纸承认的严重多了。"[42]

武装斗争缓解后，国际联盟决定在1921年10月20日划分投票地区。上西里西亚地区几乎所有的工业区都划归波兰。说德语的人，也包括毛奇，觉得这一决定非常不公平。"那里的民众，"多萝西观察到这一点，"心里极度怨恨，这对他们的灵魂非常不利。"[43]一个设立在卡托维兹（Kattowitz）的"混合委员会"，在先前的瑞士联邦总统、现任委员会主席菲利克斯·卡隆德尔（Felix Calonder）的领导下，监察双方少数族群的权利都能得到维护。两名德国外交官也属于这个委员会，其中一名就是汉斯-阿道夫·冯·毛奇。

1924年，路德维希叔叔在韦内尔斯多夫去世了，没有留下子嗣。路德维希是"四个巨人"中最年轻的一位，他仅仅是庄园的受益人，因为韦内尔斯多夫庄园是"毛奇伯爵家族基金会"的财产。此外，这个基金会还拥有位于克莱绍的教堂山以及陆军元帅留下的纪念物。[44]因而，汉斯-阿道夫虽然未能继承这座庄园，但路德维希做出了安排，将韦内尔斯多夫留给侄子，使他成为受益者。克莱绍宫殿的情况也十分相似，韦内尔斯多夫的庄园大宅（Herrenhaus）看起来像一座博物馆。出自陆军元帅之手的素描装饰着各个房间，还有安东·冯·维尔纳的绘画速写，一幅伦巴赫的油画，画面上的陆军元帅没有戴假发，还有一幅宏大的作品表现的是1871年德国军队进驻巴黎时的场景。在书房里，汉斯-阿道夫将他的祖父阿道夫·冯·毛奇的画像挂在书桌上方。[45]汉斯-阿道夫和母亲尤丽叶一样，都是收藏狂魔——"无论是地毯挂毯、画，或者是无论何种形式的艺术，他要是没有将其收入囊中，就会坐立不安"。[46]他的财产甚至可以购入拉斐尔的画作。[47]毛奇将韦内尔斯多夫视作模范企业。"他的母牛群，"一位亲戚回忆说，"大概产奶量是最高的，他家养的猪能带来最高的收益。"[48]毛奇的监察官冯·费格扎克（von Vegesack）上尉主理着农庄。改建和新建房舍的计划都是由庄园主自己设计的，农民都十分喜欢这个庄园主。毛奇的妹妹被大家亲切地称为"莫科"，一直没有结婚，也生活在韦内尔斯多夫。她主要负责种植果树和养狗。[49]

达维达·冯·毛奇

　　埃克伦茨（Erkelenz）教授生活在布雷斯劳，是位很受欢迎的医生，他还为弗里德里希·冯·毛奇治过病。1923 年 1 月在他家的一次节庆聚会上，汉斯-阿道夫与 22 岁的达维达·约克·冯·瓦滕堡女伯爵（Davida Gräfin Yorck von Wartenburg），昵称"达维"（Davy），相识了。在客人们的请求下，达维达唱了一首莫扎特歌剧中的咏叹调。女伯爵和她的桌伴毛奇聊了很长时间。[50] 达维达的弟弟保罗·约克·冯·瓦滕堡（Paul Yorck von Wartenburg）说："他的聊天能力，他那种能让一个女人觉得整个世界都围着她转的天赋，让人十分沉醉，尤其是在进行'个人接触'的时候。他觉得向一位女性表达这样的敬意是得体的，他在这时就像生活在 18 世纪的贵族。"[51]

　　女伯爵出身于一个古老的、非常著名的家族。汉斯-阿道夫和达维达在 1926 年结婚，婚礼在位于小厄尔斯（Klein-Öls）的约克家族庄园举办。"那真是一个盛大的庆典，"达维达说，"大概一共有 80 人参加了宴会，伴娘们都在花园大厅里，堂表姐妹、朋友们、大人们都在所谓的车房（Wagenremise）里。"毛奇觉得很惊奇，怎么能"在他的婚礼上玩得这么开心"。[52] 顾及自己父亲的情况，汉斯-阿道夫只发了一次言。人们都避免让弗里德里希·冯·毛奇激动或者产生任何情绪波动。"他是一个敏感得不得了的人。"[53] 这对新婚的夫妇在夜里 3 点回到韦内尔斯多夫时，整个村庄灯火通明，"每一幢房子"[54] 都十分明亮。

　　不久后，汉斯-阿道夫和达维达旅行经过伦贝格和黑海，来到博斯普鲁斯海峡。自 1924 年 5 月起，毛奇就是"大使馆参赞"，是大使鲁道夫·纳多尔尼（Rudolf Nadolny）的左膀右臂。达维达记述道:"然后我们沿着博斯普鲁斯海峡慢慢向北前行,我在途中听他介绍了一切,我们在特拉皮亚(Therapia)有一整幢房子。"[55] 但是,达维达要适应她的三位仆从。"这么磨洋工!我到目前为止做过那么多事情。我在小厄尔斯每天都要从早干到晚。"[56] 与毛奇十分默契、相互理解的大使纳多尔尼感觉到了达维达的勉为其难。"今天我们见到冯·毛奇夫人走在前往西里西亚的路上。"[57] 大使看到达维达外出散步时,风趣地这么说。纳多尔尼夸赞毛奇是迄今为止"最好的参赞"。[58] 不久,汉斯-阿道夫与年轻的随员鲁道夫·冯·舍利亚(Rudolf von Scheliha)结下了友谊。又一位毛奇在君士坦丁堡整整生活了四年。

1926年,就是汉斯-阿道夫和达维达结婚的那一年,穆迪和多萝西正与仅有受益权、不可分割、不能转让的财产权中的各种暗坑做斗争。因为不允许穆迪办理抵押贷款,所以资本保证金常常不够。"我们总是在讨论新方法,"多萝西说,"怎样才能提高我们的进项,尤其跟男孩讨论,他读了很多有关现代农业的书,也一直在独立思考。"[59] 这个男孩就是她常常称为"the boy"的赫尔穆特·詹姆斯,已经19岁了,会让多萝西想起她的父亲。她给詹姆斯爵士写信:"男孩身上蕴藏着很强烈的你的气质,让我深受感动。他在判断时不及你那么周全,那种急躁的性子来自他的父亲。但是你的品格经常会从他那里展现出来,尤其是在面对机会主义时,他始终坚持伦理和正义。"[60] 由于穆迪在柏林为基督教科学会工作,尽管赫尔穆特·詹姆斯自己还十分青春年少,但对于几个孩子约沃、维戈、卡尔·伯恩哈德和阿斯塔来说,他已经是家中的第二号家长了。他身高两米,身材高挑,智力高得惊人,做决定时从不纠结。赫尔穆特·詹姆斯无论在他的家庭中,还是在克莱绍村庄的住户中，都会唤起信任，认识他的人都相信他。"我一次也想不起来，什么时候见过这个大男孩生过气，更别说发过火了，也没见过他紧张发慌。这样的沉静淡定是巨大的力量源泉，不仅对于他，而且对于他周边的人而言，都是如此。"[61] 穆迪"十分为他感到自豪，父子俩是极其要好的朋友。这个大男孩非常敬佩自己的父亲，也很理解他"。[62] 穆迪和监察员毛（Mau）逐步将克莱绍的庄园经济从谷物种植转型为养牛。[63] "牛奶的好处在于，"多萝西解释道，"可以持续从厩棚获得收入，只需要比较少的人工肥料，而且牛奶的价格也不错。"[64]

1926年，福音派教堂在克莱绍举办了一场名为"祖国节"的活动。几千人访问了这座庄园，他们乘坐大巴车前来。活动中有布道、合唱、装饰一新的房屋和一个乐队。弗里德里希和尤丽叶也从小布雷萨赶来了。活动的"主题"，多萝西认为，"是陆军元帅的性

图 13-3　赫尔穆特·詹姆斯·冯·毛奇在维也纳大学，1928/1929 年

格：单纯、尽忠尽职和虔信意识，这些是建议所有人都应具备的理想性格。活动中没有任何党派政治、民族主义或者沙文主义的痕迹。这真正是个美好的活动"。[65]但如果可能，多萝西还是宁愿不必在宫殿里面招待60名客人，不过没办法——"这主要是因为，这里享有历史盛名！"[66]

赫尔穆特·詹姆斯·冯·毛奇

这里时而也会出现一些内政部的官员，他们来这里，是为柏林的毛奇博物馆借一些物件作为展品。因而，赫尔穆特·詹姆斯会整理庄园档案，他由此发现了很多"非常有趣的东西"。[67]逐渐，家族的军事传统退居后台。克莱绍人对陆军元帅的纪念其实只是对其祖辈的敬意，并没有更多内容。父母和孩子们都是民主派人士。他们支持魏玛共和国，选举中间派政党。

赫尔穆特·詹姆斯跟他的祖父一样，也学法律，先是在柏林上大学。1926年，他在那里与欧根妮·施瓦茨瓦尔德（Eugenie Schwarzwald）建立了友谊。她是欧洲首批获得哲学博士的女子之一。而后，她在维也纳主理一所"施瓦茨瓦尔德学校"。欧根妮说服了毛奇，到维也纳大学去学习两个学期。在那里，他通过施瓦茨瓦尔德一家人结识了许多非常有影响力的艺术家，其中包括贝托尔特·布莱希特[①]、海伦妮·魏格尔[②]、卡尔·克劳斯[③]、戈特弗里

[①] 贝托尔特·布莱希特（Bertolt Brecht），又名Bert Brecht，德国著名戏剧家和诗人。——译者注
[②] 海伦妮·魏格尔（Helene Weigel），演员，贝托尔特·布莱希特的妻子。——译者注
[③] 卡尔·克劳斯（Karl Kraus），20世纪早期最著名的奥地利作家和语言大师之一，深受同时代许多著名作家的推崇。——译者注

德·贝恩[①]和卡尔·楚克迈尔[②]。但对他最重要的是与女记者多萝西·汤普森（Dorothy Thompson）的友谊。她很早就试着警告美国公众，提防国家社会主义的危险。汤普森把毛奇派往各处，让他去写报告，调查真相。女记者和她的未婚夫辛克莱·刘易斯（Sinclair Lewis）——美国首位诺贝尔文学奖获得者，一同去克莱绍拜访了多萝西。"辛克莱·刘易斯，"多萝西满是崇拜地说，"非常有魅力，非常健谈，而且很会让人开心，心胸宽广，还极具幽默感。单纯，但看起来非常有智慧，跟家里的那个大男孩个头差不多。"[68]

赫尔穆特·詹姆斯的大学生涯最后在布雷斯劳结束了。就是在那里，他东奔西跑，非常关注社会问题，例如关心小农场主的困苦，跟普鲁士的文化部长以及上西里西亚省的省长对话。他获得这样的可能性，一部分是他本人的缘故，但也因他家族的名字和当时的具体情况，因为当时贵族们不愿意为共和国的未来做些事情，魏玛共和国宪法之父们将出生所赋予的所有特权全都废除了。自从1919年以来，贵族头衔只不过成了名字的一部分。但这个并不能影响赫尔穆特·詹姆斯。

一位县长建议他关注一下瓦尔登堡煤田矿工们的困窘状况。瓦尔登堡大约位于克莱绍西南40公里处，毛奇出发前往。那里的悲惨境况深深地震撼了他，他找来他的表弟卡尔·迪特里希·冯·特罗塔（Carl Dietrich von Trotha）说这件事情，特罗塔又拉上了他的朋友霍斯特·冯·艾因西德尔（Horst von Einsiedel）一起关注此事。毛奇与布雷斯劳的法律教授欧根·罗森斯托克-胡塞（Eugen

---

① 戈特弗里德·贝恩（Gottfried Benn），德国著名诗人，魏玛共和国时期表现主义文学中最伟大的作家。——译者注
② 卡尔·楚克迈尔（Carl Zuckmayer），德国作家和剧作家，同时也是著名编剧，代表作为电影《蓝天使》等。——译者注

Rosenstock-Huessy），以及特罗塔和艾因西德尔在1927年一同建立了"勒文贝格工作小组"（Löwenberger Arbeitsgemeinschaft）。他们为大约上百名年轻的农民、学生和工人准备好了"工作营"。在那里，大家一起讨论瓦尔登堡的状况，听取专业人士的报告，共同拟定出解决问题的建议。彼得·约克·冯·瓦滕堡（Peter Yorck von Wartenburg），达维达的另一个弟弟，是布雷斯劳的学生，也参加了这些讨论，还有一位年轻的教育学者和社会民主党人阿道夫·赖希魏因（Adolf Reichwein）也积极参与。直到1929年，随着世界经济危机的爆发，才没法为工作营筹集到经费。但"勒文贝格工作小组"已经把一群人聚集了起来，他们后来在与希特勒的斗争中再次会合。

克莱绍危机

世界经济危机的前兆让农业经济越来越困难，这也包括在克莱绍的穆迪。经历了两次很差的收成、极高的利息和压得人透不过气的重税之后，多萝西和穆迪只得遣散了许多仆人。全家暂时搬到小舍恩那里的山上别墅住。多萝西安慰父母说："我们如果在宫殿里住，想像现在这样舒服就不可能只有三个仆人。山上别墅当然小很多——尤其是跟我们以前的住房相比，但这里并不让人觉得压抑，而且各种安排都会便宜非常多。"[69]

1928年3月30日，即赫尔穆特·詹姆斯庆祝完他的21岁生日并且由此获得权利后没几天，在柏林举行了一次正式的家庭会议。会上决定，解除不可分割、不能转让的财产权，只有一票反对。"这真是一种奇怪的感觉，"多萝西十分不解地说，"有这么久传统的东西，突然间就能被取消了。当然，这在革命之前是连想都不敢想。"[70] 现在，穆迪可以获得抵押贷款了。尽管如此，他们的经济状况还是十分艰难。

为了给家人提供足够的食品，多萝西在宫殿的大块绿地上种起了水果和蔬菜。大家决定，毛奇一家就住在山上别墅中，穆迪对它进行改造，让它更加适合新的需要。"你们会认不出山上别墅中的起居室的，"多萝西对父母说，"简直是棒极了，我非常非常开心。我的那些漂亮的安妮女王式家具①在那里大放异彩，另外，恺撒大帝像和伦巴赫画的陆军元帅速写给起居室增添了非常特殊的气氛。"但是，离开宫殿还是让多萝西依依不舍。她承认，自己有些难过，"因为我在宫殿里面过得很好，很幸福快乐。我很留恋这幢旧房子，留恋它宽阔的空间和尊严十足的楼梯"。[71] 多萝西不相信她的孩子们和她本人还会回到宫殿居住。将来会证明她是对的。

1928年秋天，穆迪将他的主要住所从克莱绍搬到了柏林。基督教科学会的领导层决定让他担任"出版协会"的主席，主要职责是对外塑造共同体的形象。穆迪的新职位对家庭的帮助很小。"我当然会很想念他的……"[72] 多萝西保证。

庄园每天的日常管理由多萝西和监察员毛进行，但情况戏剧性地恶化。1929年9月，毛死于心肌梗死。"他很可能已经有好一阵子精神不济了，"多萝西抱怨道，"连他的太太都没有注意到，他把一些账单付了两遍，预售的土豆和大麦比我们库存的要多，而且收了钱，现在我们没法交货。真是乱得一团糟！"[73] 除此之外，世界经济危机达到了最为严重的阶段。庄园快要破产了。60名雇工非常

---

① 安妮女王式家具，安妮女王执政期间出现的家具样式，是一种非常英国化的家具，以简洁的造型、洗练的装饰、均衡的比例和完美的曲线表现出一种优雅、理性的美。优美的S形屈腿是安妮女王时期家具最重要的特征。——译者注

担心他们的职位。而毛奇们很可能会在拥有克莱绍庄园62年之后失去它。

穆迪让他的大儿子帮忙。赫尔穆特·詹姆斯结业考试之后就在一家柏林的贸易公司工作,他成了穆迪的全权委托人,因而成为克莱绍真正的庄园主。作为法律专家,赫尔穆特·詹姆斯没有受过农业经济方面的培训,也不怎么了解如何管理一家企业。尽管如此,他还是开启了"克莱绍保卫战",将庄园的潜能发挥到了极致,为债主拟定出清偿计划,在混乱中重建秩序。庄园聘请了一位新的监察员阿道夫·措伊默(Adolf Zeumer),他对赫尔穆特·詹姆斯的帮助非常大。穆迪瘦了14公斤,但只要情况许可,他就参与跟银行的谈判。多萝西观察到,"毛奇们,包括我的孩子们在内,都有一种奇异的能力,在这种令人毛骨悚然的情况下依旧能够保持平静,甚至情绪还相当不错",[74]这对解决问题是很大的帮助。

赫尔穆特·詹姆斯经历了非常困难的岁月,他削减工资,解雇了一些雇工,变卖了汽车、银器、家具和一顶皇冠头饰,21年前多萝西曾戴着它参加了在贝尔维尤宫举行的皇家舞会,还拍卖了两幅伦巴赫的画作。为了卖些木材,穆迪让人砍掉了几乎所有在陆军元帅时期种植的树木。克莱绍人试探着问汉斯-阿道夫能否为他们做个担保。汉斯-阿道夫征求达维达的建议。他们两个人有六七个孩子要养。尽管如此,达维达建议还是做个担保:"你要清楚这一点,如果有个庄园必须破产,那也不能是克莱绍。"[75]多萝西在宫殿里面接待有支付能力的客人。赫尔穆特·詹姆斯用上了他的各种关系。帝国总统兴登堡提出,为帝国购置柏林毛奇博物馆中向克莱绍借用的所有展品。此外,赫尔穆特·詹姆斯还向帝国档案馆出售了陆军元帅的一些证件和文件。[76]1930年2月,债权人最终同意债务延期清偿。克莱绍获得了喘息的机会。措伊默和赫尔穆特·詹姆斯利用此时，降低了很多支出。随后情况大为好转。"牛群的状态特别棒，"多萝西松了一口气说，"我们现在养的猪是去年的两倍，收成看起来也会非常不错。"[77]克莱绍庄园得救了。

芙蕾雅·冯·毛奇

"芙蕾雅·戴希曼"（Freya Deichmann），多萝西在1930年10月写道，"在上个星期通过了中学结业考试，所有五门课的考试成绩都是'良好'。如果想到她在前一段时间离开了学校，这真是一个非常棒的成绩。"[78]赫尔穆特·詹姆斯宣布芙蕾雅和她哥哥不久后要来克莱绍看看。这位年方19的科隆银行家的女儿去年在巴特奥塞（Bad Aussee）附近格伦德尔湖（Grundlsee）畔施瓦茨瓦尔德家中认识了赫尔穆特·詹姆斯。"赫尔穆特从长长的回廊台阶上拾阶而上，我碰巧就站在台阶上方。我看见他，心跳都要停止了。我根本就不清楚发生了什么。我还从来没有经历过这样的事情！"[79]在格伦德尔湖畔的夏日过后，赫尔穆特·詹姆斯也对她念念不忘。"亲爱的，最亲爱的芙蕾雅，自从与您在奥塞火车站相别之后，不曾再见，收到这封信尤感开怀。……我想开口对您说，这个夏天是我生命中前所未有的巅峰，是一个与旧日对比而言的巅峰。在这样的一个巅峰上，人因为惊奇而屏住呼吸，要去确认一下，迄今为止的生命中到底缺少了些什么——为了随后继续攀登！"[80]芙蕾雅和汉斯·戴希曼（Hans Deichmann）到访克莱绍将会是一个很大的成功。多萝西写道："芙蕾雅是一个可爱的好孩子，我觉得，她很适合我们。"[81]多萝西宣称在接下来的一年里要去南非，赫尔穆特·詹姆斯和芙蕾雅决定结婚。芙蕾雅须接管多萝西在克莱绍的角色，首先照顾好阿斯塔和卡尔·伯恩哈德，两个孩子还都处于接受义务教育的年龄段里。

婚礼在科隆的格奥尔格广场16号戴希曼大楼举行，并无铺张排场，因为芙蕾雅父亲的银行申报了破产程序。这对新人搬进了山上别墅阁楼的一套小房子。多萝西对芙蕾雅十分疼爱，赞不绝口："我们家的一对新人太可爱了，他们在一起幸福无比，看着他们就会感到开心。芙蕾雅是那么自然，充满激情活力，天真纯洁，清新可人。赫尔穆特非常克制拘谨，但可以从上百个小细节看出来，他是多么幸福。"[82] "深受爱戴"[83] 的多萝西，芙蕾雅这样描述她的婆婆，散发出一种温暖关切、极其开放的气息。

"在一所疯人院中"

国内的局势日益严峻。共产党人和纳粹党的实力大增，这直接

图13-4 多萝西与芙蕾雅·冯·毛奇

图 13-5 威廉·维戈、赫尔穆特·詹姆斯、阿斯塔·玛丽亚和芙蕾雅·冯·毛奇与美国记者埃德加·莫勒（Edgar Mowrer）及其女儿黛安娜（Diana）在山上别墅前

导致帝国总理布吕宁（Brüning）没法获得议会多数票。自从1930年6月以来，布吕宁只能通过颁布紧急法令进行执政。魏玛共和国比以前任何时候都更像一个没有民主派的民主政体。胡根贝格的德意志民族人民党与希特勒的国家社会主义工人党合二为一，这一点并没让多萝西觉得奇怪，却让她感到生气。"德国保守派，也就是当初那个'统治阶级'，在政治上的愚蠢简直让人愤怒地号哭。这个国家会被彻底地毁掉，毫不奇怪。"[84]读罢希特勒的《我的奋斗》，她更无法平息下来："这本书里满是可笑至极的关于犹太人和'马克思主义'的荒谬之言，还有一些乱七八糟的东西。但给人的感觉往往是，希特勒并不是个恶棍或者蠢货，而是一个具有强大狂热情绪的人，他不留给自己理性和判断的空间——就是这么个人，当上了700万选民的元首！"[85]赫尔穆特·詹姆斯遵照多萝西·汤普森

的意愿，与格雷戈尔·施特拉塞尔（Gregor Strasser）进行了一次访谈，此人是国家社会主义工人党的左翼人士。赫尔穆特·詹姆斯汇报这次会面时说，他不理解施特拉塞尔，他感觉就像是在与一个认为土星是行星系中心的人聊天文。

当1932年5月帝国总统兴登堡将总理布吕宁解职，任命以弗朗茨·冯·巴本（Franz von Papen）为首的"男爵内阁"，大街上每天都出现国家社会民主党人和共产党人之间的流血冲突事件，多萝西觉得共和国走到了尽头。"一个多么好的机会，把欧洲中部塑造成一个捍卫自由与进步的堡垒，就这样被白白浪费了。我们被打回到俾斯麦时代，却没有俾斯麦。"[86] 她感叹道，现在或多或少地生活在一个疯人院中。国家社会主义党人已经不能区分正义和非正义了。"他们的公式是：纳粹等于正义，其他观点等于非正义。"[87] 退回到"赤裸裸的民族主义"，把过去18年的进步全都摧毁了，"这比悲剧更甚"。[88] 只有山上别墅还让人觉得是"和平与宁静的小岛"。[89] 但是，在克莱绍一起生活的时代已经结束了。1932年9月，赫尔穆特·詹姆斯和芙蕾雅搬到柏林去了，住在动物园旁边的木德勒（Bendler）大街42号一套小公寓中。几个星期之后，多萝西也搬到柏林的弗里德瑙（Friedenau），与穆迪一起生活，她可以帮助他翻译玛丽·贝克·埃迪（Mary Baker Eddy）的传记，此人是基督教科学会的创建人。她写道："我希望，我们几年后又可以回到克莱绍。"[90] 但这个希望落空了。

第十四章

抵 抗

——借民族之名的罪恶

在柏林，赫尔穆特·詹姆斯与瓦尔登堡当年那位县长卡尔·奥勒（Carl Ohle）一起吃午餐。就在刚刚，帝国总统保罗·冯·兴登堡将德国国家社会主义工人党的党首、一位出生于奥地利的人，任命为帝国总理。有些人半开玩笑地说，阿道夫·希特勒是奥地利对克尼希格雷茨战役的报复。奥勒觉得，希特勒政府很快就会被民众厌弃。毛奇激烈地反驳。他现在就看到了法治国家即将解体、大规模迫害和第二次世界大战马上就要到来的前景。"这么说，希特勒已经是帝国总理了，"多萝西在弗里德瑙记录下了这个事情，"情况非常危急，因为新内阁的所有成员实际上都急吼吼地要把宪法撒开。这真是一伙可怕的东西。"[1] 希特勒内阁中的保守派部长也不能让多萝西心安——恰恰相反。"我担心，我们面临着一个狂风骤雨、血流成河的时代。可怕的盲目——就像是一场阴森森的噩梦。"[2] 多萝西觉得未来一片漆黑："情况非常危急。纳粹在下台之前，会毁掉非常多的东西。"[3]

汉斯-阿道夫在华沙作为德国公使馆的领导经历了1933年1月30日这一天。他在君士坦丁堡的任期结束后，一直在外交部的东方处工作。他在"混合委员会"里已经对德国和波兰的关系了如指掌,在柏林工作的两年里又拓展了专业知识。接着被调往华沙。1月30日,他的新闻发言人伊曼纽尔·比恩鲍姆(Immanuel Birnbaum)正在向他汇报工作。毛奇打断了他,打开"柏林电台"收听广播。"今天可能会发生些事情。"毛奇神色不安地道歉。这时从收音机里传出了这样的声音:"帝国总统先生任命德国国家社会主义工人党领袖阿道夫·希特勒为帝国总理。"接下来播放的是新任政府领导人建议任命的帝国部长人选名单。毛奇算了一下:"诺伊拉特(Neurath)、布隆贝格、什未林-克罗西克(Schwerin-Krosigk),这些人我都很了解,他们不是纳粹。胡根贝格和泽尔特(Seldte)也不是。在这个内阁中,温和持中的人还是占多数的,看来没有那么严重。"[4]

"温和持中"的人,如阿尔弗雷德·胡根贝格和维尔纳·冯·布隆贝格,就是那些保守的民族主义者,共和国的公开反对派,他们和汉斯-阿道夫一样,都在皇帝帝国的时代定形了。他们都犯了个严重错误,以为自己可以驯服希特勒。因为在新旧民族主义者之间有一个交集。汉斯-阿道夫希望能够修改《凡尔赛和约》,改变帝国的东部边界,以免在波兰的德国少数族群成为永久的移民,想让帝国再次崛起,成为一个强大国家。[5] 外交部里绝大多数职位都由贵族占据,他们对民主、共和国和社会民主等保持相当大的距离,这在外交部是个常态。只有极少数外交官在1933年辞去职位。[6]

毛奇一开始并不觉得希特勒任总理有什么大不了的。在接待法国大使夫人时,他还说:"或许我要这样来欢迎您?"他将右手举起来,嬉笑着做了个希特勒问候礼。[7] 汉斯-阿道夫并不是反犹主义者。他觉得希特勒对犹太人的仇视不过是在选举时造的声势。当比恩鲍姆向他倾诉自己的不安时，听到的是汉斯-阿道夫开解的话语。毛奇认为，像比恩鲍姆这样的人物，"有军功，也有其他爱国功绩，肯定没有人会碰他，毫无疑问地会在这个职业和位置留任下去"。他了解比恩鲍姆的家庭，因为"在他父亲任东普鲁士最高行政长官时，我父亲有时曾经在他父亲的家里演奏音乐"。[8]但是，虽然毛奇在柏林极力为他说话，比恩鲍姆还是被认定为"完全犹太人"以及"人民共同体的敌人"，并且惨遭解聘。与帝国驻伯尔尼公使恩斯特·冯·魏茨泽克[①]的看法类似，毛奇觉得纳粹的独裁大概也不过是又一个暂时性的祸害。[9]应该这样看，就连他也认为，真正能够代表国家的是保守的、先前皇帝时代的公务员群体。很多外交家推测，在经历一个口无遮拦、夸夸其谈的皇帝以及毫无祖国概念的民主人士之后，这个公务员群体肯定也能顶得住一个无产的独裁者。

互不侵犯条约

在外交政策方面，汉斯-阿道夫的希望似乎能够实现。1933年11月，德国和波兰政府开始进入谈判。毛奇与位于柏林的政府一样，都想打开帝国外交上的孤立状况。汉斯-阿道夫虽然希望帝国东部边界能有所变化，但他不希望为此付出战争的代价。

[①] 魏茨泽克，普法尔茨-符腾堡魏茨泽克家族的历史可以追溯到13世纪，其成员真正步入上流社会是与德意志民族国家的崛起相伴随的，著名的家族成员包括神学家卡尔·海因里希·魏茨泽克（1890年成为图宾根大学校长）、卡尔·胡戈·魏茨泽克（1906年出任符腾堡王国总理并为其姓氏挣得了代表贵族的"冯"字前缀和世袭男爵爵位）、恩斯特·冯·魏茨泽克、卡尔·弗里德里希·冯·魏茨泽克（理论物理学家，关于太阳系形成和演化的假说来自于其1938年的创见，提出关于原子应用核结合能的半经验公式）以及理查德·冯·魏茨泽克（1984—1994年任联邦德国总统，也是两德统一后首位德国总统）等。——译者注

1934年1月26日，德国与波兰签订《互不侵犯条约》。双方承诺相互合作、相互帮助。边界问题被搁置了。放弃武力声明被写入最终的文本，这主要是德国公使的功劳。[10]《互不侵犯条约》被视为希特勒在国际舞台上的第一项重大成就。然而实际上，这个条约的主要作用是，给希特勒一个喘息的机会用于扩充军备，对外国政府进行安抚，改善独裁者的起始状况。

在华沙的公使馆升格为大使馆，成了国家社会主义头头脑脑们最为喜欢的一个旅行目的地。毛奇一家接待过宣传部长戈培尔（Goebbels）、外交部长里宾特洛甫（Ribbentrop）和汉斯·弗兰克（Hans Frank），此人占据"帝国法律领袖"（Reichsrechtsführer）的要职。"帝国林业部长"赫尔曼·戈林（Hermann Göring）时而也出现，主要来打猎。达维达满心抵触地陪同曾经的女演员艾米·戈林（Emmy Göring）游览华沙，陪她买鞋子和紧身胸衣。"有一回

图 14-1　汉斯-阿道夫·冯·毛奇、波兰政府首脑约瑟夫·毕苏茨基（Józef Piłsudski）、约瑟夫·戈培尔和波兰外交部长约瑟夫·贝克（Józef Beck）在1934年6月15日于华沙举办的一场招待会上

希姆莱也来了，"达维达写道，"我必须说的是，那些到我们这里来的部长班子里，还是陪同希姆莱来的人员最为有教养。里面有位王子，还有一位伯爵。可以看出来，他们从小就养成了很好的家教。"[11] 伯爵和王子成为"帝国党卫军领导"亨利希·希姆莱的随同，这是一个漫长过程带来的结果，在这个过程中，位于保守思想和国家社会主义思想之间、位于新旧民族主义之间的诸多鸿沟日益被填平，后来，这些鸿沟几乎没有了任何意义。普鲁士贵族大多数都追随了纳粹运动。[12]

多萝西·冯·毛奇之死

然而，穆迪却觉得无比震惊，尤其是基督教科学会被极不信任地盯上了。1933年10月，他丢掉了自己的职位，被一位信徒兄弟替换掉。国家社会主义者觉得后者看着更顺眼一些。多萝西不无自豪地告诉大家："穆迪自始至终表现得都非常棒。毛奇是一个家族，是一个可以倚仗和信赖的家族，他们总会很大度地看待一些事情，永远不会小家子气，这是很了不起的。"[13] 她时而也会苦中作乐，躲入这类幽默中去。多萝西向她的父母解释："在祖国，有一个给非常小的孩子的祷告，祷告是这样的：'亲爱的上帝，让我虔诚起来吧，这样我可以进入天堂。'最新的给成年人的祷告形式是：'亲爱的上帝，让我沉默起来吧，这样我可以不进劳改营。'"[14] 在克莱绍，大部分人还是欢迎希特勒"攫取政权"的，因为——赫尔穆特·詹姆斯猜测——1933年2月，猪肉价格上涨了。"可怜的民主！"[15] 多萝西叹息着。没过多久，"克莱绍到处都是纳粹，尽管猪肉价格又降下来了"。[16]

芙蕾雅和即将进行候补文职人员考试的赫尔穆特·詹姆斯打算

移民到南非去。"我们所有人都感到很羞愧,"多萝西悲叹着,"人们觉得被拔除了根,就像是不属于这个国家一样。"[17] 最后,在临终前不久,她对在"祖国"活了一辈子得出的所有观察做了一个总结:"事实是,我自从1933年3月以来觉得这个国家以及每一个国家都无法忍受,我认为个人的福祉远远比国家的福祉重要。"[18] 1933年3月23日,帝国议会通过了《授权法案》。魏玛宪法至此成了一纸空文。

1935年夏天,多萝西·冯·毛奇从南非旅行回来后,头疼了好几个星期。1935年6月11日,她十分令人意外地去世了,年仅51岁。多萝西被葬在教堂山。詹姆斯爵士得到女儿去世的死讯,中止了他长达数年的回忆录撰写工作。这些回忆录再也没有完成。在50岁生日时,多萝西曾致信给父母,信中写道:"我首先要谢谢你们在这50年里给我的所有的爱。你们从来没有抛弃我,我无法想象,还会有什么父母比你们更理解人、更无私、更充满爱了。"[19]

赫尔穆特·詹姆斯想当法官的计划随着希特勒的胜利变得无法实现了。他只得去开了一家律师事务所,在英国接受职业培训,成为一名出庭律师。他专攻国际法,在柏林找到机会,协助那些想要移民的强权牺牲者。一年又一年,纳粹符号下的生活让他觉得越来越难以忍受。毫无法制、暴力行为和各种迫害都在逐一证实毛奇最为严重的担忧。芙蕾雅学习法律,在马丁·沃尔夫(Martin Wolff)那里获得了博士学位,此人后来被国家社会主义者从教授的位置上赶走了。此后,芙蕾雅尽可能地接手了多萝西在克莱绍的角色。她每天都跟措伊默一起驾着两轮马车,驶过田野。[20] 措伊默是德国国家社会主义工人党的成员。他深知克莱绍的毛奇们的态度,但他从来没有放弃对这个家族的忠诚。

1937 年，芙蕾雅的第一个孩子，赫尔穆特·卡斯帕（Helmuth Caspar）来到了世上，与此同时，穆迪在柏林又结婚了。穆迪想为娘家姓为阿尔滕贝格（Altenberg）的安妮-玛丽（Anne-Marie）签订一份新的遗产和年金合同，由克莱绍庄园来负担。赫尔穆特·詹姆斯公开提出异议。不久后，克莱绍人半公开地称穆迪的新夫人为"年金安妮"。[21]

在上萨尔茨贝格

在"大厅"（Grosse Halle）里，汉斯-阿道夫·冯·毛奇大概没有什么心思欣赏阿尔卑斯山的风光。从希特勒的乡间别墅贝格霍夫（Berghof）的全景窗子极目远眺，风景令人心醉。毛奇大使参加了 1939 年 1 月 5 日在上萨尔茨贝格举行的由独裁者、帝国外交部长里宾特洛甫、波兰外交部长约瑟夫·贝克以及波兰驻柏林大使约瑟夫·利普斯基（Józef Lipski）参加的会晤。[22] 会谈的基调是冷冰冰的。

在签订了《德波互不侵犯条约》之后，帝国国防军进行了疯狂的扩军备战。在英国和法国政府"绥靖主义"政策的纵容下，希特勒成功地一步一步削弱了《凡尔赛和约》。重启义务兵役制、占领莱茵河西岸地区、与奥地利合并以及兼并苏台德地区，为了避免战争，这些做法都在西方列强于 1938 年签署的《慕尼黑协定》中得到认可，这一切将独裁者推上了一个更加强硬的位置。

恩斯特·冯·魏茨泽克现在是外交部的国务秘书，他为在上萨尔茨贝格举行的会谈表达了十分清晰的劝告："波兰必须为我们的少数族群多做点什么。……应当让贝克感觉到，我们很了解他的弱势地位，我们要一直等着，直到他自己垮掉。"[23] 在贝克说了几句友好礼貌的开场白后，希特勒接过了话头。于是整个会谈变成了这位独裁者的独白。希特勒阐述说，大家完全具备共同的利益，比方说"犹太人问题"。记录员记下了这样的话："他，元首下了坚定的决心，将犹太人从德国赶出去。现在还允许他们带走一部分财产；就算是以这样的方式，他们从德国带走的财产一定会比他们当初来到这个国家时所拥有的多些。但是他们越是迟疑着不肯移民出去，他们能带走的东西就会越少。"[24]

希特勒表达了遗憾，公开宣称，《慕尼黑协定》使他偏离了真正目的——"彻底清除捷克斯洛伐克"。[25]然后，他就不再有任何矜持和遮掩了。"但泽是德意志的，"他宣布，"也将一直是德国的，迟早会回到德国来。"[26]贝克插了一句嘴，要让波兰的公众接受这个观点，将会很困难。希特勒不容分说地回应，如果波兰政府支持将但泽走廊重新划归大德意志帝国，那么柏林的德国政府将保障波兰西部边界在未来25年的安宁。独裁者期望得到一个实实在在的妥协让步：对方放弃但泽地区。但他只肯给出一个模糊的承诺，在未来的四分之一世纪不向邻国发动战争。

在会谈开始之前，毛奇就提醒过里宾特洛甫，"波兰在但泽问题上的态度必然是反对的"。[27]但对毛奇大使的提醒，无论是里宾特洛甫，还是希特勒都丝毫不在意。与此相反，希特勒在1939年3月违背《慕尼黑协定》占领了捷克斯洛伐克之后，他就禁止他的驻华沙大使进行下一步谈判。4月28日，希特勒在一次帝国议会讲话中宣布解除《德波互不侵犯条约》，毛奇本人也亲临现场。[28]在接下来的几周里，毛奇从华沙发来汇报，一再强调波兰人决一死战的战斗意愿。[29]但大使再一次未能起到任何作用。所有的征兆早就指向了战争。

1939年8月9日，汉斯-阿道夫·冯·毛奇被从华沙召回了柏

图14-2 克莱绍山上别墅的阳台一景,赫尔穆特·詹姆斯在阳台上阅读,1938年左右

林。里宾特洛甫指示:"大使冯·毛奇先生留在柏林等候进一步指示。他将不再与波兰的任何一处机构有任何联系。他也将不再与驻华沙大使馆通电话。"[30] 战争迫在眉睫,希特勒不愿意又一次在最后关头因外交谈判而被迫退出战争路线。"我觉得我自己,"汉斯-阿道夫叹气道,"就像是一个上尉,在最关键的时候离开了他的部队。"[31] 他把战争的爆发视作个人的灾难。1939年9月1日,毛奇抱怨道,他20年的努力毁掉了。[32] 他想避免的事情发生了:第二次世界大战爆发。汉斯-阿道夫徒劳地要求上前线。[33]

波兰的战争之"罪"

毛奇留在了外交部。里宾特洛甫下了指示,拼凑一本白皮书来证明战争的爆发之"罪"在波兰。[34] 毛奇的上司提示他,他可以把汇报好好"修饰美化"一下印出来。早在1939年12月就出版了《战争前情文件汇编》(*Dokumente zur Vorgeschichte des Krieges*),[35] 收录了482份文件资料。这本集子隐去了所有能够证明波兰方面为谅解做出的积极努力以及德国政府公然表露战争意向的材料。[36] 作为希特勒和平意愿的"证明",汉斯-阿道夫在一次国际新闻发布会上向公众展示了这本白皮书。他翻着这本白皮书,解释波兰发动战争的"罪责"时,一些记者当场没能忍住,笑出声来。[37]

开始进攻波兰时,赫尔穆特·詹姆斯作为战争法和国际法专家被征调进帝国国防军总司令部。从那时起,他便属于外国处反间谍部门。赫尔穆特·詹姆斯搬进了战争部位于提尔皮茨河畔的一间办公室。对于他和其他几位反间谍部门的国际法专家而言,1899年和1907年制定的海牙公约毫无疑问已经不合时宜了。因为从现在起,战争的目的更着意于摧毁敌方的工业设施,以及通过从空中进行地毯式轰炸来打垮民众的坚持意志,这样就形成了法律真空。在全面战争中,没有人去区分"战斗人员"和"非战斗人员"。但最重要的是,从一开始,希特勒就要把这场向东部发起的征战打成一场种族战、掠夺战和消灭战。早在1939年8月22日,他就向帝国国防军的高级将领宣布:"一旦战争开始,在进行期间,重要的并不是法律,而是胜利。把心封闭起来,不要同情怜悯。残酷地推进。8000万人必须获得他们的权利。他们的存在必须得到保证。强大者总是有理的。最大的冷酷。"[38] 发动战争和占领统治从一开始遵循的就是国家社会主义世界观的法则,而不是国际法。在战争部,国际法专家小组对等级较高的指挥部门而言,几乎没有什么意义。[39] 虽然如此,赫尔穆特·詹姆斯还是试着在反间谍部领导威廉·卡纳里斯(Wilhelm Canaris)的支持下,使用即将出台的法律条文时,使之能够抵消战争的野蛮化。毛奇为大约200年前的启蒙者已关切之事而战——竭力为战争筑篱。他强烈要求在西线的国防军参谋部，放弃枪杀人质，这一努力并非完全没有成效。家族的名字保护着他。芙蕾雅回忆道："纳粹们在他身上看到的是陆军元帅冯·毛奇的合法后继者，他们当然觉得陆军元帅非常了不起，因为他们都是打仗的人。"[40]

在奥赛码头

在此期间，汉斯-阿道夫在宣传部门供职。在东线的"闪电战"和对法国作战胜利后，他成了"档案委员会"的领导，这个部门的主要任务是将抢来的档案进行政治"价值兑现"。在毛奇的主持下，1940年3月出版了一本《有关战争前情的波兰文件汇编》[41]。编纂出版这些文件还有一个目的是，将美国驻华沙以及巴黎的大使作为"战争煽动者"进行污名化。毛奇也认真地看了法国外交部的档案文件。里宾特洛甫直接制定了目标。这位外交部长发号施令，要考虑"怎么从奥赛码头① 的档案中特别将材料整理出来，那些材料要能够证明法国的帝国主义自从黎塞留时代② 起就致力于压制德国的影响，并且将德国的领土置于法国的统治之下"。里宾特洛甫，这位当年的利口酒铺子老板，"提纲挈领"地指出了《香波堡

---

① 奥赛码头（Quai d'Orsay），指法国外交部，因其坐落在巴黎的奥赛码头，故得此代号。——译者注
② 黎塞留时代，黎塞留（1585—1642）是法国近代著名的政治家和外交家，被称为"现代国家制度之父"，黎塞留时代主要指1624—1642年他担任法国宰相这段时期，他通过一系列措施巩固王权，对内恢复和强化遭到削弱的封建专制王权，对外致力于谋求法国在欧洲的霸主地位。——译者注

第十四章 抵 抗

条约》（1552）[①]、《威斯特法伦条约》（1648）、法国资产阶级大革命（1789）、拿破仑时代（1799—1815），也就是说基本上提到了"直至当前战争的整个发展过程"。[42]

毛奇的档案委员会在巴黎翻检了9000个库存档案，拍了150万张照片。[43]毛奇本人把丰厚的战利品带回柏林档案馆：黎塞留手写的回忆录，弗里德里希大帝、拿破仑、塔列朗、路易丝王后的信件，《提尔西特条约》（1807）的批准证书——这里仅随手举几个例子。[44]汉斯-阿道夫在1942年离开这个委员会时，还为里宾特洛甫设计出一套工作规程，以便此工作继续下去。毛奇建议，还应该继续翻检那些库存档案，就是那些"适合澄清"法国和德国之间的战争罪责在法国一方的库存档案。最要紧的是，"为了历史政治研究和宣传需要"，还应该公开那些能够说明"犹太人自1918年以来在国际政治中的作用"[45]的文献。赫尔穆特·詹姆斯感到震惊。他在给芙蕾雅的信中写道，汉斯-阿道夫"看来又成了判官。我觉得真是丑陋无比，而且我一直不能理解，他为什么要挺身去做这类事情"。[46]

陆军元帅去世50周年纪念日那天，克莱绍举办了一场纪念活动，其间没有出现某党及其符号，这是家族特别重视的一点。国家社会主义者建议，把用作将军陵墓的小教堂改建成一座纪念堂。1939年3月穆迪去世后，赫尔穆特·詹姆斯终于成为克莱绍的庄园主，他觉得，这个建议有违陆军元帅一向的风格。

在德国战争成就的最高点上——而不是在失败颓势已现之

[①] 香波堡条约，1552年1月15日，以萨克森公爵莫里茨为首的新教诸侯和法国国王亨利二世在香波堡签署的一项共同反对皇帝查理五世的协定。该条约的签订早于黎塞留时代，由此可以看出曾经是利口酒铺子老板的里宾特洛甫的不懂装懂。——译注

时——毛奇和彼得·约克就开始找一些有可能进行咨询的人，探讨在希特勒之后的路该怎么走。两个人从不怀疑德国必定会失败。毛奇和约克非常注重做的一件事情是，将政权反对者聚拢起来形成一个尽可能大的团体：社会民主党人、工会成员、保守人士、新教教徒和天主教徒。只有某个极端政治团体的人被排除在外，因为不仅毛奇认为他们跟国家社会主义者存在内在的亲缘关系。

在全面战争中，民族看起来特别像一个命运共同体。[47]在一场这样的战争中，只有一类人最有可能免于被民族观念彻底洗脑，就是那些在他们的生活世界和价值秩序中跨越了本民族界限的人。赫尔穆特·詹姆斯就属于此类。他的受基督教浸染的家庭，来自南非的母亲，一位与同阶层成员迥然不同的父亲，一个国际性的朋友圈子，还有在面对家族姓氏时的责任感，这一切都为他开启了内心的自由，把他从视民族为最终价值的观念中解脱出来。

在1942年和1943年，社会民主党人、工会成员、保守派人士、新教教徒和天主教徒在克莱绍一共聚集了三次。核心成员大概有20人。只有毛奇和约克知道所有人的联系方式。把参加者团结在一起的是对恐怖主义的、近乎犯罪的专制的抗议。怎么能把德国人变成民主人士？为什么魏玛共和国的下场如此糟糕？未来的国家与经济的建构应该是什么样子的？应该如何处置战争罪犯？一个联合起来的欧洲是否可能？怎么能把社会主义和资本主义结合起来？这个团体在山上别墅中开会，在多萝西的起居室中，周围是安妮女王式家具。[48]在这三个周末，每个周末都会讨论一些特定的主题，专家们就每个主题作报告。例如经济部官员卡尔·迪特里希·冯·特罗塔与霍斯特·冯·艾因西德尔共同撰写了一份经济政治备忘录。两位都要求"引导经济回归服务功能，给它以一个固定的框架"。[49]这些克莱绍人的思考方式全然是着眼

第十四章 抵 抗

全欧的。他们的计划后来很少有完完全全得以实现的,但他们提出了正确的问题。

毛奇没有什么信心去判断军官们进行国家政变的前景。作为反间谍部门的工作人员,他很清楚,很多将军执行了罪恶的命令:"这些将军们不用指望了。"[50] 毛奇反对暗杀独裁者,不只出于伦理。毛奇相信,希特勒必定会在军事上将德意志帝国引向灾难和覆灭,而这种灾难必将清除国家社会主义在未来的所有基础,所以不能暗杀他。与1918年不同的是,那些必须负责的人这次应该无法将他们的痕迹抹掉了。

赫尔穆特·詹姆斯·冯·毛奇与汉斯-阿道夫·冯·毛奇

赫尔穆特·詹姆斯和汉斯-阿道夫经常碰头,因为要弄清楚一些涉及克莱绍和韦内尔斯多夫的法律和经济方面的问题。不过他们主要讨论的是政治和军事局势。1937年10月,汉斯-阿道夫成为德国国家社会主义工人党的成员。他与恩斯特·冯·魏茨泽克在战争前多次悄悄密谈,是否应该从外交部辞职。两人得出了一个结论,"置身事外是毫无意义的,专业人士不应当把位置让给那些危险的半吊子二把刀"。[51] 要"防止更糟糕的情况发生"[52] 这个想法,在外交部流传很广,成为在外交部留任的最重要理由。另一位外交官解释说:"不能仅仅因为这个国家有个坏政府,就抛弃国家。"[53] 赫尔穆特·詹姆斯的观点完全不同。他敦促自己的亲戚,尽早从外交部辞职,特别是汉斯-阿道夫在经济上已经完全有保障了。[54]

事实上,越来越明显的是,这个政府不是个"坏"政府,而是个犯罪的政府,"危险的半吊子二把刀",例如里宾特洛甫,甚至占据了外交部的最高职位，保守的外交官们根本就不可能在任何方面驾驭或引导希特勒，他们留在外交岗位更重要的作用是，让外国对这个政权的本色产生幻觉，而且"更糟糕的事情"似乎不堪设想。早在1939年12月，已经有6万波兰人——其中有7000名犹太人——被党卫军的突击部队杀害了。对苏作战开始后，1941年夏天在占领地区，开始了有组织的对犹太人的大规模灭绝行动——种族屠杀。在1941年6月到1942年4月，不到一年的时间里，大约50万人被杀害。330万苏军战俘死于被德国人监禁期间。针对平民的战争又造成几百万人死亡。[55]大规模屠杀转化为一场工业化组织的民族屠杀，发展成一种从未有过的文明断裂。

汉斯-阿道夫非常清楚占领军在波兰的种种罪行。赫尔穆特·詹姆斯，特别是来自土耳其的随员鲁道夫·冯·舍利亚，都将非常可靠的消息传给了他。舍利亚在外交部的真实工作是收集有关德军的各种暴行，以避免情报处发出与此相矛盾的消息。而实际上，舍利亚在波兰帮助人们逃亡，收集来自集中营的照片和有关盖世太保罪行的资料，与波兰抵抗力量合作。

尽管如此，汉斯-阿道夫还是认为克莱绍圈子的各种努力是很值得尊敬的。当赫尔穆特·詹姆斯试图说服他的亲戚相信另一方面的事实时，汉斯-阿道夫毫不迟疑地拒绝以任何形式参与。他声称，只要经历过一次德国的毁灭和崩溃，就肯定不会去做让这种情况重复的事情。而且他还加了一句："我求你了，赫尔穆特，你好自为之吧，千万别再让一个毛奇命丧断头台。"[56]

1941年11月，有关谋杀妇女儿童的消息从苏联传到克莱绍和韦内尔斯多夫，赫尔穆特·詹姆斯和汉斯-阿道夫的争论达到了最为激烈的程度。汉斯-阿道夫听到这些罪行"完全垮了"，赫尔穆特·詹姆斯给芙蕾雅写信说，"但你以为，他现在会觉得自己有义务去做点什么来清除这些恶行吗？这些犯罪可是在他的助力下累积起来的啊。那你就大错特错了！"[57] 当赫尔穆特·詹姆斯表示，要及时放弃民族理念时，汉斯-阿道夫的回应"带有明显的气愤：绝不可能放弃这个理念"。[58] 赫尔穆特·詹姆斯气坏了，希特勒意味着战争和大屠杀，在韦内尔斯多夫，显然始终还有人认为，这是"爱国人士不会去想，更别提说出来"的一些事情。他接着写道："我什么都不说了。这些人在我眼里已经不是亲友了，我不想跟他们来往了，我只是要尽量避免，在不必要的情况下去激怒他们。"[59] 当达维达的弟弟保罗·约克·冯·瓦滕堡想争取汉斯-阿道夫参加抵抗活动时，汉斯-阿道夫对他的态度大概也是这样。"他马上就火冒三丈，"约克回忆说，"这说明，这个问题直指他的内心。这是一次情绪的发泄，发泄的时候他回答道：'1916年，我在前线经历过，军工厂罢工对前线打仗的部队意味着什么，我绝对不会在战争中投身于某个引发垮台的行动。'"[60]

汉斯-阿道夫绝不是个胆小怕事的人。他曾经帮助马耳他骑士团在波兰的代表奥尔吉耶德·恰尔托雷斯基（Olgierd Czartoryski）王子逃往瑞士。当他以前在东方处的同事、"完全犹太人"① 埃里希·考夫曼（Erich Kaufmann）要被遣送到集中营的时候，他写了份鉴定，特别强调了考夫曼的"民族功绩"[61]。由于还有一些人也为考夫曼求情，他才未被遣送。此外，自1941年7月起，汉斯-阿道夫领导着外交部的一个委员会，该委员会应就有关建构战败国波兰内部关系提交建议。他眼前浮现的机会是把帝国的东部扩展到第聂伯河，但是他想让波兰人自己管理自己。他向上司进言劝说，如

---

① 完全犹太人（Volljude），纳粹术语，纳粹德国于1935年颁布的反犹法律《纽伦堡法案》规定，一个人的祖父母四人全部或者其中三人是犹太人，那么此人在法律上就是犹太人，被称作完全犹太人。——译者注

果要有一个长期的解决方案，德国政府要走怀柔路线：放弃大规模抓捕，解散奥斯维辛集中营，限制秘密警察的势力，允许在文理中学使用波兰语。[62]这个建议没有任何成效。许久以来，就连最顶级的外交家也不会对希特勒产生任何可察觉到的影响了。

1942年1月中旬，汉斯-阿道夫似乎来了个180度的大转弯。几个星期之前，苏联红军在莫斯科附近开始反攻。帝国的军事失败已经隐隐显现。赫尔穆特·詹姆斯很惊讶地说："我跟汉斯-阿道夫共进一顿值得纪念的午餐。他终于百分之百地站在我们这条战线上了，甚至是百分之一百一。而之前，当我在他面前说，其实什么变化也没有发生过时，他会竭力反驳。现在我算是松了口气，因为不管怎么说，晚一点改变也比不改变强。他对军事局势的判断比我还要悲观，但这个细微差别来自那百分之十的用力过度，这是因为先前的不足专门加上的。"[63]但汉斯-阿道夫显然并没有参加克莱绍圈子的各项讨论活动。[64]

不过他现在开始跟外交部保持距离。1942年4月，根据汉斯-阿道夫自己的愿望，他换到了军工行业，成为"捷克冶炼厂"[65]的监事会主席。毛奇接手这个薪水颇丰的职位[66]，是经过戈林点头的，戈林正试着主导帝国的战争经济。赫尔穆特·詹姆斯一下子轻松起来："汉斯-阿道夫离开了外交部。感谢上帝。真是非离开不可的时候了。"[67]汉斯-阿道夫却根本没有向里宾特洛甫提请辞职，而是希望在继续支付给他薪水的情况下将他"另行安排"。一开始，里宾特洛甫还要求，毛奇必须从外交部离任。[68]但毛奇显然反对并抵制将他解职。不管怎样，里宾特洛甫最终还是安排他"暂时退职"，毛奇仍旧是外交部的官员，并领一份"候职薪饷"。

1942年10月底，舍利亚被捕了。在严刑拷打之下，他承认了

第十四章 抵抗　　337

盖世太保的指控，收取钱财为共产党的抵抗组织"红色管弦乐队"[①]工作，而且作为苏联的间谍犯了叛国罪。舍利亚的夫人家产丰厚。[69]显然舍利亚跟"红色管弦乐队"没有联系。极有可能的是，盖世太保就想杀掉一个长期以来反对政权的人。[70]

汉斯-阿道夫获得机会，在监狱里跟舍利亚"面对面秘密"地谈一次——盖世太保肯定会监听，完全可以肯定。舍利亚解释，他承认了所有指责。汉斯-阿道夫非常震惊，他觉得舍利亚确实有罪。保罗·约克说："毛奇真的就因为他们是单独谈话，便听到什么信什么。我曾经提醒他要考虑，探监的牢房肯定装好了设备，盖世太保一定可以听见一切、看到一切。但没能说服他。毛奇认为，舍利亚完全可以用眼神给他暗示。他显然也想不到，一个被审讯、拷打了几个星期的人，如果终于可以死了，定然是高兴的。"[71]在谈话过后一周，毛奇的随员被处死了。

驻马德里大使

"元首"给汉斯-阿道夫派了一项新任务。1942年11月初，盟军部队在北非登陆，希特勒想保证"欧洲堡垒"南翼的安全。"考迪罗"[②]，即西班牙的独裁者佛朗哥应当与大德意志帝国签订一份协议，这样一旦美英进攻西班牙领土，他就有义务对西方国家开战。作为施压手段，有待解决的是帝国国防军能够进驻的问题。然而，施托雷尔大使在马德里的谈判进展得非常不顺利。

[①] 红色管弦乐队（Rote Kapelle），1933—1942年在德国对抗第三帝国的秘密组织，是当时最大、最有效的纳粹抵抗组织之一，其成员四成为女性。——译者注
[②] 考迪罗（Caudillo），西班牙语的音译，拉丁美洲的政治术语，原指割据一方的军事首领，后引申为军事独裁者。——译者注

1942年12月中旬，汉斯-阿道夫被叫到外交部。魏茨泽克认为毛奇是"我们这个马厩中最棒的那匹骏马"，[72]并解释说，大家推选他，毛奇，为最适合担任驻马德里大使这一职位的外交家。希特勒在等着给毛奇下达进一步的指令。[73]毛奇出发前往"总部"[74]，准确地说，前往东普鲁士拉斯滕堡（Rastenburg）附近的元首总部"狼穴"。里宾特洛甫在那里解释了这次使命的目的，并且转述了"元首的愿望"，希望毛奇能够接受马德里的职位。里宾特洛甫事后声称，毛奇"一刻也没有"[75]犹豫就接受了。

在韦内尔斯多夫发生了争吵。达维达早就备感痛苦于"她的丈夫直接听命于那个混蛋，对她来说希特勒就是那个混蛋"。[76]当初，汉斯-阿道夫加入德国国家社会主义工人党之后，家里就紧张了一阵子。达维达的弟弟说，毛奇"当初同意佩戴党徽时，他就知道他强加给我姐姐些什么东西。他向她保证，这是为了德国"。[77]但是现在，毛奇决定回到行动岗位上，这让达维达十分不解。"你不能再为这样的国家服务了！"——"我必须！"毛奇回答道，并且又加上一句："这是为了德国。"[78]为什么要回到外交部，赫尔穆特·詹姆斯只能解释给自己说，肯定有人让汉斯-阿道夫在"马德里大使馆或集中营"[79]之间进行选择。但达维达一定更加了解情况，她否认丈夫受到胁迫。[80]达维达在1948年说："我提出了异议，在发生了这么多事情之后，不应该再去接受一个在外国的职位，我丈夫表示完全赞同。但他对祖国之爱最终还是战胜了顾虑……"[81]毛奇的小舅子保罗·约克·冯·瓦滕堡也同样没听说过什么威胁："我姐姐央求他，不要再回去任职了，但他认为，他不能在德国受到不公平要求时退缩。而在当时特定的情况下，我姐姐不能接受这个理由。"[82]那么，只能要求毛奇信守诺言了。他"为了德国"回去了。尽管有种种罪行，但对汉斯-阿道夫·冯·毛奇而言，民族理念是最高的价值准绳。

为了避开战火，佛朗哥于 1943 年 1 月初在西方国家和希特勒德国之间进行调停斡旋。[83] 这些努力被里宾特洛甫严斥为"毫无意义"，[84] 他的声音就是他主子的声音。这位外交部长教导他的驻马德里大使，这次如果不能毕其功于一役，那么"15 年或者 20 年之后必定重燃战火，如果这场战争不能决定胜负，不能彻底摧毁布尔什维克的危险，不能把欧洲大陆彻底从英美的牢牢控制中解放出来，那么再来一次也是不可避免的"。[85]

毛奇在最后一刻揭穿了一条传闻：佛朗哥在里斯本与丘吉尔秘密谈判——这条传闻显然是在德国驻西班牙使馆工作的国家社会主义者故意散布的，目的在于促使国防军进军西班牙。[86] 这些有关德国进军的谣言终究还是让佛朗哥签署了一份保证书，保证一旦盟军进攻，他愿意参战。

1943 年 3 月 17 日，毛奇参加了西班牙议会（Cortes Generales）的开幕会议。在会议中，他突然感到剧烈的腹痛，但仍坚持到辩论结束。随后，毛奇被诊断为急性盲肠炎并被送进了鲁韦尔医院，在那里由卡德纳尔（Cardenal）教授率西班牙医生进行了手术。手术还算成功。但到了 3 月 21 日下午，据西班牙和德国医生团队记载："病人的状况明显恶化。面颊塌陷。舌头原来一直是湿润的，现在变得十分干燥。到了晚间，出现了一次短暂的好转。次日凌晨 1 点 30 分突然心脏衰竭，摸不到脉搏，鼻子和手冰凉，面部表情惊恐。尽管注射了强心剂和咖啡因，也无法恢复心脏跳动，死亡降临了。"[87]

谣言马上产生了。很多马德里的外交官都觉得，有可能是盖世太保或者党卫军谋杀了大使。汉斯-阿道夫死于盲肠穿孔的后遗症。[88] 希特勒和里宾特洛甫向未亡人发送了唁电。[89] 大使之死给佛朗哥带来了一个难得的好机会，让希特勒的疑惑烟消云散，佛朗哥致以哀悼："关于德国大使汉斯-阿道夫·冯·毛奇的去世，为表达我对其元首和其庄严无愧地代表的国家的友好情谊，我下令对去世的冯·毛奇大使的遗体致以法律所规定的总指挥上将的礼仪。"[90] 葬仪相当于陆军元帅的规格。

送葬的队伍和毛奇的灵柩声势浩大地通过最繁华的大将军大道①，向火车南站进发，街上人头攒动，大约有十万人围观。希特勒做的不能比这个档次低，于是他下令进行国葬。1943年3月29日，布雷斯劳省议会大楼的庭院里聚集了几百名前来哀悼的送葬者，其中有西班牙大使和以魏茨泽克、里宾特洛甫为首的53名德国外交官。[91] 国务秘书陪伴达维达前往她的哀荣之位，约翰·塞巴斯蒂安·巴赫的"咏叹调"响起，之后由里宾特洛甫致悼词[92]："亲爱的毛奇亲属，我的外交岗位上的同仁们，尊敬的各位来宾！今天这场肃穆的仪式让我们齐聚这里，向汉斯-阿道夫·冯·毛奇，大德意志帝国的大使告别……在岁末年初需要新任命一位我国驻西班牙代表机构的领导时，我们都很清楚，不可能找到比冯·毛奇更合适的人选来担当这项重要的外交使命了。当我告知他，元首的意愿是让他担当起这份使命时，他没有片刻踌躇，于是在今年年初就以大使的身份前往马德里赴职。……他虽然在已逝时代的观念中长大，但十分知晓如何将古老普鲁士传统中所有优秀方面服务于新德国，并将之与国家社会主义观念相结合，他就是这样一个男人。因此他成为德国国家社会主义工人党党员。他在对一些不可救药的旁观者不满时说过的一句话最能说明他的个性：'如果我的儿子们长大了，

---

① 大将军大道（Avenida del Generalissimo），现今的对角线大道（Avinguda Diagonal），在佛朗哥将军执政时期被称作大将军大道。——译者注

图 14-3　1945 年 1 月，赫尔穆特·詹姆斯·冯·毛奇在人民法庭

有朝一日他们来问，你在这个伟大的时代里做了什么，我不想欠他们一个回答。'今天在这个时刻，我可以在全体德意志人民面前说，汉斯-阿道夫·冯·毛奇对这个问题不欠任何答案。他通过自己对大德意志国①的贡献给出了一个答案……"[93] 里宾特洛甫讲完话回到他的座位上时，管弦乐队奏起了《霍斯特-威塞尔之歌》②。[94] 庭院前礼炮鸣放了两响。灵柩被移送往小布雷萨。

人民法庭

1944 年 1 月 19 日，赫尔穆特·詹姆斯在柏林被捕了，他在一

---

① 大德意志国（Großdeutschland），1938 年纳粹德国吞并奥地利后，将国名改为大德意志国，也被称作大德意志帝国。——译者注
② 霍斯特-威塞尔之歌（Horst-Wessel-Lied），又名《旗帜高扬》（Die Fahne Hoch），纳粹党的党歌，从 1933 年到 1945 年，也是纳粹德国的第二国歌，歌词由纳粹党冲锋队头目霍斯特-威塞尔生前所作，此人于 1930 年被杀，后被追授为纳粹运动的英雄。——译者注

个熟人奥托·基普（Otto Kiep）被捕之前对此人发出了警报。他被带到盖世太保位于阿尔布雷希特王子大街（Prinz-Albrecht-Straße）8号的地下室监狱里，囚室号为17。囚室里有一张床、一张桌子、一把椅子，没有洗脸池，没有马桶。[95] 毛奇与污垢较量，每天在囚室里走很长一段路。"一共可以走七步，如果我的步子小一点，可以走八步。"[96] 大约四个星期之后，囚车将他送到了拉文斯布吕克（Ravensbrück）集中营，这是德意志帝国最大的关押妇女的集中营。在柏林遭受猛烈的空袭之后，拉文斯布吕克集中营也用来囚禁男性在押犯。毛奇被关进了28号囚室，楼上南向倒数第四间牢房。赫尔穆特·詹姆斯听着警犬的狂吠，可以看见，党卫军的女狱警们在集合场地如何狂踢在押犯。他透过狭小的窗子，看着焚烧炉的烟囱，焚烧尸体的恶臭扑鼻而来。他听见楼下被拷打的人发出的叫喊声和接下来在牢房里的痛苦呻吟。[97] "这里是一个没有上帝的国度，"他给芙蕾雅写信，"自从我来到这里，就没有听到过教堂的钟声，而且菲尔斯滕贝格（Fürstenberg）并不是一个小地方。这里最主要的声响是狗的狂吠声，大概有几百条狗一起叫才这么响。星期天，做礼拜的时候能听到行军歌曲，肯定是希特勒青年团或者是被带出去放风的集中营囚犯在唱。教堂钟声的缺失令我十分不安。"[98] 毛奇作为特殊囚犯还是受到了相对而言较为温和的对待。芙蕾雅可以时不时在德勒根（Droegen）的警察学校探望他。达维达给他寄巧克力、糕点和生日蛋糕。赫尔穆特·詹姆斯不知疲倦地阅读，变更阅读内容成了他的每一天，他认真研读历史、农业经济、自然科学和文学著作。但只有两本书陪伴着他度过了整个被囚禁的日子：陆军元帅的《文集》，还有首要的《圣经》。[99] 他给两个儿子，赫尔穆特·卡斯帕和1941年出生的康拉德写了一封很长的信："我小的时候，一切是什么样的。"[100]

7月20日施陶芬贝格刺杀希特勒的行动失败后，盖世太保追踪到了以约克和毛奇为首的小组痕迹。1944年9月底，毛奇被转移到柏林泰格尔监狱的"死囚牢房"。1945年1月9日到10日，他站在人民法庭前受审。庭长是罗兰·弗赖斯勒（Roland Freisler），一位相当狡诈、傲慢而且坚定不移的国家社会主义者。他因动辄狂喊乱叫而臭名昭著，总是试图把被告逼入一个被动从属的位置。毛奇不会被他吓唬住，一秒钟也不会。在弗赖斯勒狂喊、暴怒和声嘶力竭时，他沉静地，有时开朗地，自始至终高度警觉地，带着极大内心自由地倾听着对方对自己的审判。当弗赖斯勒要从刑法典中宣读法条时，却发现，他根本就没带刑法典上法庭，找不到任何依据。

人民法庭判处毛奇死刑。赫尔穆特·詹姆斯这样陈述，他站在法庭前，"并不是作为新教教徒，不是作为大庄园主，不是作为贵族，不是作为普鲁士人，不是作为德国人，……而是作为一名基督徒，除此以外，他什么身份也没有"。[101]上帝为了完成一项任务而创造了他，这项任务现在完成了。在这个信念中，他可以安息了。他在死囚室里给芙蕾雅写信道："刚刚，我哭了一会儿，不是因为悲伤，不是因为伤感，也不是因为我想回去，不是的，而是因为对上帝这份证明的感恩和震撼。我们未面对面地看见他，但我们一定会感到震撼，如果我们突然认识到，一生都有他在指引道路，白天是一朵云，夜里是一道火柱指引着……现在再不会有什么事情发生了。"[102]赫尔穆特·詹姆斯在结尾说，他被杀，因为他思考过。

神学家利耶（Hanns Lilje）是一位同期被关押的犯人，他观察了毛奇最后的时刻。"最令人印象深刻的形象就是赫尔穆特·冯·毛奇伯爵……我必须证明，我看到他只有明朗和沉静。在行刑的前一天，监狱长再一次走进囚室，带来了这个消息：'明天还有一次审讯——准备就绪吧！'他只是从自己完全平静的灵魂深处说：'哦，我知道——要行刑了！'然后接着埋头读我对《圣经》最后一章的诠释，阅读《圣经》占据了他生命的最后几天。"[103] 赫尔穆特·詹姆斯·冯·毛奇伯爵，于1月23日在普勒岑湖（Plötzensee）监狱行刑室中被绞死。没有国葬，没有悼词，没有礼炮，没有坟墓，他的骨灰散落在柏林的各个污水处理厂。

1942年，赫尔穆特·詹姆斯曾经对芙蕾雅说，他在克莱绍出现过一个"幻觉"。在幻境中赫尔穆特·詹姆斯在教堂山拜谒陆军元帅的坟墓，漫步在那森林密布的山丘上，"走过母亲的坟来到小教堂"，然后沿着家族墓地走向村子里的街道。天气很暖和，阳光灿烂。"我已经是个相当老的人了，比你们所有人活得都久。我走得很慢，但一直在走。那天是你的忌日，我正是从你的墓地而来。你已经去世20年了。卡斯帕和康拉德没有出现在幻境中……我这个老人就这么沿着路慢慢地走着，一边走一边在想，……母亲先前是怎么死的，我们从前是怎么在一起生活的。现在，我却是孤零零一个人。我想要做的，我都做到了；世界看起来就是我一直想要的样子，但它却让人付出了疯狂的努力，而你却没能看到这个成就。这是最大的痛。我无法再对你说，那么多的牺牲、舍弃和努力终于有了回报。我忆起这些牺牲和辛劳，并且思考成功是否值得。然后我又想，虽然这让我痛心，即便这意味着，我必须折磨自己，你没有得到你有权利得到的东西，我不再有家庭，不再有朋友，……即便这意味着，我甚至不能有一个愉快的晚年，而是在这里与一个管家孤独地度日，我也必须这样做，而且还会再这样做。"[104]

第十五章
世界家族

——民族的变迁

妇女时代

大炮的隆隆声令人无法充耳不闻。战线越推越近。苏联战机从空中掠过。奥得河的对岸挤满了逃难的民众。村子里、宫殿中和山上别墅里，甚至连多萝西的起居室中，到处都聚集着担惊受怕的人们。罗斯玛丽·赖希魏因（Rosemarie Reichwein），昵称萝麦（Romai），早在1943年就带着四个孩子从柏林搬到了宫殿，因为当时对柏林的空袭已经十分猛烈了。如今，在1945年1月，她每个晚上都风雨无阻地来到山上别墅，主要想用收音机收听英国方面有关前线战况的新闻。[1] 萝麦生活在抵抗运动中，而她的丈夫，阿道夫·赖希魏因也在普勒岑湖被执行了死刑。

克莱绍经历了一个酷寒且大雪纷飞的冬天。宫殿的庭院中，甚至山上别墅前，都停满了难民的车子。有时候，马匹一直套在车上。[2] 一位因战争致残的人一再说，他可不愿意被"屠杀"[3]。人们的不安与日俱增，到后来，芙蕾雅也不安起来。赫尔穆特·詹姆斯曾向她建议："就在家里待着，能待多久就待多久！""德国的其他地方到处都在轰炸，危险无处不在。你只要能在克莱绍待着，就不要去别的地方！"[4] 几乎没有时间去难过忧伤。芙蕾雅大概常常读她丈夫的绝笔信。"只有我们合起来，才是一个完整的人。我们是……一种创世观，这是真的，真真切切的。我的心尖尖，所以我非常确定一点，你在这个世上绝不会失去我，一刻也不会。"[5] 毛奇家族与施陶芬贝格家族不同，他们的成员没有遭受"株连"之祸。家族的姓氏散发出一种护佑的力量。芙蕾雅忧心忡忡，深恐父亲死去的消息会让年仅七岁的卡斯帕惶恐不安。她觉得很难说明白，让孩子清楚到底发生了什么。萝麦同样也无法告诉她的孩子们，阿道夫·赖希魏因已经不在人世。芙蕾雅坐在孩子的床边，把真相告诉了自己的儿子。第二天早上，卡斯帕问她："你为什么这么伤心呢？""你知道原因的啊。""你还一直因为父亲伤心吗？"[6] 这个问题让芙蕾雅心里多少宽慰一点，因为她的儿子显然并没有真正明白，这到底意味着什么。芙蕾雅后来也隐隐地说起过，她一生中在心理上始终在丈夫的近旁，"出于这个原因，我大概并没有那么难过"。[7] 赫尔穆特·詹姆斯的一生较为短暂——"但他有一个丰富圆满的人生"。[8]

监察员揩伊默从他位于宫殿边上的住处给山上别墅打电话。"终于到这一步了，我们整个村子必须要逃难了。"[9] 根据（纳粹）党的命令，女人、儿童和老人要通过猫头鹰山① 堆满积雪的隘口向波希米亚地区逃离。芙蕾雅和萝麦要留在克莱绍。芙蕾雅根本就不考虑在隆冬时节带着卡斯帕和才三岁大的康拉德在山地里疲于奔波。萝麦从一些难民那里得知，在逃难途中，一些宝宝被冻死

---

① 猫头鹰山（Eulengebirge），波兰语为Góry Sowie，是沿波兰和捷克南部边境绵延数百公里的苏台德山脉的一个分支，其名字源于当地的猫头鹰种群。从1943年起，纳粹着手在那里建造了一系列地下暗堡。——译者注

了。[10]她俩心存希望，红军急于攻占柏林，根本就不会去理睬途中的克莱绍。但村子里面的大部分人都想撤离。村里的主要街道和宫殿的庭院中，出现了一支凄惨的逃难大军。芙蕾雅与一行行车子边上逃难的人们道别。[11]

韦内尔斯多夫更为混乱。几乎每天都有一支逃难队伍自东边而来。有时是900人，后来有1100人，有一次甚至达到1700人，他们途中在韦内尔斯多夫暂时歇脚几个小时。达维达和她的雇工们尽其可能地给那些精疲力竭的人们送些食物。很多人的脸上满是惊恐。两名国防军的士兵乘着一辆敞篷车来到庄园，他们得到了水和汤。"您就在这里待着！"达维达直接要求他们留下。"不，我们要赶路，跟死神赛跑！"[12]这是他们的回答。达维达要照料她的8个孩子——从17岁的莫妮卡（Monika）到才两岁的蕾娜特（Renate）。1938年，在现今6岁的小儿子格布哈特（Gerbhardt）的受洗仪式上，彼得·约克和赫尔穆特·詹姆斯·毛奇进行了一次对话，这是他们最初的谈话。[13]

1945年1月22日，埃德加·冯·于克斯屈尔男爵（Edgar Freiherr von Üxküll）来到这处庄园，此人是汉斯-阿道夫和约克的朋友，从战争一开始就同赫尔穆特·詹姆斯一样在反间谍部门工作，而且他始终保持着与瑞典反对派的联系。男爵要求达维达，在当晚携全家登上由布雷斯劳发出的最后一班火车。于克斯屈尔男爵声称，他预订好了火车上的一个隔间。"在我们的人组织出一支像样的逃难队伍离开这座庄园之前，我是不会离开韦内尔斯多夫的。"达维达回答说。他请求："那您至少也要把您的孩子们交给我带走吧！"[14]

只有两个小时的时间收拾行囊。接着，于克斯屈尔男爵和孩子们一起驱车前往布雷斯劳火车站。火车站大厅里挤满了人。所有人都试着挤上最后一班由布雷斯劳发出的火车，逃离这里。月台上挤得水泄不通。于克斯屈尔领着孩子们从火车站后面穿越铁轨，从背离月台的另一侧登上火车。男爵不知用了什么方法，弄到了开启车厢和隔间的钥匙。[15]这样，毛奇家族的孩子们得以逃离韦内尔斯多夫。他们经过柏林前往梅克伦堡，来到诺伊施特雷利茨（Neustrelitz）的维森塔尔（Wiesenthal）庄园。达维达的一个姐姐在这里生活。

2月中旬，韦内尔斯多夫的人们也必须开始撤离。村庄里的居民以及来自小厄尔斯的约克家的主仆老少——监察员、管家、厨娘、家庭教师、女仆、姑姨婶娘们和达维达年岁已高的母亲——组成了一个长长的逃难车队。车队的前端坐着达维达。汉斯-阿道夫的妹妹莫科开枪打死了四十只狗，因为她觉得，这些动物都会饿死的。她只带上了九只狗一同撤离，它们大概是她饲养的狗中最好的。[16]仅仅几个小时之后，帝国国防军就占据了这座庄园。韦内尔斯多夫属于"布雷斯劳要塞"的防御圈。达维达的车队逃难到克莱绍。很多韦内尔斯多夫的居民在村庄中被遗弃的房屋里安顿下来。达维达和年迈的约克伯爵夫人住进了芙蕾雅的山上别墅中。逃难的队伍在克莱绍停留了大约三周时间。"我们还是离开这里吧，"达维达对她的监察员说，"我们不能妨碍克莱绍人下他们的决心。"[17]芙蕾雅很确定地说，她本人至少会在这里待到3月11日，那一天是赫尔穆特·詹姆斯的生日，对两个儿子卡斯帕和康拉德来说，那天是个节日。

当韦内尔斯多夫被苏联红军占领，甚至连施韦德尼茨也被洗劫一空时，国防军的先头部队进驻了克莱绍。在宫殿的库房和地下室中，士兵们堆满了各类储备物资。宫殿的旧厨房中吊挂着宰杀好的牛、羊和猪。大厅里堆放着军服和皮靴。人们"出于对陆军元帅大名的敬意"[18]，没有占据宫殿的其余地方。国防军的军需官们推着农民的小推车，而不再开运货卡车，往返于克莱绍和前线之间。宫

第十五章 世界家族　　349

殿的庭院中一派繁忙景象。萝麦和芙蕾雅的孩子们特别喜欢"糖果兵叔叔"[19],这些男人们塞给孩子们各种甜食。芙蕾雅对他们的看法则完全不同:"这些人个个吃得肠肥脑满,而且都是纳粹;他们还在扯些什么胜利之类的鬼话,几天后又改口说,这仗无论如何都要打下去。"[20] 达维达决定动身离开了。她这支背井离乡的难民队伍经过格拉茨伯爵领地(Grafschaft Glatz),向西北方行进。1945年初夏时节,她就会在梅克伦堡见到她的孩子们。来自韦内尔斯多夫的逃难队伍一直走到石勒苏益格-荷尔斯泰因。[21]

  驻扎在克莱绍后勤供应部队的指挥官是一位少校和一位上尉,他们想将元帅的棺椁移送到西部,远离越逼越近的烽火线。芙蕾雅提出异议。她担心士兵们很可能在某个时候将棺椁弃之不顾。[22] 芙蕾雅另提出了一个迁葬的建议。因为1939年,赫尔穆特·詹姆斯让人在位于教堂山的家族墓地里为自己和妻子修筑了双墓穴。3月中旬,六名头戴钢盔的军士长先后抬着陆军元帅及元帅夫人沉重的橡木棺椁从小教堂走向山下的家族墓地。少校、中尉、芙蕾雅、萝麦、措伊默和乡镇长都在场。从措普滕山①那边传来战场上的厮杀声。围绕着布雷斯劳正在进行激战。[23] 芙蕾雅回忆道,当时"一切都十分庄严肃穆而又令人绝望"。[24] 芙蕾雅建议,将古斯特的棺椁沉入穆迪的墓坑中。但是棺椁尺寸不合适,放不进去。军士长们又将棺椁抬到山上的小教堂里。玛丽·伯特与陆军元帅安眠的墓地上,现今覆盖着一块厚重的方木板。[25] 军官们要带走毛奇的剑,就是原先在小教堂里放在元帅棺椁上的那把剑,还要带走陆军元帅纪

---

① 措普滕山(Berg Zopten),波兰语为 Ślęża 或 Sobótka,即斯莱扎或索布特卡山,位于波兰西南部。——译者注

念室里的一些纪念品。芙蕾雅同意了。

就这样"一天天过去了",芙蕾雅觉得,一切又如"一场大梦"。[26] 萝麦和芙蕾雅让人把家里的可洗涤织物、衣服、银器和书籍砌入山上别墅地下室楼梯以及宫殿旁边地下室楼梯下方的墙内。他们在宫殿后埋了整整一箱碗、盘、杯子和刀叉。[27] 萝麦只身前往深山中去找一个安全的避难场所。她使用滑雪板从上霍恩埃尔贝(Ober-Hohenelbe)攀登到海拔将近1000米的波莫瑞多夫(Pommerndorf)。波莫瑞多夫位于山间一片草地上,已经属于波希米亚地区了,是一个只有十几座房屋的小村落。[28] 萝麦找到了一座被废弃的农庄。她们想躲到这儿来。

山上别墅前,一辆大篷车装满了食品,另外一辆小一点的车载着芙蕾雅的管家皮克(Pick)太太,还有多年来一直打理陆军元帅纪念室的希尔施(Hirsch)小姐。六个孩子坐上了一辆拖载马车。两位更希望避开波兰工人驾驶马车。[29] 芙蕾雅和萝麦骑着自行车在前面引路。1945年4月6日早晨,这个小小的逃难队伍出发了。在明媚怡人的春天里,逃难队伍行进顺利。这群克莱绍人在农民那里过夜,经过米歇尔斯多夫(Michelsdorf)、弗里德兰(Friedland)和陶特瑙(Trautenau),一直来到霍恩埃尔贝。最难的一段路是爬山前往波莫瑞多夫。

这群人在山里躲了三个星期。然后,芙蕾雅想回克莱绍去探探风,她蹬上了丈夫留下的自行车,骑着车出了深山,向东北方骑行了"大概三个小时"[30] 来到了陶特瑙,在火车站得到了确切消息,下一班开往克莱绍的火车要明天早上才会进站,于是她接着骑上自行车,想探个究竟,看看"朝着克莱绍方向大概还能骑多远"。[31] 到了晚上,骑了大约100公里后,教堂山出现在眼前。终于,"克莱绍也出现在我的眼前，那棵高大的洋槐树旁的山上别墅向我致意。回家是多么美好啊！……这是我的房子，我的房间，我的床。在这个晚上，我有一种感觉，在这次回家过程中，我们在克莱绍生活的一切，所有的幸福，所有的财富，再一次全都涌上我的心田"。[32] 国防军的军需官们全都已经撤离了。仅过去 12 年，"千年帝国"就走向了覆灭。1945 年 4 月 30 日，希特勒自杀。

5 月中旬，苏联红军部队如潮涌般漫过克莱绍。"那情景真是壮观，"芙蕾雅回忆说，"物资看着很粗糙，车上堆满了各种战利品，车辆破败不堪，但那些男人却精力爆棚，健康，强壮——在凯旋中。一股活力四射的潮水淌过克莱绍这个位置十分偏僻的小村落……"[33] 停战协议已经生效，红军战士的言行举止"早就不那么野蛮了"。[34] 没有谋杀，但强奸大概还会发生。头几夜，芙蕾雅睡在一座谷仓里。白天她避免跟任何目光接触。"千万不能和那些苏联人交换眼神。如果不正眼看他们，他们就根本不会觉得，我们可能会引起他们的兴趣。"[35] 首批部队如潮涌般穿过克莱绍之后，情况慢慢地稳定了下来。

芙蕾雅把她的逃难队伍从波莫瑞多夫带了回来。萝麦带着四个孩子住进了山上别墅，因为现在苏联人的一个连队占着宫殿。他们在那里监督收成。在头几个星期，一些士兵一直试着晚上闯入山上别墅，却劳而无功。生活又渐渐地回到了正常的轨道，大量的难民又回来了。芙蕾雅又和措伊默一起驱车去看田野。萝麦大概为了让孩子们睡觉的地方舒服些，在不被苏联人察觉的情况下，把陆军元帅纪念室的床垫从床上搬走，拖过草地，带到山上别墅。附近的农庄来了越来越多的波兰人，他们是从别的地方被驱赶过来的，从那些斯大林要求划归苏联的地方。"一些德国农民，"芙蕾雅说，"被像奴隶般对待，另外一些农民跟'他们的波兰人'相处和睦，尽管如此，几乎所有的人都想尽可能久地待在家里。"[36] 每位说德语的人都必须戴上一个白色的袖标。芙蕾雅没有遵守这些规定，她把孩子们交给萝麦看护，通过不可思议而又充满冒险的途径来到被炸毁的柏林，住在她寡居的朋友玛丽昂·约克（Marion Yorck），也就是彼得·约克的未亡人位于霍尔滕辛大街（Hortensienstraße）的家中。她在那里写信给英国和美国的朋友，其中包括多萝西·汤普森和迈克尔·鲍尔弗（Michael Balfour），后者是英国历史学家和康拉德的教父。芙蕾雅告诉他们，这个家族还在克莱绍生活，赫尔穆特·詹姆斯被残忍地杀害了。[37] 这些信到达了收信人的手中。

1945年8月，达维达在她的大儿子弗里德里希的陪同下再次来到了克莱绍。她想去看看韦内尔斯多夫和小布雷萨的情况怎么样。韦内尔斯多夫完全被毁了。达维达还将在小布雷萨生活一整年，在庄园里到处看看，探访小厄尔斯，把开裂的墓穴封上土，在布雷斯劳的废墟中寻找故人，鼓励那些说德语的人留下来。在波茨坦会议结束后，有计划的驱逐开始了，她从小布雷萨抢救出不少家庭文件，其中也包括阿道夫·冯·毛奇的遗稿。

美国和英国朋友积极斡旋，他们甚至请到了英国外交部长介入，芙蕾雅在1945年9月获准前往克莱绍。就像是来自另外一个世界一样，两位来自英国驻华沙使馆的外交人员出现了。"他们的衬衫、英式裙子和英式言谈"都令芙蕾雅印象深刻。外交人员解释说，他们要向苏联和波兰的机构问询一下。"英国人，"芙蕾雅这样写道，"能否把我们从克莱绍接出来。"[38] 另外，他们还把波兰钞票连同一封鲍尔弗的信转交给芙蕾雅。"你必须离开西里西亚，"鲍尔

第十五章 世界家族 353

弗在信中写道,"很遗憾,什么也帮不了你。"[39]

萝麦先离开了克莱绍。芙蕾雅陪同她和四个孩子前往火车站。芙蕾雅写道,全家"非常耐心地等着,直到火车进站。他们拖着大包小包,找到座位,然后离开了"。[40] 苏联军队装载着收获的庄稼,撤离克莱绍时,对宫殿进行了洗劫。那里什么也没有了,芙蕾雅回忆着:"风儿呼啸着穿过这座宫殿!"[41]

1945年10月,从华沙来的外交人员到达克莱绍四个星期之后,不是英国人,而是一位美国军队少校在两名军士的陪同下,来到山上别墅。美国人的做派就像进行了一次在"敌对国土的军事远征"。[42] 凯尔德(Caird)少校打算用两辆大汽车和一辆载重汽车把毛奇一家老小全都接走。这个消息就如同野火一样传遍了整个村子。很多人都来把自己的值钱物件托付给女伯爵。芙蕾雅把家族文件也放进她的箱子里,最为重要的当然是赫尔穆特·詹姆斯的信件。第二天一早,他们出发了。别墅的门都没有锁,敞开着。三辆车子发动时,芙蕾雅问她的大儿子:"我们什么时候才会再回来呢?""一年之后。"[43] 卡斯帕既开心又肯定地回答说。车子沿着山坡缓缓开下来,沿着通往火车站的那条颠簸狭窄的小路,通过派勒桥(Peile-Brücke),经过教堂山,驶过陆军元帅建的幼儿学校。车队到达了牛舍的墙,最后接近庭院的大门。宫殿在车窗外一晃而过。七个小时之后,全家人抵达柏林。

"去纳粹化"

达维达可以完全信赖欧根·格斯登美尔(Eugen Gerstenmaier)。格斯登美尔也是一位克莱绍人,与彼得·约克非常熟悉,他出生于泰克山下基希海姆(Kirchheim/Teck)。他是斯图加特市福音派互助会的会长。格斯登美尔认识一位工厂主的遗孀，她将自己位于基希海姆的一座别墅提供给互助会使用。他把达维达和她的三位姐妹以及所有的孩子都送到那里去。

达维达靠自己带出来的一些钱和变卖首饰度日。她每天缝缝补补，做饭到深夜，日子还是特别紧巴巴的。只有大女儿玛丽亚可以去工作，挣些钱贴补家用。其他的孩子，都还处于接受义务教育的年龄段。"所以总是需要让人帮助，"达维达这么说道，"如果能跟过去的时光一样，什么都能自己做该多好啊。"[44] 为了能领到一份遗孀年金，她必须让人对汉斯-阿道夫进行身后的"去纳粹化"——胜利者的法律就是这么规定的。达维达给保卢斯·范·胡森（Paulus van Husen）、汉斯·卢卡舍克（Hans Lukaschek）、鲁道夫·纳多尔尼（Rudolf Nadolny）和莱昂·诺埃尔（Léon Noël）写信，请求他们为亡夫写品行证明。法学家保卢斯·范·胡森是克莱绍圈子的成员，在上西里西亚的混合委员会中认识了汉斯-阿道夫。汉斯·卢卡舍克也是克莱绍人，同样是混合委员会的成员，1933年以前，担任奥佩伦（Oppeln）的行政专区主席。纳多尔尼是汉斯-阿道夫在君士坦丁堡时期的上司，由于抗议希特勒的政策从驻莫斯科大使的任上退出。莱昂·诺埃尔战争开始时，是法国驻华沙的大使。

"冯·毛奇先生的反纳粹态度，"诺埃尔在证明中这样写道，"在欧洲的整个外交圈都是十分闻名的，以至于当他于1943年在马德里辞世时，大多数跟他有往来的外交家们都认为，他的去世应该归咎于盖世太保。"[45] 纳多尔尼保证，汉斯-阿道夫只是出于"为祖国效力"才加入了国家社会主义工人党（纳粹党）[46]。卢卡舍克强调，汉斯-阿道夫为"促进世界各民族能够和平地共同生活"[47] 做了他所能做的一切。措辞最为小心谨慎的是范·胡森："目前，冯·毛奇夫人及其孩子们完全没有任何财产，为她提供年金，我觉得这是国家对其弟彼得·约克伯爵和其表弟赫尔穆特·詹姆斯·冯·毛奇伯爵应尽的义务……"[48]——对其弟和对其表弟的义务，而不是对其夫君的义务。达维达带着这些证明材料直接去找消灭纳粹主义法庭（Spruchkammer），特别强调汉斯-阿道夫对"祖国之爱"。他觉得自己是"祖国的代表，而不是某个体制的代表"[49]，这是达维达的陈述。1948年8月，消灭纳粹主义法庭下达了判决：不能将汉斯-阿道夫·冯·毛奇大使"视为主要罪人或者负有罪责之人"[50]。达维达和孩子们获得了年金。

在柏林，芙蕾雅在玛丽昂·约克那里找到了临时安身之处，后来又带着孩子们去伯尔尼找她的兄弟。1947年，她移民到了开普敦。她跟赫尔穆特·詹姆斯去过南非两次，熟悉这个国家。"这是我见过的最美的国家……"[51]芙蕾雅在开普敦的郊外住下，成为服务于残疾人士的社工，时间长达8年。她把儿子们送到英语学校，而不是德语学校，因为"那里的人几乎满脑子全是国家社会主义思想"。[52]不管怎么说——这看起来是个极大的优势——毛奇一家在南非是"完全无关紧要的人"。[53]

为了避开种族隔离政策，芙蕾雅在1956年回到了西柏林。四年后，她迁往美国，在佛蒙特州的一座名为诺里奇（Norwich）的小城市定居。赫尔穆特·詹姆斯的老师及朋友欧根·罗森斯托克-胡塞就生活在这里，芙蕾雅跟他一直保持联系，他失去了妻子。"我跟他的关系很近，甚至想成为那个跟他一起生活的人，"她用很多词句描述做的事情，"同他一起生活，为他工作，照料他，所有的一切都在内。"[54]芙蕾雅大多称罗森斯托克-胡塞为罗森斯托克或者是欧根；而赫尔穆特·詹姆斯，则一直是"我丈夫"。

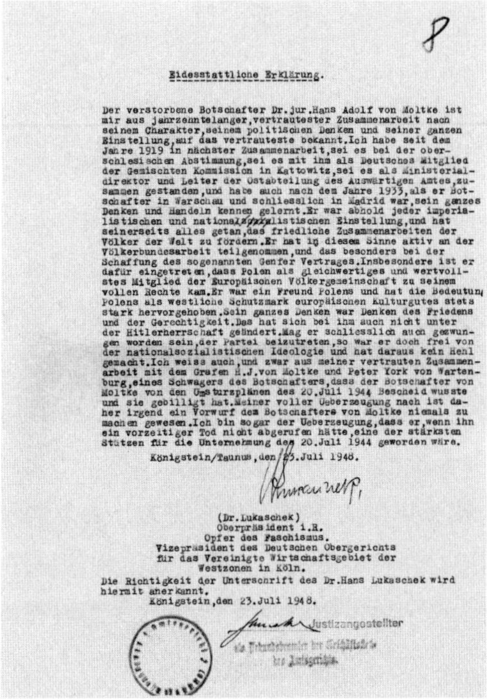

8

Eidesstattliche Erklärung.

Der verstorbene Botschafter Dr.jur.Hans Adolf von Moltke ist mir aus jahrzehntelanger,vertrautester Zusammenarbeit nach seinem Charakter,seinem politischen Denken und seiner ganzen Einstellung,auf das vertrauteste bekannt.Ich habe seit dem Jahre 1919 in nächster Zusammenarbeit,sei es bei der oberschlesischen Abstimmung,sei es mit ihm als Deutsches Mitglied der Gemischten Kommission in Kattowitz,sei es als Ministerialdirektor und Leiter der Ostabteilung des Auswärtigen Amtes,zusammen gestanden,und habe auch nach dem Jahre 1933,als er Botschafter in Warschau und schliesslich in Madrid war,sein ganzes Denken und Handeln kennen gelernt.Er war abhold jeder imperialistischen und nationalistischen Einstellung,und hat seinerseits alles getan,das friedliche Zusammenarbeiten der Völker der Welt zu fördern.Er hat in diesem Sinne aktiv an der Völkerbundesarbeit teilgenommen,und das besonders bei der Schaffung des sogenannten Genfer Vertrages.Insbesondere ist er dafür eingetreten,dass Polen als gleichwertiges und wertvollstes Mitglied der Europäischen Völkergemeinschaft zu seinem vollen Rechte kam.Er war ein Freund Polens und hat die Bedeutung Polens als westliche Schutzmark europäischen Kulturgutes stets stark hervorgehoben.Sein ganzes Denken war Denken des Friedens und der Gerechtigkeit.Das hat sich bei ihm auch nicht unter der Hitlerherrschaft geändert.Mag er schliesslich auch gezwungen worden sein,der Partei beizutreten,so war er doch frei von der nationalsozialistischen Ideologie und hat daraus kein Hehl gemacht.Ich weiss auch,und zwar aus meiner vertrauten Zusammenarbeit mit dem Grafen H.J.von Moltke und Peter York von Wartenburg,eines Schwagers des Botschafters,dass der Botschafter von Moltke von den Umsturzplänen des 20.Juli 1944 Bescheid wusste und sie gebilligt hat.Meiner voller Ueberzeugung nach ist daher irgend ein Vorwurf dem Botschafters von Moltke niemals zu machen gewesen.Ich bin sogar der Ueberzeugung,dass er,wenn ihn ein vorzeitiger Tod nicht abgerufen hätte,eine der stärksten Stützen für die Unternehmung des 20.Juli 1944 geworden wäre.

Königstein/Taunus,den 23.Juli 1948.

(Dr.Lukaschek)
Oberpräsident i.R.
Opfer des Faschismus.
Vizepräsident des Deutschen Obergerichts
für das Vereinigte Wirtschaftsgebiet der
Westzonen in Köln.

Die Richtigkeit der Unterschrift des Dr.Hans Lukaschek wird hiermit anerkannt.

Königstein,den 23.Juli 1948.

Justizangestellter

图 15-1　汉斯·卢卡舍克为 1948 年 7 月 23 日泰克山下基希海姆的消灭纳粹主义法庭出具的宣誓说明

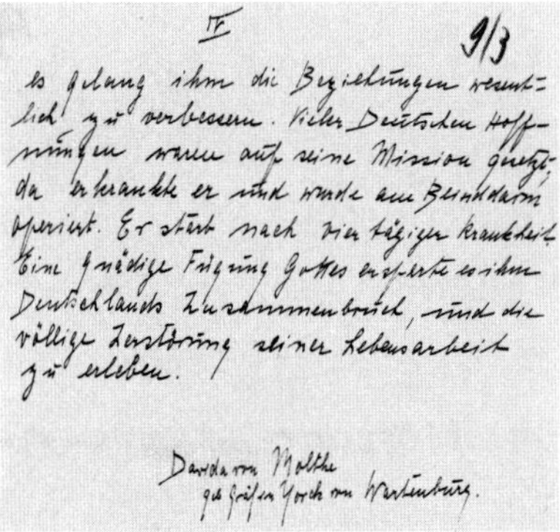

IV　　9/3

Es gelang ihm die Beziehungen wesentlich zu verbessern. Vieler Deutschen Hoffnungen waren auf seine Mission gesetzt; da erkrankte er und wurde am Blinddarm operiert. Er starb nach vier tägiger Krankheit. Eine gnädige Fügung Gottes ersparte es ihm Deutschlands Zusammenbruch, und die völlige Zerstörung seiner Lebensarbeit zu erleben.

Davida von Moltke
geb. Gräfin Yorck von Wartenburg.

图 15-2　达维达·冯·毛奇，娘家姓为约克·冯·瓦滕堡女伯爵，在 1948 年 7 月 25 日写的有关其亡夫汉斯-阿道夫·冯·毛奇的声明

关注抵抗

从南非回来以后，芙蕾雅一直寻求通往联邦德国公共生活的途径。在柏林，她开始对中小学生们讲述抵抗运动。"我其实只会讲述，并不会作报告。但我会讲述。然后我就开始讲述。"[55]她与安内多蕾·莱贝尔（Annedore Leber）——克莱绍人尤利乌斯·莱贝尔（Julius Leber）的遗孀在1961年共同出版了一本有关抵抗运动的书。[56]在小城诺里奇，芙蕾雅在迈克尔·鲍尔弗的主持下，开始撰写有关她丈夫的第一本传记。这本传记先是在1972年以英语出版，3年后芙蕾雅把它译为德语出版。[57]这本书以赫尔穆特·詹姆斯写给她的数百封信为基础。此传记尤其是芙蕾雅对某种历史书写方式的回应，那种历史书写方式引发了她的抗议。"有关赫尔穆特·詹姆斯·冯·毛奇和他的朋友们，"芙蕾雅在德语版前言中写的第一句就是，"已经写了很多东西了，但对人的描写完全消失在对1940—1943年各种计划的有关讨论中。"[58]这本传记将赫尔穆特·詹姆斯塑造为"未来辩护士"。这正是芙蕾雅要推进的，用她的话来说，她想达到的是能够"用上"克莱绍圈子的成员。"我们人类并不是蜉蝣生物，而是从某个地方来，到某个地方去。在我们将要前往的地方，我丈夫还是很重要的，我有这种感觉。……如果要追问历史，一定要更多地走入人性"，芙蕾雅这样要求，因为"未来和过去是相互归属的"。[59]学术性的历史学研究和阅读的公众群体之间的异化让她深感不安，这种异化让"使用"历史的和传记的经验变得十分艰难。但芙蕾雅遇到的是不被理解。"我几乎很幼稚地想着，"她陈述道，"德国人大概很高兴，有那么几个人出来进行了微弱的抵抗。"[60]但事实与此完全相反。在联邦德国年轻的历史上，大部分人甚至觉得对抵抗活动的追忆简直是一种控诉。几乎没有人愿意去回顾自己生命史上最为不光彩的弱点。[61] 联邦国防军中，在 50 年代，尤其在那些军阶不高的人员中有一种看法甚至广为流传，在战争中如果有人通过抵抗活动拒绝参战，那么此人就是民族的叛徒。先前的"传统法令"将施陶芬贝格暗杀希特勒的活动列入联邦国防军要加以维护的传统中，这样的法令就常常会遇到各种不理解。[62]

在各个政党、议会党团、政府的顶尖部门，50 年代时常常出现一些政治家，他们对 7 月 20 日暗杀希特勒的那些人的思想世界是陌生的，对克莱绍人的精神世界也是陌生的——德国统一社会党的那些领导人就更不值一提了，很多克莱绍人都深感失望。例如芙蕾雅的哥哥汉斯·戴希曼因为在担任去纳粹化机关主席时经历了很多，移民去意大利了。[63] "我们与抵抗活动的联系，"赫尔穆特·卡斯帕回忆起来，他作为巴斯夫的员工在世界的三大洲工作过，"让我们以一个不同的目光来看待我们的同胞。"按照赫尔穆特·卡斯帕的话说，战后的德国对克莱绍的毛奇一家来说"是令人悚然的"。"回头看才清楚，我们跟 1968 年抗议德国腐朽气息的那些学生的感受是相似的。他们把我们从那种压抑的气息中解放出来。"[64] 直到 1969 年，在"第二次建立共和国"，也就是维利·勃兰特（Willy Brandt）组建内阁的那年之后，在年轻的抗议一代的善意伴随下，对抵抗活动的认知才渐渐地发生了改变。赫尔穆特·卡斯帕娶了一位澳大利亚女子，康拉德娶了一位抵抗活动战士的女儿乌尔丽克·冯·黑夫滕（Ulrike von Haeften）为妻，大概并非偶然。芙蕾雅的小儿子早先在环境政策领域工作。1985 年，他举家迁往小城诺里奇，与母亲相邻而居。

第十五章　世界家族

"以毛奇为榜样"

1989年,联邦德国总理赫尔穆特·科尔与诺里奇联系。科尔在电话里面解释说,他将在11月初在克莱绍与首位通过自由选举产生的波兰总理塔德乌什·马佐维耶茨基(Tadeusz Mazowiecki)在"谅解弥撒"上会面。如果能有一位毛奇陪同他去,那可就太好了——或许詹姆斯的某位孙子可以陪同?芙蕾雅回答,这是不可能的。她主要是想避免造成毛奇家族还在想着回克莱绍的印象。总理表示理解,尊重她的态度。但他想知道,如果有人问,为什么他不带个毛奇家族的人来,那么该怎么回答呢?"那您就得说,只有在波兰人邀请的情况下,毛奇家族的人才会来。"[65]

1989年11月9日,柏林墙倒塌。当时大约有百分之八十的西德人认为,德意志联邦共和国和德意志民主共和国的统一是不可能的,有的人还认为这样的统一是不值得期盼的。[66] 然后,他们作为电视机屏幕前的观众惊讶得合不拢嘴,东德街道上游行的人们举的标语口号不断变化,从"我们就是人民!"变成了"我们是一个民族!"。[67] 只有在德意志民主共和国,大多数人还有全德国的意识。但是在欧洲,很多地方对"第四帝国"的担忧在滋长,甚至在一些北约成员国的政府中也是这样。

柏林墙倒塌三天之后,在11月12日,波兰总理马佐维耶茨基和德国总理科尔参加了在克莱绍举行的谅解弥撒。这个姿态为将要到来的一切定下了基调:西德政府,后来也有东德政府的统一政策要与促进欧洲一体化联系在一起。[68] 庄园里的楼房已经破旧不堪。但随着这个谅解弥撒,克莱绍将焕发出新的生机。

1989年,达维达·冯·毛奇去世了。1975年4月,为纪念陆军元帅的 175 岁冥寿，毛奇大家族在战后举行了第一次聚会，达维达从她的居住地，符腾堡地区的默克米赫尔（Möckmühl）前往西柏林。她和穆迪的弟弟卡尔-维戈进行了长谈。"你们一次也没有去拜谒过陆军元帅母亲的墓吗？"达维达想了解这个。"唉，别提了，"卡尔-维戈回答说，"他们前几年给我们写过信，说是墓地完全荒芜了。""那你们又对坟墓做了什么？"达维达问道。"我们把坟墓交给了基尔市的人类学学会了。""那你们为什么不把她葬在万茨贝克，跟她丈夫葬在一起？""我们觉得这对她来说太过分了，他们两个一辈子吵个不休。"[69] 毛奇家大部分人对他们祖先的了解还是相当到位的。

玛丽·伯特和陆军元帅的棺椁位于克莱绍，如今是波兰克什舍瓦（Krzyżowa）市了，但在 1975 年时，棺椁早就从坟墓中消失，被人偷走了，很可能是因为棺材内有金属包层。[70] 小教堂里的佩剑在战后出现在华沙，被一位外交人员购买。[71]

1991 年 4 月 24 日，在陆军元帅逝世 100 周年之际，柏林国家图书馆举办了一次纪念会。家族基金会发出邀请，400 多名嘉宾前来。克劳斯·赖因哈特（Klaus Reinhardt）将军，时任汉堡联邦国防军指挥学院的司令官，作了主题报告。赖因哈特在讲演伊始说，他的前任曾经在这所指挥学院就陆军元帅传统价值进行了一次问卷调查，"绝大多数军官都毫无保留地予以肯定，另外一些军官将毛奇在一定程度上分为具有传统价值的部分和不具备传统价值的部分，还有几位——虽然只是极少数人——直接完全拒绝将他作为榜样，这些人大多带着些惋惜的调子，因为他的军事能力、他的性格、他的教养受到所有人的认可。……针对毛奇的批评主要集中在他反对民主上，他将战争中的政治优先进行了相对化，还有他的预防性战争的意图"。[72] 被毛奇升格为指挥原则的任务导向型战术①也是联邦国防军的一个"特征"。"因此，毛奇一直是榜样。"[73]

在其他方面，军事领导层的思想有意识地与毛奇的遗产背道而驰。例如与总参谋部和军事学校不同，人们在指挥学院里选择的是一种"更为全面的教育培养"。"它可以更广泛地把军官们与现今安全政策的复杂性结合起来，更宽口径地与我们这一职业的社会框架条件联系起来。"[74] 此外，联邦国防军不再有总参谋部这种专门部门。"先前由参谋部完成的任务现在由国防部内外的多处机构分担了。"[75]

这场活动遵照家族所有"乐迷"的意愿结束。两位独奏者演奏了德雷斯勒的《最后的旋律》，为纪念陆军元帅而作。

新克莱绍

1998年6月11日，新克莱绍迎来了生日：联邦德国总理科尔和波兰总理布泽克（Buzek）共同为"国际青年交流中心"开幕剪彩。这个理念来自80年代，在"铁幕"落下之后才真正开始运作起来。[76] 国宾们被引导着穿过庄园的庭院。所有的建筑都焕然一新，闪闪发光。修缮工作一共花了2700万马克，主要来自公共财政。[77] 当年的牛舍，现在是一间光线充足的餐厅和一家咖啡馆。两个粮仓变成了用于戏剧演出和举办音乐会的大厅。措伊默的监察员屋成了一个会议中心。宫殿的花园里，年轻人学着有机种植技术。山上别墅改建成了一座克莱绍圈子的纪念馆。想进入宫殿的人，要先从带有铸铁护栏和枝状路灯的露天台阶拾阶而上。宫殿入口的上端装饰

---

① 任务导向型战术（Auftragstaktik），指上级通过简洁的命令向下级明确任务和意图，不规定完成任务的具体方法，赋予下级最大限度的决策自主权和行动自由权。——译者注

图 15-3 芙蕾雅·冯·毛奇和联邦德国总理施罗德，于 2004 年 7 月 20 日在柏林的"本德勒大楼"①

着毛奇家族和伯特家族的族徽。在楼梯厅里，重现两幅战场绘画，此前是 1900 年前后，威廉·冯·毛奇伯爵，就是阿道夫的儿子，让人把它们挂在那里的。陆军元帅纪念室里，21 世纪已经在等着科尔和布泽克了，那里有连上互联网的计算机。

为纪念陆军元帅 200 岁冥寿，毛奇们在长达三天的时间里重返萨莫、施特里特菲尔德和托伊滕温克尔。达维达的长子，弗里德里希·冯·毛奇准备了这次聚会。亨丽埃特和弗里德里希·菲利普的后代的家庭都受邀参加——总共有 166 人。[78] 这个家族成了一个国际家族，赫利的后代，彼得·冯·毛奇解释说。毛奇们的新一代在"异国他乡"[79]长大成人——在美国、加拿大、南非、英国和委内瑞拉。"我们，"赫尔穆特·卡斯帕补充说，"虽然远在不同的大陆，但相互往来，联系密切。"克莱绍庄园时代的毛奇们，赫尔穆特·卡斯帕接着说，就已经面向国际了，"在当时的德国，这一

---

① 本德勒大楼（Bendlerblock），著名的第三帝国建筑，"二战"期间为德军司令部，现在是德国抵抗运动纪念中心所在地。——译者注

第十五章 世界家族 363

点还很少见，而直至今日，这一点一直是我们家族的特点。……当然我们在一定程度上是世界公民了，却是十分注重和维护德国根基的世界公民"。[80] 芙蕾雅不乐意听别人说，赫尔穆特·詹姆斯拯救了"德国荣誉"。"德国的荣誉之类的东西，我从来都不觉得有什么值得拯救的，只要这些东西还驻留民族的范畴之内。但事关人类历史时……抵抗是一件重要的事情，那么赫尔穆特·詹姆斯也可以是这类人和事中的一员。我让自己坚信这个观点。"[81] 她在大西洋的两岸都有根基。这也与"当今这个时代"相称。"我们让这个地球保持生命力，这完全是超越国界和民族的事情！在哪里生活，其实倒没有那么重要……我并非要说，每个人都应当这样生活。但我相信，今天也必须要这样去生活。"[82]

达维达最小的儿子，格布哈特·冯·毛奇，在职业上追寻着父亲留下的足迹。他在外交部的职业生涯将他带往利物浦、波恩、莫斯科、雅温得，直至华盛顿。1997 年至 1999 年，他出任联邦德国驻伦敦大使，之后又作为大使常驻位于布鲁塞尔的北约组织。

冯·毛奇这个名字究竟对他来说意味着什么呢？格布哈特回答，一个人拥有这个名字，会处于很高的期望带来的压力之下。"人总是位于一种肩负期望以及义务的姿态中，这种姿态一部分来自外部世界，一部分自愿生活在这种姿态中。"[83] 在告别伦敦的使馆时，他公开抱怨英国社会长期存在对德国不友善的偏见。[84]

2003 年 2 月，伊拉克战争开始前不久，美国政府在布鲁塞尔提交了申请，要求为土耳其提供军事保护措施，以防止萨达姆·侯赛因可能进行的袭击。联邦总理格哈德·施罗德拒绝投赞成票。毛奇和驻法国以及驻比利时的大使一样，收到了指令，在北约理事会上投否决票。在激烈的言辞交锋中，英国和西班牙的外交人员随后指责他，柏林一点都不知道对北约其他成员国感恩。不管怎么说，德国几十年来自身的安全都是由北约这个联盟保障的。冯·毛奇大使在多次会议中不得不表明其政府的反对态度，而后——错误地——认为，可以宣告让步之后，这样请求："别斩来使！"格布哈特回忆着："我与我的外交部长费舍尔（Fischer）从未有过像这两天里那么多的联系——直至深夜。随时可以联系到他。为了缓解当时的紧张气氛，他全身心地投入工作。"[85]

"重生"

御林广场的音乐厅里座无虚席。2011年3月11日，星期天，接近96岁高龄的芙蕾雅·冯·毛奇再次访问柏林。"芙蕾雅·冯·毛奇基金会"为纪念赫尔穆特·詹姆斯百岁冥寿举办了一个节日音乐会。来自波兰、捷克和德国的音乐家在克莱绍作为"中欧青年室内乐团"准备演出《马勒第二交响曲》"复活"。"我还能活着，"芙蕾雅说，"带着个人的投入和个人的极大关切来庆祝我丈夫赫尔穆特·詹姆斯·冯·毛奇的百岁生日，这让我的内心充满喜悦和感恩。"[86]联邦德国总理安吉拉·默克尔发表了讲话："我们这个大陆，获得了很多成就，但如果看看东南欧，想想巴尔干西部地区，我们就知道，还要修筑多少桥梁。由此，赫尔穆特·詹姆斯·冯·毛奇伯爵的遗愿十分重要，尤其对今日的我们而言，我们肩负着责任，要对这个社会奉献。一个倡导和平、自由、宽容和尊重人权的遗愿，一个注重个人勇气的遗愿。非常感谢，今天我可以来这里。"[87]

"芙蕾雅·冯·毛奇基金会"为位于克莱绍的国际青年交流中心提供资金保障。这个中心每年都将来自全欧的几千位青年聚集起来。宫殿和山上别墅都属于"克莱绍欧洲交流理解基金会"

图 15-4 "中欧青年室内乐团"的成员们在克莱绍宫殿的入口台阶处，2006 年

（Kreisau Stiftung für Europäische Verständigung）。[88] 芙蕾雅说，对于他人提供的帮助，要有道不尽的感激。"如果每个人都为和平出一份力，那么在这个地球上的生活就不会差。我想说的是，这个愿景就足够了。"[89]

结　语

2010年1月4日，星期一，对记者们来说，可不是个好日子。20点整开始播出《每日新闻综述》[①]，首先是一个关于城镇财政缺口的报道。在有关暴力、战争和灾难报道的汪洋大海中出现了短暂的平静。有关税收争论的报道填满了接下来15分钟的时间。然后，播报员播出了这一天的最后一条新闻："反纳粹抵抗运动的女战士芙蕾雅·冯·毛奇逝世。这位克莱绍圈子的创建人之一于新年元旦在美国佛蒙特州去世，享年98岁。芙蕾雅·冯·毛奇和她的丈夫赫尔穆特·詹姆斯·冯·毛奇一同属于抵抗组织，他们为希特勒之后的时代打造了政治计划。在芙蕾雅·冯·毛奇的推动下，位于西里西亚的克莱绍庄园在90年代被扩建为一个欧洲的交流中心。"[1]

克莱绍圈子历史上的绝响听起来这么轻微。芙蕾雅的去世对亲友们来说，意味着一个中止，但对于公众对这个家族的关注而

[①] 每日新闻综述（*Tagesschau*），德国电视一台的一档新闻节目，主要以德国各地当天发生的新闻为主，并且客观翔实的报道世界各国特别是欧美国家的国际新闻。——译者注

言,却不意味着停止。因为,德国人从现在起将毛奇这个名字与克莱绍联系在一起,而不是色当或马恩河。与施陶芬贝格相似,赫尔穆特·詹姆斯·冯·毛奇之名成了一个回忆之所。如果说第一次世界大战之前,很多德国人在色当纪念日举行大弥撒庆祝,纪念通过陆军元帅的战役大捷进而得以建立民族国家,那么联邦德国在每年的7月20日[①]不忘其传统,因为基本法是与元首国家截然不同的建构。法国纪念大革命,美国庆祝独立战争,英国体现在王室中。德国回忆起了抵抗运动。克莱绍成了人们朝圣膜拜的地方。

毛奇家族的再度崛起并稳居上层,与战争历史以及民族理念的变迁密切相连。这次的开端完全可以被视为清贫的。因为在失去了其位于萨莫的祖产后,毛奇家族似乎要走下坡路。作为普鲁士国王的军官,弗里德里希·菲利普属于某个贵族兄弟会。但他与一位市民阶层的女性,一位百万富翁的女儿缔结了婚姻。在接下来的几代人里,幸运也常常敲响金门。古斯特和陆军元帅都与英国绅士阶层联姻,当然他们没有意识到,乡绅的大农场离深渊有多么近。内政部长弗里德里希娶了一位银行家的女儿,赫利与一位来自巨富家庭的远房亲戚结合,威廉与贝图西-胡克缔结了高端姻亲。

弗里茨、赫尔穆特、阿道夫和路易斯这一代人为更宽广的教育视野奠定了基石,这块基石时至今日还在铸造着家族文化。若无这块基石,就很难理解陆军元帅的职业生涯。赫尔穆特·冯·毛奇体现了普鲁士军队改革的教育理念,这个改革是建立在政治而非军事决定的基础上的,也就是说建立在一种尝试的基础上,让"法国

[①] 1944年7月20日,德国军方反希特勒军官团发动的暗杀希特勒的行动失败,2004年,德国隆重纪念"7·20事件"60周年,把7月20日这一天定为德国反纳粹纪念日,每年都举行庆祝活动,联邦国防军于这一天在纪念碑前举行新兵入伍宣誓仪式。——译者注

的"对政治、国家和社会的视野在普鲁士军队中生根发芽。因为在耶拿吃了败仗之后，那些穿上军装的资产阶级辩护士成功地获得了突破。陆军元帅身上体现着教养和军人气质，市民阶层的业绩思想和军事上的战友情谊，对普鲁士的过去以及德国的未来、民族的梦想和工业革命就事论事的冷静态度。阿道夫被视为能够随机应变的教养良好的贵族，一位温和的保守者，他——与路易斯完全不同——没有在荷尔斯泰因的混乱中陨落。这位管理者在整体国家的拥趸以及亲德国的自由派眼中，多少都可以接受。阿道夫能成功地从丹麦的公职调换为普鲁士的官员，是多亏了他在柏林有个著名的哥哥。毛奇家族得以再度崛起，最为紧要的原因是他们切合时宜。

拿破仑荣誉军团成员弗里德里希·菲利普·冯·毛奇将家族历史挪至丹麦和德国之间的生活世界中，时间长达61年。毋庸置疑，他本人很可能对这种民族主义思路十分陌生。在新旧时代的过渡期，贵族，尤其是梅克伦堡的贵族，汲取的力量并非来自对民族未来的希望，而是源于对家族历史的骄傲。丹麦那一支毛奇们的过往历史尤其令人自豪。直到1848年，民族主义才在艾德河两岸将丹麦的和德国的不同之处变成了对立，而这种对立以前并不存在。三月革命之前的政治民族主义理念推动着两边，在某些方面，这一理念一直受启蒙运动影响。这些又汇集成骚乱和起义，成为某种北部的分裂战争，让数千人为之丧生，邻里间互不搭理，家庭破裂——毛奇们也是这样。战线直接贯穿整个家族。应当考虑的是，谁在爱国主义和民族主义之间画了一道分界线。无论如何，毛奇家族传记清楚地表明，民族理念中"好的一面"与"坏的一面"无法分开。

毛奇家族对铸成民族理念的影响，怎么评论都不会过高。大部分自由派还将1864年的远征视为一次警察行动，反正不是什么民族战争。事实上，杜佩尔战役和阿尔森之战完全不是为了民族目标

结　语

而战，而是为了旨在扩充普鲁士势力的内阁战争。但不确定性在增长。仅在6个月之内，也是多亏了毛奇对部队的指挥，俾斯麦达到了民族运动整整20年都没能达到的目的：将两个大公国与丹麦整体国家相分离。克尼希格雷茨战役在内部引发了颠覆性的作用。陆军元帅的战役大捷让很多自由派人士克服了对军权政体的厌恶。最终在1870年的战争中，北德意志邦联和南部德意志国家一夜之间似乎转化为一个民族防御的共同体。

民族纽带的情感让大众为之癫狂，这在战争中尤盛，使"毛奇"和"色当"成为德国人的两个回忆之所。毛奇崇拜和色当纪念日共同塑造了德意志民族的自我认知：小德国的、普鲁士的、新教的和民族自由的。陆军元帅享有声望，并不因为他是贵族军官，而是由于他对民族的贡献。画面上的战争展示的并不是臣仆精神，它的视角投向了这位征战沙场的将领，将他作为战斗的资产阶级民族执行者。由此产生的"毛奇"和"色当"这两个回忆之所代表的不仅是与西部邻国的错乱关系或是军事力量的升值，还表现出资产阶级将军事力量收归囊中。色当纪念日和毛奇崇拜都属于民族形成的一部分：它们将汉萨同盟的商人、巴伐利亚的森林工人、莱茵河流域的知识分子和东普鲁士的农民们联合起来，形成一个民族。

资产阶级的公众言论将陆军元帅描绘成一个身着军装的资产阶级学者。这是一种误解。通过购得克莱绍，毛奇让自己置身于贵族传统之中。城堡、庄园主宅院和宫殿从来都是贵族生活的中心，展现出他们对统治土地和人民的诉求。毛奇想方设法让亨利的贵族头衔获得承认，举手投足间一副十足的家长做派，甚至位于亲生父亲之上。他成立了家族基金会，让人在总参谋部的大楼挂上毛奇和伯特家族的徽章，全然是一个显摆大师。贵族阶层通过图画、象征和符号来维护他们的声望。为此，毛奇甚至能忍下伦巴赫的突然造访和安东·冯·维尔纳的木头架子。

在克莱绍,毛奇们很快就跟他们周边的普鲁士乡村贵族没有太多的区别了。就连陆军元帅,彻头彻尾的君主制度拥护者,也不将社会民主党人看作民主的一部分。但与西里西亚、勃兰登堡、波莫瑞或者东普鲁士很多立足于乡村的家族不同,克莱绍保留了超越民族的联系:与英国、丹麦和瑞典的联系。随着穆迪和多萝西的婚姻,与南非也有了联系。

就毛奇家族克莱绍这一脉的文化而言,多萝西意味着一个断裂,一个转向,一个新开端。如果说穆迪经常声称,他更愿意自己的名字是"迈尔",那么家族随着多萝西,终于克服了守旧的等级特性。多萝西传播着一种面向世界的开放态度。她对孩子们未来的所有期许与他们超越个人的行动相联系,她以一种理所应当的姿态这么做。这让人惊讶,也给人留下深刻的印象——而且致力于"重新定义爱国主义这个词"。[2] 在全面战争打得如火如荼之际,赫尔穆特·詹姆斯之所以能够避免被民族观念吞噬,是因为他的世界眼光和超越了自身民族的生活世界。

多萝西带来的这种转向通过与生活在兰曹、小布雷萨和韦内尔斯多夫的其他毛奇们相比,显得尤为突出。阿道夫既未雇请过民主人士,也未雇请过自由人士作为家庭教师。内政部长弗里德里希·冯·毛奇眼里只有易北河东部的大地主,抗拒对选举权改革的认真尝试,直接无视州议会党团,试着对帝国说波兰语的公民进行"日耳曼化"。汉斯-阿道夫,魏玛共和国和纳粹政权的驻外大使,将民族视为最高价值,为此不惜服务于国家社会主义的宣传。一代又一代的毛奇们深谙通过影响公众观点来维护他们的声誉。《土耳其来信》让陆军元帅首次在军队之外有了一定威望。在出发前往斯坦布尔时,他还是一个不知名的总参谋部军官。而在他回来时,毛

结 语

奇已经在社会公共生活中、军队中、宫廷里赢得了一个久经战斗考验的、聪明机智的东方专家的声望，只是境况不利才招致失败。这其实也该归功于他的那本书。他向参谋部的战争史部门发出指令，要求"保护声望"。在公众生活中，军队的声望，也包括毛奇的声望都需要维护。《选集》对几乎所有的历史学家而言，都是研究老毛奇的基础。而这个集子的编者威廉·冯·毛奇伯爵、小毛奇和普鲁士参谋部在书中也"保护了声望"，而且是在非常大的程度上。毛奇和哈登的诉讼案持续损害了皇帝以及君主制的威望。在这个案件后，只有一个人在极具影响力的位置上与皇帝有着密切的也是个人的关系，此人就是总参谋长赫尔穆特（赫利）·冯·毛奇。而小赫尔穆特·冯·毛奇也成了德国的最高军事指挥官，这促使他将他自己、家庭、民族和欧洲都推向了不幸。这个断定看起来片面，近乎不公正，却与事实相符。他升迁的众多原因用一个词就可以总结出来：提携。在被替换下来后，赫利成为1914年的德意志协会——一个政治精英协会——成立委员会的一员，这个协会致力于将"八月体验"持续下来。弗里德里希和汉斯-阿道夫在战后阻止了小毛奇《回忆》一书的发行，但这是徒劳的。为了纪念逝去的丈夫，伊丽莎最终还是决定发行这本书，而且就此也参与了毛奇-马恩河争论。

这场争论开始于1919年，在德国从天上摔下来之后。对小毛奇的失败在核心上有三种解释：个人独断理论、军备理论和堕落理论。而从这场争论得出的结论是要扩充军备，加强民族主义教育，更为集中地对国内政策、经济和军事进行领导，最好把一切都交到一个克里斯玛型的领袖手中。因而，毛奇-马恩河争论反映并同时影响着民族理念转变为"新民族主义"的极端化过程——"新民族主义"是对一系列深重危机的回应，是对战争目的狂热、世界大战、失败、革命以及《凡尔赛和约》的回应。

第二次世界大战之后，在任何形式的民族主义，甚至连民族国家都遭到贬值之后，芙蕾雅·冯·毛奇走向公众，其出版活动在联邦德国逐渐有了听众。1968年的抗议一代意味着对抵抗运动的认知出现了转机。柏林墙倒塌以后，克莱绍基金会映射着后民族时代民众，尤其是西部德国民众的自我认知。

这个家族在多大程度上对战争观念的改变产生过影响呢？陆军元帅——这位总参谋部的完善者，而绝非创造者——并不是因为普鲁士德国的人口更为众多，经济更加发达，或者社会更为"现代"而获得胜利；他获得胜利，是因为总参谋部里面的人更加准确地思考过社会经济的变化对战争的作用，因此，士兵们移动得更快，后勤供应更好，在战斗中能够更为有效地执行命令。在对法国的征战中，他要求吞并阿尔萨斯和洛林，这决定性地导致陷入工业化的民族战争。在缔结《法兰克福和平协议》之后，陆军元帅不再能够驾驭两条战线同时开战带来的困难，他曾经在地图桌上试着解决这个难题。对总参谋部而言，结论只能是放弃外交政策上的冒险行为，限制在防御性行动计划范围内，用民事机构进行军事政治的投票。毛奇从来没能把这些告诉他在总参谋部的学生们。

就这样，施利芬和小毛奇仅仅进行了征战准备，而未进行整场战争准备。毁灭的情绪、僵化的敌人形象、在种族和社会达尔文主义的轨道内进行的思考，再加上对一个"不可避免的"战争的预估——这一切在小毛奇那里凝结成了一种极为危险的东西。这种心境将他推向七月危机的顶点，最终跳入了黑暗之中。

自1939年以来，赫尔穆特·詹姆斯努力在战争部的国际法小组中，抵御全面战争带来的野蛮化——自然成效甚微。但他为早在18世纪的启蒙者就遵循的关切而努力，赫尔穆特·詹姆斯尽力为战争修筑篱笆。

斯大林格勒让马恩河陷入遗忘中。只有在民族观念再次经历巨大变化时，公众投向毛奇们的目光才会发生变化。而当前不像是会有什么变化——或许是受到我们当前战争观念剧变的冲击。民族国家的义务兵军队和装甲部队对非国家团伙进行的恐怖活动无能为力。以高度专业化的小股职业军队回到"外科手术式的作战"，早就开始了，此外，这种军队在今天还活动在国际团体中。变化的力度完全可以让人回想起大约200年前进行的那场战争革命。

应丹麦政府的请求，美国大兵在1945年将伊德施泰特的狮子带回了哥本哈根。作为友谊和信任的象征，它将在2010年9月再一次立在弗伦斯堡的旧墓地里。[3]只要仔细地观察一下这个纪念雕塑，就会发现：狮子保持着即将跃起的姿态。

附　录

毛奇族谱

此族谱仅限于该家族中最重要的男性世系以及本书涉及的重要人员。

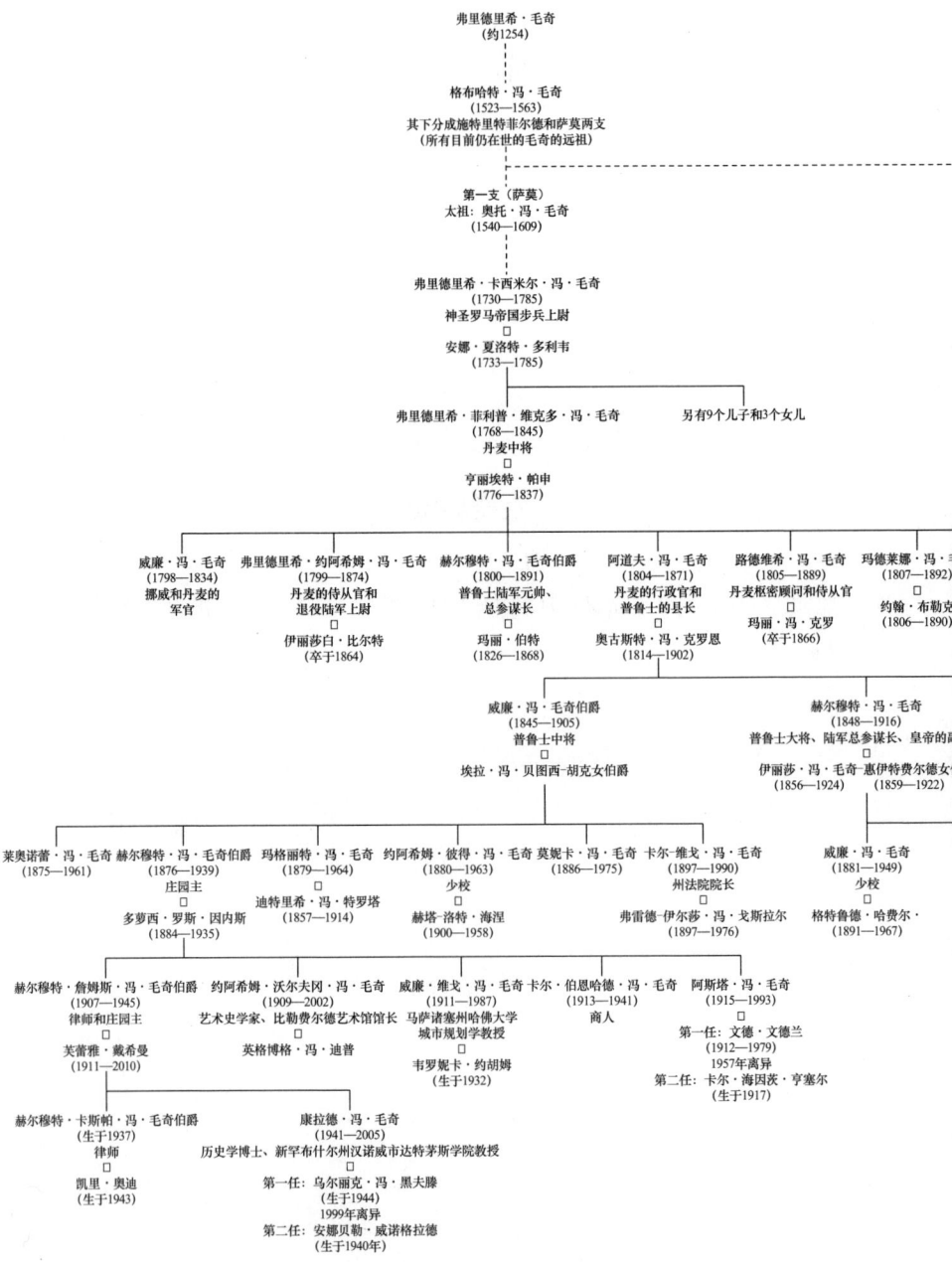

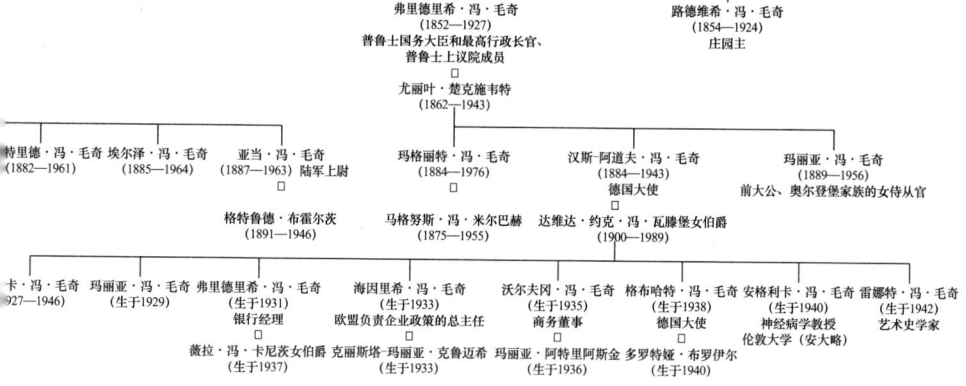

注 释

导言

1　Zitiert nach: Herre, Moltke, S. 63.
2　Reinhardt, Einleitung, S. 10 ff.
3　Schröder, Die Spur der Ahnen, S. 132.
4　Elias, Die Gesellschaft der Individuen, S. 277.
5　Wehler, Nationalstaat und Krieg, S. 64 ff.
6　Friedrich, Blood and Iron, S. 415 ff.
7　本书作者衷心感谢荣休大使格布哈特·冯·毛奇在本人使用私人档案时所给予的友好且耐心的帮助，同样感谢他不厌其烦地回答本人提出的有关家庭职业等方面的问题。本人还要感谢赫尔穆特·詹姆斯与芙蕾雅·冯·毛奇的长子赫尔穆特·卡斯帕·冯·毛奇予以的帮助。
8　Zitiert nach: Meding, Freya von Moltke, S. 139.

第一章　从拿破仑开始

1　Moritz Graf Brühl an Tina Gräfin Brühl. Königsberg, 8. 5. 1808. Abgedruckt in: Krosigk, Karl Graf von Brühl, S. 279.
2　Anonym, Ferdinand von Schills Braut, Bl. 5-12. Stadtmuseum Braunschweig, ehemalige Bestände Schill-Kapelle Braunschweig.
3　本尼迪克·安德森（Benedict Anderson）尤其简洁地阐述了关于民族的建构特性。他最著名的定义是："民族是一种想象的政治共同体——被想象为有限的和自主的。"Anderson, Die Erfindung der Nation, S. 15.
4 Wehler, Nationalismus, S. 64.
5 Safranski, Romantik, S. 178.
6 Zitiert nach: Binder von Krieglstein, Ferdinand von Schill, S. 107.
7 Jessen, «Das Volk steht auf, der Sturm bricht los!».
8 Veltzke, Zwischen König und Vaterland.
9 弗里德里希·德特洛夫·冯·毛奇伯爵（1750—1825），曾在普鲁士第二十步兵团"施图特海姆"作为少尉军官服役，自1804年起为普鲁士王室首席猎手，该职位是一种宫廷的荣誉职位。1776年，他在第二次婚姻中娶了夏洛特·埃莱奥诺雷·冯·普里特维茨-加弗龙为妻。他的第一任夫人弗里德里克·夏洛特·安东尼·冯·多纳女伯爵在她的一次婚姻中与公爵安东·奥古斯特·冯·荷尔斯泰因-贝克联姻，这段婚姻有了儿子弗里德里希·路德维希·冯·荷尔斯泰因-贝克，他于1819年在伦茨堡成为赫尔穆特·冯·毛奇的名誉上校。弗里德里希·德特洛夫·冯·毛奇伯爵是柯尼斯堡的共济会"三顶王冠"分会的成员，参见 Gerlach, Die Freimaurer, S. 302; Unruh, Von den Vorfahren des General-Feldmarschalls, S. 272; Zedlitz-Neukirch, Neues preußisches Adels-Lexicon, S. 422 u. 424。
10 Veltzke, Zwischen König und Vaterland, S. 146.
11 Friedrich Detlof Graf von Moltke an Unbekannt. Wolde, 28. 5. 1809. GStAPK Ⅳ. HA Rep. 15 A Nr. 9, Bl. 43-44.
12 Ibid., Bl. 44 f.
13 Moltke, Erinnerungen, Bl. 7.
14 Ibid., Bl. 8.
15 Graf Moltke an Unbekannt. Wolde, 28. 5. 1809. GStAPK Ⅳ. HA Rep. 15 A Nr. 9, Bl. 43-44, hier: Bl. 44.
16 Moltke, Erinnerungen, Bl. 8.
17 Bärsch, Ferdinand von Schills Zug, S. 266 f., S. 222 ff. Vgl. auch: Langhoff, Die Schillschen Offiziere.
18 Moltke, Erinnerungen, Bl. 8.
19 Johann von Ewald an Friedrich Philipp von Moltke. Pinneberg, 16. 8. 1809. BA-MA Freiburg, N 16/77, Bl. 23.
20 Moltke, Erinnerungen, Bl. 8.
21 Ibid.; Prinz Friedrich von Hessen an Friedrich Philipp von Moltke. Kopenhagen, 17. 6. 1809. BA-MA Freiburg, N 16/77, Bl. 22.

22 Duden. Etymologie, S. 12; Kluge, Etymologisches Wörterbuch, S. 16.
23 Smith, zitiert nach: Demel, Der europäische Adel, S. 10. Zur Familiendisziplin: Pollock, Honor, Gender and Reconciliation.
24 Sikora, Der Adel in der frühen Neuzeit, Darmstadt 2009, S. 12; Demel, Der europäische Adel, S. 8-19.
25 Holstein, Slaegten Moltkes Heraldik, S. 173.
26 Münch, Toitenwinkel und Rostock, S. 24 f.
27 Zu Gebhard von Moltke auf Strietfeld: Helmuth von Moltke, Kurze Familiengeschichte, in: Gesammelte Schriften, Bd. 1, S. 2. Zur Burganlage Strietfeld: Munser, Die untergegangene Burg, S. 8.
28 Münch, Toitenwinkel und Rostock, S. 12. 除了施特里特菲尔德和托伊滕温克尔之外，诺伊基兴和位于施万附近的贝利茨以及前波莫瑞的迪维茨是毛奇家族的另外两处固定祖产所在地：Ibid., S. 25.
29 Bei der Wieden, Der mecklenburgische Adel, S. 138 f. u. 141.
30 Langenhorn (Hg.), Historische Nachrichten, S. 2.
31 Bei der Wieden, Der mecklenburgische Adel, S. 142.
32 Feldbaek, Adam Gottlob Moltke, S. 23-39.
33 Raabyemagle, Introduction, in: Dies., The Palace, S. 21.
34 http://www.bregentved.dk/gbgendk.asp. Zugriff am 7. 4. 2010.
35 Münch, Toitenwinkel und Rostock, S. 95 ff.
36 Gothaisches Genealogisches Taschenbuch, S. 543.
37 Moltke, Erinnerungen, Bl. 2.
38 Ibid., Bl. 10.
39 Ibid., Bl. 3.
40 Archenholz, Die verlassenen Schlösser, S. 219; von Unruh, Von den Vorfahren des General-Feldmarschalls Grafen Helmuth von Moltke, S. 271-272, hier: S. 272. 神圣罗马帝国陆军元帅菲利普·路德维希·冯·毛奇男爵（？—1780）拥有位于奥斯纳布吕克的一处骑士庄园，属于奥斯纳布吕克骑士团。
41 Moltke, Erinnerungen, Bl. 2.
42 Bei der Wieden, Der mecklenburgische Adel, S. 147 f.
43 P. M. [Pro Memoriam] von A. W. von Raben. Ribnitz, 15. 6. 1784. BA-MA Freiburg N 16/77, Bl. 20-20, hier: Bl. 20.
44 Moltke, Erinnerungen, Bl. 3.
45 Ibid.

46 Zitiert nach: Demel, Der europäische Adel, S. 102.
47 Moltke, Erinnerungen, Bl. 10. 关于共济会分会和协会对于市民阶层和骑士晋升的贵族之间的关系的意义，参见 Pröve, Militär, Staat und Gesellschaft, S. 88 ff.。
48 Moltke, Erinnerungen, Bl. 4.
49 Ibid., Bl. 5.
50 Ibid., Bl. 4.
51 Zitiert nach: Wentscher, Aus Moltkes Ahnentafel, Sp. 15.
52 Zitiert nach: Ibid., Sp. 14.
53 Ibid., Sp. 13-16, hier: Sp. 13 f. Die Angaben zur Besteuerung Paschens gelten für das Jahr 1812.
54 Moltke, Erinnerungen, Bl. 5.
55 Ibid.
56 Ibid., Bl. 6.
57 Stolz, Friedrich Philipp Victor von Moltke, S. 450.
58 Moltke, Erinnerungen, Bl. 6.
59 Ibid.
60 Ibid.
61 Wehler, Deutsche Gesellschaftsgeschichte, Bd. 1, S. 83 ff.; Wiese, Zur Opposition, S. 15 f.; Schiller, Vom Rittergut zum Großgrundbesitz.
62 Moltke, Erinnerungen, Bl. 6.
63 Henriettes Ehe-Pacten mit Friedrich Philipp Victor von Moltke. Hamburg, 9. 2. 1797. Abgedruckt in: Der handschriftliche Nachlass Adolph von Moltkes, S. 228-231, hier: S. 228 u. 231.
64 Moltke, Erinnerungen, Bl. 6.
65 Ibid.
66 Die operativen Abläufe von Blüchers Flucht nach Lübeck beschreibt: Beseler, Blüchers Zug nach Lübeck.
67 Zitiert nach: Ahrens, Von der Franzosenzeit bis zum Ersten Weltkrieg, S. 535.
68 关于吕贝克事件：维勒斯写给冯·博阿尔内·维勒斯女伯爵（1765—1815）的一封信。一位生活在吕贝克的移民将他内容详尽的报道包装成书信的形式，收信人是拿破仑的小姨子。这份报道后来在全欧传播极广，引起了很大的关注。
69 Zitiert nach: Ahrens, Von der Franzosenzeit, S. 534.

70 Moltke, Erinnerungen, Bl. 7.

第二章 强烈的求知欲

1 http://news.cnet.com/2300-11386_3-10001206-5.html. Zugriff am 18. November 2009.
2 Cocks/Cocks, Who's who.
3 Whitaker, Mapping and naming, S. 134 f. 此外，惠特克还列举出所有说服了好战者和国王的人的名字，其中也包括毛奇。参见 ibid., Appendix N, S. 226. Vgl. auch J. Schmidt, Charte der Gebirge。
4 Zitiert nach: Dressler, Moltke in seiner Häuslichkeit, S. 111.
5 Adolph von Moltke an Auguste von Krohn.O.O, 2. 1. 1837. Abgedruckt in: Der handschriftliche Nachlass Adolph von Moltkes, S. 6-7, hier: S. 6.
6 亨利·冯·伯特少校作为陆军元帅的外甥以及跟随他多年的副官，说起了性格特征和事情。Abgedruckt in: Gesammelte Schriften, Bd. 5, S. 233.
7 Helmuth von Moltke an Ludwig von Moltke.O.O., März 1829. Abgedruckt in: Gesammelte Schriften, Bd. 4, S. 237-240, hier: S. 237 f.
8 [Cai von Hegermann-Lindencrone], Erinnerungen von Hegermann-Lindencrone. Kopenhagen, 1. 10. 1891. Abgedruckt in: Gesammelte Schriften, Bd. 5, S. 241-251, hier: S. 241.
9 Zitiert nach: Herre, Moltke, S. 28.
10 Mehlhorn, Klöster und Stifte, S. 47.
11 Friedrich Philipp von Moltke an Henriette von Moltke. Hamburg, 9. 9. 1816. Abgedruckt in: Der handschriftliche Nachlass Adolph von Moltkes, S. 231-232, hier: S. 231.
12 Moltke, Erinnerungen, Bl. 10.
13 Kohut, Moltke und die Frauen, S. 14.
14 Hegermann-Lindencrone, Erinnerungen, S. 242.
15 Ibid., S. 244.
16 在伦茨堡，毛奇住在离阅兵广场不远处的一套小公寓里。参见 Anonymus, Moltkehäuser。自 1890 年起，伦茨堡城一块铁质纪念牌来纪念这座城市的著名居民："70 年前，陆军元帅冯·毛奇伯爵在这所房子里住过。1890 年 10 月 26 日，值其 90 岁寿诞，伦茨堡城敬立。"
17 Ibid.

18 Zitiert nach: Kessel, Moltke, S. 23.
19 Zitiert nach: Lapp, Friedrich Joachim von Moltke, S. 40.
20 Zitiert nach: Demel, Der europäische Adel, S. 100.
21 Frie, Friedrich August Ludwig von der Marwitz, S. 59 ff.
22 Kessel, Moltke, S. 26.
23 Zitiert nach: Herre, Moltke, S. 32.
24 Vgl. die Kurzvita Ludwig von Moltkes in: Gesammelte Schriften, Bd. 4, S. 229-231, hier: S. 229.
25 Dressler, Moltke in seiner Häuslichkeit, S. 3.
26 Paret, Clausewitz, S. 336.
27 Walter, Was blieb von den Militärreformen 1807-1814?, S. 126.
28 Anton Neidhardt v. Gneisenau an Friedrich Wilhelm III. v. Preußen, Juni 1810. Abgedruckt in: Griewank (Hg.), Gneisenau, S. 143-151, hier: S. 150.
29 Jessen, Von Jena nach Königsberg, S. 19 ff.
30 Paret, Yorck, S. 244.
31 So aber offenbar Wehler, der von einer «demokratischen Wehrpflicht» spricht: Wehler, Deutsche Gesellschaftsgeschichte, Bd. 1, S. 467.
32 Jahre Ausbildung und Bildung der militärischen Führungsgruppen, in: Bald, Generalstabsausbildung, S. 19-82, hier: S. 33 f. Zur Entwicklung des Generalstabs vgl. Kraus, Vom Werden, Wesen und Wirken, S. 204 ff.; Erfurth, Die Geschichte des deutschen Generalstabes; Schössler (Hg.), Das geistige Erbe.
33 Massenbach, Über die Verbindung der Kriegs-und Staats-Kunde. Abgedruckt in: Ders., Memoiren, Bd. 3, S. 258 ff.
34 Jany, Geschichte der Königlich Preußischen Armee, Bd. 3, S. 412.
35 Regling, Grundzüge der Landkriegführung, S. 230.
36 Stübig, Die Entwicklung des preußisch-deutschen Generalstabs, S. 254.
37 Helmuth von Moltke an Ludwig von Moltke. Oels, 24. 8. 1828. Abgedruckt in: Gesammelte Schriften, Bd. 4, S. 231-234, hier: S. 231.
38 Zitiert nach: Wohlhaupter, Dichterjuristen, S. 120.
39 Ibid., S. 152.
40 Henriette von Moltke an Adolph von Moltke. Schleswig, 23. 10. 1831. Abgedruckt in: Der handschriftliche Nachlass Adolph von Moltkes, S. 112-113, hier: S. 112.

41　Zitiert nach: Kessel, Moltke, S. 48.
42　Helmuth von Moltke an Henriette von Moltke. Berlin, 10. 1. 1830. Abgedruckt in: Gesammelte Schriften, Bd. 4, S. 39-41, hier: S. 40.
43　Lebensbild des Bruders Adolf, in: Ibid., S. 107-109, hier: S. 107.
44　Sachse, Die ersten Landräte, S. 117.
45　Lohmeier, Der Edelmann als Bürger, S. 127-149; Demel, Der europäische Adel, S. 108; Jespersen, The Rise and Fall of the Danish Nobility, Bd. 2, S. 41-70.
46　Helmuth von Moltke an Adolph von Moltke. Rom, 29. 3. 1846. Abgedruckt in: Gesammelte Schriften, Bd. 4, S. 112-115, hier: S. 113.
47　Helmuth von Moltke an Ludwig von Moltke. Rom, 2. 4. 1846. Abgedruckt: Ibid., S. 267-272, hier: S. 268 ff.
48　Helmuth von Moltke an Henriette von Moltke. Berlin, 15. 5. 1832. Abgedruckt: Ibid., S. 62-64, hier: S. 63.
49　Zitiert nach: Herre, Moltke, S. 98.
50　Helmuth von Moltke an Henriette von Moltke. Berlin, 23. 7. 1833. Abgedruckt in: Gesammelte Schriften, Bd. 4, S. 69-71, hier: S. 70. Auguste von Moltke und John Burt verlobten sich Anfang Juli 1833.
51　Helmuth von Moltke an Henriette von Moltke. Berlin, 15. 5. 1832. Abgedruckt: Ibid., S. 62-64, hier: S. 63.
52　Haberkern/Wallach, Hilfswörterbuch für Historiker, Bd. 1, S. 240; Bd. 2, S. 583.
53　Jenkins, The Making of a Ruling Class.
54　Hall, Slave Society, S. 13.
55　Ibid., S. 11.
56　Brockdorff, Marie von Moltke, S. 2; Rumohr, Schlösser und Herrenhäuser, S. 368 ff.
57　Stadtarchiv Kiel, Verlassungsakte Nr. 15877.
58　Stadtarchiv Kiel R 318 Steuerlisten der Stadtrechnungen, S. 17. Frdl. Mitteilung von Herrn Dr. Johannes Rosenplänter, Stadtarchiv Kiel.
59　Mary Burt an Helmuth von Moltke. Itzehoe, 10. 6. 1841. Abschrift. GStAPK Berlin Dahlem, Familienstiftung Moltke Nr. 25, Brief Nr. 4.
60　Friedrich Joachim von Moltke an Adolph von Moltke. Flensburg, 30. 8. 1866. Abgedruckt in: Der handschriftliche Nachlass Adolph von Moltkes, S. 136-137, hier: S. 137.
61　Henriette von Moltke an Adolph von Moltke. Preetz, 9. 9. 1830. Abgedruckt:

Ibid., S. 102-104, hier: S. 104.
62 Friedrich Philipp von Moltke an Adolph von Moltke. Kiel, 23. 6. 1835. Abgedruckt: Ibid., S. 133.
63 Etatrat Rathgen an Adolph von Moltke. Kiel, 23. 6. 1835. Abgedruckt in: Adolphs Berliner Mission.
64 Bohn, Geschichte Schleswig-Holsteins, S. 78; Asmussen, Das Wirtschaftsleben und die Bevölkerung Glückstadts von der Gründung bis 1869, in: Glückstadt, S. 215.
65 Adolph von Moltke an Auguste von Krohn. Glückstadt, o. D. [27. 8. 1837]. Abgedruckt in: Der handschriftliche Nachlass Adolph von Moltkes, S. 44-46, hier: S. 45.
66 Dollinger, Frauen am Ballenstedter Hof, S. 115.
67 Henriette von Moltke an Helmuth von Moltke. Schleswig, 31. 12. 1836/1. 1. 1837. BA-MA Freiburg N/16/32.
68 Dollinger, Frauen am Ballenstedter Hof, Bd. 1, S. 115.
69 Adolph von Moltke an Auguste von Krohn. O. O., o. D. Abgedruckt in: Der handschriftliche Nachlass Adolph von Moltkes, S. 27-28, hier: S. 27.
70 Adolph von Moltke an Auguste von Krohn. O. O [Glückstadt], o. D. [1836]. Abgedruckt: Ibid., S. 3.
71 Adolph von Moltke an Auguste von Krohn. O. O [Glückstadt], 4. 2. 1837. Abgedruckt: Ibid., S. 11-13, hier: S. 12 f.
72 Adolph von Moltke an Auguste von Krohn. Glückstadt, o. D. Abgedruckt: Ibid., S. 13-15, hier: S. 14.
73 Henriette von Moltke an Adolph von Moltke. Schleswig, 27. 1. 1834. Abgedruckt: Ibid., S. 120-121, hier: S. 121.
74 Adolph von Moltke an Auguste von Krohn. O. O [Glückstadt], 5. 3. 1837. Abgedruckt: Ibid., S. 15-17, hier: S. 16.
75 Adolph von Moltke an Auguste von Krohn. O. O. [Schleswig], 5. 7. 1837. Abgedruckt: Ibid., S. 34-35, hier: S. 35.
76 "我觉得相当快乐，我在朋友马滕斯这里每天都亲眼看见真正让人感动的琴瑟和谐的画面，在我眼前从来没有出现过这样和谐的婚姻。"阿道夫·冯·毛奇1837年1月2日致奥古斯特·冯·克罗恩。Adolph von Moltke an Auguste von Krohn. O. O, 2. 1. 1837. Abgedruckt: Ibid., S. 6-7, hier: S. 7.
77 Adolph von Moltke an Auguste von Krohn. Glückstadt, 12. 1. 1837.

Abgedruckt: Ibid., S. 9-11, hier: S. 10.

78　Adolph von Moltke an Auguste von Krohn. O. O [Glückstadt], 9./10. 1. 1837. Abgedruckt: Ibid., S. 8-9, hier: S. 8 f.

79　Adolph von Moltke an Auguste von Krohn. O. O [Glückstadt], o. D. [1836]. Abgedruckt: Ibid., S. 4. 有关阿道夫的爱哭："如果浏览一遍我迄今为止信件的内容，我自己都不免打个寒噤，信里这些灰暗的悲伤的画面直接涌向读信者。"Ibid., S. 5.

80　Adolph von Moltke an Auguste von Krohn. O. O [Glückstadt], 4. 2. 1837. Abgedruckt: Ibid., S. 11-13, hier: S. 11.

81　Adolph von Moltke an Auguste von Krohn. O. O [Glückstadt], 12. 3. 1837. Abgedruckt: Ibid., S. 20-23, hier: S. 22.

82　Adolph von Moltke an Auguste von Krohn. Glückstadt, 31. 7. 1837. Abgedruckt: Ibid., S. 36-37, hier: S. 36.

第三章　新月旗下

1　Moltke (d. Ä.), Unter dem Halbmond, S. 70.

2　Kreiser, Der osmanische Staat, S. 38.

3　Moltke (d. Ä.), Unter dem Halbmond, S. 72.

4　毛奇在六年之后才发表了第一张地图，地图上有这样的字样说明："君士坦丁堡、城郊、周边和博斯普鲁斯海峡地图，应苏丹 S. H. 穆罕默德一世委托绘制，比例尺为 1∶25000，由普鲁士王家参谋部上尉冯·毛奇男爵于 1836—1837 年测绘，柏林 Simon Schropp u. Co. 出版社，1842 年。"

5　Moltke (d. Ä.), Unter dem Halbmond, S. 170.

6　Herre, Moltke, S. 64.

7　Moltke (d. Ä.), Unter dem Halbmond, S. 95.

8　Ibid.

9　Ibid., S. 97.

10　Ibid., S. 94.

11　Ibid., S. 93.

12　Herre, Moltke, S. 63.

13　Moltke (d. Ä.), Unter dem Halbmond, S. 398.

14　Ibid., S. 394 f.

15　Ibid., S. 87.

16 Ibid., S. 88.
17 Ibid., S. 89.
18 例如苏丹穆罕默德二世熟读了已翻译成土耳其语的法国将军德·卡拉曼侯爵的著作《德·卡拉曼侯爵将军关于普鲁士军事组织的评论》，此书在1831年出版于巴黎。
19 Arndt, Einleitung, S. 35. Vgl. auch Jatzlauk, Zwischen Bosporus und Euphrat.
20 Zitiert nach: Arndt, Einleitung, S. 35.
21 Ibid., S. 9.
22 Zitiert nach: Kessel, Moltke, S. 120.
23 Moltke (d. Ä.), Unter dem Halbmond, S. 287 f.
24 Ibid., S. 294.
25 Ibid., S. 304.
26 Ibid., S. 301 f.
27 Kessel, Moltke, S. 136.
28 Moltke (d. Ä.), Unter dem Halbmond, S. 398.
29 Jordan, Der ägyptisch-türkische Krieg, S. 20.
30 Ibid., S. 41.
31 Moltke (d. Ä.), Unter dem Halbmond, S. 376 f.
32 Ibid., S. 379.
33 Ibid., S. 381.
34 Ibid., S. 388.
35 Ibid., S. 382, Anm. 1. 主编赫尔穆特·阿恩特摘录了文克、费舍尔和毛奇1846年为总参谋部做的年终总结并在书中发表：《普鲁士王国三名参谋军官于1837—1839年在土耳其的军事使命》。这份总结包括毛奇关于前往哈菲兹帕夏处的使命、1838年的库尔德人战争和1839年对埃及征战的报告。
36 Moltke (d. Ä.), Briefe über Zustände und Begebenheiten.
37 Henriette und Lene von Moltke an Helmuth von Moltke. Schleswig, 20. 2. 1836. BA-MA Freiburg N/16/32.
38 Kreiser, Der osmanische Staat, S. 128.
39 Wallach, Anatomie einer Militärhilfe, S. 29.

第四章　家族大会

1 Dülffer/Kröger/Wippich (Hg.), Vermiedene Kriege.

2   Kutschik/Sprang, Die Berlin-Hamburger Eisenbahn, S. 70 ff.
3   Friedrich Julius Stahl, zitiert nach: Kroll, Monarchie und Gottesgnadentum, S. 58 f.
4   Zitiert nach: Ibid., S. 55.
5   Heine, Vorrede.
6   Safranski, Romantik, S. 134 f.
7   Zitiert nach: Ibid., S. 145.
8   Lehmann, Romantischer Don Quixote, S. 86. 这一说法适用于 19 世纪前 25 年。
9   Bußmann, Friedrich der Große, S. 256 f.
10 Gäbler, «Auferstehungszeit», S. 175.
11 Clark, Preußen, S. 475 ff.
12 Schulz, Romantik, S. 129.
13 Henriette von Moltke an Adolph von Moltke. O. O., 14. 1. 1830. Zitiert nach: Gesammelte Schriften, Bd. 4, S. 4.
14 Anonymus, Moltkehäuser. 石勒苏益格城在这幢房子的墙上挂上了一块牌子，上面写着："冯·毛奇将军的妻子、陆军元帅的母亲在这幢房子里生活多年，直至她于 1837 年 5 月 18 日去世。从普雷茨迁至石勒苏益格城的年份，格尔德·施托尔茨说是 1830 年，《毛奇全集》的出版者称是 1832 年。参见 Stolz, Friedrich Philipp Victor von Moltke, S. 455; Gesammelte Schriften, Bd. 4, S. 4. 因为赫尔穆特·冯·毛奇于 1830 年 12 月 24 日从柏林写信给石勒苏益格的母亲，所以施托尔茨给出的年份是正确的。参见 Helmuth von Moltke an Henriette von Moltke. Berlin, 24. 12. 1830. Abgedruckt in: Gesammelte Schriften, Bd. 4, S. 46-49, hier: S. 46。
15 Helmuth von Moltke an Henriette von Moltke. Berlin, 13. 1. 1832. Abgedruckt in: Gesammelte Schriften, Bd. 4, S. 57-60, hier: S. 57.
16 Henriette von Moltke an Adolph von Moltke. Schleswig, 27. 1. 1834. Abgedruckt in: Der handschriftliche Nachlass Adolph von Moltkes, S. 120-121, hier: S. 121.
17 Helmuth von Moltke an Henriette von Moltke. Frankfurt a. d. Oder, 25. 3. 1828. Abgedruckt in: Gesammelte Schriften, Bd. 4, S. 12-16, hier: S. 12 f.
18 Moltke, Erinnerungen, Bl. 11.
19 Friedrich Philipp Victor von Moltke an Adolph von Moltke. Kiel, 29. 1. 1834. Abgedruckt in: Der handschriftliche Nachlass Adolph von Moltkes, S. 127-128, hier: S. 128.

20 Moltke, Erinnerungen, Bl. 12.
21 Jonas, Der frühe Moltke, S. 119.
22 Henriette von Moltke an Helmuth von Moltke. Schleswig, 13. 7. 1835. BA-MA Freiburg N/16/32.
23 Henriette von Moltke an Helmuth von Moltke. Schleswig, 17. 8. 1836. BA-MA Freiburg N/16/32.
24 Henriette von Moltke an Helmuth von Moltke. Schleswig, 13. 7. 1835. BA-MA Freiburg N/16/32.
25 John Burt Junior an Adolph von Moltke. Lüneburg, 8. 4. 1838. Abgedruckt in: Der handschriftliche Nachlass Adolph von Moltkes, S. 170-171, hier: S. 171.
26 Zum Bjelkeschen Palais: Jonas, Der frühe Moltke, S. 122; Chronik der Stadt Schleswig 1711-1836, S. 97. Zu den Besuchen des Kanzlers von Brockdorff: Friedrich Philipp Victor von Moltke an Adolph von Moltke. Kiel, 12. 1. 1834. Abgedruckt in: Der handschriftliche Nachlass Adolph von Moltkes, S. 127. Zu Carl von Hessen-Kassel bei den Burts: Friedrich Philipp Victor von Moltke an Adolph von Moltke. Schleswig, 25. 12. 1837. Abgedruckt in: Der handschriftliche Nachlass Adolph von Moltkes, S. 133-134, hier: S. 134. Zu Jeanette und Marie Burt im Friedrichsberger Institut: Chronik der Stadt Schleswig 1711-1836, S. 355, in: Gemeinschaftsarchiv des Kreises Schleswig-Flensburg und der Stadt Schleswig. Ohne Signatur. 这所学院由格奥尔格·弗里德里希·舒马赫的女儿管理，舒马赫担任主教座堂学校的校长至1835年，退休后在他女儿的这所私人学校工作。Zur Reise nach Karlsbad: Brockdorff, Marie von Moltke, S. 15.
27 Henriette von Moltke an Helmuth von Moltke. Schleswig, 31. 12. 1836/1. 1. 1837. BA-MA Freiburg N/16/32.
28 Bröker, Die Familie von Moltke, S. 80.
29 Ahlefeldt, Cay Graf von Brockdorff, S. 336.
30 Henriette von Moltke an Helmuth von Moltke. O. O., 5. 5. 1836. BA-MA Freiburg N/16/32.
31 Henriette von Moltke an Helmuth von Moltke. Schleswig, 17. 8. 1836. BA-MA Freiburg N/16/32.
32 Henriette von Moltke an Helmuth von Moltke. Schleswig, 31. 12. 1836/1. 1. 1837. BA-MA Freiburg N/16/32.

33 Adolph von Moltke an Auguste von Krohn. Schleswig, 23. 5. 1837. Abgedruckt in: Der handschriftliche Nachlass Adolph von Moltkes, S. 28-29, hier: S. 28.
34 Burt trug sich als «Partikulier» in die Mitgliedsliste der Itzehoer Liedertafel ein. Vgl. Benz, Itzehoer Liedertafel, S. 25, Anm. 14.
35 Lange, Modernisierung der Infrastruktur, S. 347.
36 Adolph von Moltke an Auguste von Krohn. O. O., 2. 1. 1837. Abgedruckt in: Der handschriftliche Nachlass Adolph von Moltkes, S. 6-7, hier: S. 7.
37 Bohn, Geschichte Schleswig-Holsteins, S. 90.
38 John Burt Junior an Auguste von Moltke. Berlin, 7. 3. 1841. Abgedruckt in: Der handschriftliche Nachlass Adolph von Moltkes, S. 171-172, hier: S. 171.
39 刚刚到伊策霍埃的时期，伯特一家住在另外一幢房子里，在那里一直住到1841年，具体地址在档案中也无法查明。有关修道院庭院后大街23号那幢房子参见Anonymus, Moltkehaeuser。直至1939年，这幢房子前还有一块铸铁的牌子，上面写着："在这幢房子里，陆军元帅冯·毛奇与玛丽·冯·伯特小姐于1842年4月20日举办了婚礼。"2010年的纪念活动平平常常地进行。目前在朝向街的一方有一块塑料牌子。牌子上文字内容类似："修道院庭院后大街23号，1842年4月20日，玛丽·伯特小姐与后来的陆军元帅赫尔穆特·冯·毛奇在这幢房子里举行婚礼。"有关伊策霍埃作为家族的聚会处参见 Helmuth von Moltke an Adolph von Moltke. Braunschweig, 31. 8. 1841. Abgedruckt in: Gesammelte Schriften, Bd. 4, S. 131。
40 Bröker, Die Familie von Moltke, S. 83 f.
41 Marie von Moltke an Helmuth von Moltke. Capo di Monte, 4. 11. 1846. Abschrift. GStAPK Berlin-Dahlem, Familienstiftung Moltke Nr. 25, Brief Nr. 57. Zum Itzehoer Personal: Mary Burt an Helmuth von Moltke. Itzehoe, 27. 2. 1842. Abschrift. GStAPK Berlin-Dahlem, Familienstiftung Moltke Nr. 25, Brief Nr. 33.
42 Mary Burt an Helmuth von Moltke. Itzehoe, 13. 7. 1841. Abschrift. GStAPK Berlin Dahlem, Familienstiftung Moltke Nr. 25, Brief Nr. 10.
43 Mary Burt an Helmuth von Moltke. Itzehoe, 12. 11. 1841. Abschrift. GStAPK Berlin-Dahlem, Familienstiftung Moltke Nr. 25, Brief Nr. 23.
44 Auguste Burt an Helmuth von Moltke. Itzehoe, 28.-30. 8. 1843. Abschrift. GStAPK Berlin-Dahlem, Familienstiftung Moltke Nr. 25, Brief Nr. 18.
45 Mary Burt an Helmuth von Moltke. Itzehoe, 12. 11. 1841. Abschrift. GStAPK Berlin-Dahlem, Familienstiftung Moltke Nr. 25, Brief Nr. 43.

46　John Burt Junior an Auguste von Moltke. Berlin, 7. 3. 1841. Abgedruckt in: Der handschriftliche Nachlass Adolph von Moltkes, S. 171-172, hier: S. 172.
47　Zu Moltke und dem Hotel «Streit's»: Helmuth von Moltke an Auguste von Moltke. Braunschweig, 31. 8. 1841. Abgedruckt in: Gesammelte Schriften, Bd. 4, S. 111. Zur adeligen Statuswahrung und-gefährdung: Sikora, Der Adel, S. 106 ff.
48　Kirchenkreisarchiv für die Gemeinden des Kirchenkreises Rantzau-Münsterdorf, Taufeinträge 1841, S. 254, Nr. 70.
49　Helmuth von Moltke an Marie von Moltke. Magdeburg, 23. 1. 1850. Abgedruckt in: Gesammelte Schriften, Bd. 6, S. 173-174, hier: S. 173.
50　Mary Burt an Helmuth von Moltke. Itzehoe, 30. 10. 1841. Abschrift. GStAPK Berlin-Dahlem, Familienstiftung Moltke Nr. 25, Brief Nr. 20.
51　Mary Burt an Helmuth von Moltke. Itzehoe, 3. 6. 1844. Abschrift. GStAPK Berlin-Dahlem, Familienstiftung Moltke Nr. 25, Brief Nr. 46.
52　Mary Burt an Helmuth von Moltke. Itzehoe, 11. 6. 1841. Abschrift. GStAPK Berlin Dahlem, Familienstiftung Moltke Nr. 25, Brief Nr. 5.
53　Brockdorff, Marie von Moltke, S. 14.
54　Ibid., S. 9.
55　Nordmann, Schleswig-Holsteinische Beamte, S. 353. «Herr Graf von Moltke zu Grünthal» in Itzehoe war einer der Subskribenten der Kobbeschen Landesbeschreibung von Lauenburg: Peter von Kobbe, Geschichte und Landesbeschreibung des Herzogthums Lauenburg, Altona 1836, S. Ⅳ. Zu Sophie von Moltke: Mary Burt an Helmuth von Moltke. Itzehoe, 28. 6. 1841. Abschrift. GStAPK Berlin Dahlem, Familienstiftung Moltke Nr. 25, Brief Nr. 7.
56　Brockdorff, Marie von Moltke, S. 12.
57　Spiero, Detlev von Liliencron, S. 23.
58　Detlev von Liliencron, zitiert nach: Küchmeister, «Kinderland, du Zauberland …», S. 15 ff.
59　Nordmann, Schleswig-Holsteinische Beamte, S. 352 u. 377.
60　Brockdorff, Marie von Moltke, S. 21 f.
61　Mary Burt an Helmuth von Moltke. Itzehoe, 28. 6. 1841. Abschrift. GStAPK Berlin Dahlem, Familienstiftung Moltke Nr. 25, Brief Nr. 7.
62　Kurzvita in: Bill, Barockdorff, S. 122. 布罗克多夫是宫廷首席猎手、荷尔斯泰因的地区代表、拥有克莱特坎普和格卢恩豪斯领地的路德维希·阿哈茨·冯·布罗克多夫伯爵与伊达·贝内迪克特·玛格丽特·冯·比洛的儿子。有关路德维希·阿哈茨·冯·布罗克多夫伯爵参见 Nordmann, Schleswig-Holsteinische Beamte, S. 314。

63 Schröder, Topographie, S. 42.
64 Zitiert nach: Herre, Moltke, S. 97.
65 Moltke (d. Ä.), Unter dem Halbmond, S. 94.
66 Kohut, Moltke und die Frauen, S. 18.
67 Bill, Brockdorff, S. 122.
68 Brockdorff, Marie von Moltke, S. 25.
69 Mary Burt an Helmuth von Moltke. Itzehoe, 12. 11. 1841. Abschrift. GStAPK Berlin-Dahlem, Familienstiftung Moltke Nr. 25, Brief Nr. 23.
70 John Burt d. J. an Helmuth von Moltke. Itzehoe, 7. 10. 1841. Abschrift. GStAPK Berlin-Dahlem, Familienstiftung Moltke Nr. 25, Brief Nr. 17.
71 Mary Burt an Helmuth von Moltke. Itzehoe, 6. 6. 1841. Abschrift. GStAPK Berlin-Dahlem, Familienstiftung Moltke Nr. 25, Brief Nr. 3.
72 Brockdorff, Marie von Moltke, S. 34.
73 Helmuth von Moltke an Mary Burt. Berlin, 22. 10. 1841. Abgedruckt in: Gesammelte Schriften, Bd. 6, S. 41; zu den Bildern Krausenecks und des Sultans: Helmuth von Moltke an Mary Burt. Berlin, 18. 10. 1841, S. 40-41, hier: S. 40.
74 Mary Burt an Helmuth von Moltke. Itzehoe, 21. 1. 1842. Abschrift. GStAPK Berlin-Dahlem, Familienstiftung Moltke Nr. 25, Brief Nr. 29.
75 Mary Burt an Helmuth von Moltke. Itzehoe, 30. 1. 1842. Abschrift. GStAPK Berlin-Dahlem, Familienstiftung Moltke Nr. 25, Brief Nr. 30.
76 Mary Burt an Helmuth von Moltke. Itzehoe, 19. 3. 1842. Abschrift. GStAPK Berlin-Dahlem, Familienstiftung Moltke Nr. 25, Brief Nr. 36.
77 Bröker, Die Familie von Moltke, S. 84. Vgl. auch Benz, 150 Jahre Itzehoer Liedertafel, S. 16 ff.
78 Irmisch, Geschichte der Stadt Itzehoe, S. 313.
79 Zitiert nach: Ibid.
80 John Burt d. J. an Helmuth von Moltke. Itzehoe, 7. 10. 1841. Abschrift. GStAPK Berlin-Dahlem, Familienstiftung Moltke Nr. 25, Brief Nr. 17.
81 Marie Burt an Helmuth von Moltke. Itzehoe, 6. 6. 1841. Abschrift. GStAPK Berlin-Dahlem, Familienstiftung Moltke Nr. 25, Brief Nr. 18.

82　Marie von Moltke an Helmuth von Moltke. Itzehoe, 18. 9. 1843. Abschrift. GStAPK Berlin-Dahlem, Familienstiftung Moltke Nr. 25, Brief Nr. 45.
83　Herre, Moltke, S. 99 f.
84　Ibid., S. 99.
85　John Burt d. J. an Helmuth von Moltke. Itzehoe, 7. 10. 841. Abschrift. GStAPK Berlin-Dahlem, Familienstiftung Moltke Nr. 25, Brief Nr. 17. Original in: BA-MA Freiburg, N16/36.
86　Mary Burt an Helmuth von Moltke. Itzehoe, 8. 7. 1841. Abschrift. GStAPK Berlin Dahlem, Familienstiftung Moltke Nr. 25, Brief Nr. 9.
87　Herre, Moltke, S. 100.
88　Ibid., S. 101.
89　Jeanette Burt an Helmuth von Moltke. Helgoland, 20. 8 1841. Abschrift. GStAPK Berlin Dahlem, Familienstiftung Moltke Nr. 25, Brief Nr. 12.
90　Marie von Moltke an Helmuth von Moltke. Itzehoe, 18. 9. 1843. Abschrift. GStAPK Berlin-Dahlem, Familienstiftung Moltke Nr. 25, Brief Nr. 45.
91　Mary Burt an Helmuth von Moltke. Itzehoe, 1. 2. 1842. Abschrift. GStAPK Berlin-Dahlem, Familienstiftung Moltke Nr. 25, Brief Nr. 30.
92　Helmuth von Moltke an Ludwig von Moltke. Berlin, 19. 3. 1842. Abgedruckt in: Gesammelte Schriften, Bd. 4, S. 251-253, hier: S. 252.
93　Brockdorff, Marie von Moltke, S. 38 f.
94　Mary Burt an Helmuth von Moltke. Itzehoe, 12. 11. 1841. Abschrift. GStAPK Berlin-Dahlem, Familienstiftung Moltke Nr. 25, Brief Nr. 23.
95　弗里茨·冯·毛奇作为军官和当年的宫廷侍童也有与丹麦国王的私人沟通渠道。参见 Henriette von Moltke an Helmuth von Moltke. Schleswig, 17. 8. 1836. BA-MA Freiburg N/16/34。
96　Lapp, Friedrich Joachim von Moltke, S. 27. 9
97　Zum Schiffsunglück: Ibid., S. 31. Zum Gedicht: Friedrich von Moltke d. Ä. an Helmuth von Moltke. O. O., o. D. [Wandsbek, 1844]. BA-MA Freiburg N/16/34.
98　Zu Oberforstmeister Friedrich von Krogh (gest. 26. 12. 1844): Nordmann, Schleswig-Holsteinische Beamte, S. 118; Hase, Abriss der Wald-und Forstgeschichte, S. 112. Zur Beziehung Mie von Kroghs zu Guste Burt: Louis von Moltke an Adolph von Moltke. Schleswig, 13. 11. 1836. Abgedruckt in: Der handschriftliche Nachlass Adolph von Moltkes, S. 123-124, hier: S. 123.
99　Helmuth von Moltke an Ludwig von Moltke. Berlin, 19. 3. 1842. Abgedruckt in:

Gesammelte Schriften, Bd. 4, S. 251-253, hier: S. 251.
100 Adolph von Moltke an Auguste von Krohn. Louisenlund, 15. 6. 1837. Abgedruckt in: Der handschriftliche Nachlass Adolph von Moltkes, S. 29-31, hier: S. 30.
101 Nordmann, Schleswig-Holsteinische Beamte, S. 52 u. 65.
102 Helmuth von Moltke an Ludwig von Moltke. Berlin, November 1828. Abgedruckt in: Gesammelte Schriften, Bd. 4, S. 234-237, hier: S. 234.
103 Jacobsen, Die Holsteinische Regierungskanzlei, S. 59.
104 Nordmann, Schleswig-Holsteinische Beamte, S. 41.
105 Briefentwurf Adolph von Moltkes, o. O., o. D. [1836]. Abgedruckt in: Der handschriftliche Nachlass Adolph von Moltkes, S. 189-191, hier: S. 191.
106 Bröker, Die Familie von Moltke, S. 76. Zu Bröker: Zeitschrift der Gesellschaft für Schleswig-Holsteinische Geschichte, 2 (1872), S. 259. Zu Lenes Freundin, Brökers zweiter Ehefrau: Henriette von Moltke an Helmuth von Moltke. Schleswig, 17. 8. 1836. BA-MA Freiburg N/16/32.
107 Mehnert, Die Kirche in Schleswig-Holstein, S. 117 ff. Zur Armenverwaltung in Uetersen: Mosler, Blickpunkt Uetersen, S. 77 ff. Zur Arbeit Brökers am neuen Katechismus: Zeitschrift für die gesammte [sic] lutherische Theologie und Kirche, S. 181.
108 Helmuth von Moltke an Henriette von Moltke. Frankfurt a. d. Oder, 25. 3. 1828. Abgedruckt in: Gesammelte Schriften, Bd. 4, S. 12-16, hier: S. 15.
109 Henriette von Moltke an Adolph von Moltke. Preetz, o. D. [1829]. Abgedruckt in: Der handschriftliche Nachlass Adolph von Moltkes, S. 94-96, hier: S. 96.
110 Friedrich Philipp Victor von Moltke an Adolph von Moltke. Kiel, 22. 6. 1834. Abgedruckt: Ibid., S. 130-131, hier: S. 131.
111 Henriette von Moltke an Helmuth von Moltke. Schleswig, 5. 10. 1836. BAMA Freiburg N/16/32.
112 Theodor Jess, 1808 in Kiel geboren, war von 1838 bis 1840 Diakon in Itzehoe und danach bis zu seinem Tod 1848 Archidiakon. Als Gemeindepastor hat er nicht gewirkt. Frdl. Auskunft von Herrn Colmorgen v. 27. 11. 2009, Archiv Nordelbisches Kirchenamt Kiel. Im Bestand der St. Laurenti Kirchengemeinde Itzehoe (1717-1981) gibt es keinerlei Hinweise auf die Trauung Helmuth von Moltkes.
113 Brockdorff, Marie von Moltke, S. 5.

第五章 革命

1 Zitiert nach: Clark, Preußen, S. 564.
2 Bohn, Geschichte Schleswig-Holsteins, S. 87 f.
3 Bohn, Dänische Geschichte, S. 93 ff.
4 Geisthövel, Eigentümlichkeit und Macht, S. 221.
5 Scharff, Beselers Wirksamkeit, S. 95.
6 Nordmann, Schleswig-Holsteinische Beamte, S. 2; Joseph Graf von Reventlow-Criminil an Adolph von Moltke. Kopenhagen, 20. 3. 1843. Abgedruckt in: Adolphs Berliner Mission. Die Berufung erfolgte am 17. 3. 1843. 1843 年 4 月底，阿道夫·冯·毛奇开始他在哥本哈根的工作。临时措施于 1844 年 9 月 1 日结束。
7 Marie von Moltke an Helmuth von Moltke. Apenrade, 30. 6. 1844. Abschrift. GStAPK Berlin-Dahlem, Familienstiftung Moltke Nr. 25, Brief Nr. 50. Adolph Moltke war in der Kanzlei am 1. 1. 1845 zum «Vierten Deputierten», seit dem 27. 11. 1846 zum «Dritten Deputierten» aufgestiegen.
8 Adolph von Moltke an Auguste von Moltke. Kopenhagen, 24. 5. 1843. Abgedruckt in: Der handschriftliche Nachlass Adolph von Moltkes, S. 56-58, hier: S. 57.
9 August Friedrich von Krohn an Auguste von Moltke. Louisenlund, 26. 2. 1847. Abgedruckt: Ibid., S. 155-156, hier: S. 156.
10 Kessel, Moltke, S. 168 f.
11 Marie von Moltke an Helmuth von Moltke. Capo di Monte, 21. 9. 1846. Abschrift. GStAPK Berlin-Dahlem, Familienstiftung Moltke Nr. 25, Brief Nr. 54.
12 Helmuth von Moltke an Adolph von Moltke. Rom, 29. 3. 1846. Abgedruckt in: Gesammelte Schriften, Bd. 4, S. 112-115, hier: S. 115.
13 Adolph von Moltke an Auguste von Moltke. Kissingen, 10. 8. 1846. Abgedruckt in: Der handschriftliche Nachlass Adolph von Moltkes, S. 68-70, hier: S. 68.
14 Ungenannter Augenzeuge, zitiert nach: Scharff, Wesen und Bedeutung der schleswig-holsteinischen Erhebung, S. 18.
15 Skambraks, Die Entstehung des Staatsgrundsetzes, S. 125.
16 Scharff, Beselers Wirksamkeit.

17 Adolph von Moltke an August Friedrich von Krohn. O. O., o. D. [März/April 1848]. Abgedruckt in: Der handschriftliche Nachlass Adolph von Moltkes, S. 141-146, hier: S. 142 f. 在这封写给他那位指挥起义部队的岳父的信中，毛奇草拟了一份详细的、涉及原则性内容的对自己的政治态度的辩解书。

18 Adolph von Moltke an Frau Pauly. Koblenz, o. D. [Mai 1848]. Abgedruckt: Ibid., S. 88-89, hier: S. 89.

19 Adolph von Moltke an Auguste von Moltke. Koblenz, 1. 5. 1848. Abgedruckt: Ibid., S. 70-72, hier: S. 70 f.

20 Ibid., hier: S. 71.

21 Bill, Brockdorff, S. 122.

22 Priesdorff (Hg.), Soldatisches Führertum, S. 412-413 (Nr. 2672), hier: S. 412. 克罗恩在街垒巷战之后前往他在迈恩的团部途中，在科布伦茨拜访了赫尔穆特·冯·毛奇。Helmuth von Moltke an Marie von Moltke. Koblenz, o. D. Abgedruckt in: Gesammelte Schriften, Bd. 6, S. 160-161, hier: S. 161.

23 Stolz, Die schleswig-holsteinische Erhebung, S. 56.

24 Irmisch, Geschichte der Stadt Itzehoe, S. 290 f.

25 Noer, Aufzeichnungen des Prinzen, S. 81.

26 Helmuth von Moltke an Adolph von Moltke. Magdeburg, 13. 7. 1849. Abgedruckt in: Gesammelte Schriften, Bd. 4, S. 131-134, hier: S. 134.

27 Lapp, Friedrich Joachim von Moltke, S. 57.

28 Friedrich von Moltke an Helmuth von Moltke. Apenrade, 2. 7. 1844. Abschrift. GStAPK Berlin-Dahlem, Familienstiftung Moltke Nr. 25, Brief Nr. 51.

29 Zitiert nach: Schultz Hansen, Demokratie oder Nationalismus, S. 449.

30 Ibid., S. 443.

31 Lapp, Friedrich Joachim von Moltke, S. 33.

32 Moltke (d. Ä.), Militärische Werke, S. 25.

33 W. S., Erinnerungen, S. 63.

34 August Friedrich von Krohn an Adolph von Moltke. Kiel, 5. 8. 1850. Abgedruckt in: Der handschriftliche Nachlass Adolph von Moltkes, S. 147-148, hier: S. 147.

35 Moltke (d. Ä.), Militärische Werke, S. 11.

36 Schlürmann, Die Schleswig-Holsteinische Armee, S. 535.

37 Lapp, Friedrich Joachim von Moltke, S. 33 f.

38 Schwalm, Volksbewaffnung, S. 238.

39 Zitiert nach: Ibid., S. 238.

40　Ibid., S. 236 ff.
41　据小约翰·伯特在 1850 年 6 月的记述，毛奇向他"展示了一个前景，似乎要从当前德国的煽动性喧闹中退出；他非常详细地询问了一切（社会的和自然的）情况、温度、山的高度、生产、植被，简单说，很有那么一种样子，仿佛他要将这些具体细致的问题与一个实践目标相联系；但后来自从君主制又得到加强，秩序回归，他大概完全放弃了这样的想法"。小约翰·伯特致奥古斯特·冯·毛奇。St. Johns/St. Croix, 10. 6. 1850. Abgedruckt in: Der handschriftl iche Nachlass Adolph von Moltkes, S. 172-175, hier: S. 174.
42　John Burt Junior an Auguste von Moltke. Kopenhagen, 27. 4. 1858. Abgedruckt: Ibid., S. 175-177, hier: S. 176.
43　Zitiert nach: Kessel, Moltke, S. 200.
44　Helmuth von Moltke an Adolph von Moltke. Koblenz, 13. 1. 1848. Abgedruckt in: Gesammelte Schriften, Bd. 4, S. 117-118, hier: S. 117.
45　Helmuth von Moltke an Adolph von Moltke. Magdeburg, 9. 9. 1884. Abgedruckt: Ibid., S. 123-125, hier: S. 123. «Allein mit Sorge erfüllt es mich, zu denken, dass Du in der, wie es scheint, so ganz revolutionären, verfassungsgebenden Versammlung sein solltest.»
46　Adolph von Molke an Helmuth von Moltke, 16. 9. 1848. Zitiert nach: Kessel, Moltke, S. 199. 邦国制宪会议（120 名议员）的选举在 1848 年 7 月 24 日举行。在弗莱科比尔选区（石勒苏益格公国），提名了一位"毛奇伯爵"，他不是选出来的。在希斯比尔选区（石勒苏益格公国），毛奇-格林霍茨伯爵落选了。阿道夫·冯·毛奇错误地被称为"伯爵"，他把路易森隆德登记为居住地，既是平讷贝格选区（荷尔斯泰因公国），又是巴尔考选区（荷尔斯泰因公国）的候选人。他在巴尔考选区当选，参见 Skambraks, Die Entstehung des Staatsgrundgesetzes, S. 237 ff。
47　赫尔穆特·冯·毛奇于 1848 年 8 月 3 日回复了阿道夫·冯·毛奇 1848 年 7 月 30 日从基尔写给他的信，信中他作为邦国制宪议会的成员在开幕会议前公开宣称，想要在制宪会议中占一个"搅局者的位置"，也就是要遏制自由民主派的企图。参见 Helmuth von Moltke an Adolph von Moltke. Berlin, 3. 8. 1848. Abgedruckt in: Gesammelte Schriften, Bd. 4, S. 121-122, hier: S. 122。
48　Helmuth von Moltke an Adolph von Moltke, Magdeburg, 9. 9. 1848. Abgedruckt in: Gesammelte Schriften, Bd. 6, S. 123-125, hier: S. 123.

49　Zitiert nach: Weimar, Waffenstillstand, S. 47.
50　Ibid., S. 42 f. 毛奇一开始很可能只是作为共同政府的政府方成员的代表从属于这个机构，后来在放弃毛奇-努特绍并且重新进行人员谈判之后，自己登上了一个政府职位。交到谈判代表冯·比洛手中的名单上也有来自伊策霍埃的毛奇-格林霍茨伯爵。
51　Ibid., S. 102. Moltkes Ablehnung der Nominierung: Adolph von Moltke an Heintze. O. o., o. D. Entwurf. Abgedruckt in: Adolphs Berliner Mission.
52　Ibid.
53　Helmuth von Moltke an Adolph von Moltke. Berlin, 3. 8. 1848. Abgedruckt in: Gesammelte Schriften, Bd. 6, S. 121-122, hier: S. 121.
54　Regling, Die Anfänge des Sozialismus, S. 56.
55　Gemeinsame Regierung an Adolph von Moltke. Gottorf, 1. 12. 1848. Abgedruckt in: Adolphs Berliner Mission.
56　Jacobsen an Adolph von Moltke. Schleswig, 11. 11. 1848. Abgedruckt: Ibid.
57　Adolph von Moltke an Auguste von Moltke. Berlin, 8. 12. 1848. Abgedruckt in: Der handschriftliche Nachlass Adolph von Moltkes, S. 72.
58　Theodor Graf von Reventlow-Jersbek und Wilhelm Beseler an Adolph von Moltke. Gottorf, 4. 12. 1848. Abgedruckt in: Adolphs Berliner Mission. 五十名石勒苏益格-荷尔斯泰因炮兵的先头兵在1848年12月3日的《石勒苏益格-荷尔斯泰因报》上声明与第七营的起义部队团结一致，博宁曾经对这个部队进行了纪律处分。
59　Theodor Graf von Reventlow-Jersbek an Adolph von Moltke. Gottorf, 4. 12. 1848. Abgedruckt in: Adolphs Berliner Mission.
60　Jacobsen an Adolph von Moltke. Schleswig, 11. 11. 1848. Abgedruckt: Ibid.; Harbon an Adolph von Moltke. Schleswig, 9. 12. 1848. Abgedruckt: Ibid.
61　Karl Friedrich Samwer an Adolph von Moltke. Schleswig, 6. 12. 1848. Abgedruckt: Ibid.
62　Außenminister von Harbon an Adolph von Moltke. Schleswig, 9. 12. 1848. Abgedruckt: Ibid.
63　Zur Rücktrittsdrohung Bonins: Heintze an Adolph von Moltke. Schleswig, 11. 12. 1848. Abgedruckt: Ibid. Zur möglichen Auflösung des Pionierverbandes: Theodor Graf Reventlow-Jersbek an Adolph von Moltke. Schleswig, 11. 12. 1848. Abgedruckt: Ibid.

第六章 反动

1　Weimar, Waffenstillstand, S. 300.
2　Friedrich Graf Reventlow und Wilhelm Beseler an Theodor Graf von Reventlow-Jersbek und Adolph von Moltke. Gottorf, 1. 4. 1849. Abgedruckt in: Adolphs Berliner Mission.
3　Zitiert nach: Clarke, Preußen, S. 565.
4　Paul Boysen an Adolph von Moltke. Schleswig, 24. 4. 1849; Paul Boysen an Adolph von Moltke. Schleswig, 20. 7. 1849. Abgedruckt in: Adolphs Berliner Mission.
5　Treitschke, Deutsche Geschichte, S. 561.
6　Dössel, Stadt und Kirchspiel Barmstedt, S. 121 ff.
7　Schultz Hansen, Demokratie oder Nationalismus, S. 429.
8　Sachse, Die Anfänge der preußischen Verwaltung, S. 97. Zur Streichung der Sporteln: Adolph von Moltke an Auguste von Moltke. Berlin, 5. 8. 1849. Abgedruckt in: Der handschriftliche Nachlass Adolph von Moltkes, S. 74-76, hier: S. 75.
9　Marie von Moltke an Auguste von Moltke. Magdeburg, 6. 4. 1849. Abgedruckt: Ibid., S. 73-74, hier: S. 73.
10　Theodor Graf von Reventlow-Jersbek an Adolph von Moltke. Jersbek, 4. 7. 1849. Abgedruckt in: Adolphs Berliner Mission.
11　Adolph von Moltke an Auguste von Moltke. Berlin, 16. 8. 1849. Abgedruckt in: Der handschriftliche Nachlass Adolph von Moltkes, S. 76-77, hier: S. 76 f.
12　Getauft am 21. April 1850: Ibid., S. 80.
13　Friedrich Graf von Reventlow an Adolf von Moltke. Schleswig, 8. 8. 1849. Abgedruckt in: Adolphs Berliner Mission.
14　Adolph von Moltke an Auguste von Moltke. Berlin, 19. 8. 1849. Abgedruckt in: Der handschriftliche Nachlass Adolph von Moltkes, S. 77-78, hier: S. 78.
15　Friedrich Graf von Reventlow an Adolph von Moltke. Schleswig, 8. 8. 1849. Abgedruckt in: Adolphs Berliner Mission.
16　Helmuth von Moltke an Ludwig von Moltke. Magdeburg, 27. 9. 1849. Abgedruckt in: Gesammelte Schriften, Bd. 4, S. 273-276, hier: S. 273.
17　Rochus von Liliencron an Auguste von Moltke. Berlin, 31. 8. 1849. Abgedruckt in: Adolphs Berliner Mission.

18 Friedrich August von Krohn an Auguste von Moltke. Ballenstedt, 20. 3. 1855. Abgedruckt in: Der handschriftliche Nachlass Adolph von Moltkes, S. 162-164, hier: S. 163.
19 Friedrich Graf von Reventlow an Adolph von Moltke. Schleswig, 16. 7. 1849. Abgedruckt in: Adolphs Berliner Mission.
20 Paul Boysen an Adolph von Moltke. Schleswig, 20. 7. 1849. Abgedruckt: Ibid.
21 Scharff, Wesen und Bedeutung, S. 22.
22 Abgedruckt in: Lapp, Friedrich Joachim von Moltke, S. 35.
23 Zitiert nach: Ibid., S. 38.
24 Helmuth von Moltke an Ludwig von Moltke. Magdeburg, 15. 1. 1850. Abgedruckt in: Gesammelte Schriften, Bd. 4, S. 276-279, hier: S. 277.
25 Adolph von Moltke an Auguste von Moltke. Flensburg, 18. 5. 1851. Abgedruckt in: Der handschriftliche Nachlass Adolph von Moltkes, S. 81.
26 Helmuth von Moltke an Otto von Bismarck. Louisenlund, 15. 6. 1864. Abgedruckt in: Boysen, Moltke und Bismarck, S. 354. Zu den Bedenken Reventlows: Theodor Graf von Reventlow an Adolph von Moltke. Jersbek, 19. 4. 1851. Abgedruckt in: Adolphs Berliner Mission.
27 Adolph von Moltke an Auguste von Moltke. Flensburg, 18. 5. 1851. Abgedruckt in: Der handschriftliche Nachlass Adolph von Moltkes, S. 81.
28 Helmuth von Moltke an Adolph von Moltke, Nov. 1851. Zitiert nach: Lapp, Friedrich Joachim von Moltke, S. 40.
29 Adolph von Moltke an Auguste von Moltke. Rantzau, 22. 8. 1852. Abgedruckt in: Der handschriftliche Nachlass Adolph von Moltkes, S. 85-86, hier: S. 85.
30 Bohn, Dänische Geschichte, S. 99.
31 Bill, Brockdorff, S. 122. Zum Amt des Itzehoer «Polizeimeisters»: Irmisch, Persönlichkeiten und Geschichten, S. 114 f.
32 Rumohr, Schlösser, S. 370.
33 Abschrift der Ernennungsurkunde von 1857, in: Landesarchiv SchleswigHolstein Abt. 80 Ministerium für das Herzogtum Holstein Nr. 236.
34 Helmuth von Moltke an Marie von Moltke. Breslau, 25. 4. 1857. Abgedruckt in: Gesammelte Schriften, Bd. 6, S. 291.
35 Bericht des «Pinneberger Wochen-Blattes» über die Pensionierung des Landrats Adolph von Moltke v. 12. 5. 1870, in: Pinneberger Wochen-Blatt für Pinneberg, Blankenese, Wedel und Barmstadt, Nr. 41 v. 21. 5. 1870.

36 Zitiert nach: Rütten, Preußen und die Revolution, S. 131.
37 Zitiert nach: Herre, Moltke, S. 129.
38 Helmuth von Moltke an Jeanette von Brockdorff. 29. 3. 1848. Zitiert nach: Stadelmann, Moltke, S. 103.
39 Helmuth von Moltke an Marie von Moltke. Berlin, 2. 7. 1848. Abgedruckt in: Gesammelte Schriften, Bd. 6, S. 161-163, hier: S. 162.
40 Zitiert nach: Stadelmann, Moltke, S. 107.
41 Helmuth von Moltke an Adolph von Moltke. Berlin, 3. 8. 1848. Abgedruckt in: Moltke, Gesammelte Schriften, Bd. 6, S. 121-122, hier: S. 121 f.
42 Helmuth von Moltke an Adolph von Moltke. Magdeburg, 9. 11. 1848. Abgedruckt in: Gesammelte Schriften, Bd. 4, S. 123-125, hier: S. 123 f.
43 Adolph von Moltke, Paralipomena, abgedruckt in: Der handschriftliche Nachlass Adolph von Moltkes, S. 90-91, hier: S. 90.
44 Schieder, 1848/49, S. 34 f.
45 Siemann, Gesellschaft im Aufbruch, S. 309.
46 Adriansen, Der Dreijährige Krieg, S. 187.
47 Helmuth von Moltke an Ludwig von Moltke. Magdeburg, 27. 9. 1849. Abgedruckt in: Gesammelte Schriften, Bd. 4, S. 273-276, hier: S. 275.

第七章 阿尔森岛

1 Dann, Nation und Nationalismus, S. 146; Wehler, Deutsche Gesellschaftsgeschichte, Bd. 3, S. 68.
2 Jaeger/Rüsen, Geschichte des Historismus, S. 91.
3 Flacke (Hg.), Mythen der Nationen.
4 Biefang, Politisches Bürgertum.
5 John Burt Junior an Auguste von Moltke. Berlin, 7. 3. 1841. Abgedruckt in: Der handschriftliche Nachlass Adolph von Moltkes, S. 171-172, hier: S. 171.
6 Mary Burt an Helmuth von Moltke. Itzehoe, 17. 2. 1842. Abschrift. GStAPK Berlin-Dahlem, Familienstiftung Moltke Nr. 25, Brief Nr. 32.
7 Marie von Moltke an Helmuth von Moltke. Capo di Monte, 4. 11. 1846. Abschrift. GStAPK Berlin-Dahlem, Familienstiftung Moltke Nr. 25, Brief Nr. 57.
8 Marie von Moltke an Helmuth von Moltke. Capo di Monte, 4. 11. 1846. Abschrift. GStAPK Berlin-Dahlem, Familienstiftung Moltke Nr. 25, Brief Nr. 57.

9　Kessel, Moltke, S. 178.
10　Marie von Moltke an Helmuth von Moltke. Berlin, 18. 8. 1857. BA-MA Freiburg N 16/11, fol. 113.
11　Helmuth von Moltke an Marie von Moltke. Berlin, 25. 6. 1844. Abgedruckt in: Gesammelte Schriften, Bd. 6, S. 98-100, hier: S. 99.
12　Marie von Moltke an Helmuth von Moltke. Capo di Monte, 18. 11. 1846. Abschrift. GStAPK Berlin-Dahlem, Familienstiftung Moltke Nr. 25, Brief Nr. 58.
13　Zitiert nach: Brockdorff, Marie von Moltke, S. 126.
14　Mary Burt an Helmuth von Moltke. Itzehoe, 12. 11. 1841. Abschrift. GStAPK Berlin-Dahlem, Familienstiftung Moltke Nr. 25, Brief Nr. 23.
15　Brockdorff, Marie von Moltke, S. 84.
16　Ibid., S. 94.
17　Helmuth von Moltke an Marie von Moltke. Magdeburg, 11. 1. 1850. Abgedruckt in: Gesammelte Schriften, Bd. 6, S. 172-173, hier: S. 173.
18　Helmuth von Moltke an Marie von Moltke. Hamburg, 27. 10. 1846. Abgedruckt: Ibid., S. 126-132, hier: S. 129.
19　Helmuth von Moltke an Marie von Moltke. Berlin, 8. 11. 1846. Abgedruckt in: Gesammelte Schriften, Bd. 6, S. 132-136, hier: S. 133.
20　Die große farbige Enzyklopädie Urania-Pflanzenreich. Blütenpflanzen, Berlin 2000, S. 526 f.
21　Hall, Slave Society, S. 208 ff.
22　John Burt Junior an Auguste von Moltke. St. Johns/St. Croix, 10. 6. 1850. Abgedruckt in: Der handschriftliche Nachlass Adolph von Moltkes, S. 172-175.
23　[Heyliger Burt], En Stemme.
24　Brockdorff, Marie von Moltke, S. 69.
25　Helmuth von Moltke an Ludwig von Moltke. O. O., 27. 9. 1849. Abgedruckt in: Gesammelte Schriften, Bd. 4, S. 275.
26　Stadelmann, Moltke, S. 395 ff.
27　Zitiert nach: Herre, Moltke, S. 165.
28　Zitiert nach: Ibid., S. 168.
29　Brockdorff, Marie von Moltke, S. 71.
30　Helmuth von Moltke an Marie von Moltke. Peterhof, 18. 8. 1856. Abgedruckt in: Gesammelte Schriften, Bd. 6, S. 275-276, hier: S. 276.

31　Ibid.
32　Marie von Moltke an Helmuth von Moltke. O. O., o. D. [Berlin, Ende Dez. 1856]. BA-MA Freiburg N 16/11, fol. 119.
33　Ibid., fol. 120.
34　Marie von Moltke an Helmuth von Moltke. Altona, 15. 7. 1857. BA-MA Freiburg N 16/11, fol. 101.
35　Marie von Moltke an Helmuth von Moltke. Flensburg, 28. 5. 1857. BA-MA Freiburg N 16/11, fol. 94.
36　Munch, Lord William Russell.
37　Kessel, Moltke, S. 229.
38　Helmuth von Moltke an Marie von Moltke. Flensburg, 17. 11. 1864. Abgedruckt in: Gesammelte Schriften, Bd. 6, S. 431-432, hier: S. 431.
39　Helene Bröker an Helmuth von Moltke. Uetersen, 10. 1. 1854. BA-MA Freiburg N 16/86, fol. 6.
40　Helene Bröker an Helmuth von Moltke. Uetersen, 2. 1. 1858. BA-MA Freiburg N 16/86, fol. 2.
41　Helene Bröker an Helmuth von Moltke. Uetersen, 7. 12. 1856. BA-MA Freiburg N 16/86, fol. 3.
42　Helmuth von Moltke an Lene Bröker. Berlin, 16. 4. 1872. BA-MA Freiburg N 16/43, Bl. 3.
43　Zitiert nach: Herre, Moltke, S. 171.
44　Georg Heinrich von Berenhorst an Georg Freiherr von Valentini. Dessau, 15. 7. 1812. Zitiert nach: E. v. Bülow (Hg.), Aus dem Nachlasse, S. 335.
45　Zitiert nach: Raumer, Deutschland um 1800, S. 95. Zur wissenschaftlichen Debatte um Vorläufer des «Totalen Krieges»: Wolfrum, Krieg und Frieden, S. 95 ff.
46　Bericht des englischen Generals Sir Robert Wilson, zitiert nach: Kleßmann (Hg.), Napoleons Rußlandfeldzug, S. 276.
47　Bremm, Von der Chaussee zur Schiene; Showalter, Railroads and Rifles, S. 29 ff.
48　Petter, Die Roonsche Heeresreorganisation, S. 215; Walter, Roonsche Reform.
49　Zitiert nach: Bismarck, Reden, S. 139 f.
50　Zitiert nach: Clark, Preußen, S. 595.
51　Proklamation des Herzogs Friedrich. Schloss Dolzig, 16. 11. 1863. Zitiert nach:

Löding, Theodor Storm, S. 112; Wolf, Herzog Friedrich von Augustenburg; Hagenah, 1863, S. 321 ff.
52 Scharff, Vom übernationalen zum nationalen Staat.
53 Löding, Theodor Storm, S. 113 f.
54 Otto von Bismarck, zitiert nach: Palmer, Bismarck, S. 145.
55 Hegermann-Lindencrone, Erinnerungen, S. 249 f.
56 Henrici, Lebenserinnerungen eines Schleswig-Holsteiners, S. 67.
57 Denkschrift Adolph von Moltkes zur Lage der königlich-dänischen Beamten in den Herzogtümern Holstein und Lauenburg. Rantzau, 9. 6. 1864. Abgedruckt in: Boysen, Moltke und Bismarck S. 359.
58 Kessel, Moltke, S. 372.
59 Allgemeine Kirchliche Zeitschrift, S. 406; Schultz Hansen, Demokratie oder Nationalismus, S. 454.
60 Angelow, Von Wien nach Königgrätz, S. 233.
61 Henrici, Lebenserinnerungen, S. 72.
62 Liste der Dokumente, S. 2.
63 Ibid.
64 Zitiert nach: Löding, Theodor Storm, S. 116.
65 Zitiert nach Hauser, Preußische Staatsräson, S. 26.
66 Clark, Preußen, S. 601.
67 Adriansen, «… werden die Dänen stehen, werden sie aushalten?», S. 30.
68 Helmuth von Moltke an Marie von Moltke. Apenrade, 30. 7. 1864. Abgedruckt in: Gesammelte Schriften, Bd. 6, S. 412-414, hier: S. 414.
69 Der Idstedt-Löwe, S. 85.
70 Helmuth von Moltke an Henry Burt. Flensburg, o. D. Abgedruckt in: Gesammelte Schriften, Bd. 6, S. 388-389, hier: S. 389.
71 Helmuth von Moltke an Marie von Moltke. Apenrade, 6. 8. 1864. Abgedruckt: Ibid., S. 414-418, hier: S. 417.
72 Marie von Moltke an Helmuth von Moltke. Berlin, 8. 10. 1867 [?]. BA-MA Freiburg N 16/11, Bl. 121.
73 Helmuth von Moltke an Lene Bröker. Berlin, 1. 9. 1863. BA-MA Freiburg N 16/43, Bl. 13.
74 Helmuth von Moltke an Henry Burt. Flensburg, 15. 2. 1864. Abgedruckt in: Gesammelte Schriften, Bd. 6, S. 387-388.

75 Denkwürdigkeiten aus dem Leben des Grafen Roon, S. 169.
76 Helmuth von Moltke an Henry Burt. Berlin, 22. 3. 1864. Abgedruckt in: Gesammelte Schriften, Bd. 6, S. 390-391, hier: S. 390.
77 Marie von Moltke an Helmuth von Moltke. Berlin, 20. 8. 1857. BA-MA Freiburg N 16/11, Bl. 116. Zum Besuch Marie Moltkes 1864 in Cismar: Brockdorff, Marie von Moltke, S. 101.
78 Zitiert nach: Brockdorff, Marie von Moltke, S. 106. Zu Brockdorff in Cismar: Bill, Cai Lorenz Freiherr von Brockdorff, S. 115-117 u. 122.
79 Helmuth von Moltke an Marie von Moltke. Louisenlund, 21. 6. 1864. Abgedruckt in: Gesammelte Schriften, Bd. 6, S. 399-400, hier: S. 400.
80 Vor 70 Jahren. Moltkes letzter Aufenthalt in Schleswig, in: Schleswiger Nachrichten v. 6. 10. 1957; Eine Schleswiger Mutter, in: Schleswiger Nachrichten v. 18. 5. 1937.
81 Helmuth von Moltke an Marie von Moltke. Louisenlund, 21. 6. 1864. Abgedruckt in: Gesammelte Schriften, Bd. 6, S. 399-400, hier: S. 399.
82 Boysen, Moltke und Bismarck, S. 354; Gerd Stolz, Moltke in seinen familiären Bindungen, S. 424.
83 Zitiert nach: Boysen, Moltke und Bismarck, S. 361.
84 Otto von Bismarck an Helmuth von Moltke. Karlsbad, 23. 6. 1864. Abgedruckt: Ibid., S. 362 f.
85 Helmuth von Moltke an Marie von Moltke. Hauptquartier Apenrade, 3. 7. 1864. Abgedruckt in: Gesammelte Schriften, Bd. 6, S. 400-409, hier: S. 404.
86 Zitiert nach: Ibid., S. 400.
87 Helmuth von Moltke an Marie von Moltke. Hauptquartier Apenrade, 15. 7. 1864. Abgedruckt: Ibid., S. 410-412, hier: S. 411.
88 Helmuth von Moltke an Marie von Moltke. Hauptquartier Apenrade, 30. 7. 1864. Abgedruckt: Ibid., S. 412-414, hier: S. 413.
89 Helmuth von Moltke an Marie von Moltke. Flensburg, 16. 9. 1864. Abgedruckt: Ibid., S. 422-424, hier: S. 422.
90 Helmuth von Moltke an Marie von Moltke. Flensburg, 24. 10. 1864. Abgedruckt: Ibid., S. 426-427, hier: S. 427.
91 Helmuth von Moltke an Marie von Moltke. Flensburg, 28. 10. 1864. Abgedruckt: Ibid., S. 427-428, hier: S. 428.
92 Helmuth von Moltke an Marie von Moltke. Flensburg, 6. 11. 1864. Abgedruckt:

Ibid., S. 429-430, hier: S. 430.
93 Helmuth von Moltke an Marie von Moltke. Flensburg, 6. 11. 1864. Abgedruckt: Ibid., S. 430-431, hier: S. 431; Helmuth von Moltke an Marie von Moltke. Hamburg, 17. 11. 1864. Abgedruckt: Ibid., S. 431-432, hier: S. 431.
94 Helmuth von Moltke an Henry Burt. Berlin, 7. 6. 1865. Abgedruckt: Ibid., S. 443-444, hier: S. 444.
95 Vries, Bismarck, S. 114.
96 Gedächtnisvermerk Adolph von Moltkes [1864]. Abgedruckt in: Der handschriftliche Nachlass Adolph von Moltkes, S. 206-207.
97 Helmuth von Moltke an Adolph von Moltke. Frankfurt, 22. 11. 1864. Abgedruckt: Ibid., S. 139.
98 Adolph von Moltke an Auguste von Moltke. Berlin, 16. 8. 1849. Abgedruckt: Ibid., S. 76-77, hier: S. 77.
99 Helmuth von Moltke d. J. an Marie von Kulmitz. S. M. Yacht Hohenzollern. Odde, 31. 7. 1909. BA-MA Freiburg N 78/41; Helmuth von Moltke d. J. an Marie von Kulmitz. Berlin, 3. 6. 1909. BA-MA Freiburg N 78/41.
100 Helmuth von Moltke d. J. an Marie von Kulmitz. Berlin, 10. 10. 1913. BA-MA Freiburg N 78/41.
101 Helmuth von Moltke an Marie von Moltke. Rantzau, 2. 1. 1850. Abgedruckt in: Gesammelte Schriften, Bd. 6, S. 168-169, hier: S. 169.
102 Helmuth von Moltke an Wilhelm von Moltke. Flensburg, 1. 11. 1864. BA-MA Freiburg N 16/37, Bl. 82.
103 Friedrich Joachim von Moltke an Adolph von Moltke. Flensburg, 30. 8. 1866. Abgedruckt in: Der handschriftliche Nachlass Adolph von Moltkes, S. 136-137, hier: S. 136.
104 Zitiert nach: Dressler, Moltke in seiner Häuslichkeit, S. 17.
105 John Burt Junior an Auguste von Moltke. Kopenhagen, 27. 4. 1858. Abgedruckt in: Der handschriftliche Nachlass Adolph von Moltkes, S. 175-177, hier: S. 177.
106 Kaack, Ratzeburg, S. 269.
107 Zitiert nach: Bohn, Geschichte Schleswig-Holsteins, S. 94.
108 Röhl, Wilhelm II., Bd. 1, S. 138.
109 Becker, Bilder von Krieg und Nation, S. 135; Reinhardt, Preußen, S. 7 ff.

第八章 两场战争

1 Zitiert nach: Craig, Königgrätz, S. 117.
2 Ibid., S. 8.
3 Zitiert nach: Kessel, Moltke, S. 479.
4 Zitiert nach: Craig, Königgrätz, S. 36.
5 Zitiert nach: Ibid., S. 136.
6 Helmuth von Moltke an Marie von Moltke. Horsitz, 4. 7. 1866. Abgedruckt in: Gesammelte Schriften, Bd. 6, S. 445-449, hier: S. 448.
7 Zitiert nach: Craig, Königgrätz, S. 178. Zu Königgrätz: Becker, «Getrennt marschieren, vereint schlagen»; Kessel (Hg.), Helmuth von Moltke, S. 50-78.
8 Zitiert nach: Craig, Königgrätz, S. 11.
9 Clark, Preußen, S. 613.
10 Burchardt, Helmuth von Moltke, S. 26.
11 Matuschka/Petter, Organisationsgeschichte der Streitkräfte, S. 302 f.
12 Craig, Königgrätz, S. 9; Zuber, The Moltke Myth, S. 224; Showalter, Railroads and Rifles, S. 334.
13 Showalter, Railroads and Rifles, S. 224.
14 Zitiert nach: Herre, Moltke, S. 216.
15 Bismarck, Gedanken und Erinnerungen, S. 345.
16 Winkler, Bürgerliche Emanzipation, S. 235.
17 Helmuth von Moltke an Marie von Moltke. Landeck, 14. 7. 1867. Abgedruckt in: Gesammelte Schriften, Bd. 6, S. 463-464, hier: S. 464.
18 Helmuth von Moltke an Eduard Ballhorn. Berlin, 8. 8. 1866. Abgedruckt: Ibid., S. 457-458, hier: S. 457 f.
19 Helmuth von Moltke, Kurze Familiengeschichte, in: Gesammelte Schriften, Bd. 1, S. 3.
20 Brockdorff, Marie von Moltke, S. 113.
21 Zitiert nach: Herre, Moltke, S. 251.
22 Helmuth von Moltke an Adolph von Moltke. Berlin, 9. 7. 1848, abgedruckt in: Gesammelte Schriften, Bd. 4, S. 119-121, hier: S. 119 f.
23 Kessel, Moltke, S. 496.
24 Zitiert nach: Sachse, Die Anfänge der preußischen Verwaltung, S. 99.
25 Sachse, Landräte in Pinneberg, S. 119.

26　Ibid., S. 115.
27　Zitiert nach: Kessel, Moltke, S. 497.
28　Sachse, Die Anfänge der preußischen Verwaltung, S. 102.
29　Beig, Kultur.
30　Sachse, Landräte in Pinneberg, S. 120.
31　Vries, Bismarck und Lauenburg, S. 156. 32
32　Kaack, Ratzeburg, S. 274. 政府候补文职人员古斯塔夫·珀尔跟路易斯的女儿贝蒂结婚。
33　Storjohann, Personalhistorische Studie, S. 59 ff.
34　Helmuth von Moltke an Wilhelm von Moltke. O. O., o. D. BA-MA Freiburg N 16/37, Bl. 8.
35　Brockdorff, Marie von Moltke, S. 116.
36　Guste Burt an Auguste von Moltke. Berlin, 7. 1. 1869. Abgedruckt in: Gesammelte Schriften, Bd. 6, S. 477-479, hier: S. 477.
37　Brockdorff, Marie von Moltke, S. 117.
38　Schuffer an Marie von Moltke. BA-MA Freiburg N 16/47, Bl. 88.
39　Helmuth von Moltke an Fritz von Moltke. Berlin, 22. 12. 1868. Abgedruckt in: Gesammelte Schriften, Bd. 6, S. 473-476, hier: S. 473 f.
40　Guste Burt an Auguste von Moltke. Berlin, 7. 1. 1869. Abgedruckt: Ibid., S. 477-479, hier: S. 477.
41　Zitiert nach: Kessel, Moltke, S. 499.
42　Zitiert nach: Brockdorff, Marie von Moltke, S. 121.
43　Sophie von Terkenz [?] an Helmuth von Moltke. O. O., 25. 1. 1869. BA-MA Freiburg N 16/47, Bl. 22.
44　Louis von Moltke an Helmuth von Moltke. Ratzeburg, 25. 12. 1868, BA-MA Freiburg N 16/47, Bl. 40.
45　Helene Bröker an Helmuth von Moltke. Uetersen, 26. 12. 1868. BA-MA Freiburg N 16/86, Bl. 7.
46　Prinz Friedrich Karl von Preußen an Helmuth von Moltke. Berlin, 24. 12. 1868. BA-MA Freiburg N 16/47, Bl. 5.
47　Graf Bethusy-Huc an Helmuth von Moltke. Langenhof bei Wernstadt, 26. 12. 1868. BA-MA Freiburg N 16/47, Bl. 9; Karl Freiherr von Vincke an Helmuth von Moltke. Berlin, 25. 12. 1868. BA-MA Freiburg N 16/47, Bl. 39; Baron von Scheel-Plessen an Helmuth von Moltke. Kiel, 27. 12. 1868. BA-MA Freiburg N

16/47, Bl. 43.
48 Jeannette von Brockdorff an Helmuth von Moltke. Segeberg, 27. 1. 1869. BA-MA Freiburg N 16/47, Bl. 74.
49 Zitiert nach: Brockdorff, Marie von Moltke, S. 122 f.
50 Zitiert nach: Ibid., S. 125.
51 Sachse, Die Anfänge der preußischen Verwaltung, S. 53-69, hier: S. 55.
52 Anonym [Helmuth von Moltke d. J.?], Stilleben in Creisau. O. O., o. D. Abgedruckt in: Gesammelte Schriften, S. 223-259, hier: S. 233 ff.
53 Ibid., S. 233 f.
54 Wetzel, Duell der Giganten, S. 164.
55 Bastiaan Schot, Die Entstehung des Deutsch-Französischen Krieges, S. 279 ff.
56 "他欢迎在西班牙发生的革命，这个革命非常有助于维护和平，它会让拿破仑束手无策，能够起到药膏的作用。'这件西班牙恼人的事情真是棒！'他一点也不反对，如果在那里宣布成立共和国，因为这会是——除了奥尔良的王子有了获取西班牙王冠的机会以外——让拿破仑最为害怕，同时也最能阻止他的事情。伯恩哈迪的日记。时间为1868年11月24日。Abgedruckt in: J. Becker (Hg.), Bismarcks spanische «Diversion», Bd. 1, S. 64-65, Nr. 44, hier: S. 64.
57 Für Kronprinz Friedrich Wilhelm bestimmtes Votum Moltkes beim «Geheimen Conseil» vom 15. März 1870. Berlin, 22. 3. 1870. Abgedruckt: Ibid., S. 421-422, Nr. 253, hier: S. 422.
58 Zu den innenpolitischen Hintergründen in Frankreich: Willms, Napoleon III., S. 223 ff.
59 Aufzeichnungen Herbert von Bismarcks aus dem Frühjahr 1871 über das Essen bei dem Bundeskanzler am Abend des 12. Juli 1870. Abgedruckt in: J. Becker (Hg.), Bismarcks spanische «Diversion», Bd. 3, S. 29-31, Nr. 835, hier: S. 31.
60 Ibid., S. 30.
61 毛奇在1870年7月16日甚至公开地透露了这个意图，《马格德堡报》报道过。参见Wetzel, Duell der Giganten, S. 175。多份资料（*Stilleben in Creisau*, Bismarcks *Gedanken und Erinnerungen*, Eulenburgs Erzählung gegenüber Walker）清楚地表明，毛奇可能在7月12日就已经在俾斯麦面前表达过这一观点。
62 Erzählung von Innenminister zu Eulenburg über die Geschehnisse am 12.-14. Juli 1870 nach einem Bericht des britischen Militärattachés in

注释 409

Berlin, C. P. Beauchamp Walker, mit dessen Interpretation des Berliner Entscheidungsprozesses in der Julikrise 1870. Abgedruckt in: J. Becker (Hg.), Bismarcks spanische «Diversion», Bd. 3, S. 24-25, hier: S. 25.

63　Bucholz, Moltke, Schlieffen and Prussian War Planning, S. 47-57.

64　Bismarck, Gedanken und Erinnerungen, S. 345.

65　据约瑟夫·贝克尔的看法，在普鲁士一方，战争的"骰子"并不是格拉蒙特通过大使贝内德蒂给威廉国王发出挑衅性要求——"永远"放弃——后才掷下的，而是在 1870 年 7 月 12 日的一次在柏林举行的非正规的"作战会议"上就定下来了。参见 J. Becker (Hg.), Bismarcks spanische «Diversion», Bd. 3, Einleitung, S. XI-XXXV, hier: S. XIII。但这在贝克尔编辑的这本贡献很大的一手资料集中找不到任何支撑材料。与此相反，俾斯麦在收到了有关放弃王位的消息后决定回到瓦尔津，想继续度假。参见 Tagebuch Innenminister zu Eulenburg (Berlin) zum 12. Juli 1870. Abgedruckt: Ibid., S. 23-24, Nr. 834, hier: S. 24。

66　Aufzeichnungen Herbert von Bismarcks, S. 31.

67　[Zum 12. Juli 1870] Tagebuch Innenminister zu Eulenburg (Berlin). Abgedruckt in: J. Becker (Hg.), Bismarcks spanische «Diversion», Bd. 3, S. 23-24.

68　Zitiert nach: Kessel (Hg.), Helmuth von Moltke, S. 127, Anm. 1.

69　Wetzel, Duell der Giganten, S. 98.

70　«Depesche aus Ems» und «Emser Depesche». 13-18. Juli 1870. Abgedruckt in: J. Becker (Hg.), Bismarcks spanische «Diversion», Bd. 3, S. 58-61, Nr. 854, hier: S. 61.

71　Ibid., S. 59, Anm. 2. Dort auch Hinweise auf einschlägige Forschungsliteratur; Bismarck, Gedanken und Erinnerungen, S. 344 ff.

72　Vogel, Vom linken zum rechten Nationalismus, S. 109.

73　Zitiert nach: Kessel (Hg.), Helmuth von Moltke, S. 217 f.

74　Helmuth von Moltke an Fritz von Moltke. Versailles, 12. 12. 1870. Abgedruckt in: Gesammelte Schriften, Bd. 6, S. 486-488, hier: S. 487.

75　Helmuth von Moltke d. J., Feldzugs-Erinnerungen 1870/71. Geschrieben Winter 1900. BA-MA Freiburg N 78/30, Bl. 3-203, hier: Bl. 141.

76　Ibid., Bl. 142.

77　Ibid., Bl. 143.

78　Kühlich, Die deutschen Soldaten, S. 444.

79　Förster, Helmuth von Moltke, S. 106.

80　Kühlich, Die deutschen Soldaten, S. 215 ff.; Howard, The Franco-Prussian War, S. 378 f.
81　Förster, Helmuth von Moltke, S. 109 f.
82　Zitiert nach: Ibid., S. 108.
83　Görtemaker, Bismarck und Moltke, S. 36 ff.; Anonymus, Moltke in Versailles; Salewski, Krieg und Frieden, S. 67-88.
84　Helmuth von Moltke an Fritz von Moltke. Versailles, 12. 12. 1870. Abgedruckt in: Gesammelte Schriften, Bd. 6, S. 486-488, hier: S. 487 f.
85　Helmuth von Moltke an Jeannette von Brockdorff. Versailles, 24. 12. 1870. Abgedruckt: Ibid., Bd. 6, S. 488-489, hier: S. 488.
86　Zitiert nach: Heinrich, Geschichte Preußens, S. 422.
87　Langewiesche, Nation, S. 35-54; Ders., Zum Wandel.
88　Helmuth von Moltke an Goubareff. Berlin, 10. 2. 1881. Abgedruckt in: Gesammelte Schriften, Bd. 5, S. 199-201, hier: S. 200 f.
89　Zitiert nach: Förster, Helmuth von Moltke, S. 112 f.
90　Zitiert nach: Ibid., S. 111.
91　Helmuth von Moltke an Wilhelm von Moltke. Lugano, 7. 5. 1876. BA-MA Freiburg N 16/37, Bl. 19.

第九章　毛奇崇拜

1　Helmuth von Moltke d. J. an Eliza von Moltke. Kreisau, 30. 7. 1881. Auszugsweise abgedruckt in: Meyer (Hg.), Helmuth von Moltke, Bd. 1, S. 77-79, hier: S. 77.
2　Ibid.
3　Helmuth von Moltke d. J. an Eliza von Moltke. Kreisau, 31. 7. 1881. Auszugsweise abgedruckt: Ibid., S. 79-92, hier: S. 79.
4　Ibid., hier: S. 82 f.
5　Ibid.
6　Ibid.
7　Helmuth von Moltke d. J. an Eliza von Moltke. Kiel, 7. 4. 1891. Auszugsweise abgedruckt: Ibid., S. 133-136, hier: S. 136.
8　Helmuth von Moltke an Guste von Burt. Bremerhaven, 10. 9. 1873. Abgedruckt in: Gesammelte Schriften, Bd. 6, S. 497-498, hier: S. 498.

9   Dressler, Moltke in seiner Häuslichkeit, S. 64.
10 Helmuth von Moltke an Fritz von Moltke. Berlin, 13. 6. 1871. Abgedruckt in: Gesammelte Schriften, Bd. 6, S. 490-491, hier: S. 491.
11 Zitiert nach: Dressler, Moltke in seiner Häuslichkeit, S. 116.
12 Zitiert nach: Herre, Anno 70/71, S. 259.
13 Vierhaus (Hg.), Das Tagebuch der Baronin Spitzemberg, S. 127.
14 Weigel, «Die Städte sind weiblich …».
15 Zitiert nach: Borutta, Repräsentation, S. 255.
16 Schellack, Nationalfeiertage, S. 69 ff.; Lepp, Protestantisch-liberaler Aufbruch; Vogel, Nationen im Gleichschritt, S. 37 ff., 144 ff.
17 Zitiert nach Schellack, Nationalfeiertage, S. 84.
18 François/Schulze, Einleitung, S. 16.
19 Haffner, Historische Variationen, S. 78.
20 Franz von Holtzendorff, paraphrasiert nach: Schellack, Nationalfeiertage, S. 70.
21 Langewiesche, Staatsbildung und Nationsbildung, S. 64.
22 Schellack, Nationalfeiertage, S. 88.
23 Dann, Nation und Nationalismus, S. 164.
24 «Vorwärts», zitiert nach: Schellack, Nationalfeiertage, S. 111, Anm. 1.
25 Müller, Die Deutsche Arbeiterschaft, S. 1557 f.
26 Helmuth von Moltke an Wilhelm von Moltke. Berlin, 4. 1 1890. BA-MA Freiburg N 16/37, Bl. 59.
27 Jessen, Martis et Minervae Alumnis, S. 15-46.
28 伦巴赫传记的作者温弗里德·兰克错误地称其第一任妻子是陆军元帅的"侄女"和"寡居的弟媳"，一位"弗丽达·毛奇伯爵夫人"的女儿，参见 Ranke, Franz von Lenbach, S. 281。克莱绍曾有一位冯·毛奇"女伯爵"，不过是在陆军元帅去世后。
29 Arnold, Zwischen Kunst und Kult, S. 156; Helmuth von Moltke an Wilhelm von Moltke. Kreisau, 12. 7. 1880. BA-MA Freiburg N 16/37, Bl. 18.
30 Gaehtgens, Anton von Werner und die französische Malerei, S. 49-51.
31 Gaehtgens, Anton von Werner, S. 27.
32 Reif, Einleitung, S. 14.
33 Zur Entstehungsgeschichte: Bartmann, Anton von Werner, S. 38 ff.
34 Becker, Bilder von Krieg und Nation, S. 459. Zu Werners Biographie: Baldus, Das Sedanpanorama, S. 59 ff.

35　Becker, Bilder von Krieg und Nation, S. 434.
36　Ibid., S. 347 f.
37　Wehler, Deutsche Gesellschaftsgeschichte, Bd. 3, S. 884.
38　Messerschmidt, Die politische Geschichte, S. 317. Meier-Dörnberg, Moltke.
39　Zitiert nach: Helmuth von Moltke d. J., Vorrede, in: Gesammelte Schriften, Bd. 3, S. X.
40　Großer Generalstab/Kriegsgeschichtliche Abteilung II.
41　Petter, Die Roonsche Heeresreorganisation, S. 216 f.
42　Kessel, Moltke, S. 603 ff.
43　Dressler, Moltke in seiner Häuslichkeit, S. 96.
44　Ibid., S. 15.
45　Ibid., S. 2.
46　Ibid., S. 6 f.
47　Ibid.
48　Ibid., S. 7.
49　Ibid., S. 90 f.
50　Helmuth von Moltke an Wilhelm von Moltke. Berlin, 26. 3. 1888. BA-MA Freiburg N 16/37, Bl. 52.
51　Helmuth von Moltke an Ella von Moltke. Kreisau, 3. 10. 1887. BA-MA Freiburg N 16/37, Bl. 72.
52　Zitiert nach Kohut, Moltke und die Frauen, S. 47.
53　Brockdorff, Marie von Moltke, S. VII.
54　Helmuth von Moltke an Wilhelm von Moltke. Wildbad Gastein, 24. 7. 1873. BA-MA Freiburg N 16/37, Bl. 14.
55　Zur Anwesenheit der «Kriegsministerin» im Sommer 1882: Helmuth von Moltke an Wilhelm von Moltke. Kreisau, 5. 6. 1882. BA-MA Freiburg N 16/37, Bl. 18.
56　Dressler, Moltke in seiner Häuslichkeit, S. 128 f.
57　Helmuth von Moltke an Wilhelm von Moltke. Kreisau, 5. 6. 1882. BA-MA Freiburg N 16/37, Bl. 18.
58　Helmuth von Moltke an Wilhelm von Moltke. Wildbad Gastein, 18. 8. 1882. BA-MA Freiburg N 16/37, Bl. 34.
59　Friedrich Joachim von Moltke an Adolph von Moltke. Flensburg, 30. 8. 1866. Abgedruckt in: Der handschriftliche Nachlass Adolph von Moltkes, S. 136-137,

hier: S. 136.
60 Eine tabellarische Vita Friedrich von Moltkes in: Protokolle des Preußischen Staatsministeriums, Bd. 8/ Ⅱ, S. 597.
61 http://www.uni-magdeburg.de/mbl/Biografien/1443.htm. Zugriff am 29. 5. 2010.
62 Köhler, Helmuth James von Moltke, S. 53.
63 Helmuth von Moltke an Ella von Moltke. Kreisau, 16. 6. 1883. BA-MA Freiburg N 16/37, Bl. 35.
64 Friedrich von Moltke an Henry von Burt. Berlin, 10. 9. 1891. GStAPK, Familienstiftung Moltke, Nr. 29.
65 Zitiert nach: Dressler, Moltke in seiner Häuslichkeit, S. 111.
66 Helmuth von Moltke d. J. an Eliza von Moltke. Odde, 14. 7. 1908. Auszugsweise abgedruckt in: Meyer (Hg.), Helmuth von Moltke, Bd. 1, S. 273.
67 Helmuth von Moltke d. J. an Eliza von Moltke-Huitfeldt. Berlin, 13. 11. 1877. Auszugsweise abgedruckt in: Ibid., S. 48.
68 Helmuth von Moltke an Wilhelm von Moltke. Berlin, 27. 4. 1878. BA-MA Freiburg N 16/37, Bl. 24.
69 Helmuth von Moltke d. J. an Eliza von Moltke-Huitfeldt. Berlin, 12. 1. 1878. Auszugsweise abgedruckt in: Meyer (Hg.), Helmuth von Moltke, Bd. 1, S. 51.
70 Helmuth von Moltke d. J. an Eliza von Moltke-Huitfeldt. Berlin, 4. 10. 1873. Auszugsweise abgedruckt: Ibid., S. 45.
71 Helmuth von Moltke d. J. an Eliza von Moltke. Vichel, 11. 7. 1880. Auszugsweise abgedruckt: Ibid., S. 72.
72 Helmuth von Moltke an Wilhelm von Moltke. Berlin, 23. 12. 1866. BA-MA Freiburg N 16/37, Bl. 7.
73 Helmuth von Moltke an Wilhelm von Moltke. Berlin, 7. 12. 1866. BA-MA Freiburg N 16/37, Bl. 6.
74 Helmuth von Moltke an Wilhelm von Moltke. Berlin, 23. 12. 1866. BA-MA Freiburg N 16/37, Bl. 7.
75 Dressler, Moltke in seiner Häuslichkeit, S. 75.
76 Ibid., S. 85.
77 Ibid., S. 107.
78 Helmuth von Moltke an Wilhelm von Moltke. Berlin, 28. 3. 1887. BA-MA Freiburg N 16/37, Bl. 49.
79 Zitiert nach: Meyer (Hg.), Helmuth von Moltke, Bd. 2, S. 353.

80 Helmuth von Moltke an Wilhelm von Moltke. Berlin, 23. 2. 1886. BA-MA Freiburg N 16/37, Bl. 43.
81 Helmuth von Moltke d. J. an Eliza von Moltke-Huitfeldt. Berlin, 13. 10. 1877. Auszugsweise abgedruckt in: Meyer (Hg.), Helmuth von Moltke, Bd. 1, S. 45-46, hier: S. 46.
82 Helmuth von Moltke an Wilhelm von Moltke. Berlin, 4. 1. 1890. BA-MA Freiburg N 16/37, Bl. 59.
83 Dressler, Moltke in seiner Häuslichkeit, S. 126 f.
84 Helmuth von Moltke an Wilhelm von Moltke. Berlin, 18. 12. 1888. BA-MA Freiburg N 16/37, Bl. 55.
85 Helmuth von Moltke an Wilhelm von Moltke. Berlin, 23. 2. 1886. BA-MA Freiburg N 16/37, Bl. 43.
86 Helmuth von Moltke an Wilhelm von Moltke. Berlin, 26. 3. 1888. BA-MA Freiburg N16/37, Bl. 52.
87 Helmuth von Moltke an Wilhelm von Moltke. Kreisau, 14. 6. 1878. BA-MA Freiburg N16/37, Bl. 25.
88 Helmuth von Moltke an Muthi von Moltke. Kreisau, 22. 10. 1890. BA-MA Freiburg N16/37, Bl. 75.
89 Helmuth von Moltke an Wilhelm von Moltke. Berlin, 7. 3. 1890. BA-MA Freiburg N16/37, Bl. 61.
90 Magdalene Bröker, geborene von Moltke, starb am 3. Januar 1892 im Alter von 84 Jahren in Uetersen.
91 Helmuth von Moltke an Wilhelm von Moltke. Berlin, 23. 2. 1886. BA-MA Freiburg N 16/37, Bl. 43.
92 Helmuth von Moltke an Cai von Hegermann-Lindencrone. O. O., o. D. [1890] Abgedruckt in: Gesammelte Schriften, Bd. 1, S. 317.
93 Helmuth von Moltke d. J. an Eliza von Moltke-Huitfeldt. Berlin, 4. 6. 1878. Auszugsweise abgedruckt in: Meyer (Hg.), Helmuth von Moltke, Bd. 1, S. 60-61, hier: S. 61.
94 Helmuth von Moltke an Wilhelm von Moltke. Kreisau, 20. 6. 1878. BA-MA Freiburg N 16/37, Bl. 18.
95 Helmuth von Moltke d. J. an Eliza von Moltke-Huitfeldt. Berlin, 10. 2. 1878. Auszugsweise abgedruckt in: Meyer (Hg.), Helmuth von Moltke, Bd. 1, S. 52-53, hier: S. 52.

注 释

96 Helmuth von Moltke d. J. an Eliza von Moltke-Huitfeldt. Berlin, 10. 2. 1878. Ibid., hier: S. 53.
97 Helmuth von Moltke d. J. an Eliza von Moltke-Huitfeldt. Berlin, 14. 6. 1878. Auszugsweise abgedruckt: Ibid., S. 60-61, hier: S. 61.
98 Helmuth von Moltke, Trostgedanken über das irdische und Zuversicht auf das ewige Leben, Kreisau 1890. Abgedruckt in: Gesammelte Schriften, Bd. 1, S. 337-352.
99 Zitiert nach: Kessel, Moltke, S. 756.
100 Ähnlich deutet die *Trostgedanken* auch: Dilthey, Leben Schleiermachers, S. 474 f.

第十章 威廉时代

1 Jürgen Eichler, Luftschiffe, S. 103 ff.
2 Zu den technischen Angaben: Ibid., S. 124. Zum Fahrgastraum der Hansa: Hansen, So sah die Welt von oben aus, S. 12. 小毛奇在上任总参谋长之后没几天就下令，让人测试一下，飞艇在多大程度上可以发展成进攻型武器系统。接下来毛奇过高地估计了齐柏林飞艇的研发状况，对空中飞艇在军事技术上的用途作出了过于乐观的判断。Eichler, Luftschiffe, S. 36, S. 130.
3 Helmuth von Moltke an Eliza von Moltke. Berlin, 18. 8. 1912. Auszugsweise abgedruckt in: Meyer (Hg.), Helmuth von Moltke, Bd. 1, S. 286-289, hier: S. 287.
4 Helmuth von Moltke an Eliza von Moltke. Berlin, 18. 8. 1912. Auszugsweise abgedruckt: Ibid., hier: S. 288.
5 Ibid.
6 Ibid.
7 Stürmer, Das Deutsche Reich, S. 113.
8 Wehler, Nationalismus, S. 79.
9 J. Hobsbawm, Das imperiale Zeitalter 1875-1914, S. 184 f.
10 Ibid., S. 183.
11 Ibid., S. 186 f.
12 Ibid., S. 193.
13 Hobsbawm, Nationen und Nationalismus, S. 126.
14 Clark, Preußen, S. 685; Jahr, British Prussianism.
15 Ullrich, Deutsches Kaiserreich, S. 88 ff.

16 Loth, Das Kaiserreich, S. 105.
17 Frevert, Die kasernierte Nation.
18 Dressler, Moltke in seiner Häuslichkeit, S. 128 f.
19 Köhler, Helmuth James von Moltke, S. 26, S. 28.
20 Ibid., S. 24.
21 Ibid., S. 19.
22 Friedrich von Moltke an Henry von Burt. O. O., o. D. [Oktober 1891]. GStAPK Familienstiftung Moltke Nr. 29. Nicht paginiert. Kopie aus der Bayerischen Staatsbibliothek München, Signatur: Ana 399.
23 Friedrich von Moltke an Henry von Burt. Berlin, 22. 9. 1891. GStAPK Familienstiftung Moltke Nr. 29. Nicht paginiert. Kopien aus der Bayerischen Staatsbibliothek, Signatur: Ana 399.
24 Henry von Burt an Friedrich von Moltke. Blasewitz, 8. 9. 1891. Abschrift. GStAPK Familienstiftung Moltke Nr. 29. Nicht paginiert. Kopie aus der Bayerischen Staatsbibliothek München, Signatur: Ana 399.
25 Henry von Burt an Friedrich von Moltke. Blasewitz, 8. 9. 1891. Abschrift. GStAPK Familienstiftung Moltke Nr. 29. Nicht paginiert. Kopie aus der Bayerischen Staatsbibliothek München, Signatur: Ana 399; Benachrichtigung durch die Königliche Hofbuchhandlung Ernst Siegfried Mittler und Sohn, Weihnachten 1891. Abgedruckt in: Gesammelte Schriften, Bd. 2, S. XIII.
26 Ibid.
27 Friedrich von Moltke an Henry von Burt. O. O., o. D. GStAPK Familienstiftung Moltke Nr. 29. Nicht paginiert. Kopien aus der Bayerischen Staatsbibliothek München, Signatur: Ana 399.
28 Gesammelte Schriften, Bd. 6. Der sechste Band wurde von der DVA und Mittler gemeinsam herausgegeben.
29 Friedrich von Moltke an Henry von Burt. O. O., o. D. GStAPK Familienstiftung Moltke Nr. 29. Nicht paginiert. Kopie aus der Bayerischen Staatsbibliothek München, Signatur: Ana 399.
30 F. Becker, Bilder von Krieg und Nation, S. 461.
31 就目前判断，只有鲁道夫·施塔德尔曼、埃伯哈德·克塞尔和施蒂格·弗尔斯特尽量地使用了档案馆中的原件。参见 Stadelmann, Moltke und der Staat; Kessel, Moltke; Förster (Hg.), Moltke。施塔德尔曼令人印象深刻的工作因为其早逝而未能完成。弗尔斯特主要关注的是军事方面的著作。有关老毛奇的典范著作至今仍是埃伯哈德·克塞尔著的传记,传记的撰写始于纳粹独裁时期。尽管这部传记的资料十分翔实,但是不可完全否认这部作品具有圣徒化的特征,尤其注意维护"有声望的人"。

32 Helmuth von Moltke d. J., Vorrede, in: Gesammelte Schriften, Bd. 3, S. IX-XI, hier: S. X.
33 Wilhelm von Moltke, Vorrede zum Werke, in: Gesammelte Schriften, Bd. 3, S. VII-VIII, hier: S. VII.
34 Helmuth von Moltke d. Ä. an Adolph von Moltke. Frankfurt, 22. 11. 1864. Abgedruckt in: Der handschriftliche Nachlass Adolph von Moltkes, S. 139.
35 Helmuth von Moltke d. J. an Ella von Moltke. Berlin, 10. 1. 1890. BA-MA Freiburg N 16/37, Bl. 73.
36 Helmuth von Moltke d. Ä. an Wilhelm von Moltke. Kreisau, 20. 6. 1878. BA-MA Freiburg N 16/37, Bl. 18.
37 Friedrich Philipp Victor von Moltke, Erinnerungen aus meinem Leben. Abgedruckt in: Gesammelte Schriften, Bd. 1, S. 8-20. 埃伯哈德·克塞尔在他名垂青史的《毛奇传》中也忽略了有关这些生平事迹的原稿。
38 Friedrich von Moltke an Henry von Burt. Berlin, 22. 9. 1891. GStAPK Familienstiftung Moltke Nr. 29. Nicht paginiert. Kopien aus der Bayerischen Staatsbibliothek, Signatur: Ana 399.
39 Helmuth von Moltke d. J. an Eliza von Moltke. Berlin, 28. 10. 1888. Auszugsweise abgedruckt in: Meyer (Hg.), Helmuth von Moltke, Bd. 1, S. 127-129, hier: S. 127.
40 Helmuth von Moltke d. J. an Eliza von Moltke. Itzehoe, 14. 9. 1881. Auszugsweise abgedruckt: Ibid., S. 94-95, hier: S. 94 f.
41 Helmuth von Moltke d. J. an Eliza von Moltke. Berlin, 26. 6. 1888. Auszugsweise abgedruckt: Ibid., S. 124-125, hier: S. 125.
42 Clark, Preußen, S. 672.
43 Zitiert nach: Röhl, Wilhelm II., Bd. 1, S. 291.
44 Clark, Wilhelm II., S. 124 ff.
45 Zu den verwandtschaftlichen Beziehungen: Genealogisches Handbuch des deutschen Adels. Gräfliche Häuser A, Bd. 4, Limburg 1962, S. 298-322.
46 Helmuth von Moltke, Besuch des Fürsten Bismarck bei Sr. Majestät dem Kaiser in Berlin am 26. Januar 1894. Für Liza geschrieben. Berlin, 28. Januar 1894. Abgedruckt in: Meyer (Hg.), Helmuth von Moltke, Bd. 1, S. 141-147, hier: S.

141.
47 Helmuth von Moltke an Eliza von Moltke. Moskau, 27. 5. 1896. Auszugsweise abgedruckt: Ibid., S. 177-180, hier: S. 180.
48 Helmuth von Moltke an Eliza von Moltke. Petersburg, 2. 10. 1895. Auszugsweise abgedruckt: Ibid., S. 155-162, hier: S. 158.
49 Aufzeichnung Eulenburgs. Hubertusstock, 12./13. 10. 1895. Abgedruckt in: Röhl (Hg.), Philipp Eulenburgs politische Korrespondenz, Bd. 3, S. 1567-1571, hier: S. 1570.
50 Helmuth von Moltke an Eliza von Moltke. Berlin, 25. 5. 1902. Auszugsweise abgedruckt in: Meyer (Hg.), Helmuth von Moltke, Bd. 1, S. 203.
51 Helmuth von Moltke an Eliza von Moltke. S. M. Jacht «Hohenzollern». 3. 8. 1905. Auszugsweise abgedruckt: Ibid., S. 259.
52 Helmuth von Moltke d. J. an Eliza von Moltke. Itzehoe, 13. 9. 1881. Auszugsweise abgedruckt: Ibid., S. 94.
53 Helmuth von Moltke an Eliza von Moltke. Berlin, 1. 9. 1896. Auszugsweise abgedruckt: Ibid., S. 182.
54 Helmuth von Moltke an Eliza von Moltke. Görlitz, 11. 9. 1896. Auszugsweise abgedruckt: Ibid., S. 183.
55 Helmuth von Moltke (d. J.), Erinnerungen, Briefe, Dokumente, S. 160.
56 Kaiser Wilhelm II. an Helmuth von Moltke. Potsdam, 10. 1. 1910. GStAPK BPH Rep. 53 J lit M Nr. 11, Bl. 2.
57 Helmuth von Moltke an Eliza von Moltke. Kopervik, 11. 7. 1900. Auszugsweise abgedruckt in: Meyer (Hg.), Helmuth von Moltke, Bd. 1, S. 196.
58 Helmuth von Moltke an Eliza von Moltke. Kiel, 10. 7. 1900. Auszugsweise abgedruckt: Ibid., S. 195.
59 Helmuth von Moltke an Eliza von Moltke. Kopervik, 11. 7. 1900. Auszugsweise abgedruckt: Ibid., S. 196.
60 Helmuth von Moltke an Eliza von Moltke. Bergen, 15. 7. 1902. Auszugsweise abgedruckt: Ibid., S. 204.
61 Helmuth von Moltke an Eliza von Moltke. Berlin, 1. 7. 1907. Auszugsweise abgedruckt: Ibid., S. 270; Helmuth von Moltke an Eliza von Moltke. Victoriahavn, 17. 7. 1907. Auszugsweise abgedruckt: Ibid., S. 271-272, hier: S. 271.
62 Helmuth von Moltke an Eliza von Moltke. Trondheim, 25. 7. 1904.

Auszugsweise abgedruckt: Ibid., S. 234-235, hier: S. 235.
63　Treitel, A science for the soul, S. 165.
64　Eliza von Moltke an Hermann Sudermann. Berlin, 13. 6. 1894. Deutsches Literaturarchiv Marbach am Neckar. Cotta Nachlass Sud. XIII 113, Bl. 18.
65　Zander, Generalstabschef, S. 441.
66　Lindenberg, Rudolf Steiner, Bd. 1, S. 373 ff.
67　Zitiert nach: Meyer (Hg.), Helmuth von Moltke, Bd. 2, S. 310.
68　Zander, Generalstabschef, S. 423.
69　Zitiert nach: Meyer, Helmuth von Moltke, Bd. 2, S. 355.
70　Röhl (Hg.), Philipp Eulenburgs politische Korrespondenz, Bd. 1, Einleitung, S. 9-73, hier: S. 48.
71　Helmuth von Moltke d. J. an Marie von Kulmiz. Berlin, 6. 3. 1909. BA-MA Freiburg N 78/41. Nicht paginiert.
72　Zander, Generalstabschef, S. 457.
73　Ibid., S. 443.
74　Helmuth von Moltke an Eliza von Moltke. Karlsbad, 21. 7. 1914. Auszugsweise abgedruckt in: Meyer (Hg.), Helmuth von Moltke, Bd. 1, S. 299.
75　Rudolf Steiner zu Erwiderungen auf das ‹Matin-Interview›. Abgedruckt: Ibid., S. 425-431, hier: S. 427.
76　Helmuth von Moltke an Eliza von Moltke. Molde, 17. 7. 1904. Auszugsweise abgedruckt: Ibid., S. 233-234, hier: S. 233.
77　Zander, Generalstabschef, S. 457.
78　Helmuth von Moltke an Eliza von Moltke. Insel Florö, 4. 8. 1903. Auszugsweise abgedruckt in: Meyer (Hg.), Helmuth von Moltke, Bd. 1, S. 227.
79　Helmuth von Moltke an Eliza von Moltke. Berlin, 23. 4. 1903., Auszugsweise abgedruckt: Ibid., S. 222-224, hier: S. 224.
80　Zander, Generalstabschef, S. 436.
81　Köhler, Helmuth James von Moltke, S. 18.
82　Ruhm von Oppen (Hg.), Dorothy von Moltke, Einleitung, S. VII-XVIII, hier: S. VII.
83　这个"到来故事"的种种细节显然在家族的圈子里不断有人进行复述，这一点约亨·科勒在1988年与阿斯塔·亨塞尔（娘家姓冯·毛奇）的一次谈话中可以得知。阿斯塔·亨塞尔是多萝西和赫尔穆特·冯·毛奇的女儿，参见 Köhler, Helmuth James von Moltke, S. 24。赫尔穆特·詹姆斯·冯·毛奇也跟他的儿子们讲过这个"到来故事"，参见 Helmuth James

von Moltke, Wie alles war, als ich klein war, S. 382。
84 Wright, Introduction, S. 1-14. Rose Innes, Chief Justice.
85 Wright, Introduction, S. 18.
86 James Rose Innes an Jessie Rose Innes. Kapstadt/Johannesburg, 16. 9.-5. 11. 1901. Auszugsweise abgedruckt in: Wright, Selected Correspondence, S. 298-315, hier: S. 298 f.
87 Helmuth James von Moltke an Caspar und Konrad von Moltke, 5. 2. 1944. Abgedruckt in: Freya von Moltke/Balfour/Frisby, Helmuth James von Moltke, S. 9-28, hier: S. 26.
88 "我看着我的腿，想着我的伤口时，止不住笑起来。我想你开始时的运气不会好到哪儿去。我渴望成为一名专家并且乐在其中。" Jessie Rose Innes an James Rose Innes. Rondebosch, 22. 4. 1896. Abgedruckt in: Wright, Selected Correspondence, S. 170.
89 Helmuth von Moltke an Eliza von Moltke. Berlin, 29. 1. 1905. Auszugsweise abgedruckt in: Meyer (Hg.), Helmuth von Moltke, Bd. 1, S. 240-246, hier: S. 241.
90 Helmuth von Moltke an Eliza von Moltke. St. Avold, 18. 6. 1904. Auszugsweise abgedruckt: Ibid., S. 231.
91 Ibid.
92 Wallach, Feldmarschall von Schlieffens Interpretation, in: Foerster, Generalfeldmarschall von Moltke, S. 49-66, hier: S. 50.
93 Rothenberg, Moltke, Schlieffen, and the Doctrine of Strategic Envelopment.
94 Stübig, Die Entwicklung des preußisch-deutschen Generalstabs, S. 258.
95 Wallach, Feldmarschall von Schlieffens Interpretation, S. 56; Howard, Men against Fire.
96 Zitiert nach: Wallach, Feldmarschall von Schlieffens Interpretation, S. 52.
97 Ibid., S. 64.
98 Ritter, Der Schlieffen-Plan, S. 248.
99 Rede Helmuth von Moltkes vor Offizieren des Generalstabs aus Anlass der Entlassung von Generaloberst von Schlieffen. Berlin, 25. 1. 1906, BA-MA Freiburg N 78/32, Bl. 20-21.
100 Helmuth von Moltke an Eliza von Moltke. Berlin, 29. 1. 1905. Auszugsweise abgedruckt in: Meyer (Hg.), Helmuth von Moltke, Bd. 1, S. 240-246, hier: S. 241.

101　Geiss (Hg.), Julikrise und Kriegsausbruch, Bd. 2, S. 17 f.
102　Helmuth von Moltke an Eliza von Moltke. Berlin, 29. 1. 1905. Auszugsweise abgedruckt in: Meyer (Hg.), Helmuth von Moltke, Bd. 1, S. 240-246, hier: S. 243.
103　Ibid.
104　Ibid., hier: S. 245.
105　Vierhaus (Hg.), Das Tagebuch der Baronin Spitzemberg, S. 454. Eintrag v. 1. 1. 1906.
106　Röhl, Wilhelm Ⅱ., Bd. 3, S. 339 f.
107　Kaiser Wilhelm Ⅱ. an Schlieffen, 29. 12. 1903. Zitiert nach: Kessel, Generalfeldmarschall Graf Alfred Schlieffen, S. 303 f.
108　Helmuth von Moltke an Marie von Kulmiz. Berlin, 11. 4. 1909. BA-MA Freiburg N 78/41. Nicht paginiert.
109　Groener, Lebenserinnerungen, S. 90 f.
110　Helmuth James von Moltke, Wie alles war, S. 365.
111　Ibid., S. 367.
112　Dorothy von Moltke an James und Jessie Rose Innes. Kreisau, Berlin, 1. 11. 1908. Auszugsweise abgedruckt in: Ruhm von Oppen (Hg.), Dorothy von Moltke, S. 7-10, hier: S. 9.
113　Dorothy von Moltke an James und Jessie Rose Innes. Kreisau, 2. 8. 1908. Auszugsweise abgedruckt: Ibid., S. 4.
114　Dorothy von Moltke an James und Jessie Rose Innes. Kreisau, 17. 6. 1907. Auszugsweise abgedruckt: Ibid., S. 3-4, hier: S. 4.
115　Zitiert nach: Köhler, Helmuth James von Moltke, S. 32.
116　Ibid., S. 48.
117　Ibid., S. 41.
118　Ibid., S. 44.
119　Dorothy von Moltke an James und Jessie Rose Innes. Kreisau, 17. 6. 1907. Auszugsweise abgedruckt in: Ruhm von Oppen (Hg.), Dorothy von Moltke, S. 3-4, hier: S. 4.
120　Zitiert nach: Köhler, Helmuth James von Moltke, S. 42.
121　Dorothy von Moltke an James und Jessie Rose Innes. Kreisau, 21. 3. 1911. Auszugsweise abgedruckt in: Ruhm von Oppen (Hg.), Dorothy von Moltke, S. 27-28, hier: S. 27 f.

122 Ibid.
123 Dorothy von Moltke an James Rose Innes. Kreisau, 5. 4. 1907. Abgedruckt: Ibid., S. 1-2, hier: S. 1 f.
124 Ibid., S. 2.
125 Zitiert nach: Köhler, Helmuth James von Moltke, S. 343 f.
126 Zitiert nach: Brakelmann, Helmuth James von Moltke, S. 17.
127 Dorothy von Moltke an James Rose Innes. Kreisau, 5. 4. 1907. Abgedruckt in: Ruhm von Oppen (Hg.), Dorothy von Moltke, S. 1-2, hier: S. 1.

第十一章　堕入深渊

1　Hecht, Harden-Prozesse, S. 162.
2　Moltkes Kurzbiografie in: Hergemöller, Mann für Mann, S. 515-516.
3　Zitiert nach: Hecht, Harden-Prozesse, S. 108.
4　Bruns, Skandale, S. 52.
5　Zitiert nach: Mommsen, Homosexualität, S. 283.
6　Zitiert nach: Hecht, Harden-Prozesse, S. 152.
7　Ibid.
8　Vierhaus (Hg.), Das Tagebuch der Baronin Spitzemberg, S. 476. Eintrag v. 25. 10. 1907.
9　Zitiert nach: Hecht, Harden-Prozesse, S. 160.
10 Zitiert nach: Ibid., S. 165.
11 Zitiert nach: Mommsen, Homosexualität, S. 284.
12 Neue Gesellschaftliche Korrespondenz v. 7. 11. 1906. Zitiert nach: Röhl (Hg.), Philipp Eulenburgs politische Korrespondenz, Bd. 3, S. 2137, Anm. 2; Vierhaus (Hg.), Das Tagebuch der Baronin Spitzemberg, S. 466 f.
13 Bruns, Skandale, S. 61, Anm. 31.
14 Zitiert nach: Mommsen, Homosexualität, S. 279.
15 Zitiert nach: Bruns, Skandale, S. 63.
16 Hull, Kaiser Wilhelm Ⅱ., S. 84.
17 Röhl (Hg.), Philipp Eulenburgs politische Korrespondenz, Bd. 1, Einleitung, S. 9-73, hier: S. 49.
18 Zitiert nach: Bruns, Skandale, S. 61.
19 Röhl, Fürst Philipp zu Eulenburg.

20 Hull, Liebenberger Kreis, S. 108.
21 Vierhaus (Hg.), Das Tagebuch der Baronin Spitzemberg, S. 399. Eintrag v. 8. 8. 1900.
22 Ibid., S. 436. Eintrag v. 25. 11. 1903.
23 Ibid., S. 472. Eintrag v. 26. 5. 1907.
24 Zitiert nach: Hecht, Harden-Prozesse, S. 316.
25 Bruns, Skandale, S. 69.
26 Röhl, Fürst Philipp zu Eulenburg.
27 Hull, Liebenberger Kreis, S. 113.
28 Doerry, Übergangsmenschen, S. 185.
29 Helmuth von Moltke an Eliza von Moltke. Berlin, 5. 3. 1904. Auszugsweise abgedruckt in: Meyer (Hg.), Helmuth von Moltke, Bd. 1, S. 228-229, hier: S. 228 f.
30 Helmuth von Moltke an Eliza von Moltke. Berlin, 25. 8. 1905. Auszugsweise abgedruckt: Ibid., S. 263-264, hier: S. 263.
31 Helmuth von Moltke an Eliza von Moltke. Frankfurt a. M., 19. 9. 1909. Auszugsweise abgedruckt: Ibid., S. 276.
32 Jessen, «Preußens Napoleon»?, S. 343 ff.
33 Rede Helmuth von Moltkes beim Festessen des Deutschen Freiwilligen Automobil-Korps. O. O., 20. 1. 1913. BA-MA Freiburg N 78/32, Bl. 28-30.
34 Goltz, Von Roßbach nach Jena; Ders., Von Roßbach bis Jena.
35 Goltz, Von Roßbach nach Jena, S. 539.
36 Wehler, Deutsche Gesellschaftsgeschichte, Bd. 3, S. 1045 ff.
37 Carsten, Eduard Bernstein.
38 Helmuth von Moltke d. J. an Eliza von Moltke-Huitfeldt. Berlin, 4. 6. 1878. Auszugsweise abgedruckt in: Meyer (Hg.), Helmuth von Moltke, Bd. 1, S. 60-61, hier: S. 60 f.
39 Helmuth von Moltke d. J. an Eliza von Moltke-Huitfeldt. Berlin, 10. 2. 1878. Auszugsweise abgedruckt: Ibid., S. 52-53, hier: S. 53.
40 Helmuth von Moltke, Rede am Geburtstag Sr. Majestät des Kaisers, 27. 1. 1914. Abgedruckt: Ibid., S. 295.
41 Dorothy von Moltke an James und Jessie Rose Innes. Berlin, 15. 2. 1910. Auszugsweise abgedruckt in: Ruhm von Oppen (Hg.), Dorothy von Moltke, S. 20-21, hier: S. 21.

42 Helmuth von Moltke an Eliza von Moltke. Berlin, 22. 8. 1905. Auszugsweise abgedruckt in: Meyer (Hg.), Helmuth von Moltke, Bd. 1, S. 262-263, hier: S. 263.
43 Helmuth von Moltke d. J. an Eliza von Moltke-Huitfeldt. Berlin, 16. 2. 1878. Auszugsweise abgedruckt: Ibid., S. 54.
44 Helmuth von Moltke, Betrachtungen und Erinnerungen. Homburg, November 1914. Abgedruckt: Ibid., S. 391-405, hier: S. 393.
45 Helmuth von Moltke (d. J.), Betrachtungen und Erinnerungen, S. 391-405.
46 Ibid.
47 Röhl, Wilhelm II., Bd. 3, S. 283 ff.
48 Helmuth von Moltke an Marie von Kulmiz. Berlin, 11. 4. 1909. BA-MA Freiburg N 78/41. Nicht paginiert.
49 Helmuth von Moltke an Eliza von Moltke. Berlin, 7. 2. 1905. Auszugsweise abgedruckt in: Meyer (Hg.), Helmuth von Moltke, Bd. 1, S. 248.
50 Helmuth von Moltke an Marie von Kulmiz. Berlin, 11. 4. 1909. BA-MA Freiburg N 78/41. Nicht paginiert.
51 Helmuth von Moltke (d. J.), Betrachtungen und Erinnerungen, S. 394.
52 Ibid., S. 395.
53 Helmuth von Moltke an Eliza von Moltke. Berlin, 5. 3. 1904. Auszugsweise abgedruckt in: Meyer (Hg.), Helmuth von Moltke, Bd. 1, S. 228-229, hier: S. 228 f.
54 Helmuth von Moltke an Marie von Kulmiz. Berlin, 11. 4. 1909. BA-MA Freiburg N 78/41. Nicht paginiert.
55 Helmuth von Moltke an Eliza von Moltke. Berlin, 19. 8. 1911. Auszugsweise abgedruckt in: Meyer (Hg.), Helmuth von Moltke, Bd. 1, S. 283.
56 Mommsen, Die latente Krise, S. 13.
57 Protokoll der Sitzung des Preußischen Staatsministeriums am 22. 1. 1898. Abgedruckt in: Protokolle des Preußischen Staatsministeriums, Bd. 8/I, S. 297.
58 Friedrich von Moltke an Henriette Prinzessin von Schleswig-Holstein. Berlin, 21. 3. 1900. Schleswig-Holsteinische Landesbibliothek Kiel, Slg. F 4/211.
59 Halder, Innenpolitik im Kaiserreich, S. 120.
60 Protokoll der Sitzung des Preußischen Staatsministeriums am 2. Mai 1908. Abgedruckt in: Protokolle des Preußischen Staatsministeriums, Bd. 9, S. 212.
61 Halder, Innenpolitik, S. 120.

62 Clark, Preußen, S. 658.
63 Ibid., S. 663.
64 Zitiert nach: Dann, Nation und Nationalismus, S. 191.
65 Kühne, Dreiklassenwahlrecht, S. 510.
66 Protokoll der Sitzung des Preußischen Staatsministeriums am 18. Dezember 1909. Abgedruckt in: Protokolle des Preußischen Staatsministeriums, S. 49.
67 Zitiert nach: Spenkuch, «Es wird zu viel regiert», S. 323.
68 Protokoll der Sitzung des Preußischen Staatsministeriums vom 6. Januar 1909. Abgedruckt in: Protokolle des Preußischen Staatsministeriums, Bd. 9, S. 226-227, hier: S. 227.
69 Ibid., S. 229-230, hier: S. 229.
70 Sitzung des Kronrats im Berliner Stadtschloss am 18. Februar 1909. Abgedruckt: Ibid.
71 Spenkuch, «Es wird zu viel regiert», S. 355.
72 Halder, Innenpolitik, S. 135.
73 Clark, Preußen, S. 642.
74 Dorothy von Moltke an James und Jessie Rose Innes. Paris, 19. 11. 1908. Auszugsweise abgedruckt in: Ruhm von Oppen (Hg.), Dorothy von Moltke, S. 6.
75 Dorothy von Moltke an James und Jessie Rose Innes. Berlin, 9. 1. 1910. Auszugsweise abgedruckt: Ibid., S. 18-19, hier: S. 19.
76 Zitiert nach: Kühne, Dreiklassenwahlrecht, S. 525.
77 Friedrich von Moltke in der Sitzung des Staatsministeriums v. 2. 1. 1908. Zitiert nach: Kühne, Dreiklassenwahlrecht, S. 518.
78 Protokoll der Sitzung des Preußischen Staatsministeriums am 22. November 1909. Abgedruckt in: Protokolle des Preußischen Staatsministeriums, Bd. 10, S. 46.
79 Kühne, Dreiklassenwahlrecht, S. 556.
80 Filchner, Ein Forscherleben, S. 94 f.
81 Ibid.
82 Filchner, Zum Sechsten Erdteil, S. 201.
83 Dorothy von Moltke an James und Jessie Rose Innes. Kreisau, 3. 5. 1910. Auszugsweise abgedruckt in: Ruhm von Oppen (Hg.), Dorothy von Moltke, S. 22-23, hier: S. 22.
84 **Dorothy von Moltke an James und Jessie Rose Innes. Berlin, 9. 1. 1910.**

Auszugsweise abgedruckt: Ibid., S. 18-19, hier: S. 18.
85 Dorothy von Moltke an James und Jessie Rose Innes. Berlin, 30. 1. 1910. Auszugsweise abgedruckt: Ibid., S. 19-20, hier: S. 20.
86 Dorothy von Moltke an James und Jessie Rose Innes. Berlin, 3. 2. 1910. Auszugsweise abgedruckt: Ibid., S. 20.
87 Keller, Waldemar Graf von Oriola; zum Tode des Grafen: Friedrich von Moltke an Marie von Oriola. Klein-Bresa, 7. 5. 1911. Universitäts-und Landesbibliothek Münster, N Savigny, 25/80.
88 Friedrich von Moltke an Marie von Oriola. Berlin, 2. 1. 1910. Universitäts-und Landesbibliothek Münster, N Savigny 25/78. Nicht paginiert.
89 Dorothy von Moltke an James und Jessie Rose Innes. Berlin, 15. 2. 1910. Auszugsweise abgedruckt in: Ruhm von Oppen (Hg.), Dorothy von Moltke, S. 20-21, hier: S. 21.
90 Zitiert nach: Halder, Innenpolitik, S. 137.
91 Abgeordneter Fischbeck, zitiert nach: Kühne, Dreiklassenwahlrecht, S. 558.
92 Einleitung, in: Protokolle des Preußischen Staatsministeriums, Bd. 9, S. 1-39, hier: S. 16.
93 Helmuth von Moltke an Marie von Kulmiz. Berlin, 28. 11. 1910. BA-MA Freiburg N 78/41. Nicht paginiert.
94 Dulfer, Hans Adolf von Moltke, S. 6 f.
95 Friedrich von Moltke an Marie von Oriola. Klein-Bresa, 7. 5. 1911. Universitäts-und Landesbibliothek Münster N Savigny, 25/80.
96 Ibid.
97 Dorothy von Moltke an James und Jessie Rose Innes. Kreisau, 11. 7. 1911. Auszugsweise abgedruckt in: Ruhm von Oppen (Hg.), Dorothy von Moltke, S. 29-31, hier: S. 31.

第十二章 马恩河

1 Mombauer, Der Moltkeplan.
2 Kruse, Der Erste Weltkrieg, S. 12.
3 Stein, Die deutsche Heeresrüstungspolitik, S. 36.
4 Ibid., S. 373.
5 Stevenson, Armaments.

6 Afflerbach, Die militärischen Planungen, S. 283.
7 Helmuth von Moltke an Eliza von Moltke. Danzig, 30. 7. 1905. Auszugsweise abgedruckt in: Meyer (Hg.), Helmuth von Moltke, Bd. 1, S. 259.
8 Förster, Der doppelte Militarismus, S. 266-272, S. 298.
9 M. Schmidt, Der «Eiserne Kanzler»; Hildebrand, «Staatskunst und Kriegshandwerk».
10 Pröve, Militär, Staat und Gesellschaft, S. 37.
11 Dorothy von Moltke an James und Jessie Rose Innes. Kreisau, 19. 5. 1909. Auszugsweise abgedruckt in: Ruhm von Oppen (Hg.), Dorothy von Moltke, S. 10-11, hier: S. 11.
12 Dorothy von Moltke an James und Jessie Rose Innes. Berlin, 22. 10. 1912. Auszugsweise abgedruckt: Ibid., S. 35-36, hier: S. 35.
13 Ibid.
14 Ibid.
15 Ibid.
16 Ibid., hier: S. 36.
17 Helmuth von Moltke an Marie von Kulmiz. Berlin 28. 11. 1910. BA-MA Freiburg N 78/41. Nicht paginiert.
18 Tagebucheintrag des Admirals Georg Alexander von Müller v. 8. 12. 1912, vollständig abgedruckt bei: Röhl, Kaiser, Hof und Staat, S. 175-176, hier: S. 176.
19 Ein knapper Überblick des Forschungsstandes zum «Kriegsrat» bei: Strachan, Wer war schuld?, S. 247 ff.
20 Berghahn, Sarajewo, 28. Juni 1914, S. 92; Mommsen, Der Topos vom unvermeidlichen Krieg, S. 207.
21 Mombauer, Helmuth von Moltke, S. 153-167.
22 Zitiert nach: Röhl, Wilhelm II., Bd. 3, S. 1041.
23 Helmuth von Moltke an Marie von Kulmiz. Berlin, 5. 4. 1914. BA-MA Freiburg N 78/41. Nicht paginiert.
24 Dorothy von Moltke an James und Jessie Rose Innes. Kreisau, 7. 5. 1913. Auszugsweise abgedruckt in: Ruhm von Oppen (Hg.), Dorothy von Moltke, S. 38.
25 Zitiert nach: Zechlin, Motive und Taktik, S. 92.
26 Mommsen, Großmachtstellung und Weltpolitik, S. 298; Granier, Deutsche Rüstungspolitik, S. 129.

27 Helmuth von Moltke an Theobald von Bethmann Hollweg. Berlin, 29. 7. 1914. Abgedruckt in: Geiss, Julikrise und Kriegsausbruch, Bd. 2, S. 263.
28 "我特别期盼着你从拜罗伊特回来时,我们在八月份相见。"赫尔穆特·冯·毛奇致信伊丽莎·冯·毛奇,1914年7月18日于卡尔斯巴德。Auszugsweise abgedruckt in: Meyer (Hg.), Helmuth von Moltke, Bd. 1, S. 299.
29 Trumpener, War Premeditated?, S. 63.
30 "局势还相当不明朗,事情的继续发展完全取决于俄国的态度,如果俄国不对奥地利采取什么敌对行动,那么战争就会停留在区域化的状况中。"赫尔穆特·冯·毛奇致信伊丽莎·冯·毛奇,1914年7月26日于柏林。Auszugsweise abgedruckt in: Meyer (Hg.), Helmuth von Moltke, Bd. 1, S. 300. Vgl. auch Jansen, Der Weg in den Ersten Weltkrieg, S. 511.
31 Strachan, The First World War, S. 237. 斯特罗恩强调,把目光投向七月危机的毛奇,根本就谈不上一个果断、目标明确的发动战争的方案。
32 Bethmann Hollweg, Betrachtungen zum Weltkriege, S. 130.
33 Zitiert nach: Jansen, Der Weg in den Ersten Weltkrieg, S. 330.
34 Zitiert nach: Hötzendorf, Aus meiner Dienstzeit, Bd. 4, S. 153.
35 Zitiert nach: Jansen, Der Weg in den Ersten Weltkrieg, S. 368.
36 Zitiert nach: Blasius, 4. August 1914, S. 17.
37 Zitiert nach: Helmuth von Moltke (d. J.), Betrachtungen und Erinnerungen, S. 398 f.
38 Zitiert nach: Helmuth von Moltke (d. J.), Erinnerungen, Briefe, Dokumente, S. 20.
39 Staabs, Aufmarsch an zwei Fronten, S. 52 ff.
40 Helmuth von Moltke (d. J.), Betrachtungen und Erinnerungen, S. 399.
41 Zitiert nach: Jansen, Der Weg in den Ersten Weltkrieg, S. 433.
42 Zitiert nach: Ibid., S. 431 f.
43 Helmuth von Moltke (d. J.), Betrachtungen und Erinnerungen, S. 399.
44 Ibid., S. 400.
45 Röhl, Wilhelm II., Bd. 3, S. 1160.
46 Helmuth von Moltke (d. J.), Betrachtungen und Erinnerungen, S. 400.
47 Ibid.
48 Aus den Aufzeichnungen von Hans von Haeften zu den Vorgängen am und nach dem 1. August 1914. Abgedruckt in: Meyer (Hg.), Helmuth von Moltke, Bd. 1, S. 404-405, hier: S. 404.

49 Ibid., S. 405.
50 Meyer (Hg.), Helmuth von Moltke, Bd. 1, S. 398 ff.
51 Helmuth von Moltke (d. J.), Betrachtungen und Erinnerungen, S. 400.
52 Haffner/Venohr, Das Wunder an der Marne, S. 26.
53 Schweppenburg. Der Kriegsausbruch 1914, S. 152.
54 Zitiert nach: Blasius, 4. August 1914, S. 16.
55 Afflerbach, Die militärischen Planungen, S. 283.
56 Zitiert nach: Helmuth von Moltke (d. J.), Betrachtungen und Erinnerungen, S. 400.
57 Zitiert nach: Kruse, Der Erste Weltkrieg, S. 19.
58 Hobsbawm, Das imperiale Zeitalter, S. 206.
59 Zur Forschungsentwicklung: Kruse, Der Erste Weltkrieg, S. 18 f.
60 Jansen, Der Weg in den Ersten Weltkrieg, S. 520 f.
61 Schreiben des Preußischen Innenministeriums an Admiralstab. Zitiert nach: Ibid., S. 505.
62 Friedrich Wilhelm von Loebell an Friedrich von Moltke. Berlin, 28. 8. 1914. Landesarchiv Schleswig-Holstein, Abt. 301, Nr. 4387. Nicht paginiert.
63 Friedrich von Moltke an Marie von Oriola. Schleswig, 11. 5. 1915. Universitäts- und Landesbibliothek Münster, N Savigny 25/81. Nicht paginiert.
64 Dulfer, Hans Adolf von Moltke, S. 8.
65 Gesandter Quadt an Reichskanzler Bethmann Hollweg. Athen, 15. 3. 1914. Zitiert nach: Ibid., S. 8-9, hier: S. 9.
66 Jansen, Der Weg in den Ersten Weltkrieg, S. 475 f.
67 Farrar, The Short-War Illusion, S. 21.
68 Dorothy von Moltke an James und Jessie Rose Innes. Kreisau, 30. 5. 1911. Auszugsweise abgedruckt in: Ruhm von Oppen (Hg.), Dorothy von Moltke, S. 29.
69 Dorothy von Moltke an James und Jessie Rose Innes. Kreisau, 22. 12. 1913. Auszugsweise abgedruckt: Ibid., S. 39.
70 Dorothy von Moltke an James und Jessie Rose Innes. Kreisau, 31. 7. 1914. Auszugsweise abgedruckt: Ibid., S. 42.
71 Zitiert nach: Köhler, Helmuth James von Moltke, S. 89.
72 Aus den Aufzeichnungen von Hans von Haeften, S. 405.
73 Ibid.

74　Ibid.
75　Helmuth von Moltke (d. J.), Erinnerungen, Briefe, Dokumente, S. 435.
76　Tagebuchaufzeichnung des Admirals Georg Alexander von Müller v. 30. 8. 1914. Abgedruckt in: Görlitz (Hg.), Regierte der Kaiser?, S. 53.
77　Helmuth von Moltke an Eliza von Moltke. Luxemburg, 8. 9. 1914. Auszugsweise abgedruckt in: Meyer (Hg.), Helmuth von Moltke, Bd. 1, S. 313.
78　Wilhelm Groener, zitiert nach: Jäschke, Die Ernennung des jüngeren Moltke, S. 16.
79　Helmuth von Moltke an Eliza von Moltke. Luxemburg, 9. 9. 1914. Auszugsweise abgedruckt in: Meyer (Hg.), Helmuth von Moltke, Bd. 1, S. 313-314, hier: S. 313.
80　Helmuth von Moltke (d. J.), Betrachtungen und Erinnerungen, S. 401.
81　Helmuth von Moltke (d. J.), Erinnerungen, Briefe, Dokumente, S. 384.
82　Dorothy von Moltke an James und Jessie Rose Innes. Kreisau, 25. 8. 1914. Auszugsweise abgedruckt in: Ruhm von Oppen (Hg.), Dorothy von Moltke, S. 43.
83　Dorothy von Moltke an James und Jessie Rose Innes. Kreisau, 25. 8. 1914. Auszugsweise abgedruckt: Ibid.
84　Dorothy von Moltke an James und Jessie Rose Innes. Kreisau, 14. 12. 1915. Auszugsweise abgedruckt: Ibid., S. 49.
85　Dorothy von Moltke an James und Jessie Rose Innes. Kreisau, 1. 3. 1916. Auszugsweise abgedruckt: Ibid., S. 50.
86　Dorothy von Moltke an James und Jessie Rose Innes. Kreisau, 17. 10. 1916. Auszugsweise abgedruckt: Ibid., S. 51.
87　Köhler, Helmuth James von Moltke, S. 101.
88　Dorothy von Moltke an James und Jessie Rose Innes. Kreisau, 10. 8. 1918. Auszugsweise abgedruckt in: Ruhm von Oppen (Hg.), Dorothy von Moltke, S. 55-56, hier: S. 55.
89　Köhler, Helmuth James von Moltke, S. 101.
90　B. v. Bülow, Denkwürdigkeiten, Bd. 3, S. 205.
91　Foerster (Hg.), Mackensen, S. 136.
92　B. v. Bülow, Denkwürdigkeiten, Bd. 3, S. 205.
93　Afflerbach, Falkenhayn, S. 223.
94　Helmuth von Moltke an Wilhelm II. Berlin, 17. 1. 1915. Abgedruckt in: Meyer

(Hg.), Helmuth von Moltke, Bd. 1, S. 339-341.
95 Zitiert nach: Afflerbach, Falkenhayn, S. 230.
96 Helmuth von Moltke an Unbekannt. Berlin, 20. 3. 1916. Auszugsweise abgedruckt in: Meyer (Hg.), Helmuth von Moltke, Bd. 1, S. 364.
97 «Vorwort Moltkes für ‹Das deutsche Soldatenbuch›». Abgedruckt in: Meyer (Hg.), Helmuth von Moltke, Bd. 1, S. 322.
98 Helmuth von Moltke an den Herausgeber der «Tat». Berlin, 1. 1. 1916. Abgedruckt in: Meyer (Hg.), Helmuth von Moltke, Bd. 1, S. 362-363, hier: S. 363.
99 Deutsche Gesellschaft 1914. Satzung. BA-MA Freiburg N 78/32, Bl. 1-4, hier: Bl. 1.
100 Ansprache Moltkes bei Eröffnung der Deutschen Gesellschaft 1914 am 28. 11. 1915. BA-MA Freiburg N 78/32 Bl. 41.
101 Wehler, Nationalismus, S. 83 f.
102 Imberger, Findbuch, S. XXIII.
103 Dänhardt, Von der Meuterei zur Revolution, S. 134.
104 Amtsblatt-Bekanntmachung. Kiel, 31. 12. 1918 in: Landesarchiv Schleswig-Holstein, Abt. 301 Nr. 4387.
105 Dänhardt, Von der Meuterei zur Revolution, S. 139.
106 "逝者以纯粹与高贵的品质和温暖的内心以及卓越的知识作出的贡献，将永不泯灭，一同被铭记的还有他在熟识他的所有人那里赢得的私人的好感。"海因里希·屈比斯致信尤丽叶·冯·毛奇，1927年12月12日于基尔。Landesarchiv Schleswig-Holstein. Abt. 301, Nr. 4387.
107 Zitiert nach: Dänhardt, Revolution in Kiel, S. 140.
108 Ibid.

第十三章　克莱绍和韦内尔斯多夫

1 Meyer (Hg.), Helmuth von Moltke, Bd. 2, S. 339.
2 汉斯-阿道夫·冯·毛奇在于1919年初在符腾堡劳动部长胡戈·林德曼的陪同下，听了多次鲁道夫·施泰纳的报告。参见 Rudolf Steiner an Eliza von Moltke. o. O., 3. 5. 1919. Auszugsweise abgedruckt: Ibid., S. 235-237, hier: S. 236。
3 Meyer, Vorwort, in: Ders. (Hg.), Ibid., Bd. 1, S. 11-41, hier: S. 19.

4 Moltke d. J., Betrachtungen und Erinnerungen, S. 403.
5 [Rudolf Steiner], Vorbemerkungen, S. 383.
6 Ibid., S. 384.
7 Ibid.
8 Ibid., S. 383.
9 Ibid., S. 386.
10 Ibid., S. 387.
11 Zitiert nach: Schultze-Rhonhof, 1939, S. 80.
12 Zitiert nach: Dreyer/Lembcke, Die deutsche Diskussion, S. 154 f.
13 Friedrich von Moltke an Marie von Oriola. Schleswig, 11. 5. 1915. Universitäts- und Landesbibliothek Münster, N Savigny 25/81. Nicht paginiert.
14 Zitiert nach: Dreyer/Lembcke, Die deutsche Diskussion, S. 158 f.
15 Rudolf Steiner, zitiert nach: Das Sauerwein-Interview, S. 419.
16 Die Tagebuchaufzeichnungen von Wilhelm von Dommes, S. 410.
17 Ibid., S. 411.
18 Ibid., S. 410 f.
19 Zitiert nach: Meyer, Helmuth von Moltke, Bd. 1, S. 488 f., Anm. 149.
20 Die Tagebuchaufzeichnungen von Wilhelm von Dommes, S. 411.
21 Zitiert nach: Grone, Die Unhaltbarkeit der Einwände, S. 415.
22 Die Tagebuchaufzeichnungen von Wilhelm von Dommes, S. 412.
23 Frie, Das Deutsche Kaiserreich, S. 83.
24 Dorothy von Moltke an James und Jessie Rose Innes. Kreisau, 28. 11. 1919. Auszugsweise abgedruckt in: Ruhm von Oppen (Hg.), Dorothy von Moltke, S. 62.
25 Mommsen, Der Erste Weltkrieg, S. 208 f.
26 Kolbe, Die Marneschlacht.
27 Lange, Marneschlacht, S. 153.
28 Groener, Der Feldherr wider Willen.
29 Lange, Marneschlacht, S. 153.
30 Eliza von Moltke, Vorwort des Herausgebers.
31 Lange, Marneschlacht, S. 153.
32 Zitiert nach: Ibid., S. 145.
33 Horst von Metzsch, zitiert nach: Ibid., S. 144.
34 Ludendorff, Das Marnedrama; Wallach, Das Dogma der Vernichtungsschlacht,

S. 152.
35　Zitiert nach: Lange, Marneschlacht, S. 154. Ähnlich auch: Wallach, Das Dogma der Vernichtungsschlacht, S. 448 ff.
36　Wehler, Der zweite Dreißigjährige Krieg, S. 26.
37　Ibid., S. 29.
38　Wehler, Radikalnationalismus, S. 208.
39　Dann, Nation und Nationalismus, S. 275.
40　Zitiert nach: Ibid., S. 282.
41　Zitiert nach: Dulfer, Hans Adolf von Moltke, S. 12.
42　Dorothy von Moltke an James und Jessie Rose Innes. Kreisau, 13. 6. 1921. Abgedruckt in: Ruhm von Oppen (Hg.), Dorothy von Moltke, S. 67.
43　Dorothy von Moltke an James und Jessie Rose Innes. Kreisau, 18. 6. 1921. Abgedruckt: Ibid., S. 68.
44　Dorothy von Moltke an James und Jessie Rose Innes. Kreisau, 13. 4. 1928. Abgedruckt: Ibid., S. 141-142, hier: S. 142.
45　Im Moltke-Schloss zu Wernersdorf, in: Breslauer Neueste Nachrichten v. 18. 3. 1943.
46　Paul Graf Yorck von Wartenburg, Lebensbild Hans-Adolf von Moltke. Neureichenau, 11. 11. 1993. PAGvM.
47　Ibid.
48　Ibid.
49　"莫科是埃克伦茨的水果供应者，她也受到了邀请"：«Mokke war Obstlieferantin von den Erkelenz, die war auch eingeladen»: Davida von Moltke, Aus meinem Leben. PAGvM.
50　Gebhardt von Moltke, Vorwort, in: Ibid.
51　Paul Graf Yorck von Wartenburg, Lebensbild Hans-Adolf von Moltke. Neureichenau, 11. 11. 1993. PAGvM.
52　Davida von Moltke, Aus meinem Leben. PAGvM.
53　Ibid.
54　Ibid.
55　Ibid.
56　Ibid.
57　Ibid.
58　Dulfer, Hans-Adolf von Moltke, S. 16.

59　Dorothy von Moltke an James und Jessie Rose Innes. Kreisau, 12. 6. 1924. Abgedruckt in: Ruhm von Oppen (Hg.), Dorothy von Moltke, S. 99-100, hier: S. 100.
60　Dorothy von Moltke an James und Jessie Rose Innes. Friedenau, 16. 10. 1932. Abgedruckt: Ibid., S. 215-216, hier: S. 215.
61　Dorothy von Moltke an James und Jessie Rose Innes. Kreisau, 25. 6. 1934. Abgedruckt: Ibid., S. 280-281, hier: S. 280.
62　Dorothy von Moltke an James und Jessie Rose Innes. Kreisau, 7. 5. 1924. Abgedruckt: Ibid., S. 97.
63　Dorothy von Moltke an James und Jessie Rose Innes. Kreisau, 13. 5. 1926. Abgedruckt: Ibid., S. 119.
64　Ibid.
65　Dorothy von Moltke an James und Jessie Rose Innes. Kreisau, 30. 4. 1926. Abgedruckt: Ibid., S. 117-118.
66　Dorothy von Moltke an James und Jessie Rose Innes. Kreisau, 31. 3. 1926. Abgedruckt: Ibid., S. 116-117, hier: S. 117.
67　Dorothy von Moltke an James und Jessie Rose Innes. Kreisau, 17. 9. 1926. Abgedruckt: Ibid., S. 125-126.
68　Dorothy von Moltke an James und Jessie Rose Innes. Kreisau, 18. 2. 1928. Abgedruckt: Ibid., S. 136.
69　Dorothy von Moltke an James und Jessie Rose Innes. Kreisau, 4. 2. 1928. Abgedruckt: Ibid., S. 134-135, hier: S. 134.
70　Dorothy von Moltke an James und Jessie Rose Innes. Kreisau, 30. 3. 1928. Abgedruckt: Ibid., S. 139-140, hier: S. 139 f.
71　Dorothy von Moltke an James und Jessie Rose Innes. Kreisau, 8. 6. 1928. Abgedruckt: Ibid., S. 147-148, hier: S. 147.
72　Dorothy von Moltke an James und Jessie Rose Innes. Kreisau, 15. 8. 1928. Abgedruckt: Ibid., S. 151-152, hier: S. 152.
73　Dorothy von Moltke an James und Jessie Rose Innes. Kreisau, 23. 12. 1929. Abgedruckt: Ibid., S. 162-163, hier: S. 162.
74　Dorothy von Moltke an James und Jessie Rose Innes. Kreisau, 28. 12. 1929. Abgedruckt: Ibid., S. 163-164, hier: S. 163 f.
75　Davida von Moltke, Aus meinem Leben. PAGvM.
76　Dorothy von Moltke an James und Jessie Rose Innes. Kreisau, 19. 12. 1930.

Abgedruckt in: Ruhm von Oppen (Hg.), Dorothy von Moltke, S. 174-175, hier: S. 174.
77　Dorothy von Moltke an James und Jessie Rose Innes. Kreisau, 9. 7. 1932. Abgedruckt: Ibid., S. 204-205, hier: S. 204.
78　Dorothy von Moltke an James und Jessie Rose Innes. Stettin, 10. 10. 1930. Abgedruckt: Ibid., S. 168.
79　Zitiert nach: Köhler, Helmuth James von Moltke, S. 287.
80　Zitiert nach: Ibid., S. 290 f.
81　Dorothy von Moltke an James und Jessie Rose Innes. Kreisau, 10. 11. 1930. Abgedruckt in: Ruhm von Oppen (Hg.), Dorothy von Moltke, S. 171.
82　Dorothy von Moltke an James und Jessie Rose Innes. Kreisau, 30. 10. 1931. Abgedruckt: Ibid., S. 192.
83　Freya von Moltke, Erinnerungen an Kreisau, S. 15.
84　Dorothy von Moltke an James und Jessie Rose Innes. Kreisau, 14. 3. 1931. Abgedruckt in: Ruhm von Oppen (Hg.), Dorothy von Moltke, S. 183-184, hier: S. 184.
85　Dorothy von Moltke an James und Jessie Rose Innes. Kreisau, 8. 6. 1931. Abgedruckt: Ibid., S. 187-188, hier: S. 187.
86　Dorothy von Moltke an James und Jessie Rose Innes. Kreisau, 3. 9. 1932. Abgedruckt: Ibid., S. 209-210, hier: S. 210.
87　Dorothy von Moltke an James und Jessie Rose Innes. Kreisau, 19. 9. 1932. Abgedruckt: Ibid., S. 211-212, hier: S. 212.
88　Dorothy von Moltke an James und Jessie Rose Innes. Friedenau, 16. 10. 1932. Abgedruckt: Ibid., S. 215-216, hier: S. 215.
89　Dorothy von Moltke an James und Jessie Rose Innes. Kreisau, 15. 11. 1931. Abgedruckt: Ibid., S. 194-195, hier: S. 195.
90　Dorothy von Moltke an James und Jessie Rose Innes. Kreisau, 7. 10. 1932. Abgedruckt: Ibid., S. 213-214, hier: S. 214.

第十四章　抵抗

1　Dorothy von Moltke an James und Jessie Rose Innes. Berlin, 30. 1. 1933. Abgedruckt in: Ruhm von Oppen (Hg.), Dorothy von Moltke, S. 223.
2　Dorothy von Moltke an James und Jessie Rose Innes. Berlin, 28. 2. 1933.

Abgedruckt: Ibid., S. 225.
3　Dorothy von Moltke an James und Jessie Rose Innes. Hamburg, 5. 3. 1933. Abgedruckt: Ibid., S. 226-227, hier: S. 226.
4　Zitiert nach: Dulfer, Hans-Adolf von Moltke, S. 24.
5　Ibid., S. 20 f.
6　Döscher, Das Auswärtige Amt, S. 18 ff. 在整个德国的外交团队中，只有冯·普里特维茨-加弗龙在华盛顿宣布辞职退出，冯·普里特维茨-加弗龙说，因为他所坚持的政治信念根植于"自由的国家宪法的土壤和德国共和国的基本原则"。Zitiert nach: Doß, Zwischen Weimar und Warschau, S. 123.
7　Zitiert nach: Dulfer, Hans-Adolf von Moltke, S. 25.
8　Zitiert nach: Ibid., S. 34.
9　Lau, Die Weizsäckers, S. 319.
10　Dulfer, Hans-Adolf von Moltke, S. 30.
11　Davida von Moltke, Aus meinem Leben.
12　Stephan Malinowski, Vom König zum Führer, S. 607.
13　Dorothy von Moltke an James und Jessie Rose Innes. Berlin, 30. 10. 1933. Abgedruckt in: Ruhm von Oppen (Hg.), Dorothy von Moltke, S. 255-257, hier: S. 256 f.
14　Dorothy von Moltke an James und Jessie Rose Innes. Kreisau, 22. 7. 1933. Abgedruckt: Ibid., S. 245-246, hier: S. 245.
15　Dorothy von Moltke an James und Jessie Rose Innes. Berlin, 20. 2. 1933. Abgedruckt: Ibid., S. 224-225, hier: S. 224.
16　Dorothy von Moltke an James und Jessie Rose Innes. Kreisau, 23. 4. 1933. Abgedruckt: Ibid., S. 230-231, hier: S. 230.
17　Dorothy von Moltke an James und Jessie Rose Innes. Kreisau, 14. 4. 1933. Abgedruckt: Ibid., S. 229-230, hier: S. 230.
18　Dorothy von Moltke an James und Jessie Rose Innes. Kreisau, 6. 7. 1934. Abgedruckt: Ibid., S. 283-285, hier: S. 284.
19　Dorothy von Moltke an James und Jessie Rose Innes. Berlin, 24. 2. 1934. Abgedruckt: Ibid., S. 271-272, hier: S. 271.
20　Freya von Moltke, Zum Geleit, S. 9.
21　Helmuth James von Moltke, Im Land der Gottlosen, S. 59, Anm. 15.
22　Aufzeichnung des Gesandten Schmidt. München, 5. 1. 1939. Abgedruckt in: Akten zur deutschen auswärtigen Politik, S. 127-132.

23 Ibid., S. 129.
24 Ibid., S. 130 f.
25 Ibid., S. 129.
26 Ibid., S. 130.
27 Zitiert nach: Dulfer, Hans-Adolf von Moltke, S. 45.
28 Weizsäcker an Botschaft in Warschau. Berlin, 22. 4. 1939. Abgedruckt in: Akten zur deutschen auswärtigen Politik, Bd. 6, S. 254.
29 Moltke an Auswärtiges Amt. Warschau, 6. 7. 1939. Abgedruckt: Ibid., S. 723-724, hier: S. 724; Moltke an Auswärtiges Amt. Warschau, 1. 8. 1939. Abgedruckt: Ibid., S. 871-878.
30 Aufzeichnung ohne Unterschrift, abgedruckt: Ibid., Bd. 7, S. 1.
31 Aufzeichnung des Botschafters Hans-Adolf von Moltke. Berlin, 16. 8. 1939. Abgedruckt: Ibid., S. 77.
32 Zitiert nach: Wiaderny, Der Polnische Untergrundstaat, S. 82.
33 Dulfer, Hans-Adolf von Moltke, S. 58.
34 Die Hassel-Tagebücher, S. 559.
35 Dokumente zur Vorgeschichte des Krieges.
36 Dulfer, Hans-Adolf von Moltke, S. 59 f.
37 http://germanhistorydocs.ghi-dc.org/sub_image.cfm?image_id=2006. Zugriff am 26. März 2010.
38 Zitiert nach: Brakelmann, Helmuth James von Moltke, S. 115.
39 Ibid., S. 113.
40 Meding, Freya Gräfin von Moltke, S. 132.
41 Polnische Dokumente.
42 Sonnleitner an Moltke. Feldmark, 19. 8. 1942. Politisches Archiv des Auswärtigen Amtes. Personalakte Hans-Adolf von Moltke, Bl. 73.
43 Moltke an Ribbentrop. Berlin, 8. 8. 1942. Politisches Archiv des Auswärtigen Amtes. Personalakte Hans-Adolf von Moltke, Bl. 74-77, hier: Bl. 74.
44 Hans-Adolf von Moltke, Übersicht der Dokumente [Berlin, 8. 8. 1942]. Politisches Archiv des Auswärtigen Amtes. Personalakte Hans-Adolf von Moltke, Bl. 78.
45 Moltke an Ribbentrop. Berlin, 8. 8. 1942. Politisches Archiv des Auswärtigen Amtes. Personalakte Hans-Adolf von Moltke, Bl. 74-77, hier: Bl. 76.
46 Helmuth James von Moltke an Freya von Moltke. Berlin, 28. 5. 1940.

Abgedruckt in: Helmuth James von Moltke, Briefe an Freya, S. 139-140, hier: S. 139.
47　Langewiesche, Nachwort zur Neuaufl age.
48　Brakelmann, Helmuth James von Moltke, S. 175.
49　Zitiert nach: Ullrich, Der Kreisauer Kreis, S. 76.
50　Helmuth James von Moltke, zitiert nach: Fernsehinterview. Freya von Moltke/ Henric L. Wuermeling.
51　Weizsäcker, Erinnerungen, S. 125.
52　Zitiert nach: Dulfer, Hans-Adolf von Moltke, S. 36.
53　Ibid.
54　Ibid., S. 63 f.
55　Wolfrum, Krieg und Frieden, S. 112.
56　Davida von Moltke, Aus meinem Leben.
57　Helmuth James von Moltke an Freya von Moltke. Berlin, 13. 11. 1941. Abgedruckt in: Helmuth James von Moltke, Briefe an Freya, S. 317-319, hier: S. 317.
58　Ibid.
59　Ibid.
60　Paul Graf Yorck von Wartenburg, Lebensbild Hans-Adolf von Moltke. Neureichenau, 11. 11. 1993. PAGvM. 1916年，毛奇没再上前线，柏林军工厂工人大罢工并不是发生在 1916 年，而是 1917 年。
61　Dulfer, Hans-Adolf von Moltke, S. 65.
62　Wiaderny, Der Polnische Untergrundstaat, S. 99.
63　Helmuth James von Moltke an Freya von Moltke. Berlin, 16. 1. 1942. Abgedruckt in: Helmuth James von Moltke, Briefe an Freya, S. 346-347, hier: S. 346.
64　Dulfer, Hans-Adolf von Moltke, S. 66.
65　Zur Berg-und Hüttenwerks-Gesellschaft Teschen AG: Loose, Kredite, S. 272; Rudorff, Hubertushütte, S. 254.
66　Paul Graf Yorck von Wartenburg, Lebensbild Hans-Adolf von Moltke. Neureichenau, 11. 11. 1993. PAGvM.
67　Helmuth James von Moltke an Freya von Moltke. Berlin, 7. 5. 1942. Abgedruckt in: Helmuth James von Moltke, Briefe an Freya, S. 369-370, hier: S. 369.
68　Ribbentrop an Funk. Führerhauptquartier, 24. 4. 1942. Politisches Archiv des

Auswärtigen Amtes. Personalakte Hans-Adolf von Moltke, Bl. 57-58, hier: Bl. 57.
69 Hans von Herwarth an Gebhardt von Moltke. Küps, 25. 2. 1991. PAGvM.
70 Sahm, Rudolf von Scheliha, S. 232-238.
71 Zitiert nach: Dulfer, Hans-Adolf von Moltke, S. 71.
72 Zitiert nach: Paul Graf Yorck von Wartenburg, Lebensbild Hans-Adolf von Moltke. Neureichenau, 11. 11. 1993. PAGvM.
73 Dulfer, Hans Adolf von Moltke, S. 74.
74 "1942年圣诞节，他突然被召去总部，让他担任驻马德里大使一职"。Davida von Moltke, Begleitschreiben zum Meldebogen v. 19. 8. 1948. Kirchheim/Teck, 25. 7. 1948. Staatsarchiv Ludwigsburg EL 902/18, Bü 5376, Bl. 9.
75 "在岁末年初需要新任命一位我国驻西班牙代表机构的领导时，我们都很清楚，不可能找到比冯·毛奇更合适的人选来担当这项重要的外交使命了。当我告知他，元首的意愿是让他担当起这份使命时，他没有片刻踌躇，于是在今年年初就以大使的身份前往马德里赴职。"里宾特洛甫在为汉斯-阿道夫·冯·毛奇大使举行的国葬上所致的悼词。Politisches Archiv des Auswärtigen Amtes. Personalakte HansAdolf von Moltke, Bd. 4, Bl. 1-2; Anonymus, Der Staatsakt für Botschafter von Moltke. Nachruf des Reichsaußenministers an der Bahre des Verstorbenen, in: Neue Breslauer Zeitung v. 30. 3. 1943. Politisches Archiv des Auswärtigen Amtes. Personalakte Hans-Adolf von Moltke, Bd. 4, Bl. 182.
76 Paul Graf Yorck von Wartenburg, Lebensbild Hans-Adolf von Moltke. Neureichenau, 11. 11. 1993. PAGvM.
77 Paul Graf Yorck von Wartenburg an Jost Dulfer. Neureichenau, 11. 11. 1993. PAGvM.
78 Zitiert nach: Dulfer, Hans-Adolf von Moltke, S. 76.
79 Helmuth James von Moltke an Freya von Moltke. Berlin, 12. 1. 1943. Abgedruckt in: Helmuth James von Moltke, Briefe an Freya, S. 452-453, hier: S. 453.
80 Ibid., S. 453. Anm. 3.
81 Davida von Moltke, Begleitschreiben zum Meldebogen v. 19. 8. 1948. Kirchheim/Teck, 25. 7. 1948. Staatsarchiv Ludwigsburg EL 902/18, Bü 5376, Bl. 9.
82 Paul Graf Yorck von Wartenburg, Lebensbild Hans-Adolf von Moltke.

Neureichenau, 11. 11. 1993. PAGvM; Paul Graf Yorck von Wartenburg an Ulrich Sahm. Neureichenau, 18. 01. 1991. PAGvM.
83　Ruhl, Spanien im Zweiten Weltkrieg, S. 211-217.
84　Dulfer, Hans-Adolf von Moltke, S. 83.
85　Zitiert nach: Ibid., S. 84.
86　"如果那天冯·毛奇大使拿起电话听筒的话，德国军队肯定在那个夜晚进入西班牙。" Josef Lazar, Erinnerungen (ca. 1960) Masch.-schriftl. Kopie. Aus der Hand von Lazars Witwe. PAGvM. 这是一份没有公开发表的，显然是以约瑟夫·拉扎尔的日记为基础的回忆录，他当年是德国驻马德里使馆的新闻负责人。拉扎尔当年很成功地融入西班牙首都的外交圈子里。Mdl. Mitteilung von Herrn Gebhardt von Moltke (Berlin).
87　Telegramm der Botschaft Madrid (Hencke) an das Auswärtige Amt. Madrid, 22. 3. 1943. Politisches Archiv des Auswärtigen Amtes. Personalakte Hans-Adolf von Moltke, Bd. 4, Bl. 155-156, hier: Bl. 156.
88　格布哈特·冯·毛奇，汉斯-阿道夫·冯·毛奇大使的儿子，于1996年1月16日在马德里与胡安·奥拉吉韦尔博士进行了一次长谈，此人在1943年也参与了手术。格布哈特·冯·毛奇说："谈话之后，我得出结论，那些第三方投毒的种种猜测是没有任何基础的，我父亲是自然死亡。"参见Vermerk über ein Gespräch mit dem spanischen Arzt Dr. Olaguibel ... am 16. Januar 1996. PAGvM。任何他人过错都站不住脚。1990年C.维斯曼博士也说过相似的话，他也是当年在马德里进行救治的医生中的一员。参见C. Wissmann an Gebhardt von Moltke. Madrid, 2. 12. 1990. PAGvM。
89　Adolf Hitler an Davida von Moltke. Berlin, 22. 3. 1943. Politisches Archiv des Auswärtigen Amtes. Personalakte Hans-Adolf von Moltke, Bd. 4, Bl. 149; Joachim von Ribbentrop an Davida von Moltke. Berlin, 22. 3. 1943. Politisches Archiv des Auswärtigen Amtes. Personalakte Hans-Adolf von Moltke, Bd. 4, Bl. 150.
90　Politisches Archiv des Auswärtigen Amtes. Personalakte Hans-Adolf von Moltke, Bd. 4, Bl. 224.
91　Zu Moltkes Todesumständen und den Trauerfeiern in Madrid und Breslau: Politisches Archiv des Auswärtigen Amtes. Personalakte Hans-Adolf von Moltke, Bd. 4, Bl. 1-246.
92　Rede des Reichsaußenministers Joachim von Ribbentrop beim Staatsakt für Botschafter Hans-Adolf von Moltke. Politisches Archiv des Auswärtigen Amtes.

Personalakte Hans-Adolf von Moltke, Bd. 4, Bl. 1-2.
93 Rede des Reichsaußenministers Joachim von Ribbentrop beim Staatsakt für Botschafter Hans-Adolf von Moltke. Politisches Archiv des Auswärtigen Amtes. Personalakte Hans-Adolf von Moltke, Bd. 4, Bl. 1-2; Der Staatsakt für Botschafter von Moltke. Nachruf des Reichsaußenministers an der Bahre des Verstorbenen, in: Neue Breslauer Zeitung v. 30. 3. 1943. Politisches Archiv des Auswärtigen Amtes. Personalakte Hans-Adolf von Moltke, Bd. 4, Bl. 182.
94 Zeitfolge für den Staatsakt des verstorbenen Botschafters von Moltke in Breslau am 29. 3. 1943. Politisches Archiv des Auswärtigen Amtes. Personalakte Hans-Adolf von Moltke, Bd. 4, Bl. 32-40, hier: Bl. 36.
95 Brakelmann, Einleitung, S. 22.
96 Helmuth James von Moltke, Im Land der Gottlosen, S. 52. Gefängnis-Tagebuch, Eintrag v. 20. 1. 1944.
97 Brakelmann, Einleitung, S. 28.
98 Helmuth James von Moltke an Freya von Moltke. Ravensbrück, 27. 2. 1944. Abgedruckt in: Helmuth James von Moltke, Im Land der Gottlosen, S. 200-203, hier: S. 202.
99 Zur fortwährenden Lektüre der Gesammelten Schriften vgl. z. B.: Helmuth James von Moltke, Im Land der Gottlosen, S. 178: Gefängnis-Tagebuch, Eintrag v. 30. 1. 1944.
100 Helmuth James von Moltke, Wie alles war, als ich klein war, S. 365-390.
101 Helmuth James von Moltke an Freya von Moltke, 10. 1. 1945. Abgedruckt in: Moltke/Balfour/Frisby, Helmuth James von Moltke, S. 308-314, hier: S. 312.
102 Ibid., hier: S. 313.
103 Zitiert nach: Brakelmann, Helmuth James von Moltke, S. 347.
104 Helmuth James von Moltke an Freya von Moltke. Berlin, 23. 4. 1942. Abgedruckt in: Helmuth James von Moltke, Briefe an Freya, S. 356-357, hier: S. 356 f.

第十五章 世界家族

1 Reichwein, Die Jahre mit Adolf Reichwein, S. 61.
2 Freya von Moltke, Erinnerungen an Kreisau, S. 76 f.
3 Zitiert nach: Ibid., S. 81.

4　Hermann, Freya von Moltke, S. 81.
5　Helmuth James von Moltke an Freya von Moltke. Tegel, 11. 1. 1945. Abgedruckt in: Helmuth James von Moltke, Im Land der Gottlosen, S. 337-343, hier: S. 342.
6　Hermann, Freya von Moltke, S. 77.
7　Ibid., S. 99 f.
8　Ibid., S. 18.
9　Freya von Moltke, Erinnerungen an Kreisau, S. 79.
10　Reichwein, Die Jahre mit Adolf Reichwein, S. 60.
11　Freya von Moltke, Erinnerungen an Kreisau, S. 80.
12　Davida von Moltke, Aus meinem Leben. PAGvM.
13　Ibid.
14　Zitiert nach: Gebhardt von Moltke. Gespräch des Verfassers mit Gebhardt von Moltke. Berlin, 31. März 2010. Transkription einer Audioaufnahme.
15　Ibid.
16　Davida von Moltke, Aus meinem Leben. PAGvM; Freya von Moltke, Erinnerungen an Kreisau, S. 82.
17　Davida von Moltke, Aus meinem Leben. PAGvM.
18　Freya von Moltke, Erinnerungen an Kreisau, S. 83.
19　Reichwein, Die Jahre mit Adolf Reichwein, S. 60.
20　Freya von Moltke, Erinnerungen an Kreisau, S. 83.
21　Reichwein, Die Jahre mit Adolf Reichwein, S. 70.
22　Friedrich, Blood and Iron, S. 410.
23　Reichwein, Die Jahre mit Adolf Reichwein, S. 61.
24　Freya von Moltke, Erinnerungen an Kreisau, S. 84.
25　Friedrich, Blood and Iron, S. 411.
26　Freya von Moltke, Erinnerungen an Kreisau, S. 86.
27　Reichwein, Die Jahre mit Adolf Reichwein, S. 61.
28　Ibid., S. 60.
29　Ibid., S. 62 f.
30　Freya von Moltke, Erinnerungen an Kreisau, S. 88.
31　Ibid.
32　Ibid., S. 89.
33　Ibid., S. 91.
34　Hermann, Freya von Moltke, S. 79.

35　Ibid.
36　Freya von Moltke, Erinnerungen an Kreisau, S. 103 f.
37　Hermann, Freya von Moltke, S. 82.
38　Freya von Moltke, Erinnerungen an Kreisau, S. 131.
39　Zitiert nach: Hermann, Freya von Moltke, S. 82 f.
40　Freya von Moltke, Erinnerungen an Kreisau, S. 129.
41　Ibid., S. 123.
42　Meding, Mit dem Mut des Herzens, S. 133.
43　Freya von Moltke, Erinnerungen an Kreisau, S. 134 f.
44　Davida von Moltke an Hans Lukaschek. Kirchheim/Teck, 11. 7. 1948. Staatsarchiv Ludwigsburg EL 902/8, Bü 5376, Bl. 6.
45　Erklärung von Léon Noël. Les Monins, 20. 8. 1948. Staatsarchiv Ludwigsburg EL 902/18, Bü 5376, Bl. 12.
46　Rudolf Nadolny, Leumundszeugnis für Botschafter Hans-Adolf von Moltke. Berlin, 23. 7. 1948. Staatsarchiv Ludwigsburg EL 902/18, Bü 5376, Bl. 7.
47　Eidesstattliche Erklärung von Dr. Hans Lukaschek. Königstein/Taunus, 23. 7. 1948. Staatsarchiv Ludwigsburg EL 902/18, Bü 5376, Bl. 8.
48　Eidesstattliche Erklärung von Dr. van Husen. Berlin, 30. 7. 1948. Staatsarchiv Ludwigsburg EL 902/18, Bü 5376, Bl. 5.
49　Davida von Moltke, Begleitschreiben zum Meldebogen. Kirchheim/Teck, 25. 7. 1948. Staatsarchiv Ludwigsburg EL 902/18, Bü 5376, Bl. 9.
50　Spruchkammer Kirchheim/Teck an das Ministerium für politische Befreiung Württemberg-Baden. Kirchheim/Teck, 23. 8. 1948. Staatsarchiv Ludwigsburg EL 902/18, Bü 5376.
51　Hermann, Freya von Moltke, S. 89.
52　Ibid, S. 111 f.
53　Meding, Mit dem Mut des Herzens, S. 140.
54　Hermann, Freya von Moltke, S. 111.
55　Ibid., S. 101.
56　Leber/Moltke, Für und wider.
57　Balfour/Frisby, Helmuth von Moltke. A Leader Against Hitler.
58　Freya von Moltke, Vorwort der deutschen Ausgabe, S. 7.
59　Meding, Mit dem Mut des Herzens, S. 139.
60　Hermann, Freya von Moltke, S. 103.

61 Ueberschär, Für ein anderes Deutschland, S. 241.
62 Baur, Das ungeliebte Erbe, S. 255 ff.
63 Ullrich, Der Kreisauer Kreis, S. 136.
64 Helmuth Caspar von Moltke, Bemerkungen zu meinem Leben. O. O., 1. 1. 2010. Privatarchiv des Verfassers.
65 Zitiert nach: Friedrich, Blood and Iron, S. 409.
66 Dann, Nation und Nationalismus, S. 362.
67 Ibid., S. 371.
68 芙蕾雅·冯·毛奇没有参加谅解弥撒。1976年，她在儿子赫尔穆特·卡斯帕·冯·毛奇的陪同下，第一次又回到了克莱绍。参见 Wehl, Freya von Moltke。
69 Davida von Moltke, Aus meinem Leben. PAGvM.
70 Friedrich, Blood and Iron, S. 413.
71 Ibid., S. 411.
72 K. Reinhardt, Gedanken zur Persönlichkeit, S. 7.
73 Ibid., S. 11.
74 Ibid., S. 12.
75 Ibid.
76 Ruchniewicz, Die Rezeption, S. 157.
77 Köhler, Begegnungen mit der Wahrheit, S. 3.
78 Teilnehmerliste zum Familientreffen vom 26.-29. Oktober 2000 anlässlich des 200. Geburtstages des Feldmarschalls Moltke. PAGvM.
79 Peter von Moltke, Rundbrief an die Familie. Garmisch, 19. 1. 1995. PAGvM.
80 Helmuth Caspar von Moltke, Bemerkungen zu meinem Leben.
81 Meding, Mit dem Mut des Herzens, S. 125 f.
82 Hermann, Freya von Moltke, S. 136 f.
83 Gespräch des Verfassers mit Gebhardt von Moltke. Berlin, 31. März 2010. Transkription einer Audioaufnahme.
84 Ibid.
85 Ibid.
86 Freya von Moltke, Geleitwort.
87 Merkel, Ansprache der Bundeskanzlerin.
88 Ullrich, Der Kreisauer Kreis, S. 137 f.
89 Hermann, Freya von Moltke, S. 155 f.

结语

1. «Tagesschau» vom 4. 1. 2010, 20.00 Uhr. URL: http://www.tagesschau.de/multimedia/sendung/ts16832.html. Zugriff am 5. 1. 2010.
2. Dorothy von Moltke an James und Jessie Rose Innes. Kreisau, 22. 12. 1913. Auszugsweise abgedruckt in: Ruhm von Oppen (Hg.), Dorothy von Moltke, S. 38-39, hier: S. 39.
3. Leppien, «Operation Lion», S. 9 ff.; Der Idstedt-Löwe, S. 133 ff.

引文出处及参考文献

缩写

Adolphs Berliner Mission: 阿道夫·冯·毛奇的遗稿。Adolphs Berliner Mission. Ergänzungsband. Politische Mitteilungen von Mitgliedern und Beamten der Gemeinsamen Regierung Schleswig-Holsteins u. a. an Adolph von Moltke. 1. 12. 1848-31. 8. 1849. Berufungen. Dokumente aus einem Beamtenleben. Auszeichnungen. Bearb. v. Heinrich von Moltke. Privatdruck, Möckmühl 2008. Nicht paginiert.

Der handschriftliche Nachlass Adolph von Moltkes: 这些阿道夫·冯·毛奇的手书遗稿由他的夫人奥古斯特·冯·克罗恩珍藏，后来交由他们的儿子弗里德里希，他们的孙子汉斯-阿道夫的妻子达维达·约克·冯·瓦滕堡女伯爵把手稿从被炮火击毁的小布雷萨抢救出来，在被驱赶的途中一路携带，重孙海因里希（冯·毛奇）对其进行了编纂，内部出版，默克米尔，2008年。

Moltke, Erinnerungen: In: N 16/77: Lebenserinnerungen und Urkunden Friedrich Philipp Victor von Moltkes, Bundesarchiv-Militärarchiv Freiburg (BA-MA Freiburg).

Gesammelte Schriften: Helmuth von Moltke d. Ä.: Gesammelte Schriften und Denkwürdigkeiten des General-Feldmarschalls Grafen Helmuth von Moltke, 6 Bde., Berlin 1891-1892.

档案

Bundesarchiv-Militärarchiv Freiburg i. Br. (BA-MA Freiburg)

N 16/2: Stilleben in Creisau. Lebensgeschichte des Generalfeldmarschalls Hellmuth Graf von Moltke. Handschriftliche Fragmente von der Hand eines Verwandten, 4. 12. 1891

N 16/11: Briefe von Marie von Moltke, geborene Burt

N 16/32: 6 Briefe der Mutter Moltkes d. Ä.

N 16/37: 91 Briefe an den Neffen Wilhelm v. Moltke und seine Familie

N 16/39: 132 Briefe an Adolph v. Moltke und Schwägerin Auguste u. a.

N 16/43: 7 Briefe (und 2 Fragmente) an Magdalene Bröker, geb. v. Moltke

N 16/47: Beileidsbriefe zum Tode von Marie von Moltke, geb. Burt

N 16/77: Lebenserinnerungen und Urkunden Friedrich Philipp Victor von Moltkes

N 16/86: Briefe von Helene Bröker, geb. von Moltke

N 78/30: Feldzugs-Erinnerungen 1870/71. Abhandlung von Helmuth von Moltke (d. J.) Handschrift, 1900

N 78/32: Helmuth von Moltke (d. J.). Reden und Ansprachen als Regimentskommandeur und als Chef des Generalstabs der Armee. Handschriftliche Entwürfe. Hierin: u. a. Gedächtnisfeier der Schlacht von St. Privat 20. 8. 1898; Enthüllung der Moltke-Büste in der Walhalla, 10. 5. 1910

N 78/41: Briefe Moltkes d. J. an die Nichte Maria. 1909-1915

Deutsches Literaturarchiv Marbach am Neckar
Cotta Nachlass Sud. XIII 113

Geheimes Staatsarchiv Preußischer Kulturbesitz Berlin-Dahlem (GStAPK)
Familienstiftung Moltke Nr. 25
Familienstiftung Moltke Nr. 29
Brandenburgisch-Preußisches Hausarchiv (BPH) Rep. 53 J lit M Nr. 11
IV. HA Rep. 15 A Nr. 9

Gemeinschaftsarchiv des Kreises Schleswig-Flensburg und der Stadt Schleswig, Schleswig
Chronik der Stadt Schleswig, 1711-1836

Hauptstaatsarchiv Stuttgart
P 10 Bü 1017: Korrespondenz zwischen Axel Varnbüler und Cuno von Moltke

Kirchenkreisarchiv für die Gemeinden Rantzau-Münsterdorf, Wrist
Taufeinträge 1841, Nr. 70

Landesarchiv Schleswig-Holstein, Schleswig
Abt. 80, Nr. 236: Ministerium für das Herzogtum Holstein. Ernennung Adolph von Moltkes zum Administrator der Grafschaft Rantzau
Abt. 301, Nr. 4387: Akten des Ober-Präsidiums der Provinz Schleswig-Holstein betreffend Seine Exzellenz den Oberpräsidenten Staatsminister von Moltke
Abt. 309, Nr. 8205: Akte betreffend den Landrat Kammerherrn von Moltke zu Pinneberg. Enthält: dienstliche Berichte, Gehaltslisten, Lebensläufe

Politisches Archiv des Auswärtigen Amtes, Berlin
Personalakte Hans-Adolf von Moltke, Bd. 1-6

Privatarchiv Gebhardt von Moltke, Berlin (PAGvM)
Der handschriftliche Nachlass von Adolph von Moltke, 阿道夫·冯·毛奇的手书遗稿，由他的夫人奥古斯特·冯·克罗恩珍藏，后来交由他们的儿子弗里德里希，他们的孙子汉斯-阿道夫的妻子达维达·约克·冯·瓦滕堡女伯爵把手稿从被炮火击毁的小布雷萨抢救出来，在被驱逐的途中一路携带，重孙海因里希（冯·毛奇）对其进行了编纂，内部出版，默克米尔，2008年。
Schriftlicher Nachlass des Adolph von Moltke. 阿道夫·冯·毛奇的遗稿。Adolphs Berliner Mission. Ergänzungsband. Politische Mitteilungen von Mitgliedern und Beamten der Gemeinsamen Regierung Schleswig-Holsteins u. a. an Adolph von Moltke. 1. 12. 1848-31. 8. 1849. Berufungen. Dokumente aus einem Beamtenleben. Auszeichnungen. Bearb. v. Heinrich von Moltke. Privatdruck, Möckmühl 2008. Nicht paginiert.
[Moltke, Davida von]: Aus meinem Leben. 达维达·冯·毛奇（1900—1989）为她的孩子们和孩子们的孩子们讲述。根据1980—1987年间格布哈特·冯·毛奇和达维达·冯·毛奇在默克米尔教区的谈话录音整理出的稿件。Privatdruck. Nicht paginiert.

Moltke, Heinrich von (Bearb.): Liste der Dokumente aus dem Nachlass des Adolph von Moltke. Privatdruck, Möckmühl 2010.

Privatarchiv Olaf Jessen, Freiburg i. Br. s
Moltke, Helmuth Caspar von, Bemerkungen zu meinem Leben. O. O., 1. 1. 2010.

Schleswig-Holsteinische Landesbibliothek Kiel
Sammlung F 4/211

Staatsarchiv Ludwigsburg
EL 902/18, Bü 5376

Stadtarchiv Kiel
R 318: Steuerlisten der Stadtrechnungen
Verlassungsakte Nr. 15877

Stadtmuseum Braunschweig
Anonym: Ferdinand von Schills Braut. Ein Gedenkblatt zur siebenundsechzigsten Todesfeier des für das Vaterland gefallenen Helden. Von einem alten Freiheitskämpfer hier niedergelegt am 31. May 1876

Universitäts-und Landesbibliothek Münster (ULB)
Nachlass Savigny 25/78; 25/80; 25/81

出版物、研究和其他参考资料

Adriansen, Inge: Der Dreijährige Krieg-ein Bürgerkrieg im dänisch-deutschen Gesamtstatt, in: Gerd Stolz, Die schleswig-holsteinische Erhebung. Die nationale Auseinandersetzung in und um Schleswig-Holstein von 1848/51. Mit einem Beitrag v. Inge Adriansen, Husum 1996, S. 184-191.

-: «... werden die Dänen stehen, werden sie aushalten?» Die dänisch-deutschen Kriege von 1848-50 und 1864. A. d. Dänischen v. Helmuth Bock, in: Gerhard Paul/Uwe Danker/Peter Wulf (Hg.), Geschichtsumschlungen. Sozial-und kulturgeschichtliches Lesebuch. Schleswig-Holstein 1848-1948, Bonn 1996, S.

23-33.

Afflerbach, Holger: Die militärischen Planungen des Deutschen Reiches im Ersten Weltkrieg, in: Wolfgang Michalka (Hg.), Der Erste Weltkrieg. Wirkung. Wahrnehmung. Analyse, München/Zürich 1994, S. 280-319.

-: Falkenhayn. Politisches Denken und Handeln im Kaiserreich, München 1994.

Ahlefeldt, Louis von: Cay Graf von Brockdorff, in: Allgemeine Deutsche Biographie, Bd. 3, Leipzig 1876, S. 336.

Ahrens, Gerhard: Von der Franzosenzeit bis zum Ersten Weltkrieg 1806-1914. Anpassung an Forderungen der neuen Zeit, in: Antjekathrin Graßmann (Hg.), Lübeckische Geschichte, Lübeck 1988, S. 529-676.

Akten zur deutschen auswärtigen Politik 1918-1945. Aus dem Archiv des deutschen Auswärtigen Amtes. Serie D (1937-1945)

Bd. 5: Polen. Südosteuropa. Lateinamerika. Klein-und Mittelstaaten. Juni 1937-März 1939, Baden-Baden 1953.

Bd. 6: Die letzten Monate vor Kriegsausbruch. März bis August 1939, Baden-Baden 1956.

Bd. 7: Die letzten Wochen vor Kriegsausbruch. 9. August bis 3. September 1939, Baden-Baden 1956.

Allgemeine Kirchliche Zeitschrift. Ein Organ für die evangelische Geistlichkeit und Gemeinde, hg. v. Daniel Schenkel, 5. Jg. (1864).

Anderson, Benedict: Die Erfindung der Nation. Zur Karriere eines folgenreichen Konzepts, Frankfurt a. M./New York 1996.

Angelow, Jürgen: Von Wien nach Königgrätz. Die Sicherheitspolitik des Deutschen Bundes im europäischen Gleichgewicht (1815-1866), München 1996.

Anonymus: Der Staatsakt für Botschafter von Moltke. Nachruf des Reichsaußenministers an der Bahre des Verstorbenen, in: Neue Breslauer Zeitung v. 30. 3. 1943.

-: Eine Schleswiger Mutter, in: Schleswiger Nachrichten v. 18. 5. 1937.

-: Im Moltke-Schloss zu Wernersdorf, in: Breslauer Neueste Nachrichten v. 18. 3. 1943.

-: Moltkehäuser. Erinnerungen an den Generalfeldmarschall von Moltke, in: Schleswiger Nachrichten v. 24. 11. 1939.

-: Moltke in Versailles, in: Militär-Wochenblatt Nr. 113/114 (1902), Sp. 2967-2983.

-: Vor 70 Jahren. Moltkes letzter Aufenthalt in Schleswig, in: Schleswiger

Nachrichten v. 6. 10. 1957.

Archenholz, Bogislav von: Die verlassenen Schlösser. Ein Buch von den großen Familien des deutschen Ostens, 2. Aufl., Frankfurt a. M./Berlin 1967.

Arndt, Helmut: Einleitung, in: Helmuth von Moltke. Unter dem Halbmond. Erlebnisse in der alten Türkei, hg. von Helmut Arndt, Wiesbaden 2008. S. 9-50.

Arnold, Alice Laura: Zwischen Kunst und Kult. Lenbachs Bismarck-Porträts und Repliken, in: Reinhold Baumstark (Hg.), Lenbach. Sonnenbilder und Porträts, München/Köln 2004, S. 149-177.

Asmussen, Karl: Das Wirtschaftsleben und die Bevölkerung Glückstadts von der Gründung bis 1869, in: Glückstadt im Wandel der Zeiten, hg. v. d. Stadt Glückstadt, Bd. 2, Glückstadt 1966, S. 161-236.

Bärsch, Georg: Ferdinand von Schills Zug und Tod im Jahre 1809. Zur Erinnerung an den Helden und Kampfgenossen, Leipzig 1860.

Bald, Detlef: Generalstabsausbildung in der Demokratie. Die Führungsakademie der Bundeswehr zwischen Traditionalismus und Reform, Koblenz 1984.

Baldus, Alexandra: Das Sedanpanorama von Anton von Werner. Ein wilhelminisches Schlachtenpanorama im Kontext der Historienmalerei, Bonn 2001.

Balfour, Michael/Frisby, Julian: Helmuth von Moltke. A Leader Against Hitler, London 1972.

Bartmann, Dominik: Anton von Werner. Zur Kunst und Kunstpolitik im Deutschen Kaiserreich, Berlin 1985.

Baur, Tobias: Das ungeliebte Erbe. Ein Vergleich der zivilen und militärischen Rezeption des 20. Juli 1944 im Westdeutschland der Nachkriegszeit, Frankfurt a. M. u. a. 2007.

Becker, Frank: Bilder von Krieg und Nation. Die Einigungskriege in der bürgerlichen Öffentlichkeit Deutschlands 1864-1913, München 2001.

-: «Getrennt marschieren, vereint schlagen». Königgrätz, 3. Juli 1866, in: Stig Förster/Markus Pöhlmann/Dierk Walter (Hg.), Schlachten der Weltgeschichte. Von Salamis bis Sinai, 3. Aufl., München 2001, S. 216-229.

Becker, Josef (Hg.): Bismarcks spanische «Diversion» 1870 und der preußisch-deutsche Reichsgründungskrieg, 3 Bde., Bd. 3: Spanische «Diversion», «Emser Depesche» und Reichsgründungslegende bis zum Ende der Weimarer Republik. 12. Juli 1870-1. September 1932, Paderborn u. a. 2007.

Beig, Dieter: Kultur-ein langer Weg. Die Geschichte der Pinneberger Landdrostei,

Neumünster 2007.

Benz, Jörg: 150 Jahre Itzehoer Liedertafel 1841-1991. Eine Wanderung zwischen Kultur und Politik. Unter Mitarbeit v. Theodor Kröger, Itzehoe 1991.

Berghahn, Volker R.: Sarajewo, 28. Juni 1914. Der Untergang des alten Europa, München 1997.

Beseler, H.: Blüchers Zug nach Lübeck 1806. Vortrag, gehalten in der Militärischen Gesellschaft zu Berlin am 10. Februar 1892, in: Beiheft zum Militär-Wochenblatt 2 (1892), S. 86-112.

Bethmann Hollweg, Theobald von: Betrachtungen zum Weltkriege, hg. v. Jost Dülffer, Essen 1989.

Biefang, Andreas: Politisches Bürgertum in Deutschland 1857-68. Nationale Organisationen und Eliten, Düsseldorf 1994.

[Bill, Karl Heinrich]: Cai Lorenz Freiherr von Brockdorff, (*1813), preußischer Beamter in Schleswig-Holstein, in: Nobilitas. Zeitschrift für deutsche Adelsforschung (1999), S. 115-117 u. 122.

Binder von Krieglstein, Freiherr: Ferdinand von Schill. Ein Lebensbild; zugleich ein Beitrag zur Geschichte der preußischen Armee, Berlin 1902.

Bismarck, Otto von: Gedanken und Erinnerungen. Ungekürzte Ausgabe, Frankfurt a. M. 1981.

-: Reden. 1847-1869, hg. v. Wilhelm Schüßler, Berlin 1924-1935.

Blasius, Dirk: 4. August 1914. Beginn des Ersten Weltkriegs, in: Ders./Wilfried Loth (Hg.), Tage deutscher Geschichte im 20. Jahrhundert, Göttingen 2006, S. 11-26.

Bohn, Robert: Dänische Geschichte, München 2001.

-: Geschichte Schleswig-Holsteins, München 2006.

Borutta, Manuel: Repräsentation, Subversion und Spiel: Die kulturelle Praxis nationaler Feste in Rom und Berlin, 1870/71 und 1895, in: Ulrike von Hirschhausen/Jörn Leonhard (Hg.), Nationalismen in Europa. West-und Osteuropa im Vergleich, Göttingen 2001, S. 247-266.

Boysen, C.: Moltke und Bismarck. Ein Briefwechsel, in: Zeitschrift der Gesellschaft für Schleswig-Holsteinische Geschichte 62 (1934), S. 351-363.

Brakelmann, Günter: Einleitung, in: Helmuth James von Moltke, Im Land der Gottlosen. Tagebuch und Briefe aus der Haft 1944/45. Hg. u. eingel. v. Günter Brakelmann. Mit einem Geleitwort v. Freya von Moltke, 2. Aufl., München 2009, S. 11-50.

-: Helmuth James von Moltke. 1907-1945. Eine Biographie, München 2007.

Bremm, Klaus-Jürgen: Von der Chaussee zur Schiene. Militärstrategie und Eisenbahnen in Preußen von 1833 bis zum Feldzug von 1866, München 2005.

Brockdorff, Fritz Freiherr von: Marie von Moltke. Ein Lebens-und Charakterbild, 2. Aufl., Leipzig o. J.

Bröker, Helmuth: Die Familie von Moltke und ihre Beziehungen zu den Herzogtümern Schleswig und Holstein, in Archiv für Sippenforschung, 110 (1988), S. 70-91.

Bruns, Claudia: Skandale im Beraterkreis um Kaiser Wilhelm II. Die homosexuelle «Verbündelung» der «Liebenberger Tafelrunde» als Politikum, in: Susanne zur Nieden (Hg.), Homosexualität und Staatsräson. Männlichkeit, Homophobie und Politik in Deutschland 1900-1945, Frankfurt a. M./New York, S. 52-80.

Bucholz, Arden: Moltke, Schlieffen and Prussian War Planning, 2. Aufl., Providence/ Oxford 1993.

Bülow, Bernhard Fürst von: Denkwürdigkeiten, hg. v. Franz von Stockhammern, 4 Bde., Berlin 1930-1931, Bd. 3: Weltkrieg und Zusammenbruch, Berlin 1931.

Bülow, Eduard von (Hg.): Aus dem Nachlasse von Georg Heinrich von Berenhorst, 2 Bde., Dessau 1845-47, Bd. 2, Dessau 1847.

Burchardt, Lothar, Helmuth von Moltke, Wilhelm I. und der Aufstieg des preußischen Generalstabes, in: Roland G. Foerster (Hg.), Generalfeldmarschall von Moltke. Bedeutung und Wirkung, München 1991, S. 19-38.

[Burt, John Heyliger], En Stemme fra St. Croix. A Voice from St. Croix, addressed to the approaching Danish Diet. Translated from the Danish by the author, o. O. 1852.

Bußmann, Walter, Friedrich der Große im Wandel des europäischen Urteil, in: Werner Pöls (Hg.), Walter Bußmann, Wandel und Kontinuität in Politik und Geschichte. Ausgewählte Aufsätze zum 60. Geburtstag, Boppard 1973, S. 255-288.

Boysen, C., Moltke und Bismarck. Ein Briefwechsel, in: Zeitschrift der Gesellschaft für Schleswig-Holsteinische Geschichte 62 (1934), S. 351-363.

Hegermann-Lindencrone, Cai von, Erinnerungen, in: Helmuth von Moltke (d. Ä.), Gesammelte Schriften und Denkwürdigkeiten des General-Feldmarschalls Grafen Helmuth von Moltke, Bd. 5: Briefe des General-Feldmarschalls Grafen Helmuth von Moltke-zweite Sammlung-und Erinnerungen an ihn, Berlin 1892,

S. 239-251.

Carsten, Francis L., Eduard Bernstein. 1850-1932. Eine politische Biographie, München 1993.

Clark, Christopher: Preußen. Aufstieg und Niedergang. 1600-1947. A. d. Engl. v. R. Barth u. a., 4. Aufl., München 2007.

-: Wilhelm II. Die Herrschaft des letzten deutschen Kaisers. A. d. Engl. v. Norbert Juraschitz, München 2008.

Cocks, Elijah E./Cocks, Josiah C.: Who's who on the Moon. A biographical dictionary of lunar nomenclature, o. O. 1995.

Craig, Gordon A.: Königgrätz. A. d. Engl. v. Karl Federmann, München 1987.

Dänhardt, Dirk: Revolution in Kiel. Der Übergang vom Kaiserreich zur Weimarer Republik 1918/19, Neumünster 1978.

-: Von der Meuterei zur Revolution. Kiel als Ausgangspunkt der Novemberrevolution 1918, in: Gerhard Paul/Uwe Danker/Peter Wulf (Hg.), Geschichtsumschlungen. Sozial-und kulturgeschichtliches Lesebuch Schleswig-Holstein 1848-1948, Bonn 1996, S. 133-140.

Dann, Otto: Nation und Nationalismus in Deutschland. 1770-1990, 3. Aufl., München 1996.

Demel, Walter: Der europäische Adel. Vom Mittelalter bis zur Gegenwart, München 2005.

Denkwürdigkeiten aus dem Leben des General-Feldmarschalls Kriegsministers Grafen Roon. Sammlung von Briefen, Schriftstücken und Erinnerungen, Bd. 2, Breslau 1892.

Der Idstedt-Löwe. Ein nationales Denkmal und sein Schicksal, hg. v. Südschleswigschen Museumsverein, Flensburg 1993.

Deutsch, Karl W.: Der Nationalismus und seine Alternativen, München 1972.

Die große farbige Enzyklopädie Urania-Pflanzenreich. Blütenpfl anzen, Berlin 2000.

Die Hassel-Tagebücher. 1938-1944. Aufzeichnungen vom andern Deutschland, hg. v. Friedrich Freiherr Hiller von Gaertringen, Berlin 1988.

Die Tagebuchaufzeichnungen von Wilhelm von Dommes zwischen dem 28. Mai und dem 9. Juni 1919. Abgedruckt in: Meyer, Thomas (Hg.), Helmuth von Moltke 1848-1916. Dokumente zu seinem Leben und Wirken. Mit Beiträgen v. Jens Heisterkamp, Rudolf Steiner u. a., Bd. 1: Briefe Helmuth von Moltkes an seine Frau, 1877-1915. Mit Schilderungen von Reisen mit dem älteren Moltke und von Aufenthalten am Zarenhof. Basel 1993, S. 410-413.

Dilthey, Wilhelm: Leben Schleiermachers, Bd. 2: Schleiermachers System als Philosophie und Theologie, Göttingen 1970.

Doerry, Martin: Übergangsmenschen. Die Mentalität der Wilhelminer und die Krise des Kaiserreichs, München 1986.

Dokumente zur Vorgeschichte des Krieges. Zweites Weißbuch der Deutschen Regierung, hg. v. Auswärtigen Amt der Deutschen Regierung. Unveränderter Abdruck der vom Auswärtigen Amt der Deutschen Regierung herausgegebenen Originalausgabe, Basel 1940.

Dollinger, Petra: Frauen am Ballenstedter Hof. Beiträge zur Geschichte von Politik und Gesellschaft an einem Fürstenhof des 19. Jahrhunderts, 2 Bde., Leipzig 1999.

Döscher, Hans-Jürgen: Das Auswärtige Amt im Dritten Reich. Diplomatie im Schatten der «Endlösung», Berlin 1986.

Doß, Kurt: Zwischen Weimar und Warschau: Ulrich Rauscher, deutscher Gesandter in Polen 1922-1930. Eine politische Biographie, Düsseldorf 1984.

Dössel, Hans: Stadt und Kirchspiel Barmstedt. Eine geschichtliche Schau, Barmstedt 1936.

Dressler, Friedrich August: Moltke in seiner Häuslichkeit, 2. Aufl., Berlin 1904.

Dreyer, Michael/Lembcke, Oliver: Die deutsche Diskussion um die Kriegsschuldfrage 1918/19, Berlin 1993.

Duchhardt, Heinz: Historische Elitenforschung. Eine Trendwende in der Geschichtswissenschaft?, Münster 2004.

Duden. Etymologie. Herkunftswörterbuch der deutschen Sprache. Bearb. v. Günther Drosdowski, Paul Grebe u. a. In Fortführung der «Etymologie der deutschen Sprache» von Konrad Duden Mannheim u. a. 1963.

Dülffer, Jost/Kröger, Martin/Wippich, Rolf-Harald (Hgg.): Vermiedene Kriege. Deeskalation von Konflikten der Großmächte zwischen Krimkrieg und Erstem Weltkrieg 1865-1914, München 1997.

Dulfer, Johannes: Hans Adolf von Moltke. 1884-1943. Botschafter des Deutschen Reiches in Warschau und Madrid. Ein Lebensbild. Magisterarbeit zur Erlangung des Grades eines Magister Artium an der Universität Bonn. Unveröffentlichtes Manuskript [Bonn 1994].

Echternkamp, Jörg/Müller, Sven Oliver, Perspektiven einer politik-und kulturgeschichtlichen Nationalismusforschung. Einleitung, in: Dies. (Hg.), Die Politik der Nation. Deutscher Nationalismus in Krieg und Krisen 1760-1960, München 2002, S. 1-24.

Eichler, Jürgen: Luftschiffe und Luftschifffahrt. Mit Zeichnungen v. Otto Reich, Berlin 1993.

Elias, Norbert: Die Gesellschaft der Individuen, Frankfurt a. M. 1987.

Erfurth, Waldemar: Die Geschichte des deutschen Generalstabes von 1918 bis 1945, Göttingen 1957.

Farrar, Lancelot L.: The Short-War Illusion. German Policy, Strategy and Domestic Affairs August-December 1914, Oxford 1973.

Feldbaek, Ole: Adam Gottlob Moltke, in: Hanne Raabyemagle, The Palace of Christian VII. Amalienborg, Bd. 1: Moltke House 1749-1794. With photographs by Ole Woldby. Transl. by Henrik Strandgaard, Kopenhagen 1999, S. 23-39.

Fernsehinterview. Freya von Moltke/Henric L. Wuermeling. Reihe: Frauen im Widerstand. Phönix 2004.

Filchner, Wilhelm: Ein Forscherleben, Wiesbaden 1950.

-: Zum Sechsten Erdteil. Die zweite deutsche Südpolar-Expedition, Berlin 1922.

Flacke, Monika (Hg.): Mythen der Nationen. Ein europäisches Panorama, Berlin 1998.

Foerster, Wolfgang (Hg.): Mackensen. Briefe und Aufzeichnungen des Generalfeldmarschalls aus Krieg und Frieden, Leipzig 1938.

Förster, Stig (Hg.): Moltke. Vom Kabinettskrieg zum Volkskrieg. Eine Werkauswahl, Bonn/Berlin 1992.

-: Der doppelte Militarismus. Die deutsche Heeresrüstungspolitik zwischen Statusquo-Sicherung und Aggression 1890-1913, Wiesbaden 1983.

-: Helmuth von Moltke und das Problem des industrialisierten Volkskriegs im 19. Jahrhundert, in: Roland G. Foerster (Hg.), Generalfeldmarschall von Moltke. Bedeutung und Wirkung, München 1991, S. 103-115.

François, Etienne/Schulze, Hagen: Einleitung, in: Dies. (Hg.), Deutsche Erinnerungsorte. Broschierte Sonderausgabe, München 2001, S. 9-24.

Frevert, Ute: Die kasernierte Nation. Militärdienst und Zivilgesellschaft in Deutschland, München 2001.

Frie, Ewald: Das Deutsche Kaiserreich, Darmstadt 2004.

-: Friedrich August Ludwig von der Marwitz. 1777-1837. Biographien eines Preußen,

Paderborn u. a. 2001.

Friedrich, Otto: Blood and Iron. From Bismarck to Hitler. The von Moltke Family's impact on German History, New York 1996.

Gäbler, Ulrich: «Auferstehungszeit». Erweckungsprediger des 19. Jahrhunderts. Sechs Porträts, München 1991.

Gaehtgens, Thomas W.: Anton von Werner. Die Proklamierung des Deutschen Kaiserreiches. Ein Historienbild im Wandel preußischer Politik, Frankfurt a. M. 1990.

-: Anton von Werner und die französische Malerei, in: Dominik Bartmann (Hg.), Anton von Werner. Geschichte in Bildern, München 1993, S. 49-51.

Gellner, Ernest: Nationalismus und Moderne, Berlin 1991.

Geiss, Imanuel (Hg.): Julikrise und Kriegsausbruch 1914. Eine Dokumentensammlung, 2 Bde., Hannover 1963-1964.

Geisthövel, Alexa: Eigentümlichkeit und Macht. Deutscher Nationalismus 1830-1851. Der Fall Schleswig-Holstein, Stuttgart 2003.

Genealogisches Handbuch des deutschen Adels. Gräfliche Häuser A, Bd. 4, Limburg 1962.

Gerlach, Karlheinz: Die Freimaurer im Alten Preußen 1738-1806. Die Logen in Pommern, Preußen und Schlesien, Innsbruck 2009.

Goltz, Colmar Freiherr von der: Von Roßbach bis Jena und Auerstedt. Ein Beitrag zur Geschichte des preußischen Heeres, Berlin 1906.

-: Von Roßbach nach Jena und Auerstedt. Studien über die Zustände und das geistige Leben in der Preußischen Armee während der Übergangszeit vom XVIII. zum XIX. Jahrhundert, Berlin 1883.

Görlitz, Walter (Hg.): Regierte der Kaiser? Kriegstagebücher, Aufzeichnungen und Briefe des Chefs des Marine-Kabinetts Admiral Georg Alexander von Müller. 1914-1918. Mit einem Vorw. v. Sven von Müller, Göttingen u. a. 1959.

Görtemaker, Manfred: Bismarck und Moltke. Der preußische Generalstab und die deutsche Einigung, Friedrichsruh 2004.

Gothaisches Genealogisches Taschenbuch des Gräflichen Häuser, 45 Jg., Gotha

Granier, Gerhard: Deutsche Rüstungspolitik vor dem Ersten Weltkrieg. General Franz Wandels Aufzeichnungen aus dem preußischen Kriegsministerium, in: Militärgeschichtliche Mitteilungen 38 (1985), S. 123-162.

Griewank, Karl (Hg.): Gneisenau. Ein Leben in Briefen, Leipzig 1939.

Groener, Wilhelm: Der Feldherr wider Willen. Operative Studien über den Weltkrieg, Berlin 1930.

-: Lebenserinnerungen. Jugend, Generalstab, Weltkrieg, hg. v. Friedrich Hiller Freiherr von Gaertringen, Göttingen 1957.

Grone, Jürgen von: Die Unhaltbarkeit der Einwände von General von Dommes. Abgedruckt in: Thomas Meyer (Hg.), Helmuth von Moltke 1848-1916. Dokumente zu seinem Leben und Wirken. Mit Beiträgen v. Jens Heisterkamp, Rudolf Steiner u. a., Bd. 1: Briefe Helmuth von Moltkes an seine Frau, 1877-1915. Mit Schilderungen von Reisen mit dem älteren Moltke und von Aufenthalten am Zarenhof. Basel 1993, S. 415-417.

Großer Generalstab/Kriegsgeschichtliche Abteilung II: Der Deutsch-Französische Krieg 1870/71, Berlin 1875-81.

Haberkern, Eugen/Wallach, Joseph Friedrich: Hilfswörterbuch für Historiker. Mittelalter und Neuzeit. Mit einem Geleitwort v. Hermann Oncken, 9. Aufl., 2 Bde., Tübingen/Basel 2001.

Haffner, Sebastian: Historische Variationen. Mit einem Vorwort v. Klaus Harpprecht, 2. Aufl., Stuttgart/München 2001.

Haffner, Sebastian/Venohr, Wolfgang: Das Wunder an der Marne. Rekonstruktion der Entscheidungsschlacht des Ersten Weltkriegs, Bergisch Gladbach 1982.

Hagenah, Hermann: 1863. Die nationale Bewegung in Schleswig-Holstein, in: Zeitschrift der Gesellschaft für Schleswig-Holsteinische Geschichte 56 (1926), S. 271-396.

Halder, Winfrid: Innenpolitik im Kaiserreich. 1871-1914, 2. Aufl., Darmstadt 2006.

Hall, Neville A. T.: Slave Society in the Danish West Indies St. Thomas, St. John, and St. Croix, hg. v. B. W. Higman, Baltimore/London 1992.

Hansen, Hans Jürgen: So sah die Welt von oben aus. Luftaufnahmen aus dem Zeppelin. Geleitwort v. Wolfgang Meighörner, hg. in Zusammenarbeit mit dem Zeppelin Museum Friedrichshafen, Hamburg u. a. 1999.

Hase, Walter: Abriss der Wald-und Fortgeschichte Schleswig-Holsteins im letzten Jahrtausend, in: Schriften des Naturwissenschaftlichen Vereins Schleswig-Holstein 53 (1983), S. 83-124.

Hauser, Oswald: Preußische Staatsräson und nationaler Gedanke. Auf Grund unveröffentlichter Akten aus dem schleswig-holsteinischen Landesarchiv. Mit einem Dokumentenanhang, Neumünster 1960.

Hecht, Karsten: Die Harden-Prozesse-Strafverfahren, Öffentlichkeit und Politik im Kaiserreich, München 1997.

Heine, Heinrich: Vorrede, in: Ders., Werke, Bd. 4: Französische Zustände. Die romantische Schule, 13. Aufl., Berlin/Weimar 1974.

Heinrich, Gerd: Geschichte Preußens. Staat und Dynastie, Frankfurt a. M. u. a. 1984.

Henrici, Paul Christian: Lebenserinnerungen eines Schleswig-Holsteiners, Stuttgart/ Leipzig 1897.

Hergemöller, Bernd-Ulrich: Mann für Mann. Biographisches Lexikon, Hamburg 2001.

Hermann, Ingo (Hg.): Freya von Moltke. Die Kreisauerin. Gespräch mit Eva Hoffmann in der Reihe «Zeugen des Jahrhunderts», Göttingen 1992.

Herre, Franz: Anno 70/71. Der Deutsch-Französische Krieg, München 1979.

-: Moltke. Der Mann und sein Jahrhundert, Frankfurt a. M./Berlin 1988.

Hildebrand, Klaus: «Staatskunst und Kriegshandwerk». Akteure und System der europäischen Staatenwelt vor 1914, in: Hans Ehlert/Michael Epkenhans/Gerhard P. Groß (Hg.), Der Schlieffenplan. Analysen und Dokumente, Paderborn u. a. 2006, S. 21-44.

Hobsbawm, Eric J.: Das imperiale Zeitalter 1875-1914, Frankfurt a. M. 2004.

Ders./Ranger, Terence (Hg.), The Invention of Tradition, 15. Aufl., Cambridge 2000.

-: Nationen und Nationalismus. Mythos und Realität. Mit einem Nachwort v. Dieter Langewiesche. A. d. Engl. v. Udo Rennert, Frankfurt a. M./New York 2004.

Holstein, Poul: Slaegten Moltkes Heraldik, in: Heraldik Tidsskrift, Bd. 8, Nr. 74 (1996), S. 137-174.

Hötzendorf, Conrad von: Aus meiner Dienstzeit 1906-1918, 4 Bde., Wien/Leipzig/ München 1922-23.

Howard, Michael: Men against Fire. The doctrine of the offensive in 1914, in: Peter Paret (Hg.), Makers of Modern Strategy from Machiavelli to the Nuclear Age, Princeton/New Jersey 1986, S. 510-526.

-: The Franco-Prussian War. The German invasion of France 1870-1871, 2. Aufl., London 1965.

Hull, Isabel V.: Kaiser Wilhelm II. und der «Liebenberg-Kreis», in: Rüdiger Lautmann/ Angela Taeger (Hg.), Männerliebe im alten Deutschland. Sozialgeschichtliche Abhandlungen, Berlin 1992, S. 81-117.

Imberger, Elke: Findbuch des Bestandes Abt. 301. Oberpräsidium und Provinzialrat der Provinz Schleswig-Holstein, Schleswig 2005.

Irmisch, Rudolf: Geschichte der Stadt Itzehoe, Itzehoe 1960.

-: Persönlichkeiten und Geschichten aus Itzehoes Vergangenheit, Itzehoe 1956.

Jacobsen, Ernst: Die Holsteinische Regierungskanzlei und das Holsteinische Obergericht in Glückstadt 1648-1867, in: Steinburger Jahrbuch (1956), S. 57-66.

Jaeger, Friedrich/Rüsen, Jörn: Geschichte des Historismus. Eine Einführung, München 1992.

Jahr, Christoph: British Prussianism. Überlegungen zu einem europäischen Militarismus im 19. und frühen 20. Jahrhundert, in: Wolfram Wette (Hg.), Schule der Gewalt. Militarismus in Deutschland 1871-1945, Berlin 2005, S. 246-261.

Jansen, Anscar: Der Weg in den Ersten Weltkrieg. Das deutsche Militär in der Julikrise 1914, Marburg 2005.

Jany, Curt: Geschichte der Königlich Preußischen Armee bis zum Jahre 1807, 3 Bde., Berlin 1928-1929.

Jäschke, Gotthard: Die Ernennung des jüngeren Moltke zum Generalstabschef, Münster 1971.

Jatzlauk, Manfred: Zwischen Bosporus und Euphrat. Helmuth von Moltke als Militärberater im Osmanischen Reich 1835-1839, in: Martin Guntau (Hg.), Mecklenburger im Ausland. Historische Skizzen zum Leben und Wirken von Mecklenburgern in ihrer Heimat und in der Ferne, Bremen 2001, S. 76-83.

Jenkins, Philipp: The Making of a Ruling Class. The Glamorgan Gentry 1640-1790, Cambridge 1983.

Jessen, Olaf: «Das Volk steht auf, der Sturm bricht los!» Kolberg 1807-Bündnis zwischen Bürger und Soldat?, in: Veit Veltzke (Hg.), Für die Freiheit-gegen Napoleon. Ferdinand von Schill, Preußen und die deutsche Nation, Köln/Weimar/Wien 2009, S. 39-57.

-: Martis et Minervae Alumnis. Die hochdefensive Modernisierung des preußischen Militärbildungswesens (1790-1800), in: Sönke Neitzel/Jürgen Kloosterhuis (Hg.), Krise, Reformen-und Militär. Preußen vor und nach der Katastrophe von 1806, Berlin 2009, S. 15-46.

-: «Preußens Napoleon»? Ernst von Rüchel. 1754-1823. Krieg im Zeitalter der Vernunft, Paderborn u. a. 2007.

-: Von Jena nach Königsberg (1806-1807). Napoleons vergessener Feldzug und die preußische Modernisierungslegende, in: Veit Veltzke (Hg.), Für die Freiheit-gegen Napoleon. Ferdinand von Schill, Preußen und die deutsche Nation, Köln/Weimar/Wien 2009, S. 15-37.

Jonas, Erasmus: Der frühe Moltke und Schleswig, in: Beiträge zur Schleswiger Stadtgeschichte 24 (1979), S. 108-131.

Jordan, Karl G.: Der ägyptisch-türkische Krieg 1839. Aufzeichnungen des Adjutanten Ferdinand Perrier, Zürich 1923.

Kaack, Hans-Georg: Ratzeburg. Geschichte einer Inselstadt. Regierungssitz-Geistliches Zentrum-Bürgerliches Gemeinwesen, Neumünster 1987.

Keller, Michael: Waldemar Graf von Oriola 1854-1910. Ein konservativer Agrarier zwischen Büdesheim, Darmstadt und Berlin, in: Büdesheim 812-1992. Zur 1175-Jahrfeier hg. v. d. Gemeinde Schöneck in Hessen, Schöneck 1992, S. 299-340.

Kessel, Eberhard (Hg.): Helmuth von Moltke. Gespräche, Hamburg 1940.

-: Generalfeldmarschall Graf Alfred Schlieffen. Briefe, Göttingen 1958.

-: Moltke, Stuttgart 1957.

Kleßmann, Eckart (Hg.): Napoleons Rußlandfeldzug in Augenzeugenberichten, München 1982.

Kluge. Etymologisches Wörterbuch der deutschen Sprache. Bearb. v. Elmar Seebold, 24. erw. Aufl., Berlin/New York 2002.

Knud J. V. Jespersen: The Rise and Fall of the Danish Nobility, in: Hamish M. Scott (Hg.), The European Nobilities in the Seventheenth und Eighteenth Centuries, 2 Bde., London 1995, Bd. 2, S. 41-70.

Kobbe, Peter von: Geschichte und Landesbeschreibung des Herzogthums Lauenburg, Altona 1836.

Köhler, Jochen: Begegnungen mit der Wahrheit, in: Der Tagesspiegel v. 7. 6. 1998, S. 3.

-: Helmuth James von Moltke. Geschichte einer Kindheit und Jugend. Mit einem Nachwort v. Gabriella Sarges-Köhler, Reinbek bei Hamburg 2008.

Kohut, Adolph: Moltke und die Frauen, Berlin 1900.

Kolbe, Walther: Die Marneschlacht, Bielefeld/Leipzig 1917.

Kraus, Karl: Vom Werden, Wesen und Wirken des preußischen Generalstabs, in: Geschichte in Wissenschaft und Unterricht 9 (1958), 204-219.

Kreiser, Klaus: Der Osmanische Staat 1300-1922, 2. Aufl., München 2008.

Krieglstein, Karl Freiherr Binder von: Ferdinand von Schill. Ein Lebensbild;

zugleich ein Beitrag zur Geschichte der preußischen Armee, Berlin 1902.

Kroll, Frank-Lothar: Monarchie und Gottesgnadentum in Preußen 1840-1861, in: Peter Krüger/Julius H. Schoeps (Hgg.), Der verkannte Monarch. Friedrich Wilhelm IV. ins einer Zeit, Potsdam 1997, S. 45-70.

Kronenberg, Volker/Böckenförde, Ernst-Wolfgang: Patriotismus in Deutschland. Perspektiven für eine weltoffene Nation, 2. Aufl., Wiesbaden 2006.

Krosigk, Hans von: Karl Graf von Brühl und seine Eltern, Berlin 1910.

Kruse, Wolfgang: Der Erste Weltkrieg, Darmstadt 2009.

Küchmeister, Kornelia: «Kinderland, du Zauberland ...». Detlev von Liliencron und seine Vaterstadt Kiel, in: Detlev von Liliencron (1844-1909). Facetten eines bewegten Dichterlebens. Ausstellung in der Schleswig-Holsteinischen Landesbibliothek Kiel 2009, Kiel 2009, S. 9-40.

Kühlich, Frank: Die deutschen Soldaten im Krieg von 1870/71. Eine Darstellung der Situation und der Erfahrungen der deutschen Soldaten im Deutsch-Französischen Krieg, Frankfurt a. M. u. a. 1995.

Kühne, Thomas: Dreiklassenwahlrecht und Wahlkultur in Preußen 1867-1914. Landtagswahlen zwischen korporativer Tradition und politischem Massenmarkt, Düsseldorf 1994.

Kutschik, Dietrich/Sprang, Burkhard: Die Berlin-Hamburger Eisenbahn, Stuttgart 1996.

Lange, Karl: Marneschlacht und deutsche Öffentlichkeit. 1914-1939. Eine verdrängte Niederlage und ihre Folgen, Düsseldorf 1974, S. 153.

Lange, Ulrich: Modernisierung der Infrastruktur (1830-1918), in: Ders. (Hg.), Geschichte Schleswig-Holsteins. Von den Anfängen bis zur Gegenwart, 2. Aufl., Neumünster 2003, S. 346-367, hier: 347.

Langenhorn, H. H. (Hg.): Historische Nachrichten über die dänischen Moltke's. Mit fünf genealogischen und einer heraldischen Tafel. Aus dem Dänischen übersetzt, Kiel 1871.

Langewiesche, Dieter: Nachwort zur Neuaufl age. Eric J. Hobsbawms Blick auf Nationen, Nationalismus und Nationalstaaten, in: Eric J. Hobsbawm, Nationen und Nationalismus. Mythos und Realität. Mit einem Nachwort v. Dieter Langewiesche. A. d. engl. v. Udo Rennert, Frankfurt a. M./New York 2004, S. 225-241.

-: Nation, Nationalismus und Nationalstaat in Deutschland und Europa, München

2000.

-: Staatsbildung und Nationsbildung in Deutschland-ein Sonderweg? Die deutsche Nation im europäischen Vergleich, in: Ulrike von Hirschhausen/Jörn Leonhard (Hg.), Nationalismen in Europa. West-und Osteuropa im Vergleich, Göttingen 2001, S. 49-67.

-: Zum Wandel von Krieg und Kriegslegitimation in der Neuzeit, in: Journal of Modern European History 2 (2004), S. 5-26.

Langhoff, Helmut: Die Schillschen Offiziere. Profile, Schicksale und Karrieren, in: Veit Veltzke (Hg.), Für die Freiheit-gegen Napoleon. Ferdinand von Schill, Preußen und die deutsche Nation, Köln/Weimar/Wien 2009, S. 155-175.

Lapp, Günter: Friedrich Joachim von Moltke-Postmeister zu Apenrade und Flensburg, in: Schriften der Heimatkundlichen Arbeitsgemeinschaft für Nordschleswig 20 (1969), S. 27-60.

Lau, Thomas: Die Weizsäckers, in: Volker Reinhardt (Hg.), Deutsche Familien. Historische Porträts von Bismarck bis Weizsäcker, München, 2005, S. 307-332.

Leber, Annedore/Moltke, Freya Gräfin von: Für und wider. Entscheidungen in Deutschland. 1918-1945, Berlin/Frankfurt a. M. 1961.

Lehmann, Wilhelm: Romantischer Don Quixote, in: Ders., Bewegliche Ordnung. Aufsätze, Berlin/Frankfurt a. M. 1947, S. 86-95.

Lepp, Claudia: Protestantisch-liberaler Aufbruch in die Moderne. Der deutsche Protestantenverein in der Zeit der Reichsgründung und des Kulturkampfes, Gütersloh 1996.

Leppien, Jörn-Peter: «Operation lion». Henrik V. Ringsted und der Idstedt-Löwe 1945. Ein Quellenbericht, Flensburg 1995.

Lindenberg, Christoph: Rudolf Steiner. Eine Biographie, 2 Bde., Stuttgart 1997.

Löding, Frithjof: Theodor Storm und Klaus Groth in ihrem Verhältnis zur schleswig-holsteinischen Frage. Dichtung während einer politischen Krise, Neumünster 1985.

Lohmeier, Dieter: Der Edelmann als Bürger. Über die Verbürgerlichung der Adelskultur im dänischen Gesamtstaat, in: Christian Degn/Dieter Lohmeier (Hgg.), Staatsdienst und Menschlichkeit. Studien zur Adelskultur des späten 18. Jahrhunderts in Schleswig-Holstein und Dänemark, Neumünster 1980, S. 127-149.

Loose, Ingo: Kredite für NS-Verbrechen. Die deutschen Kreditinstitute in Polen und die Ausraubung der polnischen und jüdischen Bevölkerung 1939-1945, München 2007.

Loth, Wilfried: Das Kaiserreich. Obrigkeitsstaat und politische Mobilisierung, 2. Aufl., München 1997.

Ludendorff, Erich von: Das Marnedrama. Der Fall Moltke-Hentsch, München 1934.

Malinowski, Stephan: Vom König zum Führer. Deutscher Adel und Nationalsozialismus, Frankfurt a. M. 2004.

Massenbach, Christian Ludwig August Freiherr von: Über die Verbindung der Kriegs-und Staats-Kunde und über die Regenten-Tugenden König Friedrichs II., Potsdam 1801. Abgedruckt in: Ders., Memoiren über meine Verhältnisse zum preußischen Staat und insbesondere zum Herzoge von Braunschweig, 3 Bde., Bd. 3, Amsterdam 1809, S. 258-268.

Matuschka, Edgar Graf von/Petter, Wolfgang: Organisationsgeschichte der Streitkräfte, in: Deutsche Militärgeschichte in sechs Bänden 1646-1939, hg. v. Militärgeschichtlichen Forschungsamt, Bd. 2/Abschnitt IV, Teil 2: Militärgeschichte im 19. Jahrhundert 1814-1890, München 1983, S. 302-358.

Meding, Dorothee von: Freya Gräfin von Moltke, geb. Deichmann, in: Dies., Mit dem Mut des Herzens. Die Frauen des 20. Juli, Berlin 1992, S. 121-140.

Mehlhorn, Dieter J.: Klöster und Stifte in Schleswig-Holstein. 1200 Jahre Geschichte, Architektur und Kunst, Kiel 2007.

Mehnert, Gottfried: Die Kirche in Schleswig-Holstein. Eine Kirchengeschichte im Abriss, Kiel 1960.

Meier-Dörnberg, Wilhelm: Moltke und die taktisch-operative Ausbildung im preußisch-deutschen Heer, in: Roland G. Foerster, (Hg.), Generalfeldmarschall von Moltke. Bedeutung und Wirkung, München 1992, S. 39-48.

[Merkel, Angela]: Ansprache der Bundeskanzlerin Dr. Angela Merkel beim Festkonzert zum 100. Geburtstag von Helmuth James Graf von Moltke am 11. März 2007 in Berlin, in: Bulletin der Bundesregierung Nr. 29-1V. 12. 3. 2007.

Messerschmidt, Manfred: Die politische Geschichte der preußisch-deutschen Armee, in: Militärgeschichtliches Forschungsamt (Hg.), Deutsche Militärgeschichte in sechs Bänden, Bd. 2/Abschnitt IV: Militärgeschichte im 19. Jahrhundert. 1814-1890, München 1983, S. 3-380.

Meyer, Thomas, (Hg.): Helmuth von Moltke 1848-1916. Dokumente zu seinem Leben und Wirken. Mit Beiträgen v. Jens Heisterkamp, Rudolf Steiner u. a., 2

Bde., Basel 1993. Bd. 1: Briefe Helmuth von Moltkes an seine Frau, 1877-1915. Mit Schilderungen von Reisen mit dem älteren Moltke und von Aufenthalten am Zarenhof. Bd. 2: An Eliza von Moltke und Helmuth von Moltke gerichtete Briefe, Meditationen und Sprüche von Rudolf Steiner: 1904-1915.

Moltke, Eliza von: Vorwort des Herausgebers, in: Dies. (Hg.), Generaloberst Helmuth von Moltke (d. J.). Erinnerungen. Briefe. Dokumente. 1877-1916. Ein Bild vom Kriegsausbruch, erster Kriegsführung und Persönlichkeit des ersten militärischen Führers des Krieges, Stuttgart 1922, S. VII-XV.

Moltke, Freya von: Erinnerungen an Kreisau 1930-1945, München 2003.

-: Geleitwort, in: Festkonzert zum 100. Geburtstag von Helmuth James von Moltke, Berlin 2007.

-: Zum Geleit, in: Helmuth James von Moltke, Im Land der Gottlosen. Tagebuch und Briefe aus der Haft 1944/45. Hg. u. eingel. von Günter Brakelmann. Mit einem Geleitwort von Freya von Moltke, 2. Aufl., München 2009, S. 9-10.

-/Michael Balfour/Julian Frisby: Helmuth James von Moltke. 1907-1945. Anwalt der Zukunft. A. d. Engl. v. Freya von Moltke, Stuttgart 1975.

-: Vorwort der deutschen Ausgabe, in: Freya von Moltke/Michael Balfour/Julian Frisby, Helmuth James von Moltke. 1907-1945. Anwalt der Zukunft. A. d. Engl. v. Freya von Moltke, Stuttgart 1975, S. 7-8.

Moltke (d. Ä.), Helmuth von: Briefe über Zustände und Begebenheiten in der Türkei aus den Jahren 1835 bis 1839, Berlin 1841.

[-]: Gesammelte Schriften und Denkwürdigkeiten des General-Feldmarschalls Grafen Helmuth von Moltke, Berlin 1891-1892.

Bd. 1: Zur Lebensgeschichte des General-Feldmarschalls Grafen Helmuth von Moltke, 1892.

Bd. 2: Vermischte Schriften des General-Feldmarschalls Grafen Helmuth von Moltke, 1892.

Bd. 3: Geschichte des deutsch-französischen Krieges von 1870-71 nebst einem Aufsatz «Über den angeblichen Kriegsrat in den Kriegen König Wilhelms I.» von Graf Helmuth von Moltke, Generalfeldmarschall, 2. Aufl., 1891.

Bd. 4: Briefe des General-Feldmarschalls Grafen Helmuth von Moltke an seine Mutter und an seine Brüder Adolf und Ludwig, 1891.

Bd. 5: Briefe des General-Feldmarschalls Grafen Helmuth von Moltke-zweite Sammlung-und Erinnerungen an ihn, 1892.

Bd. 6: Briefe des General-Feldmarschalls Grafen Helmuth von Moltke an seine Braut und Frau, 1892.

[-]: Moltkes Militärische Werke, Bd. 3/1: Moltkes kriegsgeschichtliche Arbeiten. Geschichte des Krieges gegen Dänemark 1848/49, hg. vom Großen Generalstab, Abteilung für Kriegsgeschichte, Berlin 1893.

-: Unter dem Halbmond. Erlebnisse in der alten Türkei, hg. v. Helmut Arndt, Wiesbaden 2008.

Moltke (d. J.), Helmuth von: Betrachtungen und Erinnerungen. Homburg, November 1914, in: Thomas Meyer (Hg:), Helmuth von Moltke, Bd. 1, S. 391-405.

-: Erinnerungen, Briefe, Dokumente, 1877-1916. Ein Bild vom Kriegsausbruch, erster Kriegsführung und Persönlichkeit des ersten militärischen Führers des Krieges, hg. v. Eliza von Moltke geb. Gräfin Moltke-Huitfeldt, Stuttgart 1922.

Moltke, Helmuth James von: Briefe an Freya. 1939-1945, hg. v. Beate Ruhm von Oppen. 2. Aufl., München 1991.

-: Im Land der Gottlosen. Tagebuch und Briefe aus der Haft 1944/45. Hg. u. eingel. v. Günter Brakelmann. Mit einem Geleitwort v. Freya von Moltke, 2. Aufl., München 2009.

-: Wie alles war, als ich klein war [Berlin, Januar 1944]. Abgedruckt in: Günter Brakelmann, Helmuth James von Moltke. 1907-1945. Eine Biographie, München 2007, S. 365-390.

Mombauer, Annika: Der Moltkeplan: Modifikation des Schlieffenplans bei gleichen Zielen?, in: Hans Ehlert/Michael Epkenhans/Gerhard P. Groß (Hg.), Der Schlieffenplan. Analysen und Dokumente, Paderborn u. a. 2006, S. 79-99.

-: Helmuth von Moltke and the origins oft he First World War, Cambridge 2001.

Mommsen, Wolfgang J.: Der Erste Weltkrieg. Anfang vom Ende des bürgerlichen Zeitalters, Frankfurt a. M. 2004.

-: Der Topos vom unvermeidlichen Krieg. Außenpolitik und öffentliche Meinung im Deutschen Reich im letzten Jahrzehnt vor 1914, in: Jost Dülffer (Hg.), Bereit zum Krieg. Kriegsmentalität im wilhelminischen Deutschland 1890-1914. Beiträge zur historischen Friedenforschung, Göttingen 1986, S. 194-224.

-: Die latente Krise des Deutschen Reiches 1909-1914, Frankfurt a. M. 1973.

-: Großmachtstellung und Weltpolitik. Die Außenpolitik des Deutschen Reiches 1870 bis 1914, Frankfurt a. M./Berlin 1993.

-: Homosexualität, aristokratische Kultur und Weltpolitik. Die Herausforderung des wilhelminischen Establishments durch Maximilian Harden 1906-1908, in: Uwe Schulz (Hg.), Große Prozesse, Recht und Gerechtigkeit in der Geschichte, 3. Aufl., München 2001, S. 279-288.

Mosler, Lothar: Blickpunkt Uetersen. Geschichte und Geschichten. Mit Beiträgen v. Margarete und Jörg Eichbaum u. Waldemar Dudda, Uetersen 1985.

Müller, Harald: Die Deutsche Arbeiterschaft und die Sedanfeiern, in: Zeitschrift für Geschichtswissenschaft 17 (1969), S. 1554-1564.

Münch, Ernst: Toitenwinkel und Rostock. Zur Geschichte einer Hassliebe, Schwerin 2002.

Munch, Andreas: Lord William Russell. Historische Tragödie. A. d. Norw. v. John Heyliger Burt, Leipzig 1860.

Munser, Bernd: Die untergegangene Burg der Moltkes auf Vogtshagen, in: Toitenwinkel. Historische Streiflichter aus acht Jahrhunderten. Schriften der Geschichtswerkstatt Toitenwinkel, H. 7/8, Rostock 2000, S. 7-14.

Noer, August Friedrich Prinz von: Aufzeichnungen des Prinzen August Friedrich von Schleswig-Holstein-Noer aus den Jahren 1848 bis 1850, Zürich 1861.

Nordmann, Gertrud: Schleswig-Holsteinische Beamte 1816-1848, Schleswig 1997.

Palmer, Alan: Bismarck. Eine Biographie. A. d. Engl. v. Ada Landfermann und Cornelia Wild, Düsseldorf 1976.

Paret, Peter: Clausewitz und der Staat. Der Mensch, seine Theorien und seine Zeit, Bonn 1993.

-: Peter, Yorck and the era of Prussian Reform 1807-1815, Princeton 1966.

Petter, Wolfgang: Die Roonsche Heeresreorganisation und das Ende der Landwehr, in: Peter Baumgart/Bernhard R. Kroener/Heinz Stübig (Hg.), Die preußische Armee. Zwischen Ancien Régime und Reichsgründung, Paderborn u. a. 2008, S. 215-228.

Pinneberger Wochen-Blatt für Pinneberg, Blankenese, Wedel und Barmstadt, Nr. 41 v. 21. 5. 1870.

Pollock, Linda A.: Honour, Gender and Reconciliation in Elite Culture, 1570-1700, in: Journal of British Studies 46 (2007), S. 3-29.

Polnische Dokumente zur Vorgeschichte des Krieges, hg. vom Auswärtigen Amt, Berlin 1940.

Priesdorff, Kurt von (Hg.): Soldatisches Führertum, Bd. 8, Teil 10, Hamburg 1945.

Protokolle des Preußischen Staatsministeriums 1817-1934/38, hg. v. d.

BerlinBrandenburgischen Akademie d. Wissenschaften unter d. Leitung v. Jürgen Kocka u. Wolfgang Neugebauer. Hildesheim.

Bd. 8/I u. 8/II: 21. März 1890 bis 9. Oktober 1900. Bearb. v. Hartwin Spenkuch, 2003.

Bd. 9: 23. Oktober 1900 bis 13. Juli 1909. Bearb. v. Reinhold Zilch, 2001.

Bd. 10: 14. Juli 1909 bis 11. November 1918 Bearb. v. Reinhold Zilch, 1999.

Pröve, Ralf: Militär, Staat und Gesellschaft im 19. Jahrhundert, München 2006.

Raabyemagle, Hanne: Introduction, in: Ders., The Palace of Christian VII. Amalienborg, Bd. 1: Moltke House 1749-1794. With photographs by Ole Woldby. Transl. by Henrik Strandgaard, Kopenhagen 1999, S. 9-21.

Ranke, Winfried: Franz von Lenbach. Der Münchener Malerfürst, Köln 1986.

Raumer, Kurt von: Deutschland um 1800. Krise und Neugestaltung. Von 1789 bis 1815, in: Handbuch der Deutschen Geschichte. Begründet v. Otto Brandt, fortgeführt v. Arnold Oskar Meyer, neu hg. v. Leo Just, 6 Bde., Konstanz/ Wiesbaden 1956-80, Bd. 3/1a, Wiesbaden 1980, S. 3-430.

Regling, Volkmar Heinz: Die Anfänge des Sozialismus in Schleswig-Holstein, Neumünster 1965.

-: Grundzüge der Landkriegführung zur Zeit des Absolutismus und im 19. Jahrhundert, in: Handbuch zur deutschen Militärgeschichte 1648-1939, hg. v. Militärgeschichtlichen Forschungsamt durch Friedrich Forstmeier u. a., begr. v. Hans Meier-Welcker, 6 Bde., München 1979-83, Bd. 6, Abschnitt IX, München 1983, S. 3-584.

Reichwein, Rosemarie: «Die Jahre mit Adolf Reichwein prägten mein Leben». Ein Buch der Erinnerung, München 1999.

Reif, Heinz: Einleitung, in: Ders. (Hg.), Adel und Bürgertum in Deutschland. Entwicklungslinien und Wendepunkte im 19. Jahrhundert. 2. Aufl., Berlin 2008, S. 7-27.

Reinhardt, Georg:, Preußen im Spiegel der öffentlichen Meinung Schleswig-Holsteins 1866-1870, Neumünster 1954.

Reinhardt, Klaus: Gedanken zur Persönlichkeit, Amt und Wirken des Generalfeldmarschalls Helmuth Graf von Moltke aus heutiger Sicht. Vortrag des Kommandeurs der Führungsakademie der Bundeswehr Generalmajor Dr. Klaus Reinhardt anlässlich der Gedenkveranstaltung der Moltke-Stiftung zur 100. Wiederkehr des Todestages des Generalfeldmarschalls Helmuth Graf von

Moltke am 24. April 1991 in Berlin, in: Moltke-Almanach. Sonderheft zum 100. Todestag des Generalfeldmarschalls, Berlin 1991, S. 6-15.

Reinhardt, Volker (Hg.): Deutsche Familien. Historische Porträts von Bismarck bis Weizsäcker. Hg. unter Mitarbeit v. Thomas Lau, München 2005.

Ritter, Gerhard: Der Schlieffen-Plan. Kritik eines Mythos, München 1956.

Röhl, John C. G.: Fürst Philipp zu Eulenburg. Zu einem Lebensbild, in: Rüdiger Lautmann/Angela Taeger (Hg.), Männerliebe im alten Deutschland. Sozialgeschichtliche Abhandlungen, Berlin 1992, S. 119-140.

-: Kaiser, Hof und Staat. Wilhelm II. und die deutsche Politik, 4. Aufl., München 1995.

-(Hg.): Philipp Eulenburgs politische Korrespondenz, 3 Bde., Boppard am Rhein 1976-1983.

Bd. 1: Von der Reichsgründung bis zum Neuen Kurs 1866-1891, 1976.

Bd. 3: Krisen, Krieg und Katastrophen 1895-1921, 1983.

-: Wilhelm II., Bd. 1: Die Jugend des Kaisers. 1859-1888, 2. Aufl., München 2001.

-: Wilhelm II., Bd. 2: Der Aufbau der persönlichen Monarchie 1888-1900, München 2001.

-: Wilhelm II., Bd. 3: Der Weg in den Abgrund 1900-1941, München 2008.

Roon, Ger van: Widerstand im Dritten Reich. Ein Überblick, 7. Aufl., München 1998.

Rose Innes, James Sir: Chief Justice of South Africa, 1914-1927. Autobiography, hg. v. B. A. Tindall, Cape Town 1949.

Rothenberg, Gunther E.: Moltke, Schlieffen, and the Doctrine of Strategic Envelopment, in: Peter Paret (Hg.), Makers of Modern Strategy from Machiavelli to the Nuclear Age. In Zusammenarbeit mit Gordon A. Craig u. Felix Gilbert, Princeton/New Jersey 1986, S. 296-325.

Ruchniewicz, Krzysztof: Die Rezeption des deutschen Widerstands gegen die Nationalsozialisten in Polen, in: Gerd R. Ueberschär (Hg.), Der deutsche Widerstand gegen Hitler. Wahrnehmung und Wertung in Europa und den USA, Darmstadt 2002, S. 150-164.

Rudorff, Andrea: Hubertushütte, in: Wolfgang Benz/Barbara Distel (Hg.), Orte des Terrors. Geschichte der nationalsozialistischen Konzentrationslager, 9 Bde., Bd. 5: Hinzert, Auschwitz, Neuengamme, München 2007, S. 254-256.

Rütten, Theo: Preußen und die Revolution von 1848, in: Jürgen Fröhlich u. a. (Hg.), Preußen und Preußentum vom 17. Jahrhundert bis zur Gegenwart. Beiträge des

Kolloquiums aus Anlass des 65. Geburtstages von Ernst Opgenoorth am 12. 2. 2001, Berlin 2002, S. 131-144.

Ruhl, Klaus-Jörg: Spanien im Zweiten Weltkrieg. Franco, die Falange und das «Dritte Reich», Hamburg 1975.

Ruhm von Oppen, Beate (Hg.): Dorothy von Moltke. Ein Leben in Deutschland. Briefe aus Kreisau und Berlin 1907-1934, München 1999.

Rumohr, Henning von: Schlösser und Herrenhäuser in Ostholstein, 2. Aufl., Frankfurt a. M. 1982.

Sachse, Udo: Die Anfänge der preußischen Verwaltung in Pinneberg, in: Jahrbuch für den Kreis Pinneberg (1984), S. 91-110.

-: Die ersten Landräte in Pinneberg, in: Jahrbuch für den Kreis Pinneberg 1986, S. 115-134.

Safranski, Rüdiger: Romantik. Eine deutsche Affäre, München 2007.

Sahm, Ulrich: Rudolf von Scheliha. Ein deutscher Diplomat gegen Hitler. 1897-1942, München 1990.

Salewski, Michael: Krieg und Frieden im Denken Bismarcks und Moltkes, in: Roland G. Foerster (Hg.), Generalfeldmarschall von Moltke. Bedeutung und Wirkung, München 1991, S. 67-88.

Scharff, Alexander: Vom übernationalen zum nationalen Staat. Ursachen und Bedeutung des deutsch-dänischen Konfl ikts von 1864, in: Ders./Manfred Jessen-Klingeberg (Hg.), Schleswig-Holstein in der deutschen und nordeuropäischen Geschichte. Gesammelte Aufsätze, Stuttgart 1969, S. 218-235.

-: Wesen und Bedeutung der schleswig-holsteinischen Erhebung 1848-1850, Neumünster 1978.

-: Wilhelm Hartwig Beselers politische Wirksamkeit vor 1848, in: Ders., Schleswig-Holstein in der deutschen und nordeuropäischen Geschichte. Gesammelte Aufsätze, Stuttgart 1969, S. 74-110.

Schellack, Fritz: Nationalfeiertage in Deutschland von 1871 bis 1945, Frankfurt a. M. u. a. 1990.

Schieder, Wolfgang: 1848/49. Die ungewollte Revolution, in: Carola Stern/Heinrich August Winkler (Hg.), Wendepunkte deutscher Geschichte 1848-1945. Mit Beiträgen v. Jürgen Kocka u. a., Frankfurt a. M 1979, S. 13-35.

Schiller, René: Vom Rittergut zum Großgrundbesitz. Ökonomische und soziale

Transformation sprozesse der ländlichen Eliten in Brandenburg im 19. Jahrhundert, Berlin 2003.

Schlürmann, Jan: Die Schleswig-Holsteinische Armee 1848-1851, Tönning u. a. 2004.

Schmidt, Julius: Charte der Gebirge des Mondes, Berlin 1878.

Schmidt, Michael: Der «Eiserne Kanzler» und die Generäle. Deutsche Rüstungspolitik in der Ära Bismarck (1871-1890), Paderborn u. a. 2003.

Schot, Bastian: Die Entstehung des Deutsch-Französischen Krieges und die Gründung des Deutschen Reiches, in: Helmut Böhme (Hg.), Probleme der Reichsgründungszeit 1848-1879. 2. Aufl., Köln/Berlin 1972, S. 269-295.

Schössler, Dietmar (Hg.): Das geistige Erbe des deutschen Generalstabs. Die Entwicklung des Generalstabs-/Admiralstabsdienstes von den Anfängen bis heute, München 1997.

Schröder, Jens: Die Spur der Ahnen, in: GEO v. 9. 9. 2004, S. 132-156.

Schröder, Johannes von: Topographie des Herzogthums Holstein, des Fürstenthums Lübeck und der freien und Hanse-Städte Hamburg und Lübek [!], Bd. 2, Oldenburg 1841.

Schultz Hansen, Hans: Demokratie oder Nationalismus. Politische Geschichte Schleswig-Holsteins 1830-1918, in: Ulrich Lange (Hg.); Geschichte Schleswig-Holsteins. Von den Anfängen bis zur Gegenwart, 2. Aufl., Neumünster 2003, S. 427-486.

Schultze-Rhonhof, Gerd: 1939. Der Krieg, der viele Väter hatte. Der lange Anlauf zum Zweiten Weltkrieg, 6. Aufl., München 2007.

Schulz, Gerhard: Romantik. Geschichte und Begriff, 3. Aufl., München 2008.

Schwalm, Eberhardt: Volksbewaffnung 1848-1850 in Schleswig-Holstein. Vorarbeiten zu einer Psychologie und Soziologie der Schleswig-Holsteinischen Erhebung, Neumünster 1961.

Schweppenburg, Leo Freiherr Geyr von: Der Kriegsausbruch 1914 und der deutsche Generalstab, in: Wehrwissenschaftliche Rundschau 13 (1963), S. 150-163.

Showalter, Dennis E.: Railroads and rifles. Soldiers, Technology, and the Unification of Germany, Hamden/Conn. 1975.

Siemann, Wolfram: Gesellschaft im Aufbruch. Deutschland 1849-1871, Frankfurt a. M. 1990.

Sikora, Michael: Der Adel in der frühen Neuzeit, Darmstadt 2009.

Skambraks, Hans-Georg, Die Entstehung des Staatsgrundgesetzes für die Herzogtümer Schleswig-Holstein vom 15. September 1848, in: Zeitschrift der Gesellschaft für Schleswig-Holsteinische Geschichte 84 (1960), S. 121-208 und 85/86 (1961), S. 131-242.

Spenkuch, Hartwin: «Es wird zu viel regiert». Die preußische Verwaltungsreform 1908-1918 zwischen Ausbau der Selbstverwaltung und Bewahrung bürokratischer Macht, in: Ders./Bärbel Holtz (Hg.), Preußens Weg in die politische Moderne. Verfassung-Verwaltung-politische Kultur zwischen Reform und Reformblockade, Berlin 2001, S. 321-356.

Spiero, Heinrich: Detlev von Liliencron. Sein Leben und seine Werke, Berlin/ Leipzig 1913.

Staabs, Hermann von: Aufmarsch an zwei Fronten. Auf Grund der Operationspläne von 1871-1914, Berlin 1925.

Stadelmann, Rudolf: Moltke und der Staat, Krefeld 1950.

Stein, Oliver: Die deutsche Heeresrüstungspolitik 1890-1914. Das Militär und der Primat der Politik, Paderborn u. a. 2007.

[Steiner, Rudolf]: Vorbemerkungen Rudolf Steiners zur Broschüre «Die ‹Schuld› am Kriege». Geschrieben zu Stuttgart, Mai 1919. Abgedruckt in: Thomas Meyer, Helmuth von Moltke 1848-1916, Bd. 1: Briefe Helmuth von Moltkes an seine Frau 1877-1915, Basel 1993, S. 383-390.

[-]: Das Sauerwein-Interview mit Rudolf Steiner für ‹Le Matin› über die Vorgeschichte des Weltkriegs vom Oktober 1921. Abgedruckt in: Thomas Meyer, Helmuth von Moltke 1848-1916, Bd. 1: Briefe Helmuth von Moltkes an seine Frau 1877-1915, Basel 1993, S. 418-423.

Stevenson, David: Armaments and the Coming of War. Europa 1904-1914, 2. Aufl., Oxford 2000.

Stolz, Gerd: Die schleswig-holsteinische Erhebung. Die nationale Auseinandersetzung in und um Schleswig-Holstein von 1848/51. Mit einem Beitrag v. Inge Adriansen, Husum 1996.

-: Friedrich Philipp Victor von Moltke, in: Steinburger Jahrbuch (1960), hg. v. Heimatverband für den Kreis Steinburg, S. 448-458.

-: Moltke in seinen familiären Bindungen zu Schleswig-Holstein, in: Archiv für Sippenforschung 102 (1986), S. 417-427.

Storjohann, Karl-Rudolf: Personalhistorische Studie. Ⅲ. Teil über einige Amtmänner und die Amtsverwalter des königlichen dänischen Amtes Segeberg von 1700-1864, in: Heimatkundliches Jahrbuch des Kreises Segeberg (1983).

Strachan, Hugh: The First World War. Causes and Course, in: The Historical Journal 29 (1986), S. 227-255.

-: Wer war schuld? Wie es zum Ersten Weltkrieg kam, in: Stephan Burgdorff/Klaus Wiegrefe (Hg.), Der Erste Weltkrieg. Urkatastrophe des 20. Jahrhunderts, München 2004, S. 240-255.

Stübig, Heinz: Die Entwicklung des preußisch-deutschen Generalstabs im 19. Jahrhundert, in: Peter Baumgart/Bernhard R. Kroener/Heinz Stübig (Hgg.), Die preußische Armee. Zwischen Ancien Régime und Reichsgründung, Paderborn u. a. 2008, S. 247-260.

Stürmer, Michael: Das Deutsche Reich 1870-1919, Berlin 2002.

Treitel, Corinna: A science for the soul. Occultism and the genesis of the German modern, Baltimore 2004.

Treitschke, Heinrich von: Deutsche Geschichte im 19. Jahrhundert, Bd. 5., Leipzig 1927.

Trumpener, U.: War Premeditated? German Intelligence Operations in July 1914, in: Central European History 9 (1976), S. 58-85.

Ueberschär, Gerd R.: Für ein anderes Deutschland. Der deutsche Widerstand gegen den NS-Staat 1933-1945, Darmstadt 2005.

Ullrich, Volker: Der Kreisauer Kreis, Reinbek bei Hamburg 2008.

-: Deutsches Kaiserreich, Frankfurt a. M. 2006.

Unruh, von: Von den Vorfahren des General-Feldmarschalls Grafen Helmuth von Moltke, in: Deutsches Adelsblatt 12 (1941), S. 271-272.

Veltzke, Veit: (Hg.), Für die Freiheit-gegen Napoleon. Ferdinand von Schill, Preußen und die deutsche Nation, Köln/Weimar/Wien 2009.

-: Zwischen König und Vaterland. Schill und seine Truppen im Netzwerk der Konspiration, in: Ders. (Hg.), Für die Freiheit-gegen Napoleon. Ferdinand von Schill, Preußen und die deutsche Nation, Köln/Weimar/Wien 2009, S. 107-154.

Vierhaus, Rudolf (Hg.): Das Tagebuch der Baronin Spitzemberg geb. Freiin v. Varnbüler. Aufzeichnungen aus der Hofgesellschaft des Hohenzollernreiches. Mit einem Vorwort v. Peter Rassow, 3. Aufl., Göttingen 1963.

[Villers, Charles François Dominique de]: Villers Brief an die Gräfin Fanny von Beauharnais. Enthaltend eine Nachricht von den Begebenheiten, die zu Lübeck an dem Tage Donnerstag, den 6. November 1806 und folgenden vorgefallen sind. A. d. Franz., 3. Aufl., Amsterdam 1808.

Vogel, Barbara: Vom linken zum rechten Nationalismus. Bemerkungen zu einer Forschungskontroverse, in: Wendt, Bernd Jürgen (Hg.), Vom schwierigen Zusammenwachsen der Deutschen. Nationale Identität und Nationalismus im 19. und 20. Jahrhundert, Frankfurt a. M. u. a. 1992, S. 97-110.

Vogel, Jakob: Nationen im Gleichschritt. Der Kult der «Nation in Waffen» in Deutschland und Frankreich 1871-1914, Göttingen, 1997.

Vries, Jürgen de: Bismarck und das Herzogtum Lauenburg. Die Eingliederung Lauenburgs in Preußen 1865-1876, Neumünster 1989.

W. S.: Erinnerungen aus dem schleswig-holsteinischen Kriege, in: Die Gartenlaube 4 (1863), S. 62-64.

Wallach, Jehuda Lothar: Anatomie einer Militärhilfe. Die preußisch-deutschen Militärmissionen in der Türkei 1835-1919, Düsseldorf 1976.

-: Das Dogma der Vernichtungsschlacht. Die Lehren von Clausewitz und Schlieffen und ihre Wirkungen in zwei Weltkriegen, Frankfurt a. M. 1967.

-: Feldmarschall von Schlieffens Interpretation der Kriegslehre Moltkes d. Ä., in: Roland G. Foerster (Hg.), Generalfeldmarschall von Moltke. Bedeutung und Wirkung, München 1991, S. 49-66.

Walter, Dierk: Roonsche Reform oder militärische Revolution? Wandlungsprozesse im preußischen Heerwesen vor den Einigungskriegen. In: Karl-Heinz Lutz, u. a. (Hg.): Reform-Reorganisation-Transformation. Zum Wandel in deutschen Streitkräften von den preußischen Heeresreformen bis zur Transformation der Bundeswehr, München 2010, S. 181-198.

-: Was blieb von den Militärreformen 1807-1814?, in: Sönke Neitzel und Jürgen Kloosterhuis (Hg.), Krise, Reformen-und Militär. Preußen vor und nach der Katastrophe von 1806, Berlin 2009, S. 107-127.

Wehl, Roland: Freya von Moltke im Gespräch über Widerstand, Nation und Demokratie, in: Junge Freiheit v. 22. 8. 1994.

Wehler, Hans-Ulrich, Der zweite Dreißigjährige Krieg. Der Erste Weltkrieg als Auftakt und Vorbild für den zweiten Weltkrieg, in: Stephan Burgdorff/Klaus Wiegrefe (Hg.), Der Erste Weltkrieg. Die Urkatastrophe des 20. Jahrhunderts, München 2004, S. 23-35.

-: Deutsche Gesellschaftsgeschichte, München

Bd. 1: Vom Feudalismus des Alten Reiches bis zur Defensiven Modernisierung der Reformära. 1700-1815, 2. Aufl., München 1989.

Bd. 2: Von der Reformära bis zur industriellen und politischen «Deutschen Doppelrevolution» 1815-1845/49, 4. Aufl., München 2005.

Bd. 3: Von der «Deutschen Doppelrevolution» bis zum Beginn des Ersten Weltkrieges 1849-1914. Broschierte Studienausgabe München 2008.

Bd. 4: Vom Beginn des Ersten Weltkriegs bis zur Gründung der beiden deutschen Staaten 1914-1949, München 2003.

-: Nationalismus. Geschichte, Formen, Folgen, 3. Aufl., München 2007.

-: Nationalstaat und Krieg, in: Ders., Umbruch und Kontinuität. Essays zum 20. Jahrhundert, München 2000, S. 64-80.

-: Radikalnationalismus und Nationalsozialismus, in: Jörg Echternkamp/Sven Oliver Müller, (Hg.), Die Politik der Nation. Deutscher Nationalismus in Krieg und Krisen. 1760-1960, München 2002, S. 203-217.

Weigel, Siegrid: «Die Städte sind weiblich und nur dem Sieger hold». Zur Funktion des Weiblichen in Gründungsmythen und Städtedarstellungen, in: Sigrun Anselm/Barbara Beck (Hg.), Triumph und Scheitern in der Metropole: Zur Rolle der Weiblichkeit in der Geschichte Berlins, Berlin 1987, S. 207-227.

Weimar, Volker: Der Malmöer Waffenstillstand von 1848, Neumünster 1959.

Weizsäcker, Ernst von: Erinnerungen, München u. a. 1950.

Wentscher, Erich: Aus Moltkes Ahnentafel, in: Familiengeschichtliche Blätter 1 (1917), Sp. 13-16.

Wetzel, David: Duell der Giganten. Bismarck, Napoleon III. und die Ursachen des Deutsch-Französischen Krieges 1870/71. A. d. Engl. v. Michael Epkenhans, Paderborn u. a. 2005.

Whitaker, Ewen A.: Mapping and naming the Moon. A history of lunar cartography and nomenclature, Cambridge 1999. Wiaderny, Bernard: Der Polnische Untergrundstaat und der deutsche Widerstand. 1939-1944, Berlin 2002.

Wieden, Helga bei der: Der mecklenburgische Adel in seiner geschichtlichen Entwicklung, in: Jahrbuch für die Geschichte Mittel-und Ostdeutschlands 45 (1999), S. 133-155.

Wiese, Ursula: Zur Opposition des ostelbischen Grundadels gegen die agrarischen Reformmaßnahmen 1807-11, Heidelberg 1935.

Willms, Johannes: Napoleon III. Frankreichs letzter Kaiser, München 2008.

Winkler, Heinrich August: Bürgerliche Emanzipation und nationale Einigung. Zur Entstehung des Nationalliberalismus in Preußen, in: Helmut Böhme (Hg.), Probleme der Reichsgründungszeit 1848-1879. 2. Aufl., Köln/Berlin 1972, S. 226-242.

Wohlhaupter, Eugen: Dichterjuristen, hg. v. H. G. Seifert, Tübingen 1953.

Wolf, Dieter: Herzog Friedrich von Augustenburg-ein von Bismarck 1864 überlisteter deutscher Fürst?, Frankfurt a. M./Berlin/Wien 1999.

Wolfrum, Edgar: Krieg und Frieden in der Neuzeit. Vom Westfälischen Frieden bis zum Zweiten Weltkrieg, Darmstadt 2003.

Wright, Harrison M.: Introduction, in: Ders., Sir James Rose Innes. Selected Correspondence (1884-1902), Cap Town 1972, S. 1-14.

Zander, Helmut: Der Generalstabschef Helmuth von Moltke d. J. und das theosophische Milieu um Rudolf Steiner, in: Militärgeschichtliche Mitteilungen 62 (2003), S. 423-458.

Zechlin, Egmont: Motive und Taktik der Reichsleitung 1914. Ein Nachtrag, in: Der Monat 209 (1966), S. 91-95.

Zedlitz-Neukirch, Leopold Freiherr von: Neues preußisches Adels-Lexicon, Bd. 3, Leipzig 1837.

Zeitschrift der Gesellschaft für Schleswig-Holsteinische Geschichte, 2 (1872).

Zeitschrift für die gesammte [!] lutherische Theologie und Kirche 5 (1844).

Zuber, Terence: The Moltke Myth. Prussian War Planning 1857-1871, New York u. a. 2008.

图片来源

1-1, 9-2, 9-4, 9-6: akg-images

1-2: aus Hanne Raabyemagle: The Palace of Christian Ⅶ. Amalienborg, Bd. 1, Moltke House 1749-1794, Copenhagen 1999, Foto: Ole Woldbye

1-3, 15-3: picture-alliance/dpa

1-4, 1-5: aus Franz Herre: Moltke. Der Mann und sein Jahrhundert, Frankfurt a. M./Berlin 1988

2-1: aus Max Jähns: Feldmarschall Moltke, 2. Auflage, Berlin 1906

2-2, 2-3: aus Ewald Frie: Friedrich August Ludwig von der Marwitz 1777-1837. Biographien eines Preußen, Paderborn u. a. 2001

2-4, 8-2, 9-8, 9-9, 9-13, 10-4, 10-5, 10-6: aus Friedrich August Dreßler: Moltke in seiner Häuslichkeit, 2. Auflage, Berlin 1904

3-1: aus Helmuth von Moltke d. Ä.: Gesammelte Schriften und Denkwürdigkeiten des General-Feldmarschalls Grafen Helmuth von Moltke, Bd. 4, Berlin 1891

4-1: Stadtarchiv Itzehoe

4-2, 9-7: aus Eberhard Kessel: Moltke, Stuttgart 1957

5-1: Wehrgeschichtliches Museum Rastatt, Fotothek

6-1: Wikimedia

7-1: aus Meta Brix: Marie von Moltke. Eine Soldatenfrau, Stuttgart 1941

8-1, 10-7, 10-8, 13-1, 13-4: aus Dorothy von Moltke: Ein Leben in Deutschland. Briefe aus Kreisau und Berlin. 1907-1934, hg. von Beate Ruhm von Oppen,

München 1999

9-1: akg-images/Dr. Enrico Straub

9-3: Stadtarchiv Frankfurt am Main/Foto: Friedrich Lauffer

9-5: aus Dominik Bartmann: Anton von Werner. Zur Kunst und Kunstpolitik im Deutschen Kaiserreich, Berlin 1985

9-10, 12-1: aus Thomas Meyer (Hg.): Helmuth von Moltke 1848-1916. Dokumente zu seinem Leben und Wirken, Fotos: Burkheiser

9-11: aus Eberhard Kessel (Hg.): Moltke. Gespräche, Hamburg 1940

9-12: aus Rudolf Stadelmann: Moltke und der Staat, Krefeld 1950

10-1, 13-3, 14-3: Bildarchiv Preußischer Kulturbesitz, Berlin

10-2, 10-3: aus Reinhold Baumstark (Hg.): Lenbach. Sonnenbilder und Porträts, München/Köln 2004

11-1: aus Berliner Illustrirte Zeitung, 16. Jg. (1907)

11-2, 14-1: SZ-Photo/Scherl

11-3: aus Album von Berlin, Globus Verlag, Berlin 1905

11-4: Bundesarchiv-Militärarchiv, Freiburg i. Br.

13-2, 14-2: Joachim Wolfgang von Moltke

13-5: Freya von Moltke

15-1: Landesarchiv Baden-Württemberg/Staatsarchiv Ludwigsburg, EL 902/18, Bü 5376, Bl.8

15-2: Landesarchiv Baden-Württemberg/Staatsarchiv Ludwigsburg, EL 902/18, Bü 5376, Bl. 9/3

15-4: Monika Lawrenz, Woosten

新知文库

01 《证据：历史上最具争议的法医学案例》[美]科林·埃文斯 著　毕小青 译
02 《香料传奇：一部由诱惑衍生的历史》[澳]杰克·特纳 著　周子平 译
03 《查理曼大帝的桌布：一部开胃的宴会史》[英]尼科拉·弗莱彻 著　李响 译
04 《改变西方世界的 26 个字母》[英]约翰·曼 著　江正文 译
05 《破解古埃及：一场激烈的智力竞争》[英]莱斯利·罗伊·亚京斯 著　黄中宪 译
06 《狗智慧：它们在想什么》[加]斯坦利·科伦 著　江天帆、马云霏 译
07 《狗故事：人类历史上狗的爪印》[加]斯坦利·科伦 著　江天帆 译
08 《血液的故事》[美]比尔·海斯 著　郎可华 译　张铁梅 校
09 《君主制的历史》[美]布伦达·拉尔夫·刘易斯 著　荣予、方力维 译
10 《人类基因的历史地图》[美]史蒂夫·奥尔森 著　霍达文 译
11 《隐疾：名人与人格障碍》[德]博尔温·班德洛 著　麦湛雄 译
12 《逼近的瘟疫》[美]劳里·加勒特 著　杨岐鸣、杨宁 译
13 《颜色的故事》[英]维多利亚·芬利 著　姚芸竹 译
14 《我不是杀人犯》[法]弗雷德里克·肖索依 著　孟晖 译
15 《说谎：揭穿商业、政治与婚姻中的骗局》[美]保罗·埃克曼 著　邓伯宸 译　徐国强 校
16 《蛛丝马迹：犯罪现场专家讲述的故事》[美]康妮·弗莱彻 著　毕小青 译
17 《战争的果实：军事冲突如何加速科技创新》[美]迈克尔·怀特 著　卢欣渝 译
18 《最早发现北美洲的中国移民》[加]保罗·夏亚松 著　暴永宁 译
19 《私密的神话：梦之解析》[英]安东尼·史蒂文斯 著　薛绚 译
20 《生物武器：从国家赞助的研制计划到当代生物恐怖活动》[美]珍妮·吉耶曼 著　周子平 译
21 《疯狂实验史》[瑞士]雷托·U.施奈德 著　许阳 译
22 《智商测试：一段闪光的历史，一个失色的点子》[美]斯蒂芬·默多克 著　卢欣渝 译
23 《第三帝国的艺术博物馆：希特勒与"林茨特别任务"》[德]哈恩斯－克里斯蒂安·罗尔 著　孙书柱、刘英兰 译
24 《茶：嗜好、开拓与帝国》[英]罗伊·莫克塞姆 著　毕小青 译
25 《路西法效应：好人是如何变成恶魔的》[美]菲利普·津巴多 著　孙佩妏、陈雅馨 译
26 《阿司匹林传奇》[英]迪尔米德·杰弗里斯 著　暴永宁、王惠 译

27 《美味欺诈：食品造假与打假的历史》[英]比·威尔逊 著　周继岚 译

28 《英国人的言行潜规则》[英]凯特·福克斯 著　姚芸竹 译

29 《战争的文化》[以]马丁·范克勒韦尔德 著　李阳 译

30 《大背叛：科学中的欺诈》[美]霍勒斯·弗里兰·贾德森 著　张铁梅、徐国强 译

31 《多重宇宙：一个世界太少了？》[德]托比阿斯·胡阿特、马克斯·劳讷 著　车云 译

32 《现代医学的偶然发现》[美]默顿·迈耶斯 著　周子平 译

33 《咖啡机中的间谍：个人隐私的终结》[英]吉隆·奥哈拉、奈杰尔·沙德博尔特 著　毕小青 译

34 《洞穴奇案》[美]彼得·萨伯 著　陈福勇、张世泰 译

35 《权力的餐桌：从古希腊宴会到爱丽舍宫》[法]让－马克·阿尔贝 著　刘可有、刘惠杰 译

36 《致命元素：毒药的历史》[英]约翰·埃姆斯利 著　毕小青 译

37 《神祇、陵墓与学者：考古学传奇》[德]C. W.策拉姆 著　张芸、孟薇 译

38 《谋杀手段：用刑侦科学破解致命罪案》[德]马克·贝内克 著　李响 译

39 《为什么不杀光？种族大屠杀的反思》[美]丹尼尔·希罗、克拉克·麦考利 著　薛绚 译

40 《伊索尔德的魔汤：春药的文化史》[德]克劳迪娅·米勒－埃贝林、克里斯蒂安·拉奇 著　王泰智、沈惠珠 译

41 《错引耶稣：〈圣经〉传抄、更改的内幕》[美]巴特·埃尔曼 著　黄恩邻 译

42 《百变小红帽：一则童话中的性、道德及演变》[美]凯瑟琳·奥兰丝汀 著　杨淑智 译

43 《穆斯林发现欧洲：天下大国的视野转换》[英]伯纳德·刘易斯 著　李中文 译

44 《烟火撩人：香烟的历史》[法]迪迪埃·努里松 著　陈睿、李欣 译

45 《菜单中的秘密：爱丽舍宫的飨宴》[日]西川惠 著　尤可欣 译

46 《气候创造历史》[瑞士]许靖华 著　甘锡安 译

47 《特权：哈佛与统治阶层的教育》[美]罗斯·格雷戈里·多塞特 著　珍栎 译

48 《死亡晚餐派对：真实医学探案故事集》[美]乔纳森·埃德罗 著　江孟蓉 译

49 《重返人类演化现场》[美]奇普·沃尔特 著　蔡承志 译

50 《破窗效应：失序世界的关键影响力》[美]乔治·凯林、凯瑟琳·科尔斯 著　陈智文 译

51 《违童之愿：冷战时期美国儿童医学实验秘史》[美]艾伦·M.霍恩布鲁姆、朱迪斯·L.纽曼、格雷戈里·J.多贝尔 著　丁立松 译

52 《活着有多久：关于死亡的科学和哲学》[加]理查德·贝利沃、丹尼斯·金格拉斯 著　白紫阳 译

53 《疯狂实验史Ⅱ》[瑞士]雷托·U.施奈德 著　郭鑫、姚敏多 译

54	《猿形毕露：从猩猩看人类的权力、暴力、爱与性》[美] 弗朗斯·德瓦尔 著　陈信宏 译	
55	《正常的另一面：美貌、信任与养育的生物学》[美] 乔丹·斯莫勒 著　郑嬿 译	
56	《奇妙的尘埃》[美] 汉娜·霍姆斯 著　陈芝仪 译	
57	《卡路里与束身衣：跨越两千年的节食史》[英] 路易丝·福克斯克罗夫特 著　王以勤 译	
58	《哈希的故事：世界上最具暴利的毒品业内幕》[英] 温斯利·克拉克森 著　珍栎 译	
59	《黑色盛宴：嗜血动物的奇异生活》[美] 比尔·舒特 著　帕特里曼·J.温 绘图　赵越 译	
60	《城市的故事》[美] 约翰·里德 著　郝笑丛 译	
61	《树荫的温柔：亘古人类激情之源》[法] 阿兰·科尔班 著　苜蓿 译	
62	《水果猎人：关于自然、冒险、商业与痴迷的故事》[加] 亚当·李斯·格尔纳 著　于是 译	
63	《囚徒、情人与间谍：古今隐形墨水的故事》[美] 克里斯蒂·马克拉奇斯 著　张哲、师小涵 译	
64	《欧洲王室另类史》[美] 迈克尔·法夸尔 著　康怡 译	
65	《致命药瘾：让人沉迷的食品和药物》[美] 辛西娅·库恩等 著　林慧珍、关莹 译	
66	《拉丁文帝国》[法] 弗朗索瓦·瓦克 著　陈绮文 译	
67	《欲望之石：权力、谎言与爱情交织的钻石梦》[美] 汤姆·佐尔纳 著　麦慧芬 译	
68	《女人的起源》[英] 伊莲·摩根 著　刘筠 译	
69	《蒙娜丽莎传奇：新发现破解终极谜团》[美] 让–皮埃尔·伊斯鲍茨、克里斯托弗·希斯·布朗 著　陈薇薇 译	
70	《无人读过的书：哥白尼〈天体运行论〉追寻记》[美] 欧文·金格里奇 著　王今、徐国强 译	
71	《人类时代：被我们改变的世界》[美] 黛安娜·阿克曼 著　伍秋玉、澄影、王丹 译	
72	《大气：万物的起源》[英] 加布里埃尔·沃克 著　蔡承志 译	
73	《碳时代：文明与毁灭》[美] 埃里克·罗斯顿 著　吴妍仪 译	
74	《一念之差：关于风险的故事与数字》[英] 迈克尔·布拉斯兰德、戴维·施皮格哈尔特 著　威治 译	
75	《脂肪：文化与物质性》[美] 克里斯托弗·E.福思、艾莉森·利奇 编著　李黎、丁立松 译	
76	《笑的科学：解开笑与幽默感背后的大脑谜团》[美] 斯科特·威姆斯 著　刘书维 译	
77	《黑丝路：从里海到伦敦的石油溯源之旅》[英] 詹姆斯·马里奥特、米卡·米尼奥–帕卢埃洛 著　黄煜文 译	
78	《通向世界尽头：跨西伯利亚大铁路的故事》[英] 克里斯蒂安·沃尔玛 著　李阳 译	
79	《生命的关键决定：从医生做主到患者赋权》[美] 彼得·于贝尔 著　张琼懿 译	
80	《艺术侦探：找寻失踪艺术瑰宝的故事》[英] 菲利普·莫尔德 著　李欣 译	

81 《共病时代：动物疾病与人类健康的惊人联系》[美] 芭芭拉·纳特森 – 霍洛威茨、凯瑟琳·鲍尔斯 著 陈筱婉 译

82 《巴黎浪漫吗？——关于法国人的传闻与真相》[英] 皮乌·玛丽·伊特韦尔 著 李阳 译

83 《时尚与恋物主义：紧身褡、束腰术及其他体形塑造法》[美] 戴维·孔兹 著 珍栎 译

84 《上穷碧落：热气球的故事》[英] 理查德·霍姆斯 著 暴永宁 译

85 《贵族：历史与传承》[法] 埃里克·芒雄 – 里高 著 彭禄娴 译

86 《纸影寻踪：旷世发明的传奇之旅》[英] 亚历山大·门罗 著 史先涛 译

87 《吃的大冒险：烹饪猎人笔记》[美] 罗布·沃乐什 著 薛绚 译

88 《南极洲：一片神秘的大陆》[英] 加布里埃尔·沃克 著 蒋功艳、岳玉庆 译

89 《民间传说与日本人的心灵》[日] 河合隼雄 著 范作申 译

90 《象牙维京人：刘易斯棋中的北欧历史与神话》[美] 南希·玛丽·布朗 著 赵越 译

91 《食物的心机：过敏的历史》[英] 马修·史密斯 著 伊玉岩 译

92 《当世界又老又穷：全球老龄化大冲击》[美] 泰德·菲什曼 著 黄煜文 译

93 《神话与日本人的心灵》[日] 河合隼雄 著 王华 译

94 《度量世界：探索绝对度量衡体系的历史》[美] 罗伯特·P. 克里斯 著 卢欣渝 译

95 《绿色宝藏：英国皇家植物园史话》[英] 凯茜·威利斯、卡罗琳·弗里 著 珍栎 译

96 《牛顿与伪币制造者：科学巨匠鲜为人知的侦探生涯》[美] 托马斯·利文森 著 周子平 译

97 《音乐如何可能？》[法] 弗朗西斯·沃尔夫 著 白紫阳 译

98 《改变世界的七种花》[英] 詹妮弗·波特 著 赵丽洁、刘佳 译

99 《伦敦的崛起：五个人重塑一座城》[英] 利奥·霍利斯 著 宋美莹 译

100 《来自中国的礼物：大熊猫与人类相遇的一百年》[英] 亨利·尼科尔斯 著 黄建强 译

101 《筷子：饮食与文化》[美] 王晴佳 著 汪精玲 译

102 《天生恶魔？：纽伦堡审判与罗夏墨迹测验》[美] 乔尔·迪姆斯代尔 著 史先涛 译

103 《告别伊甸园：多偶制怎样改变了我们的生活》[美] 戴维·巴拉什 著 吴宝沛 译

104 《第一口：饮食习惯的真相》[英] 比·威尔逊 著 唐海娇 译

105 《蜂房：蜜蜂与人类的故事》[英] 比·威尔逊 著 暴永宁 译

106 《过敏大流行：微生物的消失与免疫系统的永恒之战》[美] 莫伊塞斯·贝拉斯克斯 – 曼诺夫 著 李黎、丁立松 译

107 《饭局的起源：我们为什么喜欢分享食物》[英] 马丁·琼斯 著 陈雪香 译 方辉 审校

108 《金钱的智慧》[法] 帕斯卡尔·布吕克内 著 张叶、陈雪乔 译 张新木 校

109 《杀人执照：情报机构的暗杀行动》[德] 埃格蒙特·科赫 著 张芸、孔令逊 译

110 《圣安布罗焦的修女们：一个真实的故事》[德] 胡贝特·沃尔夫 著　徐逸群 译

111 《细菌》[德] 汉诺·夏里修斯 里夏德·弗里贝 著　许嫚红 译

112 《千丝万缕：头发的隐秘生活》[英] 爱玛·塔罗 著　郑嫣 译

113 《香水史诗》[法] 伊丽莎白·德·费多 著　彭禄娴 译

114 《微生物改变命运：人类超级有机体的健康革命》[美] 罗德尼·迪塔特 著　李秦川 译

115 《离开荒野：狗猫牛马的驯养史》[美] 加文·艾林格 著　赵越 译

116 《不生不熟：发酵食物的文明史》[法] 玛丽-克莱尔·弗雷德里克 著　冷碧莹 译

117 《好奇年代：英国科学浪漫史》[英] 理查德·霍姆斯 著　暴永宁 译

118 《极度深寒：地球最冷地域的极限冒险》[英] 雷纳夫·法恩斯 著　蒋功艳、岳玉庆 译

119 《时尚的精髓：法国路易十四时代的优雅品位及奢侈生活》[美] 琼·德让 著　杨冀 译

120 《地狱与良伴：西班牙内战及其造就的世界》[美] 理查德·罗兹 著　李阳 译

121 《骗局：历史上的骗子、赝品和诡计》[美] 迈克尔·法夸尔 著　康怡 译

122 《丛林：澳大利亚内陆文明之旅》[澳] 唐·沃森 著　李景艳 译

123 《书的大历史：六千年的演化与变迁》[英] 基思·休斯敦 著　伊玉岩、邵慧敏 译

124 《战疫：传染病能否根除？》[美] 南希·丽思·斯特潘 著　郭骏、赵谊 译

125 《伦敦的石头：十二座建筑塑名城》[英] 利奥·霍利斯 著　罗隽、何晓昕、鲍捷 译

126 《自愈之路：开创癌症免疫疗法的科学家们》[美] 尼尔·卡纳万 著　贾颋 译

127 《智能简史》[韩] 李大烈 著　张之昊 译

128 《家的起源：西方居所五百年》[英] 朱迪丝·弗兰德斯 著　珍栎 译

129 《深解地球》[英] 马丁·拉德威克 著　史先涛 译

130 《丘吉尔的原子弹：一部科学、战争与政治的秘史》[英] 格雷厄姆·法米罗 著　刘晓 译

131 《亲历纳粹：见证战争的孩子们》[英] 尼古拉斯·斯塔加特 著　卢欣渝 译

132 《尼罗河：穿越埃及古今的旅程》[英] 托比·威尔金森 著　罗静 译

133 《大侦探：福尔摩斯的惊人崛起和不朽生命》[美] 扎克·邓达斯 著　肖洁茹 译

134 《世界新奇迹：在20座建筑中穿越历史》[德] 贝恩德·英玛尔·古特贝勒特 著　孟薇、张芸 译

135 《毛奇家族：一部战争史》[德] 奥拉夫·耶森 著　蔡玳燕、孟薇、张芸 译